國家社科基金重大項目（10&ZD104）

上海師範大學古籍整理研究所編
項目首席專家、主編　戴建國
主編　朱易安　傅璇琮　周常林

国家出版基金项目
NATIONAL PUBLICATION FOUNDATION

全宋筆記

第九編 五

大象出版社

顧　　問　王水照　朱瑞熙　徐　規　李裕民

項目首席專家、主編　戴建國

主　　編　朱易安　傅璇琮　周常林

編纂委員會（以姓氏筆畫爲序）

王劉純　朱易安　李亞娜　周常林　俞　鋼　查清華

徐時儀　陳　新　張劍光　傅璇琮　虞雲國　戴建國

⊙洪　邁撰

夷堅志（三）

李昌憲　整理

目録

夷堅支甲序

《夷堅》之書成，其志十，其卷二百，其事二千七百有九。蓋始末凡五十二年，自甲至戊，幾占四紀，自己至癸，才五歲而已。其遲速不侔如是。雖人之告我疏數不可齊，然亦似有數存乎其間。或疑所登載頗有與昔人傳記相似處，殆好事者飾説剽掠，借爲談助。是不然，古往今來，無無極，無無盡，荒忽眇綿，有萬不同，錙析銖分，不容一致。蒙莊之語云：「惡乎然，然於然。惡乎不然，不然於不然。」又曰：「是不是，然不然。是若果是也，則是之異乎不是也，亦無辯。然若果然也，則然之異乎不然也，亦無辯。」能明斯旨，則可讀吾書矣。初，予欲取稚兒請，用十二辰續未來篇帙。又以段柯古《雜俎》，謂其類相從四支，如支諾臯、支動、支植，體尤崛奇。於是名此志甲支甲，是於前志附庸，故降殺爲十卷。紹熙五年六月一日，野處老人序。

夷堅支甲目録

夷堅支甲卷第一 十二事

張相公夫人

錢履道，字嘉貞，京兆咸陽人。北虜皇統中，遊學商、虢。過鄠縣，貪程不止，獨一僕相隨。天曛黑，不復辨路，信馬行到一大宅，叩門將託宿，遇小妾從内出，驚語之曰：「此地近山，多狼虎，豈宜夜涉？」錢曰：「適不意迷塗，敢求棲寓一夕之地，但不知爲何大官第宅？」妾曰：「是河中府尹張相公之居。相公薨後，唯夫人在，須禀命乃可。」遂入白之。少頃，延客相見，高堂峻屋，明燭盈前，已羅列盃盤。夫人容色端妍，冠服華盛，便與同宴。侍兒歌舞之妙，目所未睹，自謂奇逢，若游仙都，情思蕩摇，莫知身世之所届。拱手敬坐，不輕交一談，諸人以爲野戇，相視笑侮。罷席就枕，俄而燭至，夫人者復又來，衆擁之登床。錢趨下辭避，强之再三，於是共寢。明旦，留之飯。錢本漂泊旅人，既稱愜懷抱，累日不言去。一夕，正歡飲間，聞户外傳呼呵導之聲，云：「相公且至矣。」夫人遽起，諸妾皆奔忙而散，錢竄伏暗室，不敢喘怖【一】，因假寐。久之，狐嘷鴉噪，東方既明，人屋俱亡，但己身卧于棘叢古塚耳。狼狽而出，逢耕夫始得官道。衣上餘香芬馥，經月乃歇。

校勘記

【一】不敢喘怖　中華本注：當作「怖不敢喘」。

樓煩道中婦【一】

嵐州宜芳縣飛鳶保村民難言，往樓煩縣。中道少憩，逢婦人，素衣高髻，年二十許，揖而問曰：「我自樓煩來，欲往嵐州，獨行迷路，不知從何爲便？」言指示之。將分首，婦人長吁一聲，遂仆地，掖視之，死矣。言就邸舍求湯飲灌救，竟不起。傍人過者，見婦死不明，畏爲己累，執以告保伍。遭縶縣獄訊治，雖自誣云殺而取其貲，然僵尸無痕傷，又不能供所掠何物。郡遣曹掾明生者審究，呼問言，曰：「汝實殺人耶？」對曰：「難言也。」明生不悟其姓名，再問之，復然，以爲疑，乃曰：「然則所謂難言者，非汝耶？」又對曰：「然。」明還郡，具白太守，別選吏啓壙驗之，但得朽木一片於柩中。無從鞫勘，因縱釋使去。言在家事父極孝謹，爲鄉社所重，至是蓋獲天佑云。

普光寺僧

武城之東普光寺行童元暉，近村王大子也【三】。既作僧，爲街坊化士，嗜酒不檢，一意狎遊。年二十五歲，得疾，甚惡。還其家，困卧閱一寒暑。忽昏不知人，舉室環泣。少頃，仰首長鳴，頓仆於下【四】。問其所苦，稍能言曰：「腰脊之下，尾骨痛不可忍。」呼瘍醫孔彦璋視之，乃短驢尾，自皮膚間崛出。父畏醜狀宣播，急掩其衣。痛愈切，復裸以示人

【一】樓煩道中婦　中華本注：目録作「樓煩道上婦人」。

【三】近村王大子也　「大」葉本、四庫本作「氏」。

【四】頓仆於下　「下」涵芬樓本注，葉本作「地」。

然後止。明日長尺許，又明日遍體生毛，首面已肖驢形。數日後，蹄鬣俱備，兩耳翹翹然，哮吼悲鳴，四肢據地卓立，儼成真驢。家人議欲殺之，寺僧云：「不可。此天所以示戒，彰其惡報，以懲後來。如殺之，是逆天背理，將爲君家不利。」於是畜于厩中，而弗施轡勒。驢嘶嗷【五】不已，且亂齧人。試舉鞍置前，則聳耳以待，若有喜意。負重致遠，能日行二百里。凡十年方死。

劉將軍

金虜據齊魯之地，改奉符縣爲泰安軍。其皇統二年，累月不雨，漢兒劉將軍爲守，禱于岱岳，不應，繼致祭龍潭，赫日滋熾。劉怒，令丁夫運石負土，欲填潭使平。夜夢神告曰：「天久無雨，非吾之罪。方今四海之内，凡一勺之水，則有神主之。吾弗得預，又豈敢上違天律，輒將膏澤耶？幸使君察之也。」劉寤而愈怒。黎明，率千餘卒，益輦土石，投置潭内。比暮，遂平，然到曉復如故。劉了不警悟，但竭人力而爲之。當晝隆熱，寒風倏起，而雷電從潭中出，山阜皆震，吏民懼甚，劉猶督役不已。數日間暴卒，雨乃沛然。

淑明殿馬

顔亮正隆中，泰安守不室里始到郡，款謁東嶽廟，遍禮羣祠。至淑明寢殿，地有流血，

【五】嘶嗷　「嗷」涵芬樓本注，葉本作「鳴」。

大驚。躬率從吏周行檢視，見后塑像一指折，血淋漉弗止，而首飾臂釧及供床黄白器皆亡失。即捕典掌者繫獄訊治，雖加以峻刑，終不得其實。後因月旦再詣廟，備牲幣奠享，炷香敬禱，曰：「后宫嚴閟深固，詎容穿窬可入？今獄久不决，必累無辜。唯神至聰極明，願顯示誅殛，以快民意。」祝罷回車。明日晚，閽卒走報云：「殿西廊素壁間，舊繪馬四匹，早忽不見，山下人盡聞馬足響而不睹其形。久之，各銜一人至，一僧、一童行、兩胡奴。」不室里急策馬往，先謝神威，然後驗問，四囚絣械廡下，如有物執持者。是時，有女真千户阿失打，虐斂所部，誅求貨賄。其二人無以應命，與竹林寺僧同謀，自殿屋山翼鑽瓦斷椽，經旬日始斬得達，故外人莫知。藏其物於僧所，童行與聞之。于是具奏虜廷，亮令杖殺千户，兩奴放爲良，黥竄僧、童於遠裔【六】。

【六】亮令杖殺千户兩奴放爲良黥竄僧童於遠裔　四庫本作「亮杖殺千户及其兩奚奴，並竄僧、童於遠裔」，有所不同。又，涵芬樓本注，「良」吕本作「民」。

生王二

生王二，隴州人。其居在黑松林跑谷，世以畋獵射生爲業，用是得名。因與衆逐鹿至深崖，迷失道。正徬徨次，遇女子渡水來，年少貌美，而身無衣衵，視王而笑。王平生山行野宿，習見物怪，雖知爲非人，殊無懼色，咄之曰：「汝鬼耶？怪耶？」女又笑而不答。良久，乃問王曰：「爾何人？」王始稍敬異，揖而言：「本山下獵徒，今日逐虎失蹤，至墮兹處。生死之分，只在須頃，願娘子哀之。」女曰：「隨我來，當示爾歸路。」遂從以行。

登絶高巉巖之峯，涉回環過膝之水，塗徑犖确，足力不能給。女不穿履，步武如飛。到一洞，有大石室，境趣邃寂，如幽人居，不聞烟火氣，寢室尤潔雅。王顧傍無他人，戲言挑之，欣然相就。夜則共榻，晝則出採果實以啖之。居月餘，王念母乏供養，以情泣告女曰：「我欲暫歸，徐當復相尋。」女許諾，送出官道，乃别。王感其意愛，他日再訪焉。試與之語，邀同歸，略不嫌拒【七】，携手抵家。王妻趙氏既育三男女矣，此女又生兩子，與趙共處，甚雍睦。逢外客至，必驚訝斂避。或獨走入山，經月不返，終不火食，王亦任其去留。後二十年猶存。

河中西巖龍

虞皇統中，河中府大旱。太守李金吾祈禱未效，聞巖西寺僧慈惠戒律精高，爲緇徒所仰，乃往請之。僧曰：「老身無以動天地，但每日説法之時，必有一老叟來聽講，莫知所從來，疑爲龍也，當試扣之。須金吾明旦至此，潔誠以待。」李曰：「諾。」如期叟至，李正從僧語，望其入寺，既焚香設席，命左右掖之，再拜致詞。叟驚，止之，曰：「使君屈膝于山翁，敢問何以？」李曰：「亢陽爲災，五種不入【八】，萬民將無以生，願龍君慈仁，亟下甘澤。當肇建祠宇，歲時奉祀，以彰顯大神之威靈。唯神念之！」叟無言，頃顰蹙而嘆，曰：「噫！泄吾天機者，師也。吾死無日矣。」遂告李曰：「使君勿憂，誓以死報。」又顧

【七】略不嫌拒　「嫌」，涵芬樓本注，原作「謙」，據吕本改。

【八】五種不入　涵芬樓本注，吕本作「五穀不熟」。

僧曰：「吾今以師故獲罪上穹，立降誅罰【九】。吾即死，尸墜于地，然不出此境中，乞爲作證明，使合郡民爲行壇七晝夜，庶幾藉此功德，可獲超昇。」僧許之而去。于是，一雨三日，外邑虞鄉報有死龍墮山下，李盡率士庶，召浮屠千人，詣其處築壇場，延慈惠演法。事畢，龍見于空，作人言，謝曰：「吾雖蒙天誅，而賴法力救助，乘無上妙因，得爲菩薩龍矣。」李爲建廟，請額於朝，且名其地爲蒼龍谷。唐小説載釋玄照講《法華經》於嵩山，有三叟日來諦聽，自言是黑龍。照以天旱，令降雨。叟曰：「雨禁絶重，儻不奉命擅行，譴責非細。唯孫處士能脱弟子之禍。」照爲謁孫思邈，致懇。是夜，千里雨足，三叟化爲獺，匿于孫所居後沼，遣使者捕執，孫使解而釋之。事頗相類。

燕王遷都

虜天德二年五月，以燕山城隘而人衆欲廣之。其東南隅曰通州門，西南曰西京門，各有高丘，俗呼爲燕王塚，不能知其爲何代何王也。及其立標埒，定基址，東墓正妨礙，議欲削其北面，以增雉堞。工役未施之數日，都民於中夜時聞人聲，云：「燕王遷都。」皆出而觀之，見鑾輅儀衛，前後雜遝，燈燭熒煌，香風襲人，羅列十里，從東丘至西冢，遂滅。明夕復然。民以白府，留守張君爲請於朝廷，乃迂枉其壘以避之。

【九】立降誅罰　涵芬樓本注，「降」吕本作「定」。

五郎君

河中市人劉庠，娶鄭氏女，以色稱。庠不能治生，貧悴落魄，唯日從其侶飲酒。鄭饑寒寂寞，日夕咨怨。忽病肌熱，昏冥不知人。後雖少愈，但獨處一室，默坐不語，遇庠輒切齒折辱。庠鬱鬱不聊，委而遠去。鄭掩關潔身，而常常若與人私語。家衆穴隙潛窺，無所睹。久之，庠歸舍，入房見金帛錢綺盈室，問所從得。鄭曰：「數月以來，每至更深，必有一少年來，自稱五郎君，與我寢處，諸物皆其所與【一〇】，不敢隱也。」庠意雖憤憤，然久困於窮，冀以小康，亦不之責。一日，白晝此客至，值庠在焉，翻戒庠，無得與妻共處。庠懼，徙於外館，一聽所爲。且鑄金爲其像，晨夕瞻事。俄爲庠别娶婦。庠無子，禱客求之，遂竊西元帥第九子與爲嗣。元帥賞募尋索，鄰人胡生之妻，因到庠家，見錦繃嬰兒，疑非市井間所育者，具以告。帥捕庠及鄭，械繫訊掠，而籍其貲。獄未決，神召會鬼物，辟重門，直入獄劫取，凡同時諸囚悉逸去。帥大怒，明日復執庠夫妻，箠楚苛酷。是夜，神又奪以歸，而縱火焚府治，樓觀草場一空，瓦礫磚石如雨而下，救火者無一人能前。帥無可奈何，許敬祀神，不復治兩人罪。五郎君竟據鄭氏焉。

【一〇】與　涵芬樓本注，吕本作「朋」，四庫本同。

宋中正

魏人王員外，以納粟得州助教。家富而性狠戾自暴，出遇神祠，未嘗加敬，或指而詈侮。虜亮正隆初，有士人通謁，曰宋中正。既進見，爲縱陳禍福。其言似涉譏戒，王不悦，答之曰：「天生德于予，禍福其如予何？」客曰：「君恃力愎諫，匪朝伊夕，熒惑真君將不日臨君家。速禳之，尚可免戾。」王曰：「使禍可禳而去，則福亦可禱而來。子勿以不根之辭，誑惑於我。」客咄咄不已，王叱遣之。經旬，又一客，緋衣，亦稱姓宋，與王語，如中正之辭。王曰：「旬日前，一宋秀才相訪，意欲相恐脅，吾固拒不聽。君豈其黨耶？吾平生直心，於鬼神之事，無所畏敬。君衣朱衣，而姓宋，得非熒惑之精乎？」復叱之。其人出外，仰天大呼，即有塊火從空飛下。衆爭赴救，王猶鴟張，大言曰：「不足救也，此不過能爇廬舍耳。」俄頃，火焰旋轉，散爲數十炬，王屋邸無遠近，一切蕩然，金玉堅白，俱爲煨燼。其居之側，故有火星廟，略無所損。

七娘子

大河之流，截大行而東注，峻灘數十，水勢湍悍，魚鼈不能停居。其一曰七娘子灘，山巔有龍女廟，山下民千家，當夏潦稽天，歲有隄防之勞，淪墊之慮，父老雜議，將徙聚落于他所。士人韓元翁者，老成博雅，爲黨里所信，乃往謀焉。元翁曰：「吾曹世世居此，墳墓廬舍，其傳已久。一旦委去，于心終不安。試瀝狠於龍祠，視其從違，乃隨事爲計，亦未晚也。」于是，醵錢具牲牢酒醴，擇日詣廟，求遷其祠於河濱。擲珓以請，得吉卜，衆拜而歸。方撰財慮費，是夜雷風大作，聲如頹山，暴雨傾河，狐嘯鬼哭，山下人盡起，皆以爲貽神怒。比曉，霽色融怡，一廟儼在平地，尺椽片瓦無有壞墮，至於壁泥塑像，一切妥貼，面勢平正，基宇堅牢，絶勝於其舊。由是淫漲抵廟岸即止，民無復憂。

護國大將軍

紹興二十六年，淮、宋之地將秋收，粟稼如雲，而蝗蟲大起，翾飛蔽天，所過田畝，一掃而盡。未幾，有水鳥名曰鶖，形如野鶩，而高且大，脰有長嗉，可貯數斗物，千百爲羣，更相呼應，共啄蝗，盈其嗉，不食而吐之，既吐復啄，連城數十邑皆若是。才旬日，蝗無孑遺，歲以大熟。徐、泗上其事於虜廷，下制封鶖爲護國大將軍。

夷堅支甲卷第二 十四事

陽武四將軍

黄河之南，陽武下埽，在汴京西北，數爲湍潦所敗，每一修築，至用丁夫數十萬工。虜皇統中，嘗決溢，發卒塞之，朝成夕潰。汴守募能溺者【一】探水底，一漁叟自言能潛伏一晝夜，遂命備牢醴，先祭河神，然後遣之入。半日而出，曰：「下有長蛟爲害，故埽不能堅，非殺之不可，須得寶劍乃濟。蛟方熟寢於百丈之淵，斬之易也。」守取鎮庫古劍付之。將入，又言曰：「願集衆舟於岸滸以相俟。至午，水變赤色，則令至中流。」及期，水赤，漁携蛟首奮而登舟，洪流陡落，即時埽寧。守欲奏與武爵，辭不受。多與金帛，亦辭。旋踵而死，守爲立祠於其處，請于朝，封爲四將軍，以爲龍女三娘子之子，塑像立於傍，靈應甚著。訪漁之家，無有知之者。亦不曾詢其姓第，識者疑爲神云。

杜郎中驢

杜涇【二】郎中，河中府【三】滎河縣上源村人也。世爲醫，貲業稍給【四】。買里人王氏

校勘記

【一】溺者　涵芬樓本注，吕本作「没者」。

【二】杜涇　涵芬樓本注，葉本作「杜經」，下同。

【三】河中府　「府」字原闕，據葉本、四庫本補。李按：唐宋時期均設有河中府，領滎河等縣。

【四】貲業稍給　「給」，涵芬樓本注，明鈔本作「裕」。

驢，僅高四尺，然有力，善鳴，能馳遠。涇日夕乘跨，而好醉後【五】驟騁亡度，稍緩則痛鞭之。于是每施鞍，輒縮栗悲嘶，爲恐懼意【六】。初不知其有懷恨思報之心。嘗往下村晚飲，回及中途，距家猶十里，欲急歸，加鞭愈切，小童不能追【七】，負衣藥笥居後。驢忽蹶，墜涇於地，未暇起，爲所踶齧，食其股且盡，氣未絶，驢倀倀獨還。家人驚異，謂必遭狼虎之厄，而視驢口吻皆有血，諸子秉炬到其處，涇尚負痛能言，舁之到舍而死。

黑風大王

汾陰后土祠，在汾水之南四十里，前臨洪河，連山爲廟，蓋漢、唐以來故址，宫闕壯麗。紹興間陷虜，女真統軍黑風大王者，領兵數萬將窺梁、益，館於祠下，腥羶汙穢【八】，盈積如阜，不加掃除。一夕，乘醉欲入寢閤，覩后真容，且有媟瀆之意。左右固諫，勿聽，率四十【九】餘奴僕徑往。未及舉目，火光勃鬱，雜烟霧而興，冷氣激人，立不能定。統軍懼，急趨出，殿門自閉，有數輩在後，足脛爲關闑翦斷。統軍百拜禱謝，乞以翼旦移屯。至期，天宇清廓，杲日正中，片雲忽從祠上起，震雷注雨，頃刻水深數尺，向之糞汙，蕩滌無纖埃。統軍齋戒致祭，捐錢五萬緡以贖過，士卒死者什二三。

【五】醉後　涵芬樓本注，葉本作「酒後」。

【六】爲恐懼意　涵芬樓本注，葉本作「若恐懼者」。

【七】追　涵芬樓本注，葉本「追」下多一「隨」字。

【八】腥羶汙穢　「汙」原作「汗」，據甲志卷一同條改。

【九】四十　同上卷作「十」。

王德柔枯蟹

青州益都人王德柔，營新第于北郭。既成，百怪交興，白晝出没，煙氛蓊蔚之中，神形鳥面，見人紛紜往來，偃肆自若。邀喚道術者施法攝治，歷數輩皆无效，不可寧居。於是還舊舍，而揭榜於市，訪膽智者就驗之。狗屠范五，素以兇悍著，詣德柔求酒饌，獨往宿。夜且半，西廡下砉然大聲起，一人從地踴出，短身縮項，著朱衣，形貌充腯，似年三十許。兩手相擊，歌舞庭下。范握刀逐之，至東南隅，失所在，蓜【一〇】記其處。明旦發土，獲一枯蟹，大而赤，椎碎投諸水，其後帖然。王厚謝范屠，遂得安處。

李婆墓

下邳境内有古丘，相傳爲李婆墓，莫知其何時人。又言多藏珍寶，積爲亡賴惡子所睥睨。紹興丁巳歲，僞齊之末，羣盜肆行，焚廬發冢，略無虚日，遂從事於李墓。呼聚三百人，畚鍤備集，自晨至午，啓鑿及於埏中，棺槨皆露。衆疲困憩卧，或餐乾糧。俄一媪長七尺餘，髮白貌黑，形極醜，素練寬衣，端坐槨上，彈指長嘯，響振林壑，溪谷湑流，一切沸涌，衆怖而散走。須臾，煙靄四合，神鬼出没，或聞闐闐車馬聲，或隱隱如雷。移時開晴，一盜有膽者，復往視，已失棺槨所在，但存空穴，嗟悔而歸。五旬中，多暴死及無故顛隕者。里

【一〇】蓜　中華本作「范」。

民爲悉力掩壙，且致祭焉。

宿遷諸尹

宿遷大姓尹氏，當離亂時，聚其族黨，起兵劫女真龍虎大酋之壘，獲祖宗御容，與宮闈諸物，寘于家。以道路梗塞，未暇貢於朝。同里周、郭兩秀才，從求貨弗愜，誣告有司，謂私蓄禁省服御，將謀不軌。獄吏不復究質，於是諸尹皆棄市。周以功得本縣令，郭爲丞，助之謀者皆補右列。後避虜禍，邑人多播徙京口，周、郭亦南來。嘗同其友朱生輩閲市，朱之子從龍，方六七歲，見壯卒五人，著青紫袍，張弓挾矢，顧而怒憾，當通衢，欲射人。周、郭趨入酒肆，朱生不覺也。從龍密以告，乃出窺之，皆相引從西去。諸人飲罷，過南畔小巷，到一隙處，遇向者五卒，正身發鏃，中周、郭之胸，同行者了無所睹。二子即稱心痛，仆坐不能起，衆扶以歸。經宿疽生於背，前後洞徹，至膈膜，見五藏，月餘而死。

小珠山遺卵

密州之東百二十里，接海濱，有山曰小珠。雙峰嵯峨，高入雲際，中間一水清泚可鑒，目爲團頂窨【一一】。虜正隆三年秋雨，民行山之隈，至窨側，見一卵在地，可盛粟二石，斑爛光彩，異而甓之，乃取葛藟絆倒，縛舁下山。舉村來觀，嘆爲耳目傳聞所未有【一二】。數

【一一】窨　原注：呼官切。

【一二】所未有　原作「未幾有」，據四庫本改。涵芬樓本注，吕本無「幾」字。

少年攫取而去，即煮食之。後旬日，颶風夜作，震撼天宇。居者百餘家，爲風掀舉，躋于山巔，旋落團頂畔。少年食卵者撲死，餘老弱千計皆無所傷。敗瓦朽木，到今猶有存者。

吴皋保義

吴皋十一保義者，符離人。紹興初，從楚州鎮撫使趙立軍，得將尉。長六尺二寸，勇健有力。至三十年庚辰，寓居北神堰，往盱眙，聚亡賴潛度淮，入泗東城，劫富室王氏，獲金貝二萬緡。時顔亮方桀驁，移文對境詰索，州縣繪形，立賞格甚厚。皋恬不知畏，與其黨入楚城，呼畫工趙四者，指圖語之，曰：「汝所畫全與我不類，宜易之。」郡守藍師稷，使人招致，欣然應命，答對如流，舉止自若。藍以爲奇士，壯而釋之，曰：「異時邊上緩急，斯人真可用。」明年，盱眙守周淙擇效用使臣來捕之，始奔淮北兔屯莊。淮民素嚴憚之，莫敢問。獨王雲者蔑視皋，奮願出力。淙檄捕盜官喬順，領戍兵三百，直抵其所。天將曉，皋聞有呼者，曰：「官捕汝。」如是至於三。已而兵至，尚率兇徒拒戰。其一人曰李四，叛而從雲，持矛刺其鼻，流血暈倒，遂成擒。雲斬其首，雙目不閉如生，顧衆斜視，切齒鴉鴉作聲，見者毛髮竦立。時當劇暑，越兩夕方到盱眙，擲首郡庭，三日怒目乃瞑。

胡煌僕

霸州文安縣人胡煌，居莫金口，家稍豐，好義忘利。一僕曰嚴安，執役二十八年，恭謹有信，未嘗輒受傭值。煌與之，則云：「姑儲於主家，須欲用乃取。」愛惜主物，不妄費分毫。煌待之如弟，嚴亦呼煌爲兄，而謂其妻爲嫂。紹興庚辰，虜正隆某年也，歲之中春，嚴把煌袂入浴室，云：「有一密事。」煌笑曰：「非從我索積歲雇直乎？」曰：「否。」「嫂與外人私乎？」曰：「否。」「然則捨兩者外，何等可密」？嚴曰：「兄將死，又不以善終，自今七十日，當遭雷震於縣市。弟有一術可救，能信之乎？」煌素重其人，告於妻子，皆憂窘莫知所出。後六十三日，扣嚴曰：「若果如弟言，天期已逼。所謂術者云何？」即授以秘呪，曰：「才脱兄厄，吾亦從此逝矣。」及期，天宇澄霽，四野無雲，嚴垛疊卓凳數層，假僧袈裟蒙其上。至午，烟霧坌興，迅雷激電，引煌入伏卓下，使急誦呪。須臾，火光迸裂，旋繞左右，若有所尋索。一天神披甲仗鉞，呼諸鬼物曰：「胡煌無處求，今已失時。此人既免天誅，且延一紀之壽，吾曹將奈何？」霍然而散，猶未晡。嚴旋不知所在，煌至壬辰歲始亡。

丹州石鏡鼓

丹州之境有兩山寨，曰東池、西池。西寨懸崖百丈，嶄嵓峭峻，人不可陟。下有石鏡、石鼓，其傍勒銘，云：「石鼓響，兵雲屯。石鏡明，面南尊。」紹興中，地雖陷虜，而秦民聚衆起義，欲歸本朝者未嘗絕。此寨常屯萬人，來者必擊鼓，寂無聲，照鏡則昏暗。郡人曹布子，少貧困，以紡績養父母，故里俗以「布子」呼之。虜天眷三年秋，歸身於西寨。或邀之詣石所試扣，鼓聲鏗鏗然，遠近皆震。洎臨鏡，鏡倏明。傍觀者見布子容貌自若，而冠冕若王侯，遂相率羅拜，奉以爲主。久之，東寨亦聽命。關中羣寇，蟻聚無時，戰爭輒敗衄而退。歲餘，勝兵至十萬，遂據延安稱王。然未能二年，卒戕於虜。石銘乃爲祟云。

九龍廟

潼川【一三】白龍谷陶人梁氏，世世以陶冶爲業。其家極豐腴，乃立十窑皆燒瓦器，唯一窑所成最善，餘九所每斷火取器，率窊邪不正。及粥於市，則人爭售之。凡出盡然，固莫知其所以也。谷中故有祠曰白龍廟，蓋因谷得名，靈響寂寂，不爲鄉社所敬。梁夢龍翁化爲人來見，曰：「吾有九子，今皆長立，未有攸處，分寄身於汝家窑下。前此陶甄時，往往致力，陰助與汝。」梁曰：「九窑之建，初未嘗得一好器物，常以爲念，何助之云？」龍

【一三】潼川　「川」原作「州」，據《宋史》卷八九《地理志五》潼川府條改。李按：宋無潼州。徽宗重和元年，升梓州爲潼川府。

曰：「汝一何不悟？器劣而獲厚利，豈非吾兒所致耶？」梁方竦然，起拜謝。龍曰：「汝苟能與之創廟，異時又將大獲福矣。」許之而覺。即日呼匠治材，立新祠於舊址，設老龍像正中坐，東西列九位以奉其子。迨畢功，居民遠近和會，瞻禮歡悦。其後以亢陽禱祈，雨不移日而降。梁之生理，益富於昔云。

衛師回

衛淵，字師回，鄆府東阿人。嗜酒成疾，敏慧過人，而懶讀書，年餘四十未仕。當盛夏，偕朋輩投壺聚飲，醉卧牖下，夢身游他所。或報沉湎國入寇，居民挈老稚散走。淵蒼忙伏竄，既還家，盡室皆已遭俘掠。獨行山間，徬徨累歲，無地駐足。忽遇故人閻中孚、李亨嘉、王勉夫三人，相問存没，告以其孥【一四】無恙。淵大喜，語之曰：「吾厄困三年，饑寒漂蕩，朝不謀夕。每念平生歡會，一吸數斗，今願一盃救渴，亦無由致，諸君寧有意乎？」中孚曰：「過此數里，有青帘酒肆，二姝當壚，絶妍麗，盍共訪之？」淵益喜。到市【一五】，果如所言。淵先釂一巵，又令添酒，别一鬟執器愁慘，淵誚之曰：「酒家人見客當融怡笑樂，何乃如是？」鬟泣曰：「先輩【一六】不知也，適所飲者，非麯糵醖成，皆人之精血爾。世人居陽間，抛踐餘瀝，崇積殃咎，死則漬其骨髓而爲之。」淵昧昧不信。姝乃引入後室巡視，見大屋中羅列醡槽，傍有百餘人【一七】裸坐，男女淆雜。兩大鬼持戟，以次叉置槽内，大石

【一四】其孥　涵芬樓本注，明鈔本作「妻孥」。

【一五】到市　涵芬樓本注，葉本作「遂往」。

【一六】先輩　涵芬樓本注，葉本作「尊官」。

【一七】百餘人　涵芬樓本注，葉本作「數百人」。

壓醉之。血自口流溢，俄而成酒。淵怖慄而覺。小童在側，賓客踞坐，壺矢之聲方鏗然。遽話所夢，元不移一時，憶其經歷，殆數歲矣。唐人記南柯太守、櫻桃青衣、邯鄲黄粱事，皆相似也【一八】。

常琺牛

常琺，晉州平陽人。父爲里胥，蚤死，母攜之，再嫁富民康德休。爲人落魄亡賴，德休與錢三千緡，使爲區肆，由是生理自給。而琺事繼父略不知恩，經數年，德休死，視如路人，盡竊其貲。甫三十歲，强壯無疾，忽作牛鳴，一聲而斃。是夕，康氏牛産犢，一蹄出背上，朱書其姓名二字於脅間。德休二子，讀書識義，不忍露其醜蹟，匿之舍後。牛鳴吼叫跳，觸籓而出，奔迸邑市，觀者以故盡知之。康氏遺數健僕闌逐，不可得。徑趨深谷中，不復至。

野牛灘

野牛灘在洛京之白波，與九女廟相接。虜皇統中，秋夜水暴漲，居民遭没溺者十室而七。灘下人見羣蛟激躍崖谷間，摧峯破岸，觸處成淵澤，屋廬如洗，田禾一空，大雨五晝夜不止。俄有牛數十出乎峻顛，乘流而下，與蛟鬭於山麓。黑霧縈繞，火光迸射，經一夕乃

【一八】皆相似也　涵芬樓本注，吕本多「《聞善録》所載張生入冥事，頗類此」十三字。四庫本同吕本。

霽，水循故道。一蛟長十丈，死於樹下。洛都守孟君，率洛陽、河南兩郡士民，精潔奉牲，臨河致祭。頃之，有龍見於雲端，驤首如赴，萬衆仰觀，乃知其化爲牛而殺蛟也。於是於其地立祠。右二卷，皆朱從龍所傳。

夷堅支甲卷第三 十三事

吕使君宅

淳熙初，殿前司牧馬於吴郡平望。歸途次臨平，衆已止宿，後軍副將賀忠與四卒獨在後三里，至蔣灣迷失道。詢於田父，曰：「可從左邊大路行。」方及半里，遇柏林中一大第，繫馬數匹，皆駔駿可愛。問閽者：「此誰之居？」曰：「前邕州吕使君，今已亡，但娘子守寡。」又問：「馬欲賣乎？」曰：「正訪主分付。」於是微賂之，使入報。良久，娘子者出，澹裝素裳，翛翛然有林下風致，年將四十，侍妾十數人。延坐瀹茗，扣所欲，以馬對，笑曰：「細事也。」俄而，置酒張筵，歌舞雜奏。既罷，邀入房，將與寢昵。賀自以武夫朴野，非當與麗人偶，固辭。娘子嘆曰：「吾嫠居十年，又無子弟，只同羣婢苟活。今夕不期而會，豈非天乎！宜勿以爲慮。」遂留館，凡三宿始別。贐以五花驄及白金百兩，四卒各沾萬錢之賜。又云：「家姊在淨慈寺西畔住，倩寄一書。」握手眷眷而退。賀還日，違軍期，且獲罪，窘怖無計，奉馬獻之主帥，託以暴得疾，故遲歸。帥見馬，喜而不問，仍陞爲正將。後數日，持書至湖上，果於淨慈西松徑中至其姊宅。相見如姻親，仍約明日再集，亦留與亂。金珠幣帛，稇載以歸。自是，每三四日一往。賀妻以獲財之故，一切勿問。嘗歡洽迨暮外，報吕令人來，姊失色，無以拒。妹至，三人鼎足共坐。令人者【一】招賀入小閣，峻辭責之，賀拜而謝過，哀懇三夕【二】乃釋。經半歲，賀妻亡，窀穸之費，皆出於吕氏。乃憑媒妁納幣，正爲繼室。踰三年，賀亦亡。先有三子，一居廛市，二從軍。令人詣府投牒，分橐裝遺之，而乞身去姊家同處。明年寒食，賀子上父冢，因訪姊家，姊云：「妹已歸臨平矣。」又明年，復詣其處，宅舍俱不知所在，唯松林有兩古墳。賀子悲異，瞻敬而去。

聞氏女子

永州民聞十三，居司理院側。妻閔氏生女極婉秀，不類市井間處子，因名曰韻奴。乾道丁亥年，十三歲矣。正與祖母同榻寢，夢一道士至，父母具饌延之。既食，呼女前，謂曰：「我尋爾久，乃在此耶？」探懷出小磁瓢，取藥一粒如豆大，青碧可愛，置於掌中，曰：「此丹之功力，能回天機，奪造化，易陰陽，變寒暑。爾有夙緣，當服食，可速吞之。」女喜接，才下咽，異香馥郁。道士辭去。女恍惚而覺，藥猶在鬲，而香不少歇，以告祖母。有頃起便旋，則已化男子形矣。予是時即聞其事，書於景志中，與此差不同，且以聞氏爲文氏，然大略非誕也。

【一】令人者　涵芬樓本注，吕本作「少間」。四庫本作「令使者」。

【二】三夕　涵芬樓本注，吕本作「三四」。

劉承節馬

浙西【三】人劉承節，自贛州税官回，赴調，寓家於贛。但與【四】一子一僕乘馬而東，至信之貴溪。午駐逆旅，逢數賈客攜廣香同坐，相與問所從來【五】，欲買客香。取視，殊不佳。劉曰：「吾所齎雖不富，勝此物多矣。」出篋發示之，中蓄銀可百兩，客密窺見。會日暮，皆留宿。諸人乃盜也，夜久，操杖入劉室。劉本從軍，有膂力，揮刃斷其一臂，衆懼而散走。主人蓋同謀者，紿曰：「彼不得志，必別邀黨侶來，不可安寢，不若未曉啓塗以避之。」劉不疑其詐，促僕起，不謀具食即去【六】。至高岡下，與盜遇，雖與拒鬬，而寡不敵衆，并子、僕死焉。適一郵卒過，亦殺之，投尸坎中，分所獲而遁。所乘馬躑躅於道，適主簿出按田，馬迎之車前，局足如拜。已退，復進，凡六七返。主簿異之，曰：「是必有冤訴。」遣數輩隨馬行，到岡畔坡陀下，馬跑土凝立，滿地血點，腥觸人，四尸在穴，肢體尚暖。立督里正訪捕，不終朝，盡成擒，並坐殊死【七】。

虞主簿

虞主簿，建安人。學問超卓，登第後，注官宜興，臨赴任，暴卒。經日復蘇，云：「初病困迷罔時，見一吏揖廷下，曰：『府君有命。』遂從以行。且百里，足力不能支，懇求少

【三】浙西　涵芬樓本注，明鈔本作「浙江」。

【四】與　涵芬樓本注，葉本作「從」。

【五】問所從來　原作「問從所來」，據呂本、四庫本乙正。

【六】不謀具食即去　「謀」，葉本、四庫本作「俟」。

【七】殊死　葉本、四庫本作「誅死」。

愬。良久，復進到一所，如世間獄廟。引入門，望主者冕旒正坐，乃扣頭，請曰：『某死無所辭，念父老無兼侍，乞賜以餘生，終父天年，無所復恨。』主者曰：『汝知前生之事乎？』對曰：『不知也。』王【八】曰：『汝昔姓名爲陳朝老，今藉其宿學，故聰悟絶人。但一生無絲髮善事，是以福淺。上帝憐汝讀書之勤，與汝一第。所以不食禄而早世者，正由不曾作福耳。憫汝有養親之志，吾奏於天曹，許延七日，可歸與父别也。』遂得還。」自知不永，持父以泣，越七日果死。

王宣太尉

西邊大將王宣，紹興末，禦虜寇立功。乾道中，爲襄陽帥而卒。後半歲，其麾下故部曲蔣訓練出城，至澶溪，飲於水濱，一黄衣卒持令字旗大呼，曰：「都統唤。」蔣問何人，曰：「王太尉也。」蔣憶其已死，熟視黄衣，蓋舊識，久亦不存，疑不欲往。爲所促，乃隨之行。登南門樓上，宣在焉。參伍兵衛，視生時無異。蔣再拜，宣勞問勤至，曰：「汝家安樂否？」以無恙對。又問：「汝馬在否？」曰：「被員都統獻了。」宣曰：「可惜！可惜！」又曰：「汝曾見我馬乎？」對曰：「未曾見。」顧左右牽青師子來。少頃而至，則青驄也，極神俊。使蔣騎之，攬轡而上，其去如飛，足不踐地，過人廬舍，徑從屋脊超驤。蔣驚怪，忽忽如醉夢中。既還，即使别去，且命一校送下城。曹騰歸舍，與妻子語未竟，有五

【八】王　涵芬樓本注，吕本作「主」。

兵負錢五萬、酒五尊，云：「太尉賜訓練。」蔣將犒以官券，已失所在。次日得疾，越五夕始愈。

熊二不孝

興國軍民熊二，禀性悖戾。父明爲軍卒，年老去兵籍，不能營生理，妻又早亡，惟恃子以爲命，而視如路人，至使乞食。明垂泣致懇，肆駡弗聽。將訴之於官，復不忍。但每夜焚香，仰告神天，冀其子回心行孝。如是二年。惡子方從其徒縱飲聚博，長空無雲，忽變陰慘，雨脚如麻，雷電交至，諸人對面，翳暗莫能舉目。聞有呼熊二者，良久開霽，不見其人，相率尋覓，得尸於郭門外。剜其眼，截其舌，朱字在背，歷歷可認，曰「不孝之子」。時淳熙三年九月七日也。

張文寶

建康遊奕軍將李進，健勇有力，爲隊旗頭。年財三十，染時氣得熱疾【九】，主將命醫職張文寶療之。張素不精此伎，徒欲藉軍中名字以庇門户，診脈切證，不能辨温涼。謂爲虚陰，投以附子大劑，才下咽，進覺五藏如沸湯澆沃，煩悶痛劇不堪忍，駡張曰：「附子燒殺我矣。我必死，當訴汝於九泉之下。」已而奄然，肌體皆斑黑【一〇】。葬之三日，家人具

【九】染時氣得熱疾　涵芬樓本注，葉本作「染時疫渴熱」。
【一〇】斑黑　涵芬樓本注，葉本作「紫黑」。

酒餚復墓。進附幼女言曰：「張文寶用藥殺我，今還魂【一二】。」其妻奔告於統制，遣一校率匠發冢破棺，則尸已朽穢不可近。自是張日夕見其在側，兩月而死。

方禹寃

鄱陽縣人方禹爲郡吏，與凶子楊五有隙。楊從事於駔儈，禹每爲所凌。嘗因酒酣相值，即執其裾，禹度力不能敵，卑辭請命，楊弗顧，曳之于地，恣行箠踢，傷已甚，傍人勸諫，猶搊之不釋。衆舁禹，寸步歸家，因惙殆絶，謂妻子曰：「我與彼有宿世寃，今爲所歐，萬一不起，切勿訴於官，呈驗吾尸，空播羞痛。但寘紙筆於柩中，自當理諸上蒼。」言訖遂没。妻子銜茹寃恨，不復彰聞。楊自以爲得志，愈肆兇虐。歷數月，當秋末，時日正中，見禹從遠來，二鬼隨其後。俄至前，叱楊曰：「爾無故殺我，我赴愬於幽冥，蒙助我二使，共捕爾。」楊欲走，禹捽其髻，鬼又從而擊之。楊哀懇謝過，禹曰：「昔爾苦我時，荒窘之狀亦如此。殺人償命，欠債還錢，豈悠悠閑言詞所可救解！」路人過者，見楊垂頭慄慄，往復自語，且以手摑面，流血不止。爲報其家來視之，尚能道所遇，頃之而死。

汪乙黿

鄱陽市民汪乙，居倉步門外，販魚鼈以供衣食。乾道三年秋，至湖上，以錢兩千，從漁

【一二】今還魂　葉本、四庫本作「我今還魂」。

者買一黿，其重百斤。還家，寘諸室内。夜聞呻吟聲甚哀，明燈照之，乃黿也。見汪來，昂首作人言曰：「願救殘命，放歸江湖，當思所以報。」汪愚而忍，以爲怪，持大杖鞭之數十，猶乞命不已。鄰叟聞而異焉，披衣起，喚汪，勸其縱之於水，不聽。明旦，叟又率他居者同勸止，且欲衆出錢償所直，竟不可。後三日殺之，未幾坐事繫獄遭杖，家日以貧，與妻皆餓死。

段祥酒樓

鄱陽郡胥段祥，主酒務榷酤。縣治之南，舊有酒店，重樓頗潔素，爲山魈所據，歷歲久，人莫敢登。每陰晦之夕，則抛擲瓦石，擊壞罌甕，翻潑水漿。淳熙三年，祥實董其事，深以爲慮，乃與他少年羣議之。密蓄利刃，散伏户外。及壚側，數人入室守視，又縛大雄雞置甕邊。祥親執短矛，顒坐以俟。時當秋八月。二更後，聞有喘息聲。頃之，一物身長六尺餘，裹軟脚唐巾，緑袍角帶，曳黑韡【一二】，持手板，從樓而下。搢板揎臂，欲至甕滌器，聞鷄振翼，化爲狸，俯伏于地，將搏雞。祥運矛揰其喉，聲如狐嘷，衆共擒殺之，剥其皮，斑爛可愛，煮肉分食無餘，樓怪遂絶。

【一二】黑韡　「黑」字原脱，據涵芬樓本刊誤、四庫本補。

姜彦榮

鄱陽醫者姜彦榮，淳熙十二年，遷居豐泰門内。因夜歸，停燭獨坐，尋繹方書，見老人拊户而立，注目視之，已不見，知其爲怪，而未暇窮其迹。他夕，赴市民飲席，醉歸，復遇之。灼然可識，龐眉白首，髭髯如雪，著皂緑素袍。姜大呼叱之，没於地。姜曰：「是必窖藏物欲出耳。」遲明，發土二尺許，獲銀小錠，重十有二兩。復劚之，鏗鏗然，聞金革之聲，堅不可入。姜慮無望之福，或反致禍，乃止。

張鮎魚

鄱陽陶器店駔張廿二，醜面闊口，廛市呼爲鮎魚。乾道癸巳，因逋負税直多不能償，與妻相繼自經死。有子幼，贅壻陳昉主其家。淳熙庚子，昉偕同里朱生，往都昌魚池索漁户債。正飲酒于肆，見張從一黄衣急足來，方怪慴，已至前，厲聲叱昉，曰：「知汝在此，故來需汝性命。」昉再拜，拱手邀入坐。不許，曰：「我更唤丈母來，共汝理會。」少頃，果同妻抱嬰兒復來，揮鐵尺擊昉。朱奪其尺，告之曰：「爾女兒分付丈夫隨我，今若殺之，如何出手？」張曰：「吾死七八年，因繫陰司，受無量苦，壻全不救拔。此嬰兒亦因渠一拳而夭喪，安得索休【一三】！」適尉曹兩弓兵過，睹其紛爭，不知爲鬼也，亦語之曰：「汝

【一三】索休　「索」原作「素」，據呂本、四庫本改。

無故白晝打殺，定當累我。」張乃顧黄衣曰：「爲我追此人去。」黄衣曰：「須是先於泰山府君處下狀，得文牒，方可追人。豈得專擅？」擾擾薄暮，張夫婦及黄衣就買酒處儬宿，昉與朱并弓兵鄰室而處，略無人鬼之辨。張終夕詬昉，又使黄衣返其家取錢。良久，負二千至。弓兵問所自，對曰：「在張家桌下取來。初時左門神見拒，而右尉爲我通報，故得之。」明旦，與朱、陳復同塗到鄱城西北蠙洲，忽不見。昉抵所居，猶歷歷聆張聲音。旋卧病，踰旬獲安，幸不死耳。

包氏僕

鄱陽包氏，居蠙洲門内，買一馬付其僕程三養視，日浴之於放馬渚。常爲白頸鴉登背抛糞，深患之。逐去，復來。於是敲針作小鉤，貫以長縷，從馬腹旋繞致背，挂餌於表，鴉啄餌吞鉤，不可脱。程剔其雙目睛，懷歸舍，求酒於主家而吞之。自此眼力日盛，能歷覽鬼物於虚空間。嘗與包婢在厨，見一鬼瞠目拖舌，項下纏索，履門閾窺瞰。程持杖擊之，呻吟窘怖，冉冉入地而滅。蓋向時有縊死於彼處者。後每出野外，必有所睹，雖似人形，而支體多不具足，厲怪望之，往往奔竄。或人謂千歲鴉，目能洞視，程所吞者其是歟。此卷亦得之朱從龍。

校勘記

夷堅支甲卷第四 十六事

共相公

南康都昌縣盧衡民劉四秀才，紹興四年十一月暴卒，爲兩吏領至幽冥中，入閻王殿庭下。仰望陛基，可高一丈許，王憑几坐其上，其前立巨牌，碧字標云「共相公至此」。劉默念：「世間安得有此姓？」初未嘗發言。王顧語左右，似有生人氣，吏質劉，曰：「汝適所説何事？」劉不敢答，辭曰：「未曾啓此齒。」再三逼之，乃道所念。吏叱曰：「不得洩漏。此是饒州洪右相，今作閻羅王。」少頃，王命吏押回。劉歸，經歷數獄，見罪囚苦楚，驚悸之極。吏舉袖掩其面，遂蒙無所睹。行三十餘里，始釋手。別又有一殿巍然，僧合掌升高坐，前有黑光桌，鋪白紙一張，紙上數蟲蠕動，僧下坐，執隨求法環，摇撼作響，問劉曰：「汝在生，修何善業？」對曰：「無可紀者，僅能持《高王觀世音經》耳。」對曰：「只此是也。放汝去，汝來已經三日，恐汝妻壞了宅舍，宜亟還。」吏即引行。過澗水兩重，躍而寤。次年二月，劉生鄰人葉百一至憲臺投牒，館於逆旅黄氏，與人説此，予不暇親審也。因記文惠公頃遊廣府，府帥方務德滋因留攝幕屬，與其弟稚川同官。稚川名洪，胥吏倡優避其名，呼公爲共通判。而洪氏所出，本共工氏之後，故《左傳》有晉共華、魯共劉，皆讀曰恭。至漢，乃於左方增「水」云。

張鎮撫幹

鄱陽張鎮者，忠定參政之孫，爲湖北安撫司幹辦公事。紹興四年十一月，參議官張廣滿秩，鎮送之於沙頭，留飲至二更，乃還城。方就寢，而府市火作，鎮起，從主帥樞密出視，歸已夜分。天未明。忽連聲稱「救，救」，妻秦氏呼問之，瞑目不語，頃之而絶。先是，十日前，遣一驋持信罨至德興，半塗覺肩重，自是日日頓增，殆不可負。嘗擲之於地，曰：「莫是裹面盛着死人頭，如何更擔不起。」過江山渡，以語舟人，舟人試舉之，亦云：「未嘗有遠路信物，如此重者。」既到張氏宅，驋納書於鎮父通州使君埏。啓罨，但鹿脯耳。才出外，便爲物所擊，爲鎮音聲，責之曰：「汝在路，如何得罵我？」驋謝不敢。俄直入，至父母處，泣而言曰：「死生定數，無所復恨。鎮未有子，新婦難以守寡。畢喪後，乞遣歸其家。大姊嫠居歲久，雖有一兒，亦非久遠計，願别爲謀終身之託。」驋旋仆地，移時乃蘇。通州愕然憂疑，鎮正其室范氏所生，尤以爲戚。又兩日，凶問至。然則驋西來時，鎮之神識已憑之矣。悲哉！死時方三十五歲。秦氏，堪之女也。

雙頭蓮

鄱陽高嵲，就館於邑宰，以無訟堂爲學舍。池中蓮生花雙頭，丞賈燠見之，曰：「此嘉祥也。先君大觀二年在吴興鄉校肄業，直廬後産此花。守兵白教授，率諸生來觀之，折取諦翫，葉間隱隱有金書先君姓名三字，諸人共致慶語，勉令力學，以來歲大魁相期。輕薄子翕然笑曰：『賈癩子作狀元，是天下無士人也。』時正病，瘡瘍遍體，故云。至秋，獲薦送，廷對爲第一。」賈名安宅。

華延年

處州士人華延年，字慶長，入太學，肄業褆身齋。嘗與同舍聚坐廬亭上，齋僕報處州陳官人參齋，華奮躍而起，喜色可掬，衆異而扣之。曰：「往歲過三衢，詣老劉卦肆求占，得詩曰：『邲鑑總龜如往學，未見才名能廣博。希點若來參學時，同年從此不須疑。』今陳君者正名希點。蓋比歲葛、鄭、蘇三先生爲學官，吾三試南宫，皆不利，而陳亦阻憂患不得到省。兹其有同年之兆乎？」果以淳熙辛丑同登第。希點字子與，爲第四人。

項明妻

餘干洪崖鄉嵊峎山民項明，取倡女胡氏爲妻，十有餘歲，生一女而死。隆興二年，有巫從他鄉來，言能致亡者魂魄。項令召其妻，隨命即至，項無所睹，女已十二歲，獨見之，真其母也。遂留止不去，夜與夫同榻異衾，而與女共處。凡所需索悉，憑女以告。兩月後，忽云：「父母來，仍攜僕從，欲飲食。」項即辦供具。初，同席鋪設，妻曰：「主僕不當均禮。」乃別置焉。繼言：「吾父室廬損敝，擬建新居，求錢助費。」亟焚紙鏹數百束，又云：「錢甚多，無人輦送。」乃喚畫工作兩力人。既成，嫌其矬弱，復易之。俄告去曰：「欲偕二親治屋，經月餘再來。」所親李媼訪其夫，失不瞻問。女云：「已被阿娘於腰間打一杵。」媼歸，腰大痛，不能行。卜者占胡氏爲祟，禱之始愈。相處一年，漸縮小。其竟也，殆如嬰兒，遂不見。右三事，高峽景山説。

嚴桶匠妻

饒州民嚴翁，爲桶匠，居城外和衆坊，妻生三子皆娶婦。嚴死累歲，妻以淳熙庚子四月亦亡。三子有孝心，停柩於家七日，方作齋會，姻戚咸集。一蝮蛇俗稱鱉鼻者，長五六尺，忽從柩下出，蜿蜿蜒蜒，了無害人意。見者異而視之，蛇昂首，向子點首者三四，眼中流淚，若欲悲訴者。或擬舉杖加箠，子遮止之。鄰媪乃問之曰：「爾是嚴婆耶？」點其首。又問：「何處是汝靈坐？」即直赴其所。良久復出，又問：「三婦房何在？」皆隨聲而往，問三子亦然。既罷，徐徐入户限内，不知所之。

劉十二

劉十二，鄱陽城民也。居槐花巷東，以傭書自給，爲性倔强。當夏夜，與妻子露坐於小庭下，見一物從外門而入，狀類人，而頭如斛大，無肢體手足，雙眸睥睨，睛光閃爍，竦耳侈口，勃窣造庭際。劉氏大小駭走，旋失所在。明夜復然。自是數來，家人慣見之，稍不怯畏，隨伺其何往，乃至屋後大木下入地而滅。凌晨，命鍤掘其處，於三四尺底得古石甓，齒多缺落，獨兩眼存。取斧椎碎之，戢戢流清血，舉而擲諸江中，怪不復至。

張待制

鄱陽市民李十五，買屋一區於他巷。移居未久，每朝暮常覩室中變怪，或星光勃鬱，若撒沙之狀，霍辣有聲。李家人畏有奇禍；別僦舍徙焉，而以其居轉鬻于人。張南仲待制以百千得之，自往督夫力葺治。見中堂大石清徹温潤，遣僕舉之，獲白金器數百兩，或云二十錠。咸謂地寶自有所係【一】，非李所能【二】享納也。

【一】自有所係　涵芬樓本注，「係」葉本作「屬」。

【二】所能　涵芬樓本注，葉本作「所當」。

李柔

衢州倡女李柔，以慧黠善歌舞爲士大夫往來者所稱賞。年才二十餘，遇疾而死。郡駛卒王先，與之同里居。時被命詣錢塘，回至壽昌縣，相值於道。訝其獨行，詢之曰：「今欲何所往？」曰：「欲到臨安看郊祀！」卒曰：「何以不攜婢僕？又不乘轎，但一婦女單孑遠塗，豈得爲便？」柔笑而不答。既分手，柔曰：「君到吾家，爲寄聲父母，言我在路平安。」卒許之。及還，首訪李氏，乃知所見者鬼也。

詹熚兄弟

臨川士人詹熚，淳熙丙午春，夢人告云：「汝欲獲鄉貢，須遇當世之賢者乃可。」熚寤而思之，列郡秋闈考官，不過州縣一命之吏，渠知孰爲當世賢者。遍以語人，弟燮戲對曰：「試官若考中吾之程文，則可謂賢矣。」相與大笑。迨入試，乃《文帝敬賢如大賓賦》。熚悟向來【三】之夢，儻用以破題，既爲的當，且不陳腐，不雷同。遂於第一韻領聯云：「凡當世之賢者，如大賓而禮之。」及揭榜，熚爲賦魁，燮亦與薦送。是歲以賦求舉者三千人，惟二詹兩句擅場，信非偶然者。

【三】向來　涵芬樓本注，葉本作「向者」。

蘄守妻妾

蘄春太守【四】妻晁氏，性酷妬，遇妾侍如束溼。嘗有忤意者，既加痛箠，復用鐵鉗箝出舌，以剪刀斷之。妾刮席忍痛，不能語言飲食，踰月始死。後其家設水陸齋會，僧方召孤魂，晁窺屏間，正見故妾手持刀鉗二物，流血滿身，就位享供饌。怖而奔歸，爲傍人言，深有悔懼意。尋得疾，呻吟之際，但云：「妾督寃責償，勢必不免。」蘄守許以佛經，及多焚楮鏹釋其怨。晁云：「切不可。」數日而卒。

南城驛

孟必先子開，爲建昌教授。淳熙十年，將受代，暫假南城驛寓居。侍妾張燈於卧室，課其子讀書。孟子房才隔一窗，子忽見一物，如貓而有毛，潔白如雪，自室突走。出外報其母，共持燈跡探所向。孟聞紛紜，亦疾趨往視之。甫下廊廡，兩室皆摧壓，器皿椅桌，當其下者，已悉糜碎。非白貓示變，孟氏一家且併命。嘻，其危哉！孟今除桂陽守。此驛素多怪，前後處者皆不寧，兹乃能爲人福，可洗積愆矣。

【四】蘄春太守　原注：不欲記姓名。

錢塘老僧

錢塘民沈全、施永，皆以捕蛙爲業。政和六年，往本邑靈芝鄉，投里民李安家寓止。彼處固多蛙，前此無人采捕。沈、施既至，窮日力取之，令兒曹挈入城，販鬻所獲，視常時十倍。一日，施先歸李館，逢老僧扣門，謂曰：「吾鄉羣蛙之受釣，發端自汝。今污瀦所產，萬計皆空，暴殄天物如此，將招業報。速從此改業，尚堪贖過。不然，非吾所知。」申戒再三，施了無悛意。僧去，而沈來，具以告。沈曰：「野和尚如何敢預我經紀事，使我見，當與痛打一頓。你却縱使去，何也？」施言：「尚可追及。」乃相率逐之。行一里許，無所值，責其妄語紿己，咄咄嫚駡，施不能堪，與爭鬩。沈益怒，就取常用剥蛙刀刺之，中脅即死。保正擒送縣，東平鞏庭筠時爲邑宰，鞫其獄。衆證既孚，物色逮老僧，杳不可得。沈竟坐殺人，尸於市。

九里松鰍魚

鞏廷筠爲錢塘宰，與杭州士曹張顯正、縣尉錢紹彭，同游天竺。過九里松，見流水中小鰍魚相銜逐隊而嬉，才長二寸許，戢戢可愛。從者以器攬取，鞏邀二客下馬步觀之。行百餘步，到水際，得一穴，穴中水溢溢，羣鰍迸出如雲，其多不可計。傍側有酒壚，試訪其故。答云：「向有陳翁者，專爲貨鰍主人，凡自餘杭門入者，悉經其手乃敢售。晚年遷居此地，自賣炙鰍。夫妻近日併亡，無男女治後事，里巷爲掩瘞於一穴。比以積水所漬，冢土傾摧，每見鰍從中出，常時未省有之，不知何爲也。」鞏與客憮然驚嘆，正此翁媼墮鰍類，以償業債。即命里正取其骸，付漏澤園，送鰍於西湖。予所記煠鰕翁亦爾。右二事，見鞏廷筠《慈仁志》。

鄧如川

將仕郎鄧增，字如川，建昌諸鄧也，以父武岡太守昌國恩得官。爲人疏雋少檢，頗工製小詞，作大字。娶宗室朝議大夫子洤季女，絶有色，未及從宦而亡。家素貧，趙無以守志，才服闋，携其二兒適南豐富室黄氏子。甫一月，黄夢鄧至，誚之曰：「汝何人！乃敢娶吾妻？吾今受命爲瘟部判官，汝宜速罷昏，不爾，將行疫癘於汝家，至時勿悔也。」黄驚寤而懼，雖甚慕戀趙，不得已亟與決絶。踰年後，趙益窮匱，或日高無炊煙，又嫁南城童久中。越數月，亦夢鄧來責數，且云：「當以我臨終之疾，移汝身。」童方溺愛，不以爲然。果得風勞之疾，如鄧所感時，二年竟死。

黄文明

崇仁士子黄文明、吴如松二人，相與友善，皆獲鄉薦。紹熙辛亥，黄居家卧病，與往别業就醫，歷數月，不覺勝常。夢與吴同抵一處，遇黄衣走卒持官文書來追逮。取視之，其上有黄文明、吴如松姓名。相顧愠怒，謂州縣不應無故呼舉人，又斥誨【五】如此，始猶力拒，俄已隨之行。到大第宅，壯麗如官府，闚其户，寂無一人，走卒亦不見。進至中堂，入一室中，望其間設榻，兩人共被而寢，近而觀之，皆犬首人身，怖汗奔出。轉而之他，遇一道人，與之揖，問：「此爲何地？」曰：「此往生之所也。」未及再語而寤。以告父及告妻子，深訝朕兆之異。已而病甚，遂卒。如松亦繼亡。里中論者以爲，黄、吴儒生，操持無顯過，而身後疑墮異類，若云隱慝，則非外間所知也。

【五】斥誨　李按：「誨」疑爲「侮」之誤。

夷堅支甲卷第五十五事

唐四娘侍女

右從政郎楊仲弓，習行天心法，視人顔色，則知其有祟與否。乾道中，爲道州録事參軍。受代未去，因出行市里，逢小胥，呼問之，曰：「汝必爲邪鬼所惑，不治將喪身。」胥謝曰：「無有。」連日三遇之，皆不肯言。楊曰：「汝不怕死耶？告我何害？此祟非我不能治也。」胥聞其語，始悚懼，曰：「實與鄰室女子私通耳。相從已久，雖不識其家，但舉措嗜好，一切與人不少異，無復可疑。官所云若此，豈其物乎？」楊曰：「是矣。汝秘之勿洩，宜預備長采線，串以針。今夕來時，密縫其衣裙，仍匿彼冠履一二種。正使是人，固足爲戲笑。不然，便可推驗矣。」胥敬奉戒。女至，悉如之。雞鳴，女起，而失翠冠及一履，意狀慌擾，尋索勿得。胥但佯寐，陰察其所爲。天且明，怫然而去。胥視二者，乃捏泥所製，即攜示楊。楊行法考訊，遣吏徧訪羣祠，蓋城北唐四娘廟侍女也。胥往驗之，真所偶者，頭上無冠，一足只着襪，采線出於像背。楊誦呪舉火焚厥軀，胥得無恙。唐四娘者，淫祀也。楊終於郴州理掾。營道尉史何信【一】、九疑道士李道登皆見其事【二】。

校勘記

【一】史何信　涵芬樓本注，明鈔本作「史可信」。

【二】皆見其事　涵芬樓本注，葉本作「皆見其事云」。

舒嫩四

淳熙元年，道州寧遠縣民蕭淳禮，與故吏歐陽暄等數人，共率邑里錢，就九疑觀建黄籙醮。仍約以餘貲作鐘樓壇屋，往往虛數乾没，衆莫得稽考。後五歲間，主事者多死。小民舒嫩四被逮，入冥所，見皆本邑人，其親戚先亡者亦或在。到一官府，一囚桎梏繫廊下，傍側積錢甚多，近視之則淳禮也。問所坐何罪，嚬眉而答曰：「正治九疑醮事。」曰：「是役也，惟君用力最勤於，公家何預，反見拘執？」淳禮曰：「此陰府耳，吾實于斯有欺隱，故獲譴獨重。」舒方悟其已死，亦自悲愴。又遇舊識卜人蕭諄，相與揖語。曰：「汝勿恐，當得還。」旋踵而甦，蓋已奄然三日矣。是時，同邑黄中立亦會中人，臨病篤，言：「爲黄衣卒來追理，對九疑醮事。」隨語而殂。

龔輿夢

潭州士人龔輿，乾道四年冬，與鄉里六七人偕赴省試。過宜春，謁仰山廟祈夢。輿夢至官府，見柱上揭帖紙一片，書「龔輿不得」四字，而「不」字上下稍不聯接。既覺，殊不樂，自意必下第。及春榜至，輿中選，餘人盡黜，始以語人，謂夢不驗。好事者曰：「『不』字斷續如此，乃『一個』也。神言龔輿一個得舉，豈不昭然？」

游節婦

建昌南城近郭南原村，民甯六素蠢樸，一意農圃。其弟婦游氏，在儕輩中稍腴澤，悍戾淫泆，與並舍少年姦。甯每側目唾駡，無如之何。游嘗攘鷄欲烹，甯知之，入其房，搜索得鷄以出。游遽以刃自傷手，走至鄰舍，大呼曰：「伯以吾夫不在家，持隻鷄爲餌，强脅汙我。我不肯從，懷刀欲殺，幸而得免。」甯適無妻，鄰人以爲然，執詣里正，赴縣獄。獄吏審其情實，需錢十千，將爲作道地。甯貧而嗇，且自恃理直，堅不許。吏傅會成案，上于軍。守戴顗不能察，且謂閭閻匹婦而能守義保身，不受陵偪。録事參軍趙師景又迎合顗意，鍛鍊成獄，奏之，甯坐死。而賜游氏錢十萬，令長吏歲時存問，以旌其節，由是有節婦之稱。郡人盡知甯冤，而憤游氏之濫。竟以與比近林田寺僧通，爲人所告，受杖。未幾抱疾，見甯爲祟，遂死。時淳熙四年六月也。其後顗爲提點刑獄延璽劾罷，趙贓敗去官。軍、縣推吏，一死一黜，皆相去年歲間耳。

周三蛙

南城田夫周三，當農隙時，專以捕魚鼈鰍鱔爲事，而殺蛙甚多，至老不輟。淳熙十年，得疾不能名其證狀。初覺腹中一物往來胸臆間，漸痛楚攻劇，食飲不復入口。家人引手摩拊之，隱隱若數蛙蠕動於内。久之，益侵【三】，宛轉一榻上，跳擲簸頓，呻吟哀鳴，與蛙受苦時不異，凡一歲乃死。

妙智寺田

建昌新城縣妙智寺，有田皆上腴。會寺僧盡死，寓客吕郎中方來郡城卜築，垂涎其産，囑諸邑宰張君，欲承佃。吕之女嫁軍守孔揩之弟，張畏其挾勢，遂給與之，寺以是廢，并屋室亦毁撤無遺。張臨受代，夢客通謁，自言爲妙智寺土地，以田爲請，曰：「可令吕公見還，而别命僧主持香火，脩理院舍。不然，且速禍。」凡三夕，連夢皆然。及罷去，復夢來謁，而加懇切。張悔懼，具告吕，吕殊不顧省。張調湖北安撫幹官，未赴而卒。吕夢張服緑袍如平生，偕寺土地來，斥數其貪，仍警以咎譴，申言再三，吕竟不聽，其長子又從而羽翼之。未幾，除守蜀中郡，行至武昌而死，長子繼亡。

湯省元

瀏陽湯璹君寶，爲士人時，游學於清江，每往來必過宜春。淳熙甲辰，謁仰山二王祈夢。是夕，夢行通衢，遇兩士同塗，揖問姓字，其前人云姓王，其後人云歐陽。少頃，一吏如典謁者，邀赴公燕。到一處，崇閣華屋，二少年衣冠燁如，若貴游子弟，與之坐，置酒高

【三】益侵　「益」原作「登」，據吕本、四庫本改。又周本作「益擾」。

會。席罷徑起，但一僧在傍，相問訊，拉詣別館。見一鐘絶大，掛于架。湯拊摩之，謂僧曰：「試扣之，如何？」僧曰：「鐘雖成，俟經洪爐陶鑄乃可擊，今未也。」又問其故。曰：「今擊之，其聲止聞一方。若得洪爐坯冶之力，然後鳴蒲牢以撞之，當播宣四方，非茲日比也。」遂驚寤。歲在丙午，潭州秋試，以第三名中選。舉首則王顔，次爲歐陽問。丁未南省，湯魁多士，予實典貢舉，乃悟洪爐之兆，蓋默寓姓字。夢中二少年疑爲王子，僧者小釋迦云。湯作記刻石，茲僅傳大略耳。

雷州雷神

淳熙丙申，桂林連月不雨。秋冬之交，農圃告病。府守張欽夫栻，遣駛卒持公牒詣雷州雷王廟，問何時當雨。既至，投牒畢，宿於祝官之家。是夜，駛、祝同夢神令具報云：「明年上元前三日，方有微雨。」仍以錢二千與來使，且命于牒中併言之。又諭駛曰：「錢須令左司見。」駛拜謝。旦往辭，得牒及錢于案上。歸塗乏使，遂用所犒錢。至復命，張視牒，問錢何在，時纔餘百錢，探懷取呈，猶銅錢也。張顧左右，轉接諦翫，則變爲紙灰矣。至正月十二日，果得小雨，僅能洒塵，於沾丐殊無補。

劉畫生

建昌新城劉畫生，因往近村鶴源寺，歸次山崦間，值雨，趨避道側樹下。聞人咄咄語聲，顧見二婦女冒雨偕行，一老一少，遥謂劉曰：「我輩從汝索命，于今五十年，天涯海角，尋求且遍，元來乃在此。」劉曰：「我平生不曾殺害人，又年未三十，汝乃稱五十年相尋，真是錯也。」二婦同辭云：「曩實爲汝所殺，安有錯誤？今必不相捨！」劉甚懼，奔至旅店，具爲主人言。方共嗟異，而已在傍，主人略無所覩，以爲病狂【四】，引詣一室少憩。俄復出如廁，解衣帶欲自經，人急救之得免。左有廣祐王行廟，主人使拜禱祈福。二婦隨之不置，笑而語曰：「汝欲謁大神，而買香不費一錢，如何感應？」劉徑入懇請，才出門即仆地，昏卧移時醒。然云【五】：「似夢非夢，見神緋袍象笏，據案治事，命吏檢簿。既而，曰：『劉生持十關齋至誠，特與展一紀，立放還。』二婦拱候廷下，相視掩泣，若不從狀。神叱責，乃止。」遂平安如常。自是，絶不茹葷，時淳熙初元，不知今存否也。

【四】病狂　「狂」原作「獨」，據吕本、四庫本改。

【五】移時醒然云　「醒」吕本、四庫本作「洒」。

景德寺酸餡

南城張遷善知縣家老僕姚卓，次子爲景德寺僧，一孫年十許歲，間至叔處。淳熙丁酉三月望夜，夢詣寺，如常日嬉游，到佛殿前，遇長身僧，與之一酸餡，納於袖中。睡覺，儼然在手，以告母，欲食之。母疑其異，轉語卓。卓頗駭，亟攜孫往質其事，乃昨夕張提刑來塔院設水陸供食也，他僧取所餘者比校，無少差。卓復懷歸，寘佛堂香盒内。次夜，孫又夢前僧來責曰：「我與汝酸餡，何故不喫？汝既無用，當以還告。」孫不能答。迨旦，視盒中，失之矣。

劉承議

劉旦，字德遠，新城人。紹興十四年，預鄉貢，得一夢，不以語人。至三十年登科，踰二紀始改京官，才至奉議郎，不考課。妻子催迫，姻朋勸勉，曰：「若執志如此，安得延賞及後人乎？」於是勉自陳，遂轉承議。俄遇光堯慶壽，例賜磨勘。謂從此爲員外，只旬月事，殊過望慰喜。未幾，自通判陳州代歸，卒於九江舟中。方無恙時，取所被敕誥緘封之，而書其上，曰：「俟吾瞑目後，可開。」及没後，家人乃啓視之，蓋述宿夢。言見一異人，戒我曰：「君仕宦至承議郎，即止。」殆是神告。故向來深不願遷此秩。然賦分既定，懼非人力所能轉移，子孫宜用爲鑒。聞者以劉爲知命，恨其不踐初心云。

劉氏二妾

從事郎劉恕，吉州安福人，歷陽守子昂之子也。喪其妻，使二妾主家政。一既生子，又娶于高氏，攜媵婢四人。淳熙初，爲道州判官，高氏妊娠，是時妾子年一十二矣【六】。妾性悍狡，慮正室得雄，則異日將分析貲産，且已寵必衰。密以淫邪之説蠱惑之，而高志操潔清，復不妬忌，無疵玷可指，謀不得施。但日夜教其子，伺乃父出外治事，或對客，輒啼嘑奔叫。恕甚愛此子，每歸，拊之，子無言，而於屏處訴云，爲母所箠。恕固已疑焉。一日饋食，妾親手作羹，倩一媵持以與子。有針貫于菜莖中，子微爲所刺，吐之，大呼曰：「人欲殺我！」恕驚問，見針窮詰所來，二妾共證，謂媵承主母意，規兒性命。恕以爲然，盡執四婢，送獄訊鞫，不得情。郡守念閨門茫昧，難以寘法，只撻杖而逐之，高氏竟罹決絶。外間皆明知其誣，恕獨弗之悟，旋用他事罷去，還鄉而卒【七】。

張調夢

張調，字和中，宣徽使堯佐之孫，以戚里補官。初筮仕，夢登三層閣，其高層緣壁上，下列漆牌數百，書人官職姓名，以雄黄塗飾。其一牌刻曰「右朝某郎通判某州張某」凡「某」字處，皆爲煙霧隱蔽，不可辨識。是時，文階寄録，未帶左右字，竊異之。一人在傍

【六】妾子年一十二矣　明鈔本作「妾子十一二歲矣」，四庫本作「妾子十一二矣」。

【七】還鄉而卒　葉本、四庫本作「甫還鄉而卒」。

言曰：「此乃元祐新制也。」嗟嘆而寤。又三年，左右之制始行。張後歷知撫州崇仁縣，官朝奉郎，繼通判南劍州，以母憂不赴。後調龍陽軍使，自是無宦情。凡十年，不求陞轉。故人適爲尚書省都事，徑爲陳牒於吏部，再遷右朝請郎。思名位已溢，默默不樂，果終此官。崇仁鄧軥爲張撰行狀，載其始末。

灌園吴六

臨川市民王明，居廛閒販易，貲蓄微豐。買城西空地爲菜園，雇健僕吴六種植培灌。又以其餘者俾鬻之，受傭累歲。紹熙辛亥，力辭去，留之不可，王殊恨恨。未幾，夢其至，趨役如平常。責之曰：「汝既告去，何爲復來？」對曰：「自九月六日到此矣。」覺而疑焉。俄聞其已死。他日詣圃，見傭耕者言：「數夜前，犬生兩子，其一不存。」王始悟，得非吴僕乎？問：「何時？」曰：「初六日也。」以夢告之，傭曰：「近鄰圃人妻當夜亦夢如此。」因往視。新犬方開目，試呼吴六郎，呦呦若應然。王氏謂其生前貨蔬，隱其直多，故受此報。

石叔獻

石叔獻，南城巨室也。娶濮王宫諸孫女，得官。幹僕吴榮者，爲之掌錢穀出納，積爲欺弊，訴於單軍守【八】趙不流子和，其婦近族也，窮治其罪，杖而編隸泉州。淳熙六年，叔獻卒于家，榮弗知之。嘗出行廛次，遇一白袍商客，宛然主翁也，趨前拱揖，問：「何日至此？」曰：「偶以事亟來，未暇與汝款語。」遂分手去。榮詣旅舍訪之，遍城皆不見。因【九】榮因赦恩還鄉，詣石氏，始聞其亡，方在泉相值時，去世已久矣。未幾，榮亦死。

【八】單軍守　李按：宋江南西路置建昌軍，領南城等縣。疑「單」爲「建昌」之誤。

【九】因　涵芬樓本按：「因」字疑衍。

夷堅支甲卷第六十四事

西湖女子

乾道中，江西某官人赴調都下，因游西湖，獨行疲倦，小憩道傍民家，望雙鬟女子在内，明豔動人，寓目不少置，女亦流眄寄情，士眷眷若失。自是，時時一往，女必出相接，笑語綢繆，挑以微詞，殊無羞拒意。然冀頃刻之歡，不可得。既注官言歸，往告别，女乘間私語曰：「自與君相識，彼此傾心。將從君西度，父母必不許。奔而騁志，又我不忍【一】爲。使人曉夕勞於寤寐，如之何則可？」士求之于父母，啖以重幣，果峻却焉。到家之後，不復相聞知。又五年，再赴調，亟尋舊游，茫無所覩矣。悵然空還，忽遇之於半塗。雖年貌加長，而容態益媚秀。即呼揖【二】問訊，女曰：「隔闊滋久，君已忘之耶？」士喜甚，扣其徙舍之由。女曰：「我久適人，所居在城中某巷，吾夫坐庫務事暫係府獄【三】，故出而祈援，不自意值故人。能過我啜茶否？」士欣然。並行二里許，過士旅館，指示之，女約就彼從容，遂與之狎【四】。士館僻在一處，無他客同邸【五】。女曰：「此自可棲泊，無庸至吾家。」乃攜手入其【六】室，留半歲。女不復顧家，亦間出外，略無分毫求索。士亦不憶其有

校勘記

【一】不忍　涵芬樓本注，葉本作「所恥」。

【二】呼揖　涵芬樓本注，葉本作「相揖」。

【三】暫係府獄　涵芬樓本注，葉本作「繫獄」。

【四】遂與之狎　涵芬樓本注，「之」葉本作「款」。

【五】無他客同邸　涵芬樓本注，葉本作「無客與鄰」。

【六】其　涵芬樓本注，葉本無「其」字。

夫，未嘗問【七】。將還，議挾以偕逝。始斂衽顰蹙，曰：「自向來君去後，不能勝憶念之苦，厭厭感疾，甫期年而亡。今之此身蓋【八】非人也。以宿生緣契，幽魂相從，歡期有盡，終天無再合之歡【九】，無由可陪後乘。慮見疑訝，故詳言之【一〇】。但陰氣侵君已深，勢當暴瀉。惟宜服平胃散以補安精血【一一】。」士聞語驚惋，良久乃云：「我曾看《夷堅志》，見孫九鼎遇鬼亦服此藥。吾思之，藥味皆平平，何得功效如是？」女曰：「其中用蒼朮去邪氣，上品也。第如吾言。」既而泣下，是夜同寢如常【一二】。將旦，慟哭而别。暴下服藥，一切用其戒。後每爲人説，尚悽悵不已。予族姪圭子錫知其事。

蔣良輔

南城人蔣良輔，業儒不成，老於鄉校。淳熙十年病卒，半日復蘇，語家人曰：「適被追到冥府，竚立庭下，偶閻羅王未出廳，我故得暫還，亦不能久也。」越二時頃，竟長逝。

遠安老兵

峽州遠安民家，篤信仙佛，嘗作呂公純陽會，道衆預者頗盛【一三】。齋供既罷【一四】，一老兵從外來，著敝青布袍，躡破麻鞋，負【一五】兩篛籠。弛擔踞坐，呼叫索食，却之不可【一六】。其家尚有餘饌，隨與之。既又求酒，畀以小尊，一吸而盡。至於再三，皆然。主

【七】未嘗問　涵芬樓本注，葉本作「未嘗復問」。
【八】蓋　涵芬樓本注，葉本作「實」。
【九】終天無再合之歡　涵芬樓本注，葉本作「終無再合之道」。
【一〇】故詳言之　涵芬樓本注，「詳」葉本作「明」。
【一一】精血　涵芬樓本注，葉本作「精神」。
【一二】同寢如常　涵芬樓本注，葉本作「同寢盡歡」。
【一三】道衆預者頗盛　涵芬樓本注，葉本作「道流盛集」。
【一四】齋供既罷　涵芬樓本注，葉本作「齋罷」。
【一五】負　涵芬樓本注，葉本作「挑」。
【一六】却之不可　涵芬樓本注，「可」葉本作「去」。

人駭其量，語之曰：「尚能飲乎？」曰：「固所願也。但爲【一七】君家費已多，不敢請耳。」酒至，到手即空，不遺涓滴。徐問：「今日所作齋會云何？」告以故。客曰：「儻呂真人自來，必不能識【一八】。」主人指壁間畫像示之，客注視微笑【一九】曰：「我却曾識他，狀貌結束，全然與此別。與我絹五尺，當爲追寫一本【二〇】。」主人喜，即付之【二一】。客接絹，不施粉墨，但寘手中挼莎，俄而大吐，就以拭殘污【二二】，主始惡焉。度其已醉，無可柰何。旁觀者至【二三】，唾駡引去。良久，納絹于空缾，笑揖而出。一童探缾中取視【二四】，則仙像已成，衣履穿束，宛與向客無小異。其家方悟真人下臨，悔恨不遇。標飾置淨室，謹事之【二五】。時淳熙七年。筠州新昌人鄒兼善爲邑主簿，傳其事。

巴東太守

余紹祖，奉新人，登紹興丁丑進士第。淳熙末，通判江陵。當赴官，以道遠，不挈家，惟二子一館客同塗。啓行次日，抵分寧縣境毛竹山。晚宿僧寺，纔入松徑，主僧率其徒迎揖甚肅，别有一道人居其中。既下車，憩坐法堂上。余以僧禮意勤厚，問之曰：「適間元不曾遣騶卒先至，師何以知吾之來？」僧曰：「山村寂寞，本不預聞外事。偶今早見道人，説夜夢大官當到此，故終日掃灑敬事，而吾官果至。異日必爲貴人矣。」余默喜。僧退，命邀道人與之酒。審厥夢曰：「果然，但不暇爲僧語其詳。今請畢其説，昨夢貴客至寺，徑入寺後古

【一七】但爲　涵芬樓本注，葉本無「爲」字。

【一八】必不能識　涵芬樓本注，葉本作「亦識之乎」。

【一九】客注視微笑　涵芬樓本注，葉本作「客笑」。

【二〇】當爲追寫一本　涵芬樓本注，「追」葉本作「汝」。

【二一】主人喜即付之　涵芬樓本注，葉本作「主人喜甚，即取付」。

【二二】就以拭殘污　涵芬樓本注，葉本作「以絹拭之」。

【二三】旁觀者至　涵芬樓本注，「者至」葉本作「皆」。

【二四】探缾中取視　涵芬樓本注，葉本作「探缾中出絹展視」。

【二五】標飾置淨室謹事之　涵芬樓本注，葉本作「表飾懸奉之」。

木朽穴中，而木甚茂盛。方訝其異，旁有一人云，是某郡太守也。」余聞之，謂正爲倅貳，距郡守只一間，且身棲木穴，殆非吉兆。子以丁固夢松事與館客同寬釋，余意頗自慰，與道人衣一領，錢一千，謝使去。暨到官，將受代，適巴東缺守，荆帥趙丞相薦其姓名，朝廷從其請，命既下，趙公就遣吏卒送之西。未行感疾，趙諭幕客張鎮爲挾醫治療。醫言脈已絶，趙餌以金丹，似少間。一日正晝，呼其子曰：「天色已夜，何不張燈？」子答以日當晝，余叱之。其僕燃兩燭至，又云了不見有光。須臾，增至十餘條，亦如初。子疑爲失明，近而瞻視，雙目瞭然。俄頃而卒。蓋將亡時，精神消散，所謂眼光落地者，此歟。

林學正

福州老儒林君，自少力學，而終身不偶，以教授生徒爲業，累衆食貧，居州之南境，與莆田接。陳魏公與之有舊，及爲相，貽書招之詣闕，欲有所成就，辭不行。王瞻叔參政帥閩，魏公言林平生行義，不妄取予，使加禮重。王訪其所止，遣五兵一車，齎錢三萬，聘以爲學正。林受帖甚喜，館使者於旁舍，置酒具饌，約以即治裝，黎明戒塗。是夕無疾而卒。鄉人嗟嘆其窮，謂無此横財，當未入鬼録。乃知踰分躁求，固有定數。筠州通判李善學嘗在其席下，備言本末。

高周二婦

南城鄧禮生子，雇田傭周僕妻高氏爲乳母。時其夫已亡，高與惡少年通姦，至於孕育，慮爲人所訟，溺殺兒。後數年，得蠱病，腹漲彭亨，面色如梔蠟，徹日夜呼痛，至不可忍聞。淳熙十四年七月病亟，家人環視，高曰：「天氣毒熱，我身如火，何更抱嬰孩來相惱亂我？」俄伸足爲蹴踏狀，又曰：「爾輩不爲我除去，我已自踏向床下了。」少頃，復爲搪觸之勢，且望空紛拏辯數，皆知其殺子之寃，生受此報，明日死。其女在傍，目擊之。既嫁，因産女，患其已多，貧無以贍給，即漬諸水盆内。明年，再懷妊，見異物入房，驚而成疾至困，臨終譫語累日，略與母死時同。

趙岳州

朝散大夫趙善宰，字彦平，居於建昌。淳熙丁未，除岳州守，未及上，以十一月卒于家。明年其子汝昌夢到官曹，徐行抵庭下，望乃父朝服據案決事，見昌至甚喜。未及相語，視四隅文書充塞棟宇，父曰：「吾才去世，即受命作陰官，權力不減在生爲郡時，特苦於省閲文牘之繁，卒無斯須之暇。吾殊不樂居此也。」昌曰：「大人既不樂，何不求脱去？」曰：「已除代者兩政，吾獲免不久矣。」昌曰：「代者爲誰？姓名可得聞乎？」曰：

「乃周昭卿、童伯虞二鄉人也。」言畢而寤。詰旦，白母戴氏及弟妹，皆悲泣。因遍傳一城，聞者謂不應連用三同郡士夫爲一職，不以爲信。昭卿者，朝奉郎周熺，方調坑冶贛州主管官。次年冬，當赴而卒。伯虞者，朝請郎童括，聞此說深惡之。時自吉州萬安縣解印，即詣闕注此官，且以禳趙夢云。若已與周爲代者，即之任。紹熙壬子滿秩，吏部差知雷州，客都城，待班陛對，買二少妾，滯留頗久。歲將盡，卒邸中。三君子在建昌稱善類，聰明正直，爲神不誣。其相去亦只二年，或三年，幾如世間資考也。甲志記孫點、石倪、徐楷相踵爲泰山府，君三人同一檄，甚與兹事類。但此皆鄉人接武，爲小異云。

豐城下渡

豐城縣界三港口新開河，一津名下渡。紹熙庚戌八月，岸上居者王媪，夢一客衣服不潔清【二六】，形容瘦瘠，若平生素相識，來致謝云：「寓此經年，煩擾多矣。數日間當捨去，故專告别。」媪覺以語其子，莫知何謂。後五日，同邑苦竹村民嚴克誠二子，往西山玉隆宫謁許真君，過而登舟，未濟，俱溺死。道俗奉許真君極肅敬，二嚴沿途飲酒食肉，疑以是獲譴云。

兜率寺經

分寧縣兜率寺，有張天覺所書《圓覺經》。兵火後，爲近居民黄生所得，寺僧求之不

【二六】潔清　涵芬樓本注，吕本無「清」字。

許。黄，愚人也，不知爲可貴，視其紙堅淨，遂毁以爲卧榻單。久之，得癩疾，痛苦穢腐，數年乃死。

吴滲二龍

營道士人吴沂，淳熙丙午獲鄉舉。丁未下第，夢二龍挾其體，又夢人令更名滲，則當再獲薦。至己酉春，上登寶位，吴自謂且平揖一第，每語人曰：「二龍夾吾身，蓋來歲龍飛策士，吾必魁天下，爲龍首也。」遂更名果，再預選，乃居末綴。牓首蓋其叔應龍，而待補小榜有石應龍，遂符其兆。洎庚戌省試，吴訖不偶，鞅鞅成疾。還家，忽具緑袍鞾簡服之，入揖祖母及母氏。家人怪問之，答曰：「冥司請我作判官，今便赴上。」遽再拜叙別，而出徑赴井傍，直墮其中而死。

資聖土地

建昌孔目吏范荀，爲子納婦，貸錢十千於資聖寺長老，經二十年，僧既死，荀亦歸攝，因循失於償逋。荀後得疾且篤，呼其子覿光，謂之曰：「憶汝娶婦時曾借資聖寺錢，今本處伽藍神遣人押長老來索取，可急買紙錢燒與之。」又指示家衆，曰：「土地之使偕長老見在此拱立，汝輩不見耶？」洎焚楮訖，又曰：「兩人已去，欲往報恩寺前尋徐省幹理會事也。」至夜，苟死。徐生名以寧，萊州人，方自吉州監贍軍酒庫替回，未幾亦卒。時淳熙七年。先是，徐父奉直大夫者，寓居彼寺，寺之人用常住物假其名以規利，奉直因是頗掊有其貲，以寧與聞之，故致然。僧祖珏説。

張尚書

張彦文尚書大經，長者也。布衣時，與建昌景德寺僧紹光厚善。後爲諫議大夫，紹光死於鄉，張公蓋未知也。夢其荷械立庭下，泣訴曰：「紹光以某月某日死，緣生前罪業深重，沉淪地獄，無從脱免。願公不忘平生時，爲救釋，倩作佛事，以濟冥塗。憶有金一兩，在弟子姚和尚處，并有錢二十千，在市上某家，儻索而用之，庶可獲助。」張許之。他日遣僕歸，詢其事，皆合。乃命其子元晉，取金與錢，爲誦經轉輪，仍塑觀音像一軀于太平興國寺，燃長明燈以供，且刻石紀以示人。當淳熙初，張提舉湖南常平，巡歷屬城，至道州北境三十里，宿於杏園寺。夜夢婦人求葬己，言甚懇切。旦以告主僧，得其柩，以屬營道宰，瘞諸原。蓋其惻隱之心，類如是也。

七姑子

乙志載汀州七姑子，贛州亦有之，蓋山鬼也。遍城郭邑聚，多立祠宇。其狀乃七婦人，頗能興禍咎。淳熙十年，臨安人王大光爲坑冶司幹辦公事，閽卒白曰：「今早啓户，未幾有賣豆乳者來，數女婦從宅出就買，謂之曰：『汝少須於此，當持錢以還。』久而不出，不知誰人，敢以告。」大光駭曰：「我家人不應侵晨自買物，必妄也。若或有之，殆鬼物假託，但白日昭昭，寧得如是？」閽以姑子爲言，遂往視其祠，豆乳正在香几上。大光即命烹熟以薦，而代償所值。

甄錡家醮

甄錡知南康軍，感疾遂亟，醫者已束手。其子曰倜、曰儻，延天慶觀道士即軍治建醮筵請命，備極誠敬，至供獻器皿匕箸，皆易以新者。既畢事，錡與二子及主醮道士俱夢入大官府，見一神呼曰：「甄錡大數已盡，上帝以二子孝誠可嘉，并齋筵精潔如法，特與延壽一紀。」明日，皆欲言之。倜曰：「果獲響答，宜以紙筆具述，勿形口説，庶幾可信。」於是如其言，所夢悉同。咸爲甄氏致慶，意老人壽算，當時所增之數【二七】。然至明年是日而卒。計其時，恰十有二月。識者謂一紀爲十二歲，陰司不欲明言，故以一月爲歲，天限之不可逃如此。

【二七】當時所增之數　中華本注，此句疑有脱誤。

夷堅支甲卷第七十四事

蔡箏娘

陳道光，字不矜，南城人。自桂林罷官歸，過洞庭，夢綵衣童子，自言是洞中龍子，奉命告君：「勿食蒜韮及犬，後三年，當有所遇。」及期，六月在河中幕府，沿檄如商州，道經藍田，宿於藍橋驛。夢向所見童子執節而來，曰：「仙子候君至。」遂導以行。到一處，峻崖峭壁，童以節扣石壁，聞鎗然掣鎖聲，俄入洞户。棟宇華焕，金璧絢赫，佳花美木，世所未睹。稍進，抵中堂，望一麗女方笄歲，姿態縹緲，宛若神仙中人。正隱几寫佛書，顧客至，甚喜，延相對席，談詞如雲。陳乘間調之，曰：「獨居悶乎？」笑曰：「神聖無悶。」既而置酒同飲，累十觴。引生于室，室中皆錦綺文繡之飾，燒蠟炬大如椽。女子曰：「人間方三伏，此處則無暑氣。」陳但覺清凉如深秋。從容言：「吾蔡真人女，今住吉邑，以塵緣未盡，當與人會。我之氏族，見于《春秋》。名嬑，字婧娘，小名次心。幼時善秦箏，父母以其與彭氏女名嫌，更字曰箏娘。得與君接，幸矣，君仙材也，但世故膠膠，不容久居此。」又言：「司命不欲與君大官，恐復墮落爾。」因出白玉牌授之，請曰：「君既游物外，書詞問不可無紀。」陳操筆立成十絶句。其一曰：「玉貌青童洞裏回，洞中仙子有書催。雲中隱隱開金鎖，路入麻姑小有天。」其二曰：「長恐凡材不合仙，喜逢神女報因緣。青鸞不舞蒼虬卧，滿院春風白日長。」其三：「海石榴花映綺窗，碧芙蓉朵亞銀塘。汗雨頓稀塵慮息，始知身在蘂珠宫。」其四：「沉沉香霧映房櫳，剪剪簷頭盡日風。老聃西逝即浮屠，莫怪窗間貝葉書。長哂楊妃仙格劣，却教鸚鵡誦真如。」其五：「常怪樂天《長恨詞》，釵鈿寄語太傷悲。于今始信蓬山上，肯憶人間有問時。」其六：「一到仙宫白玉堂，氛氲薌澤滿衣裳。非龍非麝非沉水，疑是諸天異國香。」其七：「玉女倚天多喜笑，素娥如月與精神。假饒不許長年住，猶勝人間不遇人。」其八：「瓊漿飲罷日西沉，瞬息歡游直萬金。塵累滿懷那住得，鳳簫休作别離音。」其九：「玉水本流三島上，蟠桃生在五雲間。若非此處皆凡猥，劉阮昏迷錯往還。」其十：寫畢復飲。女命侍兒以簫度《離鳳》之曲，曲終而寤，簫聲故在耳。復兩夕，復夢童攜詩牌白曰：「仙子謝君，『玉女』即天女也，素娥月精以見况，甚無謂。劉、阮、太真列仙也，常相往還。君何呰詆之甚？老子爲九天最尊，奈何輒斥其名？今爲易『老聃』二字爲『道家』。『仙格劣』三字爲『苦輕肆』，『皆凡猥』三字爲『那真實』。」陳悉依其語，童遂去。且行且言曰：「人間文士輕薄，好譏毁人。」回頭微笑而去，自是不復再逢。陳自作文記其事。女與陳飲款終宵，曾不及亂，非唐稗説所記諸仙比。其真玉妃輩乎？

章澄娶妻

臨川士人黄則，字宗德。乾道五年登科，調監衡州安仁縣酒税，待次鄉居。同郡黄祖清秀才，夢其友章澄娶則妻朱氏。明日以語澄，澄笑且愠曰：「黄宗德方盛年，而吾婦固無恙，烏有是事？毋戲我。」未幾，則赴官，踰歲而卒。已而澄亦喪偶，其後竟聘則妻爲繼室。

姚迪功

建昌新城姚叟，政和三舍法行時，爲軍學生。嘗謁夢於神，以卜窮達。夢己著公服設香案於所居門外謝恩，覺而不曉其旨。或云：「老生當受恩科，而不及赴者，例門賜敕牒，以爲諸州助教。」於是憮然自念，曰：「豈吾旦夕預貢選，而蹉跎不第，至於特奏名乎？」已而累舉不登籍，遂束書歸，絶意榮路。紹興己卯，皇太后慶八十，霈澤錫類。姚以孫思賢獲鄉薦，得迪功郎，實衹命於家。距昔者之夢，恰五十年，方驗。

趙善待

宗室善待，居建昌城南之麻洲，與其子汝泰，皆常取應薦名，該遇己酉覃霈，當補右列。父子俱詣闕料理，留滯旅舍，行囊將竭，捨而西歸，倩鄉人傅庸俟告命。既還舍，父夢子告至，而已未也。寤而疑惑，謂途中或有失墜之患。越數日，又夢往所居二里間林田寺。四顧無人，獨子婦鄭氏同在夢中，亦以爲嫌，局脊不安。旦起，語其家，皆嬉笑。後兩日，忽苦咽間痺痛，粥藥湯飲皆不能進，信宿而卒。及告至，則已亡，不獲拜命。俄而鄭婦繼死，雙柩並寄攢於林田云。

鄧興詩

建昌鄧希坦，娶朝奉郎李景適女，生二男一女。女嫁承議郎徐宗振，長子大防，次男名興詩，於女爲兄，好學有雋譽。夢爲人召至一處，高閎華宇。三美男子坐廷上，置酒張樂，侍姬十數輩，皆頂特髻，衣紅寬袍，如州郡官妓，分立左右，或歌舞，興詩諦視不捨。久之，始認妓中一人乃厥妹也，妹亦頻屬目流盼。須臾，一男子呼興詩來前，命擊戲鼓，辭以素爲書生，略不諳此藝。其人强之，曰：「但隨汝意撾擊，雖不合音調，無害也。」覺而惡之，以語父母兄妹不謀而同，蓋皆感此夢也，相與嗟異。未幾，宗振赴行在惠民藥局，鄧女隨夫侍行，卒於臨安，興詩繼没於鄉里。三少年者，所謂木下三郎者也，建昌多其祠宇。希坦所居，尤與一廟相近，故被其孽。

童漢臣

衛城童漢臣，士人也，生二十年而夭。厥後故友蔡掞夢其來，問訊交際，宛如平日。已而連夕，或間一夕，必見之，掞頗懼，乃徙寢它室，夢之亦然。且泣曰：「自古皆有死，吾獨寃屈不可言。」掞曰：「君不幸正盛壯下世，但以善而終，何得云爾？」曰：「君試視我形相如何。」視之，乃成大蜈蚣，累身赤足，長尺餘，延緣壁間。掞驚而寤，自是不復夢。

建昌王福

建昌郡兵王福，乾道中輪宿後圃巡警。半夜後，逢女子於宅堂之北便門外，年少姝美。笑謂福曰：「我乃知軍宅婆婆之女，慕爾已久，故乘夜竊出，欲陪爾寢。」福驚喜過望，即挾之至鋪所，雞鳴始去。自是眷戀不釋，雖當下直，亦代人守宿。歷數月，羸瘠如鬼，正晝熟睡，父母憂之。父隨其所往，雜居衆中伺察，見女來就福，綢繆歡聚。明日，呼扣之，且問其病。不肯言，但云：「元未嘗有疾。」父怒，欲施杖責，方以實告。父爲謁假，使在家治療。又密詢郡舍老兵，果有孀婆一女，訝其安得常常出外，且信且疑。它夕，因福再上直，復詣彼審視。女又來，父持燈逐捕，女狼狽起走，入天王祠而没。拂旦驗之，蓋捧裝奩侍女也。引福至前，低首不語。於是擊碎其像，福掩面嗟惜墮淚，踰旬而死。

徐防禦

吉州吉水人羅欽若、楊主簿與眼醫徐遠同游邑野外，遇一客，注目熟視不已。三人同詢之，曰：「汝豈能説相乎？」曰：「然。」因試扣之。謂羅曰：「君異日可至大夫。」謂楊曰：「君命禄粗爾，却當以子貴。如能早致仕，可生封員郎。」末乃謂徐曰：「君真貴人也。」三人相視錯愕，雖童奴亦皆哂其妄。或誚之曰：「羅、楊皆是及第官人，徐生只一醫者，負笈盤術，日得百錢，他無資身之策，如何能貴？」客曰：「非爾所知。日近清光者，始名貴人。此公行將遭遇矣。」衆一笑而散。其後羅、楊爵秩如其説。徐旅泊臨安，棲棲不得志，適顯仁太后患目疾，訪草澤醫，遂獲展效，補官與宅，錫賚不勝計，稱爲徐防禦，有子登科。

黄左之

黄左之，福州人，爲太學生，預淳熙七年薦書。是歲冬，池陽士人王生亦赴省試，其家甚富，以錢百千與黄，招之結課。王生事某神極靈驗，黄致禱，夢神告曰：「君來春必及第。」指一女子，示之曰：「此君之婦也。」黄視女狀貌不甚長，簪羅帛花於髻。恍惚間，以爪搯黄手，既覺，手猶微痺。自念：「若牓下娶妻，豈無珠翠之飾，顧簪羅帛花乎？」王與黄游處頗久，相得益歡，遂約曰：「君若登科，當以息女奉箕箒。」明年果中選，遂爲王壻，得奩具五百萬。成禮之夕，儼是夢中所見者，簪花亦然。黄初調南城尉，爲人道此。

青童送筆

上饒余禹疇，待次全州教授。淳熙己酉科舉時，王溪門外李篙師，夢青衣小童持筆五枝授之，曰：「煩汝送去余教授處。」李接視，但三枝有筆頭，其二只空管耳。明日往告，余不能曉也。洎貢闈揭榜，余氏子弟三預薦，二中待補選，次年姪鑄登科。

徐達可

承節郎徐達可，臨安人，監行在榷貨務門，以淳熙五年卒。其兄伯禄素友愛，哀念之甚切，招臨江閤皂山道士譚師一至家，建設黄籙醮。中夜後，達可憑□小兒，索紙筆，就燈下書三紙。其一云：「達可平生躭酒迷戀，荷兄同骨肉開戒，乘此功德，還家瞻仰。聖恩深重，不可思議。」其二云：「得荷天恩。」其三云：「達可平生無不了心願。」道衆共觀其揮毫，百禄與家人捧以泣，視字畫全與生時書札等，爲之鏤版，傳示於人，使知章醮感格如此。

鍾世若

紹興二十六年，宜春郡士鍾世若，謁仰山乞夢，以占秋試得失。是夜，夢自廟外門進抵庭下，顧見廊廡間背縛一人於柱，回望鍾，欣然有喜色，且笑且語，因驚寤。爲朋友言，不能曉其指意。迨入試，出《反身而誠樂莫大焉賦》爲題，始默念昨夢，背縛者，反身之義。顧笑者，樂也。神既告以題，必可中選。乃精思運賾，第五韻押「焉」字，欲用《孟子》「有三樂，而王天下不與存焉」，及「仰不愧於天，俯不怍於人」等語，慮無他經句堪對，不覺伏几假寐。髣髴見黄衣一吏叱之曰：「場屋日晷有限，豈汝晝寢時耶？」鍾曰：「正爲尋索故事作對，未得。」吏問其故，具以告。吏曰：「胡不用孔子『不怨天，不尤人』，與『飯疏食飲水，樂亦在其中』爲對乎？」鍾洒然而起，遂綴緝成隔聯，云：「孔不怨尤，飯疏食在其中矣；孟無愧怍，王天下不與存焉。」書畢自喜，爲得神助，持卷而出。考官閲讀，批其旁云：「隔對渾成，可以冠場。」置之首選。洎揭榜，經義爲都魁，鍾居其次。

黄達真詩

乾道元年乙酉，黄達真過建昌，士大夫多往謁，必與之詩。又修職郎鄧珪詩云：「柳緑桃紅春晝永，家童喫起睡中忙。偶然日下音書至，回首江城又夕陽。」珪既得詩，又問享壽之數，達真瞪視久之，曰：「五十七。」珪時年四十四矣。以來日無多，且嫌「夕陽」之語，但以「日下音書」之說，恐或有中都薦召。後四年，乙丑【一】夏五月十七日，夙興，盥櫛如常時，近午，覺體中微不快，就榻偃息，呼小奴奚童拊摩。俄頃間，遍身皆冷，手足亦僵，童撼不之應，急報家人，出視則已死，纔得壽四十八。去達真所許，尚九年。蓋所謂五十七者，指其卒之月日耳。珪居宅在城下，入斂時日正曛，乃「江城夕陽」之謂也。

羅維藩

羅維藩，字价卿，吉水人。乾道五年省試罷，夢其父告曰：「爾在舉場，不可與福唐杜申爭，緣爾家校杜申虧了二十八年陰德也。」兩人皆以治詩有聲，暨榜出，杜爲經魁，羅同奏籍，而在杜之下二十八名。殿廷唱第，杜居第二甲，羅第四甲，相去甚遠。右三卷，皆建昌鄧直清説。

【一】乙丑　涵芬樓本按：「乙」字應作「己」。

夷堅支甲卷第八 十四事

戴之邵夢

戴之邵，字才美，吉州人。少涉獵書記，無所成名，貧不能自養，傭書於里中富家。一夕，夢荷鋤入其圃斸地，才一揮，得銅印一顆，方徑二寸，有繆篆，若彝器款識。視之，其文曰「日方伯連率」，凡五字。懸諸肘後，再揮鋤，得一板，類今時所用漆札。題詩兩句曰：「愁絶江梅開嶺岸，不知失脚到南塘。」至三，得銅天尊像九軀，攫而懷之。至四，得小印八九，悉拾取而歸。見其家方祀神，禮畢徹饌，遂寤。夙興，頗喜，謹誌於主家書册之末。自是感激，思展奮，顧無以資身，放浪江湖，學作大字，爲市井寫扁額。薄游抵長沙，適張魏公居彼，願見無因，稍掃隸人之門，以希一眄。值其誕日，宿造廳事，以紅粉書「壽」字于地，廣長二尺許。公出見，問爲誰，隸以戴道人對，命呼至前，犒以緡錢尊酒，辭不受，曰：「之邵妄意功名，所望於相公者，固不在此，輒衒奇以自售。」公壯其言，遣書屬之軍帥。帥收隸行伍，且多與之金，俾偵邊廷息耗。既行，過期不反，疑其亡去。經數月乃還，帥問稽留之故。曰：「昨乘間潛入中原，馴至洛都，躬謁永安陵寢。」扣其證驗，

校勘記

曰：「有碑刻在。」出諸袖中而示之。帥轉聞於朝，不没其實，仍加推薦。高宗正以諸陵爲念，遽命召見。戴敷奏詳盡，音吐如流，天顔悦懌，詔補保義郎。戴以本諸生，不願右列，遂换右承務郎。已悟昨夢第一印「日」字者，面君之像也。九天尊者，祖宗也。未幾，擢守均州，兼管内安撫。又悟「方伯連帥」之應。罷官歸鄉，訪故傭主，餉遺累千緡，求其所誌書册以自表。旋起知雷州，地居嶺外，有地名南塘，又合前詩句。其後歷太府丞、刑部郎官，則小印之驗也。久之，言者論其所得山陵文刻，乃北方義士齎來欲獻納者，而爲戴戕殺，掩有其功，因是被絀以卒。戴亦倜儻，負俠氣。或言所殺者，蓋一僧，臨死一歲間，覩其爲祟，未得其本末也。

錢塘縣尉

政和中，提舉兩浙路學事楊通貫之，按部婺州，往訪一異人。坐間，典賤吏以錢塘尉書至，未啓緘，異人曰：「得非求舉削乎？」楊曰：「然，方欲論薦。」曰：「無益也。渠爲五百鵝訴冤，非久於世者。」楊未之信。明日，遣駛卒持薦牘往，比至，則已殂。楊後到錢塘，呼尉吏問其狀，對曰：「以病死。」曰：「嘗殺鵝乎？」曰：「平生不曾殺生。數月前，平江朱太尉託造鵝鮓，遂買五百頭醢之。」楊深加悼嘆，疑異人者通知幽明之故云。

符離王氏蠶

《酉陽雜俎·支諾皋篇》載，新羅國人旁㐌，求蠶種於弟，弟蒸而與之，㐌不知也。至蠶時，有一生焉，日長寸餘，居旬大如牛，食數樹葉不足，弟伺間殺之。百里内蠶飛集其家，意其王也。是説殊怪誕。近宿州符離北境農民王友聞【一】，居邑之蔡村，與弟友諒同處。娶邑人秦彪女，天性狠戾，日夜譖諒，竟分析出外，或經年不相面。諒嘗乞蠶種於兄，秦以火煏而遺之。諒妻如常法熳浴，以俟其出，過期亦但得其一。已而漸大，幾重百斤，秦氏疑妬焉。伺諒夫婦作客東村，但留稚女守舍，秦呼其夫同詣之。詐女往庖下，直入蠶房，見蠶卧牖畔，喘息如牛，食葉如風雨聲。秦鞭以巨梃，每一擊，輒吐絲數斤。秦震怖，魂魄俱喪，急促夫歸。因病心顫，踰月而死。及諒蠶成繭，皤然如甕，繅之，正得絲百斤。

王揖雙鷄

鄱陽卜者王揖，僦旅邸一室，畜雙雞，一牝一牡。牝生子，正抱啄於栖中。揖有客，喚童取其牡，將殺而烹之。牡叫呼，牝聞聲走出栖外，孜孜注眄，哽咽悲鳴，若欲訴揖，而免牡之死。揖弗悟，竟殺之。牝躑躅哀鳴，不復顧羣雛，終夕唧唧。晨起不復食，凝立砌下，沉沉如醉然。少焉，氣溢其吭，遂喘而死【二】。夫雞一物耳，至哀其偶，而與之同死，有貞

【一】王友聞　涵芬樓本注，「聞」葉本作「詢」。

【二】遂喘而死　涵芬樓本注，此下吕本多三十八字，據補。李按：四庫本同底本。

婦之節。彼有視其夫死，肉未冷，而即背去者，此雞羞之矣。

哮張二

鄂州大吏丁某死，妻年方三十，與屠者朱四通。其子二郎尚少，不能制，至於成立。朱略無忌憚，白晝宣淫，反怒丁子不揖，以爲見我無禮，蓋以假父自處也。丁憤懣，以母之故，且慮醜聲彰著，隱忍弗言。有哮張二者，密州諸城人，遭亂南徙，亦以屠爲業，壯勇負氣。丁意其可屬此事，每與儔輩詣市飲酒，張擔肉過前，輒呼買之，而厚酬厥價，久或至數倍。他日，邀之飲，問何以不作區肆，而行賈僕僕。張曰：「非不能之，但赤手乏本耳。」丁乃付之數百緡。默念，彼當感我恩誼，必可使。從容曰：「君知我心中有不平事乎？」曰：「不知也。」丁以乞歐朱爲請。張艴然曰：「訝汝貸我錢，蓋欲陷我于爭鬭。」奮衣而起。自後相遇，邈然如不相識，迨於絶交。衆哂丁不知人，而下交非類，丁亦銜之。未幾，張拉朱同渡江，買猪於漢陽，爭舟相歐擊。既歸，夜入朱室，殺朱與男女并三人，自縛告官，終不及丁一詞。時岳少保領大兵駐鄂，嘉其志義，移檄取隸軍中，不問其罪，後以功補官。

王公家怪

鄱陽人王公，居魏家井側，好事邪神以求媚，至奉五侯泥像於室，香火甚謹。忽聞屋底有異聲，俄如人音，晨炊未熟，飲食器皿，自厨冉冉而行，直入後隙。圃人取之回，復去如故。舉家不能安迹，乃徙舍于茶場巷。物怪仍前不止，或盜冠珥，亡衣袖，以至牀榻茵薦，若扶舁而出，布列庭下。煙焰蓬勃，起於衽帳隱處。急往撲救，則已穿穴。後招道士治之，且禳且禱，爲遷像置城隍祠，於是始息。

寧行者

樂平明溪寧居院，爲人家設水陸齋，招五十里外杉田院寧行者寫文疏，館之寢堂小室。村刹牢落，無他人伴處。時當暮春之末，將近黄昏，覺有婦女立窗下，意其比鄰淫奔夙與僧輩私狎者。出視之，一女子頂魚枕冠，語音儇利，容儀不似田家人，相視喜笑，曰：「我只在下面百步内住，尋常每到此，一寺上下，無不稔熟者。」寧居鄉疃，平生夢想，無此境像，惟恐不得當，乃曲意延接，遂同入房。閉户張燈，寺童以酒一甖來餽，寧啓納之，女避伏床下。寧謂童曰：「文書甚多，過半夜始可了，吾至是時方敢飲。」乃留之而去。復閉户，女出坐對酌。胸次挂小鏡，寧取觀之，問何用，曰：「素愛此物，常以隨身。」所著衣皆新潔，而襞褶處不熨帖，俜俜露現。寧曰：「衣裳有土氣，何也？」曰：「久寘箱篋，失于晒暴，故作蒸浥氣耳。」已而就枕，月色照燭如晝，女色態益妍，繾綣歡洽。寧終夕展轉不成寐，女熟睡鼾齁。將曉出門，寧送之。又指示其處，曰：「此吾居也。汝若未行，當復來。」才别，而主僧相問訊，駭曰：「師哥燈下寫文書，但費眼力，何得辭氣困惙如此？」寧唯唯，未以實告。僧顧壁間插玫瑰花一枝，大驚曰：「寺後舊有趙通判女墳，其前種玫瑰。當花開時，人過而折枝者，必與女遇，或致禍。其來已久，今爾所見，是其鬼也。宜急歸，勿留。」寧愧懼而反，然猶卧疾累日。後還俗爲書生，今在淮南。

簡寂觀土地

都昌人陳彦忠，伉質好義，踈財倜儻。嘗有党大夫者，自河北來，同寓居西陳里。將赴調，無資力可行，彦忠餉以百千，且館其老稚於家，待之如骨肉。其賙人之急，類如此。乾道三年十月，以疾亡。臨卒前一夕，夢告其父曰：「彦忠不得終養，兹受命爲簡寂觀土地矣。」父未以爲信。已而，其子亦夢如所言。踰歲後，再見夢，曰：「自爲簡寂土地，今一年，久而室宇摧敝，每天雨則面目淋漓，不可寧居，四體殆無全膚，宜爲我繕理。」明日，乃父乃子相與語，即往彼處視之而信，乃爲一新之。

鄂渚王媪

鄂渚王氏，三世以賣飯爲業。王翁死，媪獨居不改其故。好事佛，稍有積蓄，則盡買紙錢，入僧寺，如釋教納受生寄庫錢。素不識字，每令爨僕李大代書押疏文。媪亡歲餘，李猶在竈下，忽得疾仆地，不知人，經三日乃蘇。初【三】，爲陰府逮去，至廷下，見金紫官員據案坐，引問鄉貫姓名訖，一吏導往庫所，令認押字。李曰：「某不曾有受生錢，此是代主母所書也。」吏復引還。金紫者亦問，李對如初。曰：「汝無罪，但追證此事耳。汝可歸。」既行，將出門，遇王媪與數人來，李見之再拜。媪大喜曰：「荷汝來，我所寄錢方有歸著。汝□到家日，爲我傳語親戚鄰里，各各珍重。」遂復生。時乾道七年三月也。

隗六母

鄱陽小民隗六，居城北五里，家甚貧，爲人傭作。淳熙十年夏，與同里史五，乘夜入柴氏盜牛。隗適先至，以短槍刺牛死。柴覺之，持杖來闌外，隗即逃去。史續至，遂遭痛箠，歸舍數日而殂。其妻以夫因盜而遇害，不敢聞於官。隗之過，無復有知者，自以爲得計。歷一歲，隗母病亡，經夕復生，語其子曰：「汝向來同史五謀柴氏牛，史死而汝脱，雖人間不敗露，而陰府須汝對證，汝不可免矣。」言畢奄然。又三日，隗死。

【三】初　涵芬樓本注，吕本作「云」。

山陽癡僧

楚僧行欽，建炎中，落髪於州之龍興寺。紹興兵亂，去而之他方。久乃復歸，里閭道俗，舊嘗接識者，十無一存。昧然如癡醉，逢人縱語，莫能曉其意。常負佛像一軸於背，每詣市買熟肉飽食，留其餘滓，取佛出，挂於人家廁旁，以滓濼灑之。如是累年，畫卷【四】丹粉益鮮明，褾飾牢潔，人多疑其異，但無有識。其所止郡中喪葬，必持冥賻往獻。羣僧設法事，亦預焉。衆吹螺擊鼓，梵唄喧闐，欽蒙首倚户，鼻息雷鳴達旦，無一言，徑趨出。主人邀挽就飯，勉食之。才退，即攜米麪鹽醢椒菜之屬置其家，倉忙而去。辛巳之秋，顏亮將犯邊，先期不見。明年虜退，楚民漸還，欽已至。或詢其故，答辭殊妄誕不根。唯日日馳走街陌中，呼之不應，亦未嘗從人乞食。郡目爲癡僧，不知所終。

晁氏蟇異

濟北晁生，寓居撫州五福寺。閑步寺後沼上，見一蝦蟇伏草中，大如盤，異而殺之。纔還舍，聞鵲噪簷間，繼而滿空如雷，移時不止。出視之，蓋無所睹，但盈耳之聲如初，亦未以爲怪。是夜，其子讀書窗下，燈忽自滅，有物立于旁。子暗中擊以界尺，反爲所奪，奔而出。晁始悟蟇爲祟，遣就寢。睡未熟，覺牀微動，舉手捫之，已離地丈許，幾接屋桷。自

【四】畫卷　「畫」字原闕，據四庫本補。

是嘻笑于梁，歌舞於空，變幻百端，招師巫禳卻，無一驗，遂徙居他所，怪復然。於是旋【五】繪真武象，朝夕香火甚飭，過數月乃已。

朱諷得子

下邳朱諷，往京師赴省試。至宋城，逢日者占軌革影，邀而卜之。遇《益》之《姤》，其像畫一猴子，上有「望」字【六】。一人衣紫腰金，執笏若進揖狀，婦人以箕盛嬰兒於前。日者曰：「君此行必登科，他日仕宦亦顯。但捧箕饋子事，爲不可曉。」遂別去。到京，入試之次日，二僕挈笥送至貢闈而反，行穿曲巷，聞兒在地上啼，視之，見故帛裹一初生嬰孩，因相謂曰：「是必人家非正所出【七】，吾主公未有子，不妨【八】收養之。」乃抱歸邸舍。適邸婦有乳，倩使哺育。迨暮，朱來，僕迎以告。朱大喜，雇乳母，與之還家。詢所棄處，正名簸箕巷，朱果擢第。名此子曰省郎，朱終身無子，遂爲嗣【九】。

絳州骨堆泉

絳州骨堆，有龍女祠，其下泉一泓，方數丈，可灌民田萬畝左右。農家恃以爲命，歲時祭享甚謹，不敢微有媟汙。由是每經大旱，未嘗憂饑凶。女真人菩察爲郡守，以絳地形穹崇，艱於水利，思欲導泉入圃。博議雖久，竟以高下勢殊，不能遂。乃敬謁祠下懇禱。其

【五】旋　涵芬樓本注，原作「施」，黄校改「旋」，疑「施」字不誤。李按：四庫本亦作「施」。

【六】上有望字　涵芬樓本注，明鈔本作「上望竿」。葉本無「有」字。

【七】是必人家非正所出　涵芬樓本注，葉本作「是必人家偏房所生，主母不容而棄之」。

【八】不妨　涵芬樓本注，葉本作「不若」。

【九】遂爲嗣　涵芬樓本注，葉本作「遂以爲嗣」。

夕夢神告，使速浚渠。菩察寤，併力治役。渠成，水終不可致。又夢之，曰：「吾有三子，今皆成人，而未有血食。已敕令守渠運水，以成使君美意。」菩察許爲立祠，神喜謝而去。比曉，圃吏來白：「昨夜三更後，水從新渠入圃矣。」菩察即率僚屬往祭其廟，以報神惠，爲三子立祠，且奏請虜廷，爵之爲伯，一郡遂賴其利。

夷堅支甲卷第九 十二事

宋道人

豫章楊秀才，家稍豐贍，有丹竈黄白之癖。凡以此術至，必行接納【一】，久而無所成則聽自去，由是方士輻湊。一日，小童報：「有客稱曰『燒金宋道人』，欲入謁。」楊喜，束帶迎之。其人清瘦長黑，微有髭，兩耳引前如帽，着黄練單袍【二】，容儀洒落，即延款【三】書室，朝夕共處【四】。稍稍試小方，輒驗，然未嘗暫出嬉游，楊乘間扣以要法。歷旬始肯傳【五】，當用藥三十餘品，悉傳疏所闕【六】，買之於市。楊請與偕行，不可，曰：「吾習靜惡囂，豈應却投鬧處？君宜獨往。」楊且行，又曰：「君出後，小兒曹必來惱人，幸爲扃户，使得憩息。」楊如其言。訪數藥肆，買諸物。最後到一肆，望其中有默坐者，衣製【七】顏狀全與宋生等，頗驚【八】，正擬問訊，坐者摇手止之。楊遽歸，室户扃鎖不動【九】，啓而視之，則宋瞑目燕坐，凝然如初【一〇】。楊幾欲下拜【一一】，以爲雖薊子訓、左元放分身隱現，神游變幻，不能過也。自是益加禮遇，隨所需即應。未幾，不告而去。取所買藥以治鈆汞，不能就分銖【一二】，計供億餽謝及藥直，不啻千緡，自謂親逢神仙【一三】，不少悔。又徽州

校勘記

【一】必行接納　涵芬樓本注，葉本作「必款納」。

【二】如帽着黄練單袍　涵芬樓本注，葉本作「方帽，黄單袍」。

【三】延款　涵芬樓本注，葉本作「延入」。

【四】朝夕共處　涵芬樓本注，「共處」葉本作「款待」。

【五】傳　涵芬樓本注，葉本作「言」。

【六】悉傳疏所闕　涵芬樓本注，「傳」葉本作「條」。

【七】衣製　涵芬樓本注，葉本作「衣冠」。

【八】頗驚　涵芬樓本注，葉本作「頗驚訝」。

【九】扃鎖不動　涵芬樓本注，「不動」葉本作「如故」。「鎖」四庫本作「鐍」。

婺源武口王生者，富甲鄉里，爲人頡恨可憎，衆目爲王蜇齒，俗語指惱害邑落之稱也。性吝嗇，尤惡僧輩，行化至，必罵斥，不與一錢。有頭陀茁髮獰醜，伺其居内，直造門，鳴鐃唱佛，厥聲震響。王聞之怒，持杖擊走之。甫自外還，前頭陀又在廊下，鳴唱如昨。王愧怖，敬爲羅漢聖僧，搏頰悔過，立取白金二十兩與之，猶悚然盡日。兩州人説，宋生與頭陀皆兄弟，雙生相似，故各售其詐，以欺楊、王二人耳。

益都滿屠

益都屠兒滿義，賦性獰烈，力能扛鼎，絶不畏鬼神。醉經叢祠，輒指畫嫚駡，習以爲常。巫祝袁彦隆者，詐人也。密與其黨最厚者謀，曰：「清元真君廟摧敝歲久，吾主其香火，將一新之，而邑人莫肯相應和。滿屠兇猛不信向，衆耳目所共知。倘因之以假靈，必可成也。」於是邀義飲於家，酒酣謂之，曰：「我欲擇某日致禮于清元廟下，至期當有觀者。子能乘酒力呼譟而來，揮斥衆人，登堂正坐，以神自居，空其酒【一四】，食其肉，且大詈其神，使萬目傾駭，可乎？」義曰：「此正我所願爲者，又何難哉？」袁遂以其日收合數百少年，旛旂旌幢，夾列道上，饌具牲幣，種種豐腆，鼓震樂作。義直趨祠所，毅然踞坐，自言：「吾神也！」取牢醴悉啗之，而詈神。梗口良久，義忽狂作，口鼻耳目，皆流血，仆地而死。皆謂義觸神之怒而致禍，怖畏靈威，爭捐金錢入廟，祠宇大興。數歲而後，袁之徒

【一〇】凝然如初　涵芬樓本注，「如初」葉本作「不動」。

【一一】楊幾欲下拜　涵芬樓本注，「幾欲」葉本作「即」。

【一二】分銖　涵芬樓本注，葉本作「錙銖」。

【一三】自謂親逢神仙　涵芬樓本注，葉本作「自謂遇仙」。

【一四】空其酒　涵芬樓本注，「空」吕本作「飲」。四庫本同吕本。

因分賄不平，詣府縣告其事，盡捕鞫而刑之。

從四妻袁氏【一五】

符離人從四，居濉上，家素肥饒，好事口腹，多釀酒沽賣，炰鱉膾鯉，朝暮飫食。妻袁氏解逢迎其意，每親執刀刃，所戕物命，不復可殫記。袁因産死，從四念之不忘。里人春月朝岱岳，從欲薦拔厥妻，持供具往獻。既至泰安，三日未登廟，縱步市中，白晝與袁遇，數人隨之，恍惚間，且悲且喜，交叙睽闊。袁哽咽而言：「我以臠割魚鱉之故，積業極深，日受楚毒。爾倘見憐，宜思所以救拔之。」從泣下，曰：「吾所爲不善，致汝如此，吾生亦不如死耳。至於道佛修嚴，雖罄蕩家貲，固所不惜。」袁曰：「無用多言，明日申酉之際，可獨至廟中，詣西廊之北一處看我，當可信也。」從遂還寓舍齋戒。如期而往，見袁荷械加桎梏，帶籐曳索【一六】，羣鬼驅以前。脱械去衣，束以薦，用鐮刀剉截如縷，流血塗地。須臾，一鬼持盃水，呼其名而噀之，即還故形。俄又復然，凡六七反，然後施械擁去。從悲怖出門，晝夜不寐。又明日，再遇，袁曰：「信乎？」曰：「信矣。」曰：「所禱勿負約也。」大慟而别。從歸後，極力營善果，終其身不復殺生。

【一五】袁氏　涵芬樓本注，吕本作「元氏」，下同。四庫本同吕本。

【一六】帶籐曳索　涵芬樓本按：「籐」字疑誤。李按：四庫本作「薦」，是。

史省斡

史省斡者，本山東人，後寓居廣德軍興教寺。寺側有空宅，頗寬廣，而前後居者，率爲鬼物惱亂，不能安處。宅主欲售於人，亦無敢輒議。史貪其價賤，獨買焉。姻友交勸之，不聽。乃擇日命匠緝葺，自往監視。方坐堂上，一叟烏幘白衣，揖於庭。史素不之識，趨下謝之，曰：「翁爲何人？何事至此？」對曰：「予乃住宅土地神也。今聞足下治第舍，願貢誠言。」史曰：「敢問何謂也？」曰：「此屋爲怪魅所據，其類甚繁。然豈亦能與人競？但向來處者，皆非正直有德之士，故不能勝邪。君既正人，居之何害？特當徙房于東南隅，而以故房爲庖厨，必可奠枕。」語畢不見。史悉從其戒，且一新土神宇，其後帖然。

關王幞頭

潼州【一七】關雲長廟，在州治西北隅，土人事之甚謹。偶像數十軀，其一黄衣急足，面怒而多髯，執令旗，容狀可畏。成都駛卒王雲至府，巫祝喻天祐見之，以爲與廟中黄衣絶相似，乃招至其家，飲之酒，賂以銀，行【一八】且付錢五千，并大幞頭範樣，語之曰：「市上耿遷開此鋪，倩爾爲我與錢，使製造一頂，須寬與數日期，冀得精巧。」雲不解其

【一七】潼州　李按：南宋僅有潼川府，並無潼州。據文末「朱從龍以爲潼州乃北方」云云，則似爲「同州」之誤。

【一八】行　涵芬樓本注，吕本作「盃」，屬上。四庫本同吕本。

意，以意外有獲，即從其戒，至耿氏之肆。耿默念：「安得有人頭圍如是之大者？」亦利五千之入，約爲施工。而雲持公家符帖，不得久駐，捨之而歸，竟不以喻生所囑告。耿候其來取，而杳不至。後數月，因出郊，入關王祠，見黄衣塑像，大駭曰：「此蓋是去年以錢五千令造大幞頭者也。」陰以小索量其首廣長，還家校視，不差分寸，悚然謂爲神，立捧獻之。事寖淫傳一，府爭先瞻敬。天祐正爲廟史，藉此鼓唱，抄注民俗錢帛，以新室宇。富人皆樂施，凡得萬緡，天祐隱没幾半。歷十年，雲復來潼，人見者多指點笑語。怪而問其故，或以告之。雲曰：「此喻祝設計造詐，借我以欺神人。吾往謁之，當得厚謝。」於是走詣之。天祐恐昔詐彰敗，了不接識。雲恨怒，訴于官，天祐坐黥竄，盡籍其貲。朱從龍以爲，潼州乃北方致【一九】同州所立名者，恐無因可通成都使【二〇】，當質之蜀客。

尹二家火

楚州山陽縣漁者尹二，家于北神堰新河之東，累世網捕，稍能足衣食。有室廬，一旦遭火焚蕩，又營之，復罹煨燼。頻年至于三，無力可爲，但結攬蘆葦束縛，以泥補葺，徒蔽風雨而已。每至中夜，聞外閒行人窸窣之聲，慮爲寇害，出視之。見十餘輩着白衣，皆執火炬。尹大呼奔逐，闃然而散，略無影響。良久復然。尹氏懼，暫投駐親舊之室，禍至如

【一九】致　涵芬樓本按：「致」字疑誤。

【二〇】使　涵芬樓本按：「使」字似「便」字之誤。

初。嘗正晝在户，望六七人往來空際，以綫繫紅炭，置屋上，亟行撲救，俄相繼起焰於側。如是半年，尹生業盡廢。妻子愁悴染疾，怪猶弗已。邑人畏回禄移災，就其地作福禳謝。後雖帖息，而其家人十死其八矣。

蔡乙兇報

陳州人蔡乙者，家素貧，父母俱亡，受雇於獄級陳三之門，遂習其業。稟性既兇忍，而目之所見，又皆不善事也。久而爲惡徒所推，凡囚入其手，雖負罪至微，亦遭毒虐，容貌絶可憎，郡中目爲取命鬼。年至四十餘，一夕守囚於獄，夜過半，衆聞若有呼蔡乙，聲甚振，起視之，已倒挂於壁間。儔侶多疾其爲人，方快之，佯睡弗問。明旦，則見四體九竅浥浥流血，始掖以歸。是夜復然。呻吟悲哀，如受鞭笞。或闊步撐拄，全類緝縛。祈死不能，痛苦經歲。臨命作牛鳴，嘔血數斗，然後大叫而絶。

張嵩義僕

楚州東漸民張嵩，家巨富，好施與，務濟民貧，不責人之報。年方壯，遭亂流離，骨肉散落，獨與一僕羈栖于射陽湖中，乞食以活。爲賊所掠，求貨不得，縛於大木之下，將生啖之。已刲股數臠，僕竄既脱矣，見之，慟哭而出，舉身遮護，而拜賊曰：「此是我主，雖本富豪，今赤身逃難，尚無飯喫，豈得更挾財貨？如欲飽其肉，則又瘦瘠，願膾我以代之。」賊雖嗜殺人，亦爲義所激，聞言嘆異，亟解禼縛，并僕釋去，且遺以錢帛。迨紹興中，淮上安定，禼歸里，事業貲産尚贏百萬【二二】。僕亦存，禼以弟待之，張氏子弟皆事之如諸父。

梁小二

解州安邑【二三】池西鄉民梁小二，家世微賤，然皆耕農朴實。至梁獨狠戾，其母寡居，事之尤悖。妻王氏性恬靜，所以奉姑至謹。北虜皇統之中，河東荒飢，疫癘薦臻【二三】，流徙滿道路，梁挾母妻【二四】并稚子四人偕行。至孤山之東陵，就野人乞食，以哺其子。王氏念姑久不食，減半以【二五】與之。梁見之怒甚，詐使妻抱子前行，自與母在後，相望百步許，即仆母在地【二六】，曳入道側，搊泥沙塞其喉，然後去。稍進遇妻，妻問：「姑安在？」曰：「老人舉足遲，但先到大家丐晚餐，以須其到可也。」久而杳然，妻疑爲夫所害，還訪之【二七】。見尸已僵，拊膺悲泣，急取水扶灌，氣竟絶不蘇。乃奔告里保，執梁送于縣。才及中塗，風雨暴作，霾曀不辨人，迅雷震耀，鬼神飛焰，雜遝出没，衆懼散，亦不暇顧梁所之。少選，澄霽，梁乃卧土窟【二八】，頭目皆爲天火燒爛，惟腦骨僅全，儼成髑髏，肢體如故，目睛暗淡無光而不死，能别識人

【二二】禼歸里事業貲産尚贏百萬　四庫本作「禼歸理故業，貲産尚贏百萬」。涵芬樓本注，「事」吕本亦作「故」。

【二三】解州安邑　「邑」原作「儀」，據葉本、四庫本改。李按：《金史》卷二六《地理下》解州條，正作「邑」。

【二三】疫癘薦臻　涵芬樓本注，「薦臻」葉本作「尤甚」。

【二四】梁挾母妻　涵芬樓本注，葉本、吕本作「梁挾母與妻」。四庫本亦有「與」字。

【二五】以　涵芬樓本注，葉本無「以」字。

【二六】即仆母在地　涵芬樓本注，葉本作「即推母仆地」。

【二七】妻疑爲夫所害還訪之　涵芬樓本注，葉本作「妻疑夫害之，乃還訪」。

【二八】梁乃卧土窟　涵芬樓本注，「梁乃」葉本作「見梁」。

物【二九】，飲食語言皆無妨。常謂人云：「有三鬼守我，每得食必先祭之而後敢食。」官愍其妻子，給粟養之，粱經數年尚存。

魯晉卿

徐人朱彪，赴官宿遷之崔鎮。到任累月，有客魯晉卿來見，丰姿洒落可愛，因留止外館，異待之。每逢人輒出小戲劇，資歡笑，而略無所求，見之者無不悅喜。彪會族友飲於後圃，酒方行，晉卿至，彪曰：「今日無以爲樂，先生能效古人化鮮鯉作膾，與衆享之，可乎？」笑曰：「此甚易事，但雖得魚鱗一片爲媒，則可。」彪命僕取數片授之。乃索巨甕，滿貯水，投鱗於中，幕以青巾。時時一揭視，良久舉巾，數鱗騰出，一座大驚。庖人受魚治膾，鮮腴非買于市者可比。猶以爲幻術所致，不深信也。會郡治一新，移文鎮吏，令製鐵鈎鈕銙具之屬，合數百斤，期限峻迫，倉卒未能辦，彪意緒窘撓。晉卿問故，彪訴之，笑曰：「何不早告我，是何足言，且飲我酒。」酒至，連酌六七觥，遣人輦黃土，汲水拌和爲泥，揑諸物成坯，暴日中，預熾炭以待。稍乾，悉寘爐中，呼鍛工扇以鞴。經時鉗出之，皆如精鐵所就，不假磨錯，無一不堅好。工相顧駭嘆，彪始敬服，乘醉丐其法，晉卿無言。翌日，失所在。

【二九】目睛暗淡無光而不死能別識人物　涵芬樓本注，葉本作「眼目無光，不能視別人物」。

董小七

董小七，臨川人。因避荒流落淮右，爲海陵陳氏操舟。嘗獨宿其中，天氣盛寒，董糊窒罅隙，置熘火，飲村醪一杯，而就寢。熱甚，氣不宣洩，遂悶絶，傍無知者。乃見夢于陳曰：「將悶死於船倉，急救尚可活。」陳覺，以語妻。妻曰：「彼既云未死，如何解託夢，不足信也。」於是復睡。夢如前，而加苦切，曰：「主人若來遲，定應不救。如肯來，乞勿張皇，仍勿用燈燭照見，魂魄遇之，必逝去不還。更須先屏爐火，俟某少醒，徐扶起則可。」陳驚寤。遂出，唤僕視之。既登舟【三〇】，董如魘死之狀，口鼻氣息僅如綫不斷。乃依其説，果復生，董以生人能入夢以脱性命，亦異矣。世言夜呼被魘者，不得執燈，若誤用之，必死。其説誠然。

【三〇】唤僕視之既登舟　涵芬樓本注，吕本作「與之俱登舟」。

夏義成

樂平北村人夏義成，生計給足，一意行善，不與閭里校短長，未嘗以爭訟到官府。有四子，作兩宅分處之。優游就養，至八十八歲，康寧無疾，飲啖僅取適口。惟日飲酒二三升，悠然獨酌，有自得之趣。紹熙四年盛夏，微有不愜，語家人具殽饌，盡集子孫甥姪共席。酒三行，赴浴，令一子揩背，甚以舒暢爲樂。浴罷，更衣，踞胡床，拱手端坐，遂亡。時正隆熱，未斂前二日，手足皆柔軟，隨人屈伸。口鼻氣雖絶，無一點腐穢。道俗來觀，以爲大善，知識所不能然，蓋吉德之報。

夷堅支甲卷第十 十三事

海王三

甲志載泉州海客遇島上婦人事，今山陽海王三者亦似之。王之父賈泉南航巨浸，爲風濤敗舟，同載數十人俱溺。王得一板自托，任其簸蕩，到一島嶼傍，遂陟岸。行山間，幽花異木，珍禽怪獸，多中土所未識，而風氣和柔，不類蠻嶠。所至空曠，更無居人。王憩於大木下，莫知所届。忽見一女子至，問曰：「汝是甚處人？如何到此？」王以舟行遭溺告。女曰：「然則隨我去。」女容狀頗秀美，髮長委地，不梳掠，語言可通曉，舉體無絲縷，樸樕蔽形。王不能測其爲人耶，爲異物耶。默念：「業已墮他境，一身無歸，亦將畢命豺虎，死可立待，不若姑聽之。」乃從而下山。抵一洞，深杳潔邃，晃耀常如正晝，蓋其所處，但不設庖爨。女留與同居，朝暮飼以果實，戒使勿妄出。王雖無衣衾可換易，幸其地不甚覺寒暑，故可度【一】。歲餘，生一子。迨及周晬，女採果未還，王信步往水涯，適有客舟避風於岸隩，認其人，皆舊識也，急入洞抱兒至，徑登之。女繼來，度不可及，呼王姓名，罵之極口，悲啼撲地幾絶【二】。王從蓬底舉手謝之，亦爲掩涕。此舟已張帆，乃得歸。楚兒既

校勘記

【一】故可度　涵芬樓本注，葉本作「故亦可度」。四庫本同葉本。

【二】幾絶　涵芬樓本注，葉本作「氣幾絶」。四庫本同葉本。

長，楚人目爲海王三，紹興間猶存。

山明遠

山明遠，滄州人，字彦德。其先亦衣冠之族，至明遠益貧，無室家可依，乃行游濱、棣間，以干謁爲習。或終朝不得食，兩足蹣困，偃休【三】於道傍。冀一飽不可致，而又爲渴所驅，出飲水濱，回坐大木下。良久，一兔過前，疾步擒取之，剥啖不遺臠肉，殊覺甘美。因自念：「林麓之間，熊虎狼豹，專以搏噬狐鹿豚兔豢養其軀，山顛谷口，其樂無極，吾爲人而顧不如，可憐也哉。」既飽出行，值日暮，訪野老黄若虚家求宿。黄嘗入道，素好客，見之喜，置酒延留，劇談滚滚不倦，酒酣，遂言食生鮮之適。黄聞而疑懼，細視其面目，頗與人殊，以爲畜類變怪，潛起，呼羣犬譟逐之。明遠趨下堦，呼嗚數聲，化爲黑狼，攫一犬而去，不復可尋迹。黄後至滄州，詢其族胄，茫不知所在矣。

【三】偃休　涵芬樓本注，吕本作「傴僂」，四庫本同吕本。

蔣堅食牛

日者蔣堅，金陵人。乾道元年，游術江左，至鄱陽，就邸舍，赴卜肆，其學精於六壬，爲士大夫所稱道，遂留之不去。有母存，事之甚謹。淳熙癸卯四月，堅抱疾，當昏困間，見數人皆持火炬造其室，喧呼雜鬧，大呼其姓名，出文牒一通，曰：「奉命來拘堅。」堅欲拒而不能，隨之去。至中塗，有六七十人偕行，約兩時頃，到王者所居。一使引由西廂過，幽暗不可辨，入立庭下，王端坐殿上，吏高唱云：「追某人某人到。」逐一前點名，朱衣吏呈閱案牘，皆押而西。望東廂光明如晝，悄無人得往。王獨留堅，問曰：「汝平生好食子母牛肉，罪業深固，今當受其苦楚。」堅驚怖，答曰：「雖好此味，但遇屠者市肉則買之，未嘗親殺也。」王曰：「以汝嗜此，故屠人宰殺以奉汝，烏得無罪？而敢飾詞抵諱，何也？」堅曰：「堅雖有罪，死不足惜。但老母年七十六歲，自是無人給飦粥，爲將奈何？」王笑曰：「予亦知汝孝於母，特放汝還，從今不得再食牛矣。」堅再拜謝。王敕一卒送之歸，瞿然而蘇，母與妻正相對垂泣。後四年乃死。其初來鄱陽之歲，以布三幅書「金陵蔣堅」四字，盤術於街。十二月四日，予詣東圃，呼之爲文惠公論命。公時參知政事，堅曰：「此命方超陞。如是秀才便及第，選人便改官，庶僚則爲侍從，從官則入兩府，執政則拜相。仍即日有嘉音【四】。」予語之以實，對曰：「若然，則做大事無疑矣，恨不耐久遠。然明年三月宜自勇退。」予曰：「既云正拜，不應進退太速。」因以知樞密院汪明遠、僉書葉子昂兩命併扣之。堅曰：「皆當遷，亦甚緊。然葉不過四月，汪不過五月，皆當去。」予弗之信。已而，正以是日，文惠拜右僕射，汪進樞密使，葉參大政。明年二月文惠去位，三月葉去，四月汪去，皆如其【五】先後各差一月云。是年六月，予以知吉州奏事。堅同他客送至小渡，衆意予必留中，堅曰：「未也，秋末乃佳耳。」果入對訖，付以郡事。於是以委曲授

【四】嘉音　「嘉」原作「加」，據呂本、四庫本改。

【五】皆如其　李按：疑「其」下脱「言」字。

邸吏，使報州發迓卒。及還家，擇用九月二十日西赴官。先旬日出舍於圃，喚堅占課。堅曰：「有面君吉神入傳，未必往。」才數日召命下，乃以所擇日啓塗。二事既驗，戊子科舉，士人登其門如織，幾獲錢百五千【六】，從此小康。厥後聲譽頗減，以至于亡。

羽客錢庫

金陵雨花臺下，居民甄氏【七】牧牛於野，值兩人東西相逢迎，如今羽客衣冠，擎拳對揖。其一曰：「錢庫後門久已潰壞【八】，宜急倩一夫整之。」其一曰：「諾。」遂散去。良久，甄獨行至山側峻巖下，見崖傍一穴大如斗，中有散錢溢出，即解衣包之。欲還家，報父兄，併力來取【九】。且慮他人得見，乃摶泥窒塞穿處【一〇】。回至中塗，復遇前二客。其一又問：「錢庫門已葺未？」其一曰：「方用錢三百【一一】倩雇一牧童填補訖。」甄時年十七八歲，曉其語【一二】，歸爲父言之。數其錢正得二百三十一文。洎【一三】家人集元處，穴不復可尋矣。

龍鳳卯

河中府【一四】榮河縣北鄉鎮，有孤峯峭絶，名曰鳳凰山，山之西一僧舍曰鳳凰寺，塔曰鳳凰塔，蓋嘗有鳳棲其上，故得名。秦地既陷於虜，僧紹洪主持累年，其後遷化，寺衆議立

【六】百五千　涵芬樓本注，呂本作「五百千」。四庫本同呂本。
【七】甄氏　涵芬樓本注，葉本作「甄氏子」。四庫本同葉本。
【八】潰壞　涵芬樓本注，葉本作「隤壞」。
【九】來取　涵芬樓本注，葉本作「犛取」。四庫本同葉本。
【一〇】穿處　涵芬樓本注，葉本作「穴口」。
【一一】三百　涵芬樓本注，葉本作「三百三十一文」，呂本、四庫本作「三百貫」。按：每貫七十七，似當作三貫。李按：涵芬樓本按大誤，每貫省文當在七八百文。
【一二】曉其語　涵芬樓本注，葉本作「頗曉其語」。
【一三】洎　涵芬樓本注，葉本作「率」。
【一四】河中府　原作「河府」，李按：唐宋時，設河中府，領榮河等縣，據補「中」字。

塔葬之。發地，獲一物，長六七尺，非石非木，其狀如卵，衆覩之驚異。擲諸河，滔滔巨川，水不能没。少頃，飛濤激浪，幾與雲接，皆委去疾走。迨至元處，卵若爲人扶翊，復在焉。衆不能隱，告於郡，旋遞送燕山，俗目爲鳳凰卵。

薦福如本

饒州城下六禪刹，東湖薦福寺最大。信州貴溪人如本住持，頗爲叢林歸向。淳熙八年正月感疾，數日弗愈，至二十八日，呼侍者，謂曰：「老僧今夕當別。」侍者泣曰：「和尚歸西天，弟子緣薄，不知再遇師于何日？」曰：「明日便可相見。」侍者曰：「會於何所？」曰：「城裏崇福院門外王太醫家也。」侍者出，鳴鼓告衆，坌入寢室問訊，其言如初，皆莫能悟旨意。甫黄昏而亡。先一夜，醫者王太醫【一五】妻姜氏，夢挾他醫熊彦誠妻游寺，見本老卧於廡下龕中，前問之，曰：「長老何不在方丈？」笑而不答。但覺耳畔如有人啜泣。既醒，則其子坦婦汪氏，以臨蓐艱苦，放聲而哭。至明日午時，生一子。迨旦，數僧來詣王氏，具説本老遺語，大辯【一六】亦告以妻夢。事既符合，引僧入視，嬰兒即張目【一七】大笑。自是絶不茹葷，其家呼爲僧老。

【一五】王太醫　涵芬樓本注，吕本作「王大辨」。四庫本同吕本。

【一六】大辯　涵芬樓本注，吕本作「大辨」。四庫本同吕本。

【一七】張目　涵芬樓本注，吕本作「張口」。

復州菜圃

湖北罹兵戎燒殘之餘，通都大邑，剪爲茂草。復州尤甚，子城内有廢地，稍除蕩瓦礫，治作菜圃，丁鉏斸種植，以供蔬茹。簽判官舍在其東，録曹在其西。紹興四年四月，予兄子槔爲僉判，赴王録曹飲席。日銜山後，小童見女子頂冠著紅背子，笑入圃，以爲官娼也。但訝其黄昏不脱上服，與録曹一童言之。蓋羣僚清燕，元未嘗用佐尊者，乃知爲鬼。庚志所載傅旺夜見女鬼，正此處云。皋姪説。

陳體謙

南城陳氏子體謙，字德光。始爲士人，後出家削髮，法名體謙。素不檢，嗜酒及色，既爲僧，故態不少悛。雖居報恩光孝寺，而常常在家，且竊汙鄰比婦女，外間盡知，謙處之自若。至于酣醉食肉，特其小小者耳。乾道末年，染疫疾，未甚困篤。夢被追到官府，主者公服，怒而責之，曰：「汝口誦般若，而身犯戒律，死有餘罪。」叱獄卒械之。謙稽顙謝過，竟不許，驚寤顫悸。爲人言所見，曰：「悔無及矣。」旬日死。

褒忠廟

乾道元年六月，郴盜李金、黄谷犯道州，破寧遠縣，焚官民居室皆盡。湖南安撫使檄衡、道、郴、桂四州都巡檢使王政，會合他將兵討捕。至邑下，寨栅未立，政出於軍中，恃勇輕敵，單騎馳鬭挑戰，遂爲所擒。初欲活之，政肆駡不屈，乃斬首，棄屍路旁。方盛暑，同死者血肉狼藉，臭穢腐爛，政屍獨不壞，蠅蚋螻蟻亦不集。然雖營營擾擾，勢若欲前，如爲物所驅，莫能進。死處距其官舍二百里，所乘馬奔而歸，家人疑有變，走問之，收拾遺骸，尚猶可識。帥以忠義之節上於朝，詔贈廣州觀察，推官其親屬五人，就戰地立廟以祀，賜額曰「褒忠」。

甘林二命

人之賦命，歲月日時同，則壽夭榮悴亦大略相似。豐城甘同叔、莆田林直卿，皆以紹興甲寅年、丙寅月、甲子日、甲子時生，皆爲士人，同中淳熙戊戌省科，年四十有五矣。林以母服不及廷試，甘先擢第，調静江府司户參軍，待闕。林以辛卯還試，得監某州税郎【一八】之官。甘方赴任，踰歲而卒。林菈事僅一考，用他故去，未幾亦卒。其所享禄食均，甘但多披青袍三年耳。

【一八】郎　李按：應爲「即」之誤。宋監税無郎之稱。

王仲共

王垂仲共，淳熙中，以朝奉郎知武岡軍。湖南安撫王宣子薦其材，有旨與知州差遣。既受代，枉道詣潭府謁謝，次衡陽。其子萬石夢人告曰：「尊公已降秩宫觀矣。」晨起，語父以爲凡夢中所云貶降，蓋遷也。仲共笑曰：「吾方以年勞當轉散郎，且無罪，何由絀削？又正被陞郡之命，吾不與閑，安有奉祠之理？汝夢不足信。」洎到闕登對，論谿傜事甚悉，詔以知邕州。俄上薦土豪楊某，當平蠻洞時，宣力可用，乞與推賞。而奏劄誤書其名，朝論謂不謹，遂鐫一官。仲共殊不樂，乃上祠請【一九】，得武夷沖祐觀，盡如夢兆。仲共初登第，嘗夢出行長塗，先驅者負占牌上有「邕」字，寤而爲人言，再調必作令。邕者，小邑也。及除是州，恍思前夢，疑仕宦止此，絶惡之。還南城，未幾，疽發背而死。萬石竟不霑遺澤。

艾大中公案

紹興三十一年，葉伯益爲臨川守，以剛猛疾惡布政。豪宗大姓，過惡被罪者，必籍人家貲，甚者汙瀦其室。崇仁縣富民艾大中，資給劫盜，因以起家。既抵法，郡命以牛車竭其魚塘，得人骨頭顱幾百數。又嘗呼兩匠合大木爲巨凳，而中實以金銀數千兩，甫訖工，則殺匠以滅口。所爲不道，大率皆然。凶桀强獷之狀，足以滅族。一時無不稱快。後三十年，當

【一九】乃上祠請　「祠」原作「詞」，據四庫本改。

紹熙辛亥【二〇】，吴人楊遷深道出守【二一】，方晝寢，夢一吏喏於庭，稱索本州崇仁縣某鄉某里艾大中籍没案，祖要照證公事。楊未及答而寤，不知所爲，姑取近歲所治獄訟，一一驗之，皆無其事。以夢甚了了，不能自已，遍詢老吏，乃有知向來本末者。命檢牘，經日始得之。擇小吏楷書者繕録，凡數百幅，具香紙併焚之。乙志所載，宣州何村公案，蓋是寃死。若艾氏之罪，情法相當，豈得尚有訴訟幽冥之間？當必有故，特世人未知耳。

扣冰堂僧

程虞卿，建安人。嘗爲他郡幕僚，受性剛豪，多結里中輕俠，椎牛釃酒，畋獵博塞。乾道三年春月，赴一宗室家宴飲。酒酣，與同坐者入大中寺，至扣冰堂。繪匠方晝佛壁内一侍者，貌古怪，程指哂笑侮之。是夜，歸舍醉寢，夢偕其友丁子和行抵别館，逢兩僧持梃大呼，向前肆擊，奔趨欲避，而前迫室屋，不可進。度事窮勢逼，乃俯伏作禮，引咎哀祈。僧怒少霽，謂曰：「汝更食牛乎？」對曰：「願自此永斷。」僧曰：「汝若再食，來吾堂中，必刖汝足。且縱汝歸。」程再拜而出。夢覺，流汗浹於枕席，心怖營不寧，坐以待旦。詣丁生之門，方擬談説，丁錯愕止勿言。先叙所以，無一詞異。於是相率往扣冰堂，正見兩象，即夢中僧也。怖悸益甚，遂絶意太牢，而餘事亦從斂戢。

【二〇】紹熙辛亥　李按：「熙」原作「興」，誤。紹興辛亥乃紹興元年，與本則首句「紹興三十一年，葉伯益爲臨川守」，及「紹興辛亥」上一句「後三十年」牴牾。紹興三十一年之後三十年是紹熙二年，是年正是辛亥年。據改。

【二一】出守　李按：「守」原作「首」，出守即出任太守，此爲臨川守。據改。

夷堅支乙集序

紹熙庚戌臘，予從會稽西歸，方大雪塞塗，千里而遥，凍倦交切，息肩過月許，甫收召魂魄，料理策簡。老矣，不復著意觀書，獨愛奇氣習猶與壯等。天惠賜於我，耳力未減，客話尚能欣聽。心力未歇，憶所聞不遺忘，筆力未遽衰，觸事大略能述。羣從姻黨，宦游峴、蜀、湘、桂，得一異聞，輒相告語。閑不爲外奪，故至甲寅之夏季，《夷堅》之書緒成辛、壬、癸三志，合六十卷，及支甲十卷。財八改月，又成支乙一編。於是，予春秋七十三年矣，殊自喜也。則手抄録之，且識其歲月如此。慶元元年二月二十八日，野處老人序。

夷堅支乙目録

夷堅支乙卷第一 十一事

王彥太家

臨安人王彥太，家甚富，有華室，頤指如意。忽議航南海，營舶貨。舟楫既具，而以妻方氏妙年美色，不忍輕相捨，久之，始決行。歷歲弗反，音書斷絕。當春月，杭人日游湖山，方氏素廉靜，獨不肯出。散步舍後小圃，舒豁幽悶。經【一】花陰中，逢少年，衣紅羅裳，戴蹙金帽，肌如傅粉，容止儒緩，潛窺於密處，引所携彈弓欲彈之。方氏罵之，曰：「我是良家，以夫出年多，杜門屏處。汝爲何等人？擅入吾後圃，且將挾彈擊我，一何無禮如是！」少年慚懼，擲弓拱手，揖而謝過。方正色叱之，怳然不見。方奔歸，呼告羣婢，覺神宇淆亂，力憊不支。迨夜半，少年直登堂，方趨走欲避，則伸臂挽其裾，長數【二】丈餘，羣婢盡力援奪，不能勝，遂擁升榻，與款接。自是晚去暮來，無計可脱。心所欲物，未嘗言，不旋踵輒至。方念彥太【三】殊切，報于親故，招道士行五雷法。乃設醮，又擇僧二十輩作瑜珈道場，皆爲長臂摇擊，莫克盡其技。後數月，少年慘蹙語方，曰：「汝良人自海道將歸矣。如至家相見時，切勿露吾事。苟違吾戒，必害汝。汝知吾神通否？雖水火

校勘記

【一】經　涵芬樓本注，呂本作「忽」。

【二】數　涵芬樓本注，呂本作「幾」。

【三】彥太　中華本注，原作「大」，今改。

刀兵不能加毫末於我也。」未幾，王生果歸，方垂泣曰：「妾有彌天之罪，君當即斬【四】我以謝諸親。」王驚問故，具言之。王曰：「是乃山精木魅，吾必殺之。」乃藏貯利劍以俟其來。一夕，儼然而至。王拔刀襲逐，中其背，鏗鏗若金玉聲，化爲白光，熠煜亘數丈，衝虚去。其後聲滅響絶，王夫婦相待如初。

張四妻

徽州婺源民張四，以負擔爲業。其妻年少，在輩流中稍光澤。張受傭出十里外，一白衣客過其家，語言佻捷，四旁無人【五】，語【六】妻欲與姦。袖出白金數兩爲賄，妻因就之【七】，荏苒頗久。張歸，密聞之，詐語妻曰：「我又將往池州，旬日乃可回。」妻益喜，以爲適我願。逼暮，張潛反室，持短矛伏户側。夜且二鼓，見白衣從窗檻越入，迎刺以矛，其人呦呦作聲，奔而去。視矛刃有血，及細白毛數十莖。張念人安得有毛，此必怪也。又復窮詰妻，妻始肯言所見。即具一牒，述始末如供狀式，詣道士混元法師董中甫【八】自訴。董依科作法，至張舍，發符拱立以俟。少選，有大鷹盤空，可五六尺許，旋繞屋上，觀者闐溢。俄飛落古溝中，徑搏巨白鼠，啣擲于前，董命沸油以烹之，怪乃絶。

【四】即斬　涵芬樓本注，吕本作「寸斬」。

【五】四旁無人　涵芬樓本注，葉本作「視四旁無人」。

【六】語　涵芬樓本注，葉本作「謔」。

【七】妻因就之　涵芬樓本注，葉本作「妻喜而就之」。

【八】董中甫　中華本作「董中莆」。

定陶水族

曹州定陶縣之北，有陂澤，民居其傍者，多采螺蚌魚鱉之屬，鬻以贍生。虜亮正隆二年中春，女真人阿失里爲邑宰，夢一客，緑袍烏幘，皂鞾革帶，握手板，入謁曰：「吾種族世居治下，子孫蕃衍，皆獲依仁芘。不幸爲細民捕殺充食，且又轉售於人，將使無噍類矣。願賢令尹慈憐，少加禁止，則恩流無窮，當思所報。」失里夢中諾之，而不暇扣其何物，居於何所。旦起深念，不能曉測。明夜復夢，遍詢吏士，及訪道術人酌詳，亦莫知所謂。迨春暮，天清氣暄，澤邊相率什百爲羣，脱衣入水，網箕羅取，數倍常日。忽曀霧迷空，波涌如山，雷聲振動。一巨物長六七丈，狀若蛟螭，噴薄雲煙，摧壞岸滸，冷氣慘烈逼人，皆捨棄所獲，爭赴平地，已爲巨物攫拏者十二三，溺死者殆半。衆始悟邑宰之夢，自是無復敢漁。

朱琪家兒

下邳朱俊者，習武事，從韓蘄王軍，爲探報司統領，與虜騎戰于沭水上，死焉。朝庭録其忠，命長子琪以官。時下邳已陷，琪在宿豫，倡朋儔來歸，江淮都督府補爲忠義軍偏將。嘗乘間入海州，既而失之，坐罷【九】，處散秩。琪一妾曰喜奴，懷妊六七月，嬰兒啼於腹

【九】坐罷　涵芬樓本注，吕本作「坐罪」。

中，盡【一〇】駭怪。數日後，能語言，至或笑或泣，或厲聲呼父母。及其生，齒髮畢備，形模可愕，見者疑非吉祥。次年，琪遂應羊舜韶海道之舉，事不濟，與其徒開德郭世興輩皆死。亦以恩得延賞，乃名此子曰忠，而與之官，不知其後存亡也。

顧端仁

顧端仁秀才，本河北人。後從父海來南，居於錢塘修文巷，未娶妻。一日，會食堂上，恍恍間，見一少女，顔貌光麗，從外入，徑造其前，舉手掩食器，欲啐嚼而莫能。二親疑焉，問其故，託以他事，隱弗言，蓋已墮溺色愛。自是鬱鬱不樂，殆如癡人，而女子每夕必至。嘗獨行西湖畔遇之，前攬袂，笑曰：「子念我乎？」顧作怒叱之，曰：「汝乃邪鬼爾，何念之云？」女曰：「何由知我爲邪？」曰：「適視汝行晝日中而無影，非陰魅而何？」女曰：「子既有疑心，試相隨詣四聖觀。」遂擕臂而往。洎入觀門，忽不見，盤泊良久而出，則立於道傍。顧誚之曰：「汝畏四聖，其邪可知。」女曰：「子未悟兹理邪？貞聖亦婦人爾。」顧曰：「何謂也？」曰：「道經不云乎？『太陰化生，水位之精。』」各大笑，復同塗往來。人訝其獨行語，然無敢問。須臾，邂逅友人張仲卿，女又避匿。顧始以告之，仲卿曰：「姑置鬼事，且同飲酒。」於是往旗亭酌飲。仲卿歌《杏花過雨》詞畢，女不知從何來，已坐顧右。顧生命置杯添酒，仲卿無所覩，嘿唾不已，仍駡顧，以爲挾魍魎俱行，徑舍去，報其

【一〇】盡　涵芬樓本注，吕本作「盡室」。

父。父驚懼，俟其還家，率之投閉門黄法師。黄持法罕出，故有此稱。黄曰：「此爲妖孽所憑，必貓精也，明日當爲誅絶。」先書二符授之。其夕，女不至。迨旦，黄又與三符，使佩其一，焚其一，以一榜於門，遂絶不復來。經數月，因送喪車于菜市門外歸仁寺，女蹁躚而入，咄曰：「汝太無情，使黄法師害我。今三符在我手。」展示之。顧曰：「此非吾之意，迫於父命耳。」女曰：「汝若不説，父何由知我？我亦不怨汝，但從吾行。」才到市橋，顧遽跨欄赴水，適有草橋【一二】在下，急拯之，獲免。詢其所以，曰：「但見美人相引，造一宫宇，赫奕如王居。正擬從游，而爲諸君唤回，殊爲耿耿。不料幾淪幽趣，救護余生，恩有所自矣。」然浸抱迷疾，少時而殂。

聶公輔

聶公輔，博州高唐縣人。家本南劉鎮，徙于北郭，富有倉箱之積。性好鬼神，凡有所往，無論路遠近、事大小，必扣諸神，神以爲可則行，不可則已。又酷信巫祝，奉淫祠尤謹敬。歲月滋久，禱請多不驗，於是懈怠之心生，翻成毁悖。嘗以六月正午坐堂上，僕妾在旁，忽聞訶叱聲，注目凝視，見數少年，黄衫小帽，玉帶緑鞾，振袖過庭下，人物才尺許，而歷歷可觀。聶震駭，呼家衆悉至，所覩儼然，皆驚走出外。少年者，冉冉騰空駕雲，顧從吏以線一縷，繫通紅炭一挺，長三尺，置于屋上。其去稍遠，聶遣僕升梯取之，炭洞赫不可嚮

【一二】草橋　涵芬樓本注，黄校：「橋」字疑誤。

邇，而一線自若。繼此後，百怪競作，中夜車馬憧憧，蠟炬旁羅，照耀奪晝，鄰里聚觀如織，殊不爲止。雖邀善法者考治，莫能絶。擾擾累月，聶不勝愁撓，遂得疾，竟至不起。

董成二郎

董成二郎者，居楚州北堰蝦疃巷，以商販斛米自業。賦性險僻，而面狀冷峭，有不可犯之色，里巷無不惡之。紹熙庚午歲夏五月，陰雨大作，董正坐中庭，方具飯，天氣陡暗，霹靂一聲，火光赫然，覺有巨物墜地。視之，乃一大雹，高三四尺，上有二竅空洞，形如耕犂之偃土者，在坐側。盡室虩怖【一二】，亟邀道士建醮以禳之。自是得氣疾，不能食，奄奄半歲。一夕，月下見一白鵝，其大比常一倍，從砌間飛入房中，妻執炬訪求，無所覩，而董以此時殂。既殮，家人用俚俗法，篩細灰于竈前，覆以甑，欲驗死者所趨。旦而舉之，二鵝足跡儼立于灰上，皆疑董墮畜類。其家日以淪敗，妻女至爲娼云。

管秀才家

信州永豐縣管村，皆管氏所居。淳熙七年秋，有怪興於某秀才家，幻變不常，或爲男子，或爲婦人，抛擲磚石，占據堂宇，汙穢床席，毁敗什物，不勝其擾。喚巫師驅逐弗效，又命道士醮禳，復邀迎習行法者，各盡術追究，雖即日稍若暫息，迨去則如初。前後若是者

【一二】虩怖　中華本注「虩」當作「諕」。

屢矣。管益患之，乃多萃道流，設壇置獄，劾治甚峻。羣怪不爲動，厲聲詬罵於室中，曰：「汝幾個村漢【一三】，討錢【一四】足了，我不怕汝。」皆知其不可爲，相與謝去。久之，化一美女，夜造僕夫寢處，欲加衒惑。僕知爲魅也，而庸奴貪色，竟留與接。凡歷數夕，極綢繆婉孌之款。然終慮其致禍，陰磨利刃以待之。迨復至，盡力斷其首，攜出外，呼告衆曰：「我已殺鬼。」管氏之人爭來觀看，蓋一大狸也。

馬軍將田俊

臨安步軍司錢糧官公廨，淳熙中爲祟孽所擾，不可居，遂廢爲馬院。第二將下田俊，常隸宿其間。一日，羣輩盡出，俊獨單，繫所乘馬於廡下，且取隨身衣物貯於小篋，挂梁上，以防草竊。方解【一五】衣將寢，忽一鬼朱髮青軀，高七八尺，自外入，解其馬絆。俊大聲叱之，鬼捨馬趨寢所，俊怖甚，欲趨避而無路可投。鬼捽俊髻，至寨門，呼閽者啓櫝。閽者曰：「統制約束，軍門不許夜開，兼已下鎖了。」鬼曰：「汝不開門，我自從門上過。」即扶俊騰空出。至西湖畔方家谷龍母池邊大木下，自坐盤石，而寘俊股上，沃池水濯洗。又掬泥塞其口，若欲啖食。俄一老叟白帽方帽【一六】，杖策來，咄鬼曰：「汝陰下小鬼【一七】，輒欲恣食生人，豈不累我？」紛爭不已，叟舉杖擊之，鬼搦杖與相拒。良久，叟力不能勝，撐拄【一八】未決。復見一長僧，貌古怪，頂僧袈帽，持錫【一九】杖擊，鬼始棄而竄。俊時裸

【一三】村漢　涵芬樓本注，葉本作「科頭漢」。
【一四】討錢　涵芬樓本注，葉本作「討得錢」。
【一五】方解　涵芬樓本注，原本此下接「其馬絆，俊大聲叱之，鬼捨馬趨寢所。俊怖甚，解衣將寢，忽一鬼朱髮青軀，高七八尺，自外入解」三十六字，係舛錯。今從吕本改正。
【一六】白帽方帽　涵芬樓本注，吕本作「白袍方帽」。
【一七】汝陰下小鬼　涵芬樓本注，黄校：「陰」字疑誤。
【一八】撐拄　「撐」字原闕，據吕本、四庫本補。
【一九】持錫　涵芬樓本注，原本此下接「所服者須臾而至，皆篋中物也。俊未暇致謝，叟杖擊鬼，始棄而鬼竄。俊時裸袒無衣，叟命取其」三十六字，係舛錯。今從吕本改正。

袒無衣，叟命取其所服者，須臾而至，皆篋中物也。俊未暇致謝，叟與僧俱不見矣。明日，院中失俊，遍尋訪之，得於昨夕水次，扶以歸。病十餘日乃愈。寨内由此建立僧伽塔相而奉事焉。

翟八姐

江淮閩楚間，商賈涉歷遠道，經月日久者，多挾婦人俱行，供炊爨薪水之役，夜則共榻而寢，如妾然，謂之嬸子，大抵皆猥娼也。上饒人王三客，平生販鬻於廬、壽之地，每歲或再往來，得居嬸曰翟八姐。翟雖爲女婦，身手雄健，膂力過人，其在塗荷擔推車，赬肩繭足，弗以爲勞，壯男子所不若也。性又黠利，善營逐什一，買賤貿貴，王獲息愈益富，錙銖收拾，私所蓄藏亦過千緡。密市黄白，而更無姻眷，年且四十，欲謀終身計。王客，狡詐大駔也，雖醜鄙其色，而以財貨動心，誘之爲妻。翟罄橐中物畀付。他日將渡江，先一夕同宿旅舍，未旦先起，挈裝齎登舟，趣解纜。及翟至水濱，其去已遠，悲慟移時，念進退無門，徑赴水死。王遥望見，良自以爲得策，遂歸故里，治生業，建第宅以居。移時【二〇】侈於其舊。有二稚子，甚敏悟，正戲舍傍，一僕宿怨其父，操刀盡殺之。自是家内怪興，見婦人軀幹絶偉，儼類翟氏，道譶鬼嘯妖【二一】，或中夕擊鼓鏘金，千態萬狀，室中几格器皿，羅列于庭。長子頗憤怒，命術士治之，不息。肆言呼天，迨于謗侮，因醉毆人死，貸命黥配嶺南。

【二〇】移時　涵芬樓本注，吕本作「奉養」。

【二一】嘯妖　涵芬樓本注，黄校：「妖」字疑誤。

獨次子在，又與衆不逞爲腹心交，杯酒忿爭，亦爲所害。王衰頽愁苦而終，妻貧饕餓死，暴尸不克葬，屋廬入于宗人之家。

吴大尉

觀察使吴超，河北人，從韓蘄王軍爲大將。乾道中，知楚州，都統淮東。賦性戆直，而不與人作怨仇。庚寅歲，自京口遣馹卒李文往錢塘。文還至常州之西境，遥見旌麾塞道，如戎帥威儀，趨避路左。忽聞人呼其姓名，文匍匐再拜，仰視之，乃使主太尉也。笑語問勞備至，文曰：「不審太尉欲何往？得非奉詔入朝乎？」曰：「吾被上帝命，差充平江府崑山土地，即日赴任。汝速歸，爲傳語宅中，説吾路上安樂，一行人都平善。」教衆宣贊各向前。又命從使持官券兩千，犒文作路費。文謝退，兼程而行。及家，則知吴已下世數日矣。方悟所見，皆陰兵云。此卷朱從龍説。

夷堅支乙卷第二 十二事

大梵隱語

常熟縣寓客曾尚書，下世已久。有四子，淳熙元年春，夢告其長縣丞曰：「我被天符，爲福山嶽廟土地，方交承之始，闔府官僚當有私覿，禮不可廢。吾東書院黑厨内藏佳紙數千張，可盡付外染黄，印造大梵隱語，敬焚之。毋忽吾戒。」丞既覺，未以爲然。又見夢於仲子，仲以扣所知鄭道士，曰：「大梵隱語，是爲何經文？吾不識也。」鄭曰：「此乃《度人經》之末章。」取示之。仲笑曰：「無甚緊要，顧何足爲冥塗助？」亦不肯用父言。已而，叔、季同夕感夢，二子嗜酒荒怠，略不經意。邑有陳秀才，素游曾公門，夢尚書至，怒駡諸子以不孝，欲愬於上帝，痛治之。陳不待旦趨往告，猶且信且疑。至三月二十六日，邑人羣詣廟下。曾之季子與三四少年縱觀，行經四廂，遇一婦人絶美，注目諦視，乃尚書也。凝立庭下，顧兩鬼捽仆地，剥其衣，叱曰：「不孝子，尚敢來此。」四傍往來人，皆見季呻呼楚痛，若不可堪。主廟吏炷香爲致禱命，左右送以歸。迨反室，昏無所知。舍中百物，皆無故自相觸擊，必碎乃止。明日，縣丞邀法師陳國潛至家，使施法禁禦逐。陳召集

校勘記

將吏測問，曰：「非祟也。乃尚書公以四子違命，請于天而罰之。」陳令排備酒饌，設席堂上，祝而祭焉。家人悉見亡靈出現，與陳對席。陳懇祈數四，於是得釋。季良久而寤，流汗遍體，盡以所見爲三兄及陳言之。即日印此經五百本，焚獻謝過。

茶僕崔三

黄州市民李十六，開茶肆於觀風橋下。淳熙八年春夜，已扃户，其僕崔三未寢，聞外人扣門，問：「爲誰？」曰：「我也。」崔意爲主公，急啓關，乃一少年女子，容質甚美。駭曰：「娘子何自來？此是李家茶店耳，豈非錯認乎？」曰：「我是只左側孫家新婦，因取怒阿姑，被逐出。終夜【一】無所歸，願寄一宵。」崔曰：「我受傭于人，安敢自擅？」女以死哀請，泣不肯去。崔不得已，引至肆傍一隅，授以席，使之寢。久之，起就崔榻，密語曰：「我不慣孤眠，汝有意否？」崔喜出望外，即留共宿，雞鳴而去。繼此，時時一來。崔以人奴獲好婦，愜適所願，不復詢究本末。一夕，女曰：「汝月得顧直，不過千錢，當【二】不足給用。」袖出官券十千與之。其後屢致薄助，崔又益喜。兄崔二者，素習弋獵，常出游他州，忽詣弟處相問訊，寄寓旬餘。女不至，崔思戀篤切，殆見夢寐，乃吐情實告兄。兄曰：「此地多鬼魅，慮害汝命，宜速爲之圖。」崔曰：「弟與之相從半年，且賴渠拯恤，義均伉儷，難誣以鬼也。」兄曰：「然知我至，則斂跡，何邪？」崔曰：「正以兄弟妨嫌，於禮不

【一】終夜　涵芬樓本注，吕本作「中夜」。

【二】當　涵芬樓本注，吕本作「常」。

可。」兄曰：「彼每至，從何處出入？」曰：「入自外門，由樓梯而下。」兄是晚捨去，取獵具捲綱數枚散布之，抵暮乃俯伏於隱所。三更後，戛然有聲，急篝火照視，得一斑狸，長三尺，死焉。兄曰：「是物蓋惑吾弟者也。」爲剥其皮而烹其肉。崔慘沮悽淚，不能勝情。異日獨處室中，覺異香馥烈，女已立燈下，大駡曰：「吾與汝恩意如此，兼數濟汝窘乏，何爲輕信狂兄之言？幸吾是時未離家，僅殺了一婢，壞衫子一領而已。」崔遜謝。女笑曰：「固知非汝所爲，吾不恨汝。」遂駐留如初，至今猶在。右二事，朱從龍說。

羅春伯

羅春伯，撫州崇仁人。淳熙甲午，僦館于邑人吴德秀家，受業者數輩。吴夢館之西偏有物類狗，起於芭蕉叢下。已而兩角嶷然，奮身飛躍，歷舍東，升于天，光采粲然，照耀遠邇，遺鱗脱甲，委墜滿地，方審爲龍也。覺而喜，偏以告人，不知爲誰祥應。比秋試，獨羅中選，其所居正在邑西。未試前，與一友同行，占響卜。約以首語爲友證，次者爲羅證。約方定，聞路人回顧曰：「來不得。」友即失色。又有相謂曰：「桂枝香。」蓋用四平語呼其侣共歸也。是歲，友黜。羅次年廷策爲第二人。初名維岳，字伯高，肄業於郡城西南之别墅。夢報榜者至，名乃點也，遂更之。以乾道戊子獲鄉薦。又夢到官府，閲金書扁榜中，有「兩舉登科，四遭薦達」八字，竟兩到省闈，幾魁多士。春秋四十五，超佐樞庭，然未兩月終于位。所謂四達之兆，茲未能曉。

楊証知命

臨川楊漢卿，幼年習童子舉，無所成名。侵尋弱冠，夢人自門呼曰：「楊証也，做官。」覺而自喜。適淳熙庚子秋試，遂書同音數字，信手拈其一，得「証」字，即更名，而字諫【三】是科果中貢籍，明年擢第。証數能談命，所見出他術士意表。是時，東赴省，數與同途樂紹先言，曰：「吾必登第，正恐死不久。脱或下第，庶可少延。」然爲功名之心所驅，卒入試。試罷還家，夢促裝復東。恚曰：「吾跋涉千里，息肩未幾，而又行役，其何以堪！」母釋之曰：「我爲汝辦轎乘以往，勿憂也。」俄而捷音至。証文思如傾河，日能作萬言。廷對前，忽因目赤痛，僅得成章而出。鄉人之善者，相爲惜之。迨唱名，墮于末甲，才壓一名。待銓，竟調潭州善化主簿，須次。及到官，數月而卒。

黄若訥

黄若訥，字敏仲，邵武人，寓居臨川。淳熙十三年冬，入都赴省試。中途貪程，暮到旅邸，行商走卒，充滿其間，無可棲泊之地。黄謂主店者曰：「昏暗如此，欲前進不得。苟不見容納，將使我安之邪？」主者不得辭，旋空一室與之處。室距主翁家不遠，翁夜夢黄

【三】字諫　涵芬樓本注，吕本作「字子諫」。

龍從外至，以爪抉門入，蟠踞中堂，光焰赫奕，驚而寤，疑必有貴客在邸，未黎明而起訪焉。歷視十數客，皆不足當，獨黄君爲士子，意其兆應是也。又問知姓黄，益自信，戒僕，俟盥櫛畢，茶湯詣之，爲語宵夢，乞誌之于壁。黄固心喜，然亦不敢率爾，力拒却弗聽。翁退，復遣二兒來，皆儒衣冠，度不可已，乃勉書數語而去。暨來春揭榜，則遭黜。或人云：「龍雖貴證，尚爾沉鬱，蓋未即日騰趠飛天也。」黄失意留連，舍于張定叟侍郎之館。時有南舉先生者，道命術多中。往扣之，卦成，南曰：「好命，只是事遲好。更三年後，却做官。但有一慮，尊府君恐有不測，宜急歸。」是時，黄老父在家，適得信，報其抱疾。聞南語，瞿瞿不自安，即日西還。至仲冬，父果卒。黄當勉舉【四】，可應庚戌試，而正月在禫制中，計無由可及。會有旨，以首春雪寒，恐遠方布衣來者愆期，特展鎖院半月。於是兼程而往，于大院期已不及，鄉人爲委曲作道地，以門客避嫌，試别所，遂登科。黄龍之祥，未知驗于何日也。

【四】勉舉　李按：疑爲「免舉」之誤。

吴虎臣夢卜

吴虎臣曾博聞强識，知名江西。爲舉子日，謁夢於仰山，欲知科第遲速。其夜夢紅袖女子執板而歌，覺而不能省憶，但記一句曰：「尋春不是探花郎。」是後竟不第，而以獻書得官。吴奉紫姑神甚謹，每言事多驗。邑人吴仲權鎰將調官，請扣所向。箕箸既具，但畫龍與羊各數四。虎臣曰：「龍者，君象。羊者仕塗禄料也。子必面君登朝矣。」仲權曰：「鎰乃一選人，名位甚卑，安得有此望？」虎臣曰：「曾以布衣猶被召對，况於已在簪裳之列乎？神言有證，當不謬矣。」仲權私謂，辰、未年或可奮發。及赴部，乃注龍陽丞。

黄五官人

紹興辛亥歲，豐城縣農夫夢一道人持龍錢一文付之，曰：「倩汝送與黄五官人。」農對曰：「本鄉秀才，姓黄第五者非一，不知將與誰？」道人曰：「某里某巷居者是已。」既覺，茫然不曉其旨，亦不爲人言。翌日，采薪於山，果得錢，蓋俗工所鑄符篆相屬者，猛憶夜夢，雖異之而未暇持送。次年壬子，將逼秋試期，復夢前人告曰：「吾向時托汝送龍錢與黄五官人，何得遺亡？當即送之。若不如吾戒，必加禍於汝。」農驚懼而寤，四體洒淅，若被疾然。悟此錢爲祟，立往彼處。所謂黄生者，名竑，捧接甚喜，謂青錢中選，而神龍變化也。未幾，赴府請解。竑習《春秋》，已爲考官所黜。同院建昌教授包履常得其論卷，愛之，欲寘諸待補小榜。令均前後兩場草卷參讀，見首場經義批抹數十條，不可復收，乃携謂【五】本考官共議，將令再謄録。其人閲所黜義，大悔前失。而當在薦級者已定，包曰：「舉人燈窗勤苦，一戰殊弗易，亦可深惜。」其人曰：「前以所見一時謬誤致爾，非君見臨，幾失一士。過不憚改，遑恤其他。」遂取已入等者，摘其疵病，寘于待補之冠，而以

【五】謂　涵芬樓本注，吕本作「謁」。

竑居第三，竟登癸丑第。

邵武試院

淳熙十三年秋八月，邵武解試。十五夜，謄録院遺火，舉子文卷亦多被焚爇。明日，入試者相率共治羣胥，簾内亦令捕捉，皆奔迹隱處，或跧伏梁上，至夜不敢喘。俄見一黑物從空而下，狀貌如鬼，携當三錢二十餘，遍歷試案，時有喜色，輒寘一錢於案頭而去。既畢，持杖繞廊，擊諸坐人之不得錢者，或身仆，或筆墜，而舉子了不覺。吏自念：「豈非得錢者預薦，而遭擊者當黜乎？」因默志其平日知識十數人，以爲驗。迨揭榜，果與所料同。然則名場得失，當下筆作文之時，固有神物司之於冥冥之中，無待於考技工拙也。

涂文伯

宜黄涂四友，字文伯，幼喪母，其父光不再娶，與四友及長子四岳皆清居，陋巷茅簷，蕭然自足。紹興庚午之春，四友晝寢，夢婦人姿容靚麗，引右手示之，乃金字題詩兩句，曰：「秋舉君須中，危科子必登。」又引左手示之，亦金書六字曰：「文伯之妻杜氏。」既寤，以白父兄。是歲，秋闈榜出，果中選。郡人杜學諭遣媒妁來議，欲妻以女，資裝殊不豐，悟夢告先兆【六】，即就其約。遂登辛未科，仕柳州守，與杜氏偕老焉。

【六】悟夢告先兆　涵芬樓本注，葉本作「悟先夢已兆」。

王茂升

王益，字茂升，崇仁士人也。紹興庚申，與其兄茂謙盈祈夢于仰山廟。夢人語之曰：「君姓名不在張九成下。」覺而甚喜，謂異時科第巍峨，當如張公。既獲薦，以壬戌春赴省【七】。是時，貢闈在下天竺寺。暨入試，其設案處有前人題名「張九成」三大字，適當坐右，意必符昔夢，愈益喜。然是歲乃不利，蓋神所告，但指坐次云。初，茂升父國光尚賓，嘗夢室中挂巨榜一，人從旁言曰：「此君家子孫及第時賦題也。」杳茫髣髴，不可盡覩，僅識其末一「美」字。乃諭子弟，凡「美」字可作題目者，皆當牢籠。又作適《堯舜文王爲正道論》，意若未愜，更易者數四，茂升蹭蹬至丙子歲。旦【八】得開元一錢于道中，光潔可愛，私念曰：「吾今年當免舉，而以元日得錢，豈省場策問及此邪？」於是精考錢幣本末，廣爲之備。丁丑到省，試其賦曰《兼聽盡天下之美論》，題正昔日所作策，首篇問泉貨，遂登科。國光、茂謙前此擢第矣。父子繼踵，爲儒家所歆豔，惜其宦塗不大也。

周氏三世科薦

撫州懷仁，小邑也。士人獲鄉薦者，前後惟三人，而皆出周氏，曰召字彦保，其子曰龍章字冠卿，孫曰孝若君舉【九】。孝若初名某，淳熙丙午春，夢報榜者至，以杖荷席囊，聲喏

【七】赴省　涵芬樓本注，呂本多一「試」字。

【八】旦　原作「且」，據四庫本改。

【九】君舉　涵芬樓本注，呂本作「字君舉」。

拱立于右階之所。既揭榜，乃不在選中。友人袁公輔，夢有送解帖兩道至，其一爲袁世成，一爲周孝若，且託袁致之于周所。袁以語周。己酉秋闈，皆易名入試，遂俱薦送。而持榜惡少，衣裝舉止與所立處，儼同昔夢，無小差。

黄溥夢名

崇仁黄溥，初名某，久游場屋。淳熙九年秋七月夜，夢報榜人至，亟出視之。惟著燕服，不類走卒狀，而二兄皆白袍列立。黄詢仲兄曰：「得者爲誰？」曰：「汝也。」「名爲何？」曰：「溥。」夢中不曾問若何書字，旦而識諸壁，念同音非一，莫知所從。擬欲用「普」【一〇】字而未決。冬十月，宜黄李元功來訪之，喜而語曰：「疇昔之夜，夢人持解榜報予長子預薦書，崇仁惟得一人黄姓，而名從水」。黄私自賀曰：「李君之夢，其造物欲贊吾『溥』字之疑耶？」次年更此名請舉，遂中選。李之長子果同升云。右十事，臨川劉君所記《夢兆録》。

【一〇】普　涵芬樓本注，吕本作「溥」。

夷堅支乙卷第三 十五事

安國寺僧

饒州安國寺，據莊園田池之入，資用饒洽，勝於他刹。名爲禪林，而所畜僧行皆土人，相承以牟利自潤。僧妙辨者，尤習爲不善，于持戒參學略無分毫可稱，衣鉢差厚，寶護之如頭目。紹熙甲寅五月以病死，臨命之際，喉中介介，若貪戀不忍捨之狀。寺衆在傍觀之，知其昏於篋櫝，精神混亂所致。既絶就殮，行者法珍守其柩，未及舉焚。六月旦日，將黄昏，法珍方爇燭炷香，覺左右前後履聲窸窣，四顧無所睹，頗疑懼焉。且一鼓，寐未熟，見妙辨從壁畔徐徐而來，貌如生時。手拍供案，彈指長吁。又往發遺篋，周視所貯，復闔之。繼撤關啓户，旋亦闔之，作怒推壁兩堵，砉然而摧。珍大駭呼救，乃滅。由是感疾，幾死。主僧命厥侣奉柩出城焚之，而悉斥賣其物，爲修薦，畢，怪變始息。

劉氏僦居

忠順官王成，爲饒州指使而卒，其妻劉氏【一】，自故居城隍廟西巷，徙於牌樓南，僦鍾

校勘記

【一】劉氏 「劉」原作「白」，據四庫本及標目改。

氏邸舍。先是，郡吏李生寓焉，病瘵癘，不勝煩燥，赴井死。鬼數出空屋爲怪，鄱民多知之。劉氏以賃直少，且不審前事，既徙入，便聞剥啄嗟吁之聲，始訪得其故。於是取《北斗經》，置井蓋上，舉家盡夕不寐，明燈待之。二鼓後，見井蓋自舉起，一人從中伸兩手，攀闌裸出，拈經戲弄，大笑曰：「縱使是《北斗經》，將如我何？」復反諸元處，緩步往前門，咳嗽數聲而還。劉家人怖懼，相抱而坐。良久，隔窗扯人衣裾，彈指長歎，盤旋過夜半，乃奄冉【二】趨井中。次夕復然，劉亟捨去。自是無人敢卜居。

景德鎮鬼鬬

淳熙元年初夏，浮梁景德鎮漁者設網於鄱江，天色亭午，景物清和，水波不興。正往來投餌，俄頃迅風大作，冷氣如深秋【三】，漁急拏舟趨伏岸滸。忽見偉男子百餘輩，皆文身椎髻，容貌魁昂，盤旋於沙渚。一巨人青巾緑袍，褐鞾玉帶，持金瓜，坐繩床指呼羣衆，分爲東西兩朋，各執矛戟刀仗，互前擊鬬【四】。其勇如虎，格格有聲。久之，東朋獲勝，退立少息。西朋負敗而走，悉化爲牛浮鼻渡水。東隊【五】鼓譟追襲，振摇太空。牛既得渡【六】，縱横散佚，不知其所如。是歲，近境疫癘，從縣鎮以西，比屋抱疾，而東村帖然。始悟漁者所見，向日【七】爭鬬而勝者，里社之神。其奔敗化牛者，瘟鬼也。右三事，朱從龍説。

【二】奄冉　「冉」原作「由」，據四庫本改。

【三】冷氣如深秋　涵芬樓本注，葉本無「氣」字。

【四】互前擊鬬　涵芬樓本注，葉本作「往來格鬬」。

【五】東隊　涵芬樓本注，葉本作「東朋」。

【六】牛既得渡　涵芬樓本注，葉本作「牛既渡」。

【七】向日　涵芬樓本注，葉本無「向日」二字。

猛十一郎

淳熙庚子秋，余鏞仲庸赴饒州鄉舉還家。貢闈未啓之前，其僕程信夢報榜數人懷小帖云：「至余知府宅。」才入門又出，曰：「錯了，錯了，自是猛十一郎耳。」明日以語鏞，鏞不樂。十一郎者，其族子知權。雖能作程文，然學藝出鏞下。猛者，里俗戲相標謔，憨癡之類也。及九月十日榜至，果先訪鏞家，徐以爲誤，而適知權處，得酒一壺，飲竟，而持正榜者來，乃鏞薦送。蓋造榜之際，偵人例以小紙疏舉士姓名，匆匆探賾，或預選則葩摺【八】爲證，以故妄謬者多。有頃知權來賀，鏞慰拊之，而償其所犒酒。

【八】葩摺　涵芬樓本注，黄校：二字疑誤。吕本無「葩」字。

余榮古

樂平余榮古，乾道中，以歲饑，流泊淮上。偶得五雷法，稍習行之。時村落耕牛多病疫，往治輒愈，頗獲酬謝，可以糊口，因定居焉。淳熙乙巳，暫還鄉。其族姪知權妻詹氏者，父母適如淮地，知權與妻送之。妻還舍感疾，妄言譫語，如狂如癡，不復省人事。乃招榮古視其狀。及行法考召，蓋詹之先亡也。榮古顧曰：「可縛起。」病者時卧房内，便舉手前向，宛若受縛。繼使鞭訊，則又叫呼服罪。徐諭之曰：「汝是詹家祖先，自合隨子孫住處受香火，如何敢擅入人門庭，且作殃禍？吾念汝係姻親，未欲致法，宜速去。」即謝過，請釋放，許之。俄頃間，病者平安如常。

余尉二婦人

樂平余嘉績，再娶徐氏，攜故夫程氏子來，爲娶婦。徐氏性嚴急，日夜詈責苛峻，婦不能堪，遂自縊死。又一婢，因爲小兒烘鞋，火誤爇幫帛，遭痛杖，亦縊死。後數歲，當紹熙五年六月，嘉績將赴峽州遠安尉，庖妾於屋末置梯，覆醬缶，甫登一級，失足墜，即不作聲，但兩手執梯，舉頭挂梯齒。老媪見而呼之，弗應，就視之，面色或青或赤，痰喘如曳鋸，屹然不動。扶以歸，與湯飲【九】，到曉略不寤。余族子泰亨，頗能行符法，使之驗治，喘雖稍定，而瞢騰如昔。泰亨曰：「是爲鬼所祟，非我所能驅禳也。去此二十里，有彭法師者，精習三壇正法，宜急呼之。」于是走僕竟夜邀致。彭篆符噀水，步罡誦呪，移時乃蘇。言：「記得纔上梯時，見兩個婦女來，便搦我咽喉，捽頓于地，覺神志迷罔，冥冥隨之去。抵大宅，庭宇高煥，堂上鋪設筵席，酒器羅列，盡金銀也。引我入厨，貯鍋内菜羹與我。聞賓客飲笑，聲甚讙。如經一晝夜，俄外人奔入，呼曰：『天師唤。』乃得歸。」始悟二鬼，蓋故婦及婢也。

【九】與湯飲　涵芬樓本注，吕本作「灌以湯飲」。

董綷兄弟

余鎰伯益之女，嫁餘干董綷。綷赴鄉舉，泊舟東湖。嘗謁余娣壻徐大聲，徐往報之，董僕辭以出。徐望綷故在船上，偃然自若，以爲皆余氏壻，已爲尊屬，而無禮如是，怒駡極口。其人儼若不聞。徐還至城門，則與綷遇，相迎揖叙致，徐猶懷憤不已。但訝其適方坐船上，何以能遽來。朋輩爲言，綷兄弟相生，顔狀如一，偃然者乃兄耳。始愧而大咲。此與前志所書，豫章道人、婺源行者事，甚相似也。

周狗師

岳州崇陽縣村巫周狗師者，能行禁禱小術，而嗜食狗肉，以是得名。最工於致雨，其法以紙錢十數束，猪頭鷄鴨之供，乘昏夜，詣湫洞有水源處，而用大竹插紙錢入水，謂之刺泉。凡以旱來請者，命列姓名及田疇【一〇】畝步，具于疏内。不移日，雨必降。惟名在禱疏者得雨，他或隔一塍，越一塹，雖本出泉處，其旱自若。村民方有求時，先持錢粟爲餉。未能者，至牽牛爲質。及應感，則齎錢贖取之。周所獲不鮮，然但以買酒肉飲啖，所居則茅屋一區而已。其所刺泉穴，或源水即時乾竭，懼爲彼民所抑，故必夜往。邑宰常苦旱，並走羣祠，了不響答。呼周使禱，周曰：「請知縣與佐官皆詣某所，須攜雨具以行，恐倉

【一〇】田疇　「疇」原作「禱」，據四庫本改。中華本逕改。

卒沾濡，無以自蔽。」宰勉從之。施法甫畢，雨大至。臨川眼醫鄭宗説，嘗游行到岳，識其人，悔不捐囊裝傳其術也。刺泉之法，方策不載，他處亦未之有。

妙淨道姑

余仲庸初病目，招臨川醫鄭宗説刮障翳，出次於舍傍徐氏庵廬，蓋法當避囂塵以護損處。時十一月中，憩泊甫定，立於門，遇一道姑，負月琴，貿貿然來，僅能辨衢路，向前揖不去。問爲何人，何自而至。對曰：「妙淨，只是餘干人。尋常多往大家求化，不幸有眼疾，見鄉里傳説官人迎良醫到此，是以願見之。但妙淨行丐苟活，囊無一錢，乞爲結一段因緣，使得再見天日。」余惻然，命僧童引入竈下，留之宿，時已昏暮，將俟旦拯視。童見之甚喜，燒湯與濯足，時時以微言挑謔。迨夜，置榻偕宿。明日呼之出，鄭曰：「此名倒睫毛入眶，所以不能覷物。治之絶易，然亦須數日乃可了。」余語之曰：「汝是女子，住此有嫌。汝不過有服食之慮，吾令汝往田僕家暫歇，以飯飼汝。」其人笑曰：「妙淨乃男人，非女也。」余察行步容止，語言氣味，爲男子無疑。不欲逆詐，竟唤僕導至彼舍，徐徐訪之，果一男子耳。平日自稱道姑，徧詣富室，或留連十餘夕。其爲奸妄，不一而足，至是方有知之者。

龍漩窩

樂平縣西三十五里，地名龍漩窩，相傳以爲昔有龍從地出，陷爲污池，不知其何歲年也。紹熙甲寅七月十八日，天大雷雨，白晝晦暝，人對坐不相覿，皆謂昏暮。已而廓然開霽，日脚啣山。視官道傍桑園中，一穴氣蓬勃如烟霧。少頃，有從二里外至者，云：「正見此處一大龍，夭矯幾百丈，騰空而升。」觀者頸縮驚懼，累日始定。以繩數十丈，矴石墜入穴中，不得所止。是歲十一月，余仲庸過焉。聞父老言，即詣其所。穴口徑可二尺許，涵水極清澈，愈下愈廣，猶有白氣出於外，距舊渦才百步。此地去江湖遠，而神龍居之，不可曉也。右七事，余仲庸説。

小隱蛇

文安公小隱園，在妙果寺南。其西偏，地勢夐僻，久不平治，蔓莽極目。紹熙五年七月二日，圃人徐三以正午酌水，於甕見二犬共擒一蛇，大如柱，其長五六尺。蛇回頭反齧其頷，一犬徑啣蛇頭，吞嚼喉間，滯礙不能伸縮，復爲蛇齧舌，遽吐之。俄頃，犬死，其一遭毒。不踰時，三者俱斃。蛇體黑花，方紋間之，遍身生毛，茸茸然，名爲鐵甲五步，蓋蝮也。

朱五十秀才

朱仲山者，鄱陽人。本憲臺小吏，後謝役，讀書爲士，稱五十秀才，居于上巷。紹熙五年八月四日晚風雨，電光雷聲，繞其室甚久。一更後，聞空中語曰：「往田頭收禾了。」又有問曰：「在甚處。」應曰：「章田也。」語畢，倏然黑氛，如曳帛，穿西北去，光響浸息。家人旦起，見屋瓦皆破碎。是時朱乃在莊，數日監刈稻。妻慮必致天譴，邀天慶道士張在一往禳謝。張曰：「是天威也，吾不敢行。」午後，一僕來言：「秀才昨夜遭雷震死矣。」朱平生臨財慳吝，不與人爲周旋，然未聞顯惡。既罹禍酷，或疑爲胥時必有隱慝云。其壻陶生【一一】，在城中聞之，奔往視，還家兩日亦死。朱將葬之日，送喪者行田塍畔，忽遭雷怖，皆捨而竄伏。至十月六日，雷復震出其柩。妻命僧誦經作懺哀祈，輒有變異，久而未息。

諸湖僧

鄱陽諸湖寺僧，夜夢人告曰：「須用三盌水煮過。」言之至再，寤而不能曉。明日一童持白蕈來，大如桶，曰：「得于後山樹下。」僧喜，即命煮之。初用水一升許，踰時皆乾，蕈偃然如生。又益以水，至于三，不熟。僧忽憶昨夢，疑其異物，喚童負鋤就斸所生處，才二尺，見一菜花蛇蟠穴内，已死腐，而口中猶出氣，正蒸薄於上，遂成蕈。傍有小枿

【一一】其壻陶生　「壻」原作「胥」，據四庫本改。

甚多，村民采食之，一日間死者三人。寺僧盡脱此厄，夢之靈如此。

洪季立

洪烜季立，生于元符己卯，至紹興丙子歲五十八矣。六月某日，蚤起，招館客從姪喬語之曰：「吾夜得佳夢，宜賀我。昨夕正熟睡間，見神人拊背而笑曰：『爾壽數本止于六十八歲，緣近有陰德，幽冥所重，遂增十年。』未暇扣其何事，瞿然而寤。然則吾春秋幾至八十，自今以往猶有二十年，優游田地，可謂無望之福矣。」喬相與誦歎，方擬召親黨置酒爲慶。是夕鷄鳴時，忽得疾暴下，迨明日午不起，視神告之數，乃減十年。惡鬼侮人如此。喬說。

彭婦棺

從姪孫佋之婦彭氏，紹熙五年八月下旬，生子不成而死。彭婦得病危甚，佋之父以事留金陵，陸伯父蒙之爲買棺，且預漆飾，凡爲錢百千。經旬，病少間。蒙念凶具留家不祥，議轉鬻之，以供藥餌費。既有王三郎者酬直矣，九月七日正午，蒙假寐，夢老叟長七尺，自外策杖來，謂曰：「此器便欲用，切勿妄動。爾何性急若此，萬一不如意，倉卒間如何尋覓？」蒙覺而駭之，急遣童問訊，則病者勢已變，後三日而亡。豪之說。

夷堅支乙卷第四 十事

衢州少婦

衢州人李五七，居城中，本巨室子弟，後生計淪落，但爲人家管當門户。紹熙戊辰歲三月夜，天氣清潤，微雲遮月，獨卧小軒，若有捫其面者。驚而起，以爲天且明，適欲詣郡陳牒，即具衣冠，疾步抵譙樓下。聽更鼓，纔三通，覺神宇不寧，彷徨無所届，往來於班春堂前。驀聞奇香襲鼻，俯仰窺覘，見堂内隱隱有燈光亮，益怪之，謂：「夜半間安得有此？」登堦就望，乃一少婦，約年十八九，自攜小燈籠，倚柱獨立，姿態絶艷，含咲迎揖，曰：「郎君萬福。」李巽謝，應諾【一】。婦問曰：「今日使府放詞狀否？」李曰：「然。」不審娘子爲誰家人？何爲而至？」曰：「我即城東丘秘校妻也。嫁纔數月，不幸夫亡。居室一區，遭鄰里凌暴，欺我孀婦，不能訴，故不免告官。儻非冒夜以來，必將爲所邀阻，於勢當爾。」李正悦其貌，又言語楚楚可聽，四顧無他人，情不能遏，試出微詞挑之。欣然相就，攜手入室繾綣。少焉，東方已白，郡既領訟牒矣，兩人俟判畢，別去。婦約今夕再用此時來。及期復遇，遂荏苒踰三旬。李生家訝李連日宵行，疑必有淫泆之過，以告亡賴輩，

校勘記

【一】諾　涵芬樓本注，吕本作「喏」。

俾捕之。得於班春堂後，恰與婦寢，呼譟共前，皆就擒。婦掣臂，呦呦作聲，化爲青狐奔而出。衆駭追之，茫無所覩矣。

人遇奇禍

人有遇奇禍，非思慮防虞所及者。紹興中，諸大軍在淮浙，每歲五六月，則出庫甲磨瑩之。鎮江將官某，正以鐵錐穿竅，同列在傍，戲爬其腋下，某將不覺舉手引避，錐遂入左眼中，貫其睛，血出悶絶，移時稍蘇，竟以失明落軍籍。頃予見之於建康，親聞其語。饒城民嚴四，治圃澮津湖之南。蹲踞種韭，布裩穿破，一犬忽從後攫其陰囊，食一腎。嚴隕於血中，鄰人奔救，越兩日，方能知痛。福州閩清縣小兒，年八九歲，遺糞野田間，猪來食穢，遂并兩腎遭嚙，僅得不死。瘡既愈，一竅如箸大，便溺皆從中出。黄雍父養以爲僮，攜之來鄱陽。

小紅琴

天台王卿月，字清叔，生於紹興戊午，敏悟多藝能，琴棋、卜筮、音律、射醫，無所不妙解。有琴一張絶佳，殊自寶惜。自起居舍人出牧淮西，至淳熙庚子年，四十有三矣。在鄉里，夢一道士，霞裾雲顴，氣拂霄漢。才見，即與之琴，王驚喜捧翫，乃己物也，笑謝之曰：

「是吾家所藏，何必爾。」道士曰：「舍人徒有此琴，未識其意。」因覆琴底龍池示之，中刊八字，曰「一紀之年，事在小紅」。方擬扣其旨而寤。漫書于策，亦不復省録。紹熙壬子，自瀘南召，選爲宗正少卿。從牙儈得一善弈小鬟，問：「在家時名爲何？」曰：「小紅也。」猛憶昔夢，而相去恰一紀。鬟既工於技，又能七絃，遂倍常價買之，而畀以所寶者，嬖寵甚至。才兩月，被命使金國。王固精五行，以是歲運限衝擊，不願往。辭之再三，不獲，至七月七日乃出國門。到姑蘇，疽發背間。至京口浸劇，未及揚州十里而卒。臨終遺言報其家，使即遣鬟歸父母處。淮人諺云：「揚州十里小紅橋。」又與夢合。初，在瀘南，好激賞兵卒，浸淫無藝，其去也，府藏爲之枵空。後政張孝芳不能繼，每從鐫減，坐此遭奇禍。淮、蜀東西數千里，而兩人之亡，皆七月十二日。吁，亦異矣哉！陳宋卿説。

優伶箴戲

俳優侏儒，固伎之最下且賤者，然亦能因戲語而箴諷時政，有合於古矇誦工諫之義，世目爲雜劇者是已。崇寧初，斥遠元祐忠賢，禁錮學術，凡偶涉其時所爲所行，無論大小，一切不得志。伶者對御爲戲，推一參軍作宰相，據坐，宣揚朝政之美。一僧乞給公憑遊方，視其戒牒，則元祐三年者，立塗毁之，而加以冠巾。一道士失亡度牒，問其披戴時，亦元祐也，剥其羽衣，使爲民。一士人以元祐五年【二】獲薦，當免舉，禮部不爲引用。來自

【二】元祐五年　「年」字原脱，據四庫本補。

言，即押送所屬屏斥。已而主管宅庫者附耳語曰：「今日於左藏庫請得相公料錢一千貫，盡是元祐錢，合取鈞旨。」其人俯首久之，曰：「從後門搬入去。」副者舉所持挺杖其背【三】，曰：「你做到宰相，元來也只好錢【四】。」是時至尊亦解顔。蔡京作相，弟卞爲元樞。卞乃王安石壻，尊崇婦翁，當孔廟釋奠時，躋于配享，而封舒王。優人設孔子正坐，顔、孟與安石侍坐側。孔子命之坐，安石揖孟子居上，孟辭曰：「天下達尊，爵居其一。軻僅蒙公爵，相公貴爲真王，何必謙光如此。」遂揖顔子。顔曰：「回也，陋巷匹夫，平生無分毫事業，公爲名世真儒，位號有間，辭之過矣。」安石遂處其上。夫子不能安席，亦避位。安石皇懼，拱手不敢【五】，往復未決。子路在外，憤憤不能安【六】，徑趨從祀堂，挽公冶長臂而出。公冶長爲窘迫之狀，謝曰：「長何罪？」乃責數之曰：「汝全不救護丈人，看取別人家女壻。」其意以譏卞也。時方議欲升安石於孟子之右，爲此而止。又嘗設三輩，爲儒、道、釋，各稱誦其教。儒曰：「吾之所學仁、義、禮、智、信，曰五常。」遂演暢其旨，皆采引經書，不涉媟語。次至道士，曰：「吾之所學金、木、水、火、土，曰五行。」亦說大意。末至僧，僧抵掌曰：「二子腐生常談，不足聽。吾之所學生、老、病、死、苦，曰五化。藏經淵奥，非汝等所得聞。當以現世佛菩薩法理之妙，爲汝陳之。盍以次問我？」曰：「敢問生。」曰：「内自太學、辟雍，外至下州偏縣，凡秀才讀書，盡爲三舍生。華屋美饌，月書季考，三歲大比，脱白掛緑，上可以爲卿相。國家之於生也如此。」曰：「敢問

【三】舉所持挺杖其背　「杖」原作「扶」，據四庫本改。又「挺」原作「挺」，據文意逕改。

【四】只好錢　涵芬樓本注，葉本作「只要錢」。

【五】拱手不敢　涵芬樓本注，葉本作「拱手云不敢」。

【六】不能安　涵芬樓本注，葉本作「不能堪」。

老。」曰：「老而孤獨貧困，必淪溝壑。今所在立孤老院，養之終身。國家之於老也如此。」曰：「敢問病。」曰：「不幸而有病，家貧不能拯療，于是有安濟坊，使之存處。差醫付藥，責以十全之效。其於病也如此。」曰：「敢問死。」曰：「死者人所不免，唯窮民無所歸，則擇空隙地爲漏澤園。無以殮，則與之棺，使得葬埋。春秋享祀，恩及泉壤。其於死也如此。」曰：「敢問苦。」其人瞑目不應，陽若惻悚然。促之再三，方【七】蹙額答曰：「只是百姓一般受無量苦。」徽宗爲惻然長思，弗以爲罪。紹興中，李椿年行經界量田法。方事之初，郡邑奉命嚴急，當其職者頗困苦之。優者爲先聖、先師鼎足而坐，有弟子從末席起，咨叩所疑。孟子奮曰：「仁政必自經界始。吾下世千五百年，其言乃爲聖世所施用。三千之徒，皆不如我。」顔子默默無語，或於傍笑曰：「使汝在世，非短命而死【八】，也須做出一場害人事。」時秦主李議【九】，聞者畏獲罪，不待此段之畢，即以謗褻聖賢叱執送獄。明日，杖而逐出境。壬戌省試，秦檜之子熺、姪昌時昌齡皆奏名。公議籍籍，而無敢輒語。至乙丑春首，優者即戲場，設爲士子赴南宫，相與推論知舉官爲誰。或指侍從某尚書某侍郎當主文柄，優長曰：「非也【一〇】，今年必差彭越。」問者曰：「朝廷之上，不聞有此官員。」曰：「漢梁王也。」曰：「彼是古人，死已千年，如何來得？」曰：「前舉是楚王韓信。信、越一等人，所以知今爲彭王。」問者嗤其妄，且扣厥指。笑曰：「若不是韓信，如何取得他三秦？」四座不敢領略，一鬨而出。秦亦不敢明行譴罰云。

【七】方　涵芬樓本注，葉本作「乃」。

【八】使汝在世非短命而死　涵芬樓本注，明鈔本作「使汝不是短命而死」。

【九】時秦主李議　涵芬樓本注，葉本作「時秦檜主張李議」。

【一〇】優長曰非也　涵芬樓本注，葉本作「優長者非之曰」。

葉氏庖婢

永嘉葉正則，爲湖北安撫參議官。有庖婢忽懷妊，疑其與童僕私通，而此婢爲人村戇，持身甚謹，置不問。已而滿十月生子，暗中不作聲，捫其體，冰冷無氣。亟取火燭視，爲【一一】泥塑所成者。將擲棄之，一老翁踉蹡而至，連呼曰：「吾兒也，不可殺。」就地抱撫，挾之而去。乃知其爲土地祠中鬼物云。葉氏亦不復扣所以。

三朵花

《東坡集》云：「房州通判許安世，以書遺余，言吾州有異人，常戴三朵花，莫知其姓名，能作詩，皆神仙意，又自能寫真。人有得之者【一二】。許欲以一本見惠，乃爲作詩曰：『學道無成鬢已華，不勞千劫漫蒸砂。歸來且看一宿【一三】覺，未暇遠尋三朵花。兩手欲遮缾裏雀，四條深怕井中蛇。畫圖要識先生面，試問房陵好事家。』」房人至今稱爲三朵花先生。或云姓李氏，隱于州之福溪巖。每戴紙花三朵入市，市人圍繞爭呼之，但笑云：「休打裏。」休打裏者，房人方言，猶云「莫要如此」也。有二三老翁常從之游，間入山，邀之入城飲酒。輒語，使先去，我當便來。翁還，到城，李已先在。迨同詣酒家，所沽錢盡，而興未已，探手於腰間小竹篋中，取錢索酒至醉。三翁竊視其篋，空無所有，及李自取，依

【一一】爲　涵芬樓本注，葉本作「則」。

【一二】人有得之者　涵芬樓本注，呂本作「有求之者」。

【一三】一宿　涵芬樓本注，二字原闕，據呂本補。

然隨手滿案。如是久之。忽與諸人告別，不知所届。元隱處，石壁塑像猶存。郡人誦其一詩云：「戴花三朵鎮長春，誰識玄中不二門。醉裏自傳神似活，終當不老看乾坤。」尾句或云「不知不覺到黄昏」。蓋每醉時，必寫真。雖兵戈之後，民家尚有藏之者。紹興初，江淮劇盗張琦亦稱三朵花，意欲冒其名以惑衆也。

焦老墓田

房州西門外三十里，有石崖，極高峻。其下爲石室，道觀在其側，曰九室宫。士人【一四】相傳云，陳希夷隱於華山時，亦嘗棲此地，石室乃卧窩也。民焦老者，居山下，陳每日一訪之。且至，則二鶴翔空，飛舞而下，焦氏以此候之，傾家出迎，具茶果延佇。經歲常然。一日告去，焦曰：「先生將何之？」曰：「吾欲歸三峯耳。」焦父子强挽留之，不可，而問曰：「汝家何所欲？欲官邪？欲富邪？」焦曰：「窮山愚民，不願仕，倘得牛千頭，志願足矣。」陳笑曰：「易事也。」携與俱行，入山後，指一穴，言：「異日葬於此，當如汝志。」遂别去。及焦老死，其子奉柩窆於所指穴。數年間，貲産豐裕，耕牛果及千頭。迨今二百年，子孫尚守舊業，牛雖減元數，然猶豪雄里中。鄉人名其處，爲焦老墓田。二事，張玘子温説。

【一四】士人　涵芬樓本注，吕本作「土人」。

再書徐大夫誤

景志所載徐大夫二誤，謂都堂客次遇諫官，及在婺州稱司法爲清健老子，每用爲戲笑。偶閱王彥輔《麈史》其末紀乖繆二事，其一曰京西憲按行至一邑，辱縣尉張伯豪，斥使不騎而步，且行且數其所爲。既入傳舍，有白直虞候者，憸黠人也，前白曰：「提刑適罵者官員【一五】，乃王陶中丞【一六】女壻。」矍然曰：「何不早告我！」亟召尉，與之坐。茶罷，乃曰：「聞君有才，適來聊相沮。君詞色俱不變，前途豈易量邪？」即命書吏立發薦章與之。其二【一七】某路憲至一郡，因料兵，見護戎年高，謂守倅曰：「護戎老不任事，何可容也？」守倅並默然。戎抗聲曰：「我本不欲來，爲小兒輩所强，今果受辱。」憲問：「小兒謂誰？」曰：「外甥。」復問其人，曰：「章得象也。」蓋是時方爲宰相。憲乃曰：「雖年高，顧精神不減，不知服何藥？」戎曰：「素無服餌。」憲曰：「好個健老兒。」惠酒而去。此兩者全與徐大夫相似，信知監司上官輕薄郡縣僚吏，卒貽譏誚，從昔有之。故備載其語，以資好事者談助。

劉氏女

吉州士人劉伯山之女弟，將嫁前一日，家人置酒話別。天宇晴廓，忽驟雨傾注，雷隱

【一五】提刑適罵者官員　四庫本作「提刑適所罵官員」。
【一六】王陶中丞　「王」原作「五」，據四庫本改。
【一七】其一　涵芬樓本注，呂本作「其二曰」。

隱發聲。女覺有物觸身，驚仆坐上。少頃即醒，舉體及衣裳悉無所傷，惟左足失履。衆爲尋索，得之户外。履幫帛已裂，剔出紙一片，闊三寸許，有天字滿行。蓋此女用小兒學書紙爲襯托，雷神以爲媟慢，故取示以伸警戒云。女因是感疾，失姻期。又歲餘，乃克成禮。羅正臣説。

李商老

廬山李商老，因修造犯土，舉家無問男女長少皆病腫。求醫不效，乃掃室宇，令家人各齋心焚香，誦熾盛光呪，以禳所忤。未滿七日，商老夜夢白衣老翁騎牛在其家，地忽陷，旋旋没入。明日，病者盡愈。始知此翁蓋作祟者，疑爲土宿中小神云。

校勘記

夷堅支乙卷第五十三事

張小娘子

秀州外科張生，本郡中虞候。其妻遇神人，自稱皮場大王，授以《癰疽異方》一册，且誨以手法大概，遂用醫著名，俗呼爲張小娘子。又轉以教厥夫。吴人章縣丞祖母，章子厚侍妾也，年七十，疽發於背，邀治之。張先潰其瘡，而以盞貯所泄膿穢，澄滓而視之，其凝處紅如丹砂。出謂丞曰：「此服丹藥毒發所致，勢難療也。」丞怒曰：「老人平生尚不喫一服暖藥，况於丹乎？何妄言如是！」母在房聞之，亟呼曰：「其説是已。我少在汝家時，每相公餌伏大丹，必使我輩伴服一粒，積久數多，故儲蓄毒根，今不可悔矣。」張謝去。章母旋以此終。婁夏卿之妾，項生一瘡甚惡。村醫爲灼艾，俄努肉隆起如捲，頗類捲成花蕚，或誤爲物觸，則痛徹心膂。張曰：「此名翻花腦痔。人世患者絶少，吾方書亦不載治法。」即捨之而去。村醫復塗藥綫，繫扎半日許，捲隨綫墮，然轉手再結，至于四五，訖不痊。凡數旬，妾竟死。

張花項

建炎、紹興之交，江湖多盜，張花項、戚方尤兇虐。張破池州，駐軍於教場，所掠婦女無數，爲官兵所逐，不忍棄之，乃料簡其不能行者，得八百人，諭其徒曰：「各納脚子。」須臾間，則八百女雙足剁疊於庭，然後去。刖者未即死，皆叫呼號泣，經日乃絶。戚在宣城、廣德，盡戕官吏，不遺餘。張循王與之苦戰，二盜力不敵，始就擒。循王數其罪，戚曰：「主此衆者，張統制也。方係副將，奉其指揮耳。」循王置之，繼問花項。花項笑而對曰：「命運使得如此，今當以不倒獻相公。」循王怒其不屈，叱斬之。首斷而尸不仆。戚繼獲免，竊位至節度使。暮年抱疾，困頓中唯與花項應答。花項所言，亦只出於戚口，大要憤其賣己。戚曰：「自是統制一時對得錯了，以致隕命，方何預焉？」紛紛終日，竟不起。此事張幾仲爲景裴説。

顧六耆

秀州之東三四十里，聚落曰泗涇。其傍有大聖寺，長以佛殿燈油付一行者，率月給若干斤。久之，輒不及期而告罄，主僧責其乾没，屢遭鞭箠，殊以爲苦。蓋初未嘗爲欺也，然無由自明，但寅夜伺之惟謹。一夕，聞啓扉，遽入視，逢一偉人，脱所著金甲，正取油遍塗四體。驚問其故，答曰：「汝勿怨我。我乃近村顧六耆家方隅禁神，所謂金神七殺者。爲此老恃富無義，廣營舍宇，穿掘井地，無時暫甯，觸我忌步甚多，使我舉身成瘡痏，非藉膏油滋潤，則痛楚不可言。亦知汝無辜受罰，今幸向愈，自此不復來，當陰佑汝，俾數數爲人脩供得財，用以相報。」行者謝曰：「顧老既有犯於明神【一】，胡不加諸禍譴。」曰：「彼方享頑福，未可問也。」遂隱不見。其後果無失油之患。顧老爲人獷悍，豪於里閭，且御諸子嚴甚。嘗呼語之曰：「吾聞人死之後，祭祀多不克享，盍及吾未瞑目時借行喪禮。汝輩各衰麻如儀，排比靈席，爲吾朝晡哭拜設奠，竟百日而止。」其子不忍豫凶事，泣而諫請，叱怒弗聽，卒如其戒。又十餘年始死。

南陵蜂王

宣州南陵縣舊有蜂王祠，莫知所起。巫祝因以鼓衆，謂爲至靈，里俗奉事甚謹。既立廟，又崇飾龕堂貯之。遇時節嬉游，必迎以出。紹興初，臨安錢讜爲縣宰，到官未久，因閔雨有祈，吏民啓曰：「此神可恃賴。」乃爲具儀，導入縣治。才升廳，錢焚香致敬，望其中無他像設，獨一蜂，大如拳，飛走自若。錢素習行天心正法，知爲怪妄，于是大聲語之曰：「爾爲蠢蠢小蟲，當安窟穴，那得憑托妖祟，受人血食？吾今與汝約，此日之事，理無兩全。爾實有靈，宜即出螫我，雖死不憚。苟爲不然，當焚爾作灰，以洗愚俗。」語畢，蜂如

【一】明神　涵芬樓本注，葉本作「神明」。

不聞。錢固已蓄乾荻，命積於庭下，緊閉龕户，舁出加爇，蜂在内喧咆撞突，聲音哀怨，頃之煨燼無餘。遂并火其廟，邑人自是不敢復言。讜字允直，女嫁方子張。裴弟，方壻也，談其事。

楊戩館客

楊戩貴盛時，嘗往鄭州上冢，挈家而西。其姬妾留京師者猶數十輩，中門、大門悉加扃鎖，但壁隙裝輪盤，傳致食物，監護牢甚。有館客在外舍，一妾慕其風標，置梯踰屋，取以入，恣其歡昵。將曉，送之去。次夕，復施前計。同列浸聞之，遂展轉延納，逮七八晝夜。賂監院奴，使勿言。客不勝困憊，而報戩且至，亟升至屋【二】，兩股無力，不能復下。戩還宅望見，訝其非所處，殆爲物所憑祟，遣扶以下。招道士譔治，因妄云：「爲鬼迷惑，了不自覺。」經旬良愈。戩固深照其姦，故【三】置酒叙慶，極口慰撫。客謂已秘其事弗泄矣。一日，召與共食【四】，竟，令憩密室，則有數壯士挽執縛於卧榻上，持刃剖其陰，剥出雙腎，痛極暈絶，戩命以常法灌傅藥。此數士者，蓋素所用閹工也。後十餘日，僅能起坐，唤湯沃面，但見墮鬚在盆無數，日以益多，已而儼然成一宦者。自是主人待之益厚，常延入内閣【五】，與妻女【六】同宴飲，蓋知其不必防閑，且以爲玩具也。客素與方務德相善，每休沐，輒出訪尋。是時半歲無聲跡，皆傳已死。偶出游相國寺，遇之于大悲閣下，視形模

【二】亟升至屋　涵芬樓本注，葉本無「至」字。
【三】故　涵芬樓本注，葉本作「姑」。
【四】共食　涵芬樓本注，葉本作「共飲」。
【五】内閣　涵芬樓本注，吕本作「寢閣」。
【六】妻女　涵芬樓本注，葉本作「妻妾」。

容色，疑爲鬼。客呼曰：「務德，何恝然無故人意。」乃前揖之。客握手流涕，道遭變本末，深自咎悔，云：「何顏復與士友接，特貪戀餘生，未忍死耳。」後不知所終。

譚真人

衡州道士趙祖堅，初行天心法時，與鄉人治祟，既止復作，不勝怒，攝附體者責問之，對曰：「非敢擅來，乃法院神將受某賂，是故敢然，今去矣。」趙默自念：「吾所以生持正法降伏魑魅者，賴神爲用也，兹乃公受賄託，吾將何所倚仗哉？」欲狀其罪，申東岳。是夜，夢一介胄武士，威容甚猛，拱手立於前，曰：「弟子即法師部下神將也。生時爲兵，有膂力，衆呼曰陳鐵鞭。死得爲神，得隸壇席，不能自謹，致納鬼賂。聞法師欲告岱岳，則當墮北酆無間獄，永無脱期。願垂哀恕，請得洗心自新。」趙曰：「吾不忍言汝罪，只云不願行此法，使汝自回耳。」其人拜謝而退。趙竟上章，反術議改習五雷，而無其師，但焚香於譚真人像前，冀獲警悟，越數年復爲人考召。方使童子照視，忽躍然而起，被髮跣足，仗劍厲聲，曰：「吾即譚真人也，憐汝精勤，故教汝法。汝曾有所得否？」對曰：「止得四符，乃真武傳於世者。」神曰：「吾五雷符當有七十二道，此才十八分之一，如何可以攝服邪妖？宜取百幅紙置几上，當爲汝傳。」即插劍於地曰：「仰五雷判官速傳七十二符，限只今畢。」初不見有所作爲，僅一食頃，曰：「符已足。」命趙取之，揭示其紙，凡六十八幅。

每幅畫一符，天篆粲然，非世間書也。趙驚喜，捧用拜起，童子亦悟。自是符驗通靈。癸志所書，治衡廟一王者，即此也。趙秘其事，不爲外人説，其徒游淳僕道人者備言之。

傅選學法

傅選爲江西副總管時，邀臨川王侍晨來豫章，從學雷法。王甚惡其人，然念凶德可畏，不敢不與，但教以大略，在朋輩中已爲高妙。選藝成，將有所試，望僧刹一塔，嶄然高出四鄰，即焚符治之。少焉，火從中起，爇爲煙燼，而塔無所損。既而憤王傳術不盡，欲募刺客加害。王已先知之，怒曰：「彼爲我弟子，而謀射羿，豈宜使滋蔓得志哉！」於是以法飛檄，悉追其所部靈官將吏，選所行法，從此不復神。

趙不易妻

趙不易爲江陰軍僉判，其妻得奇疾，烟火食不向口，惟啖生肉，服飾【七】起居與平日無異，而與夫别室寢處。趙秩滿，調知桂陽監，妻疾愈甚。一婢供其使令，便覺瘦瘁短氣，面如蠟色，不半年輒死。又换一人往，亦然，凡死於彼者三【八】。每老兵持肉來，或從戟門入，必怒曰：「何得經鼓角樓下過？」棄而不納。若自後圃入，則受之。其後趙君待知封州闕，寓居衡州常寧。洎到官，妻白晝化爲虎，騰吼而出。錢允直與趙爲江陰交代，聞

【七】服飾　涵芬樓本注，明鈔本、吕本作「服食」。

【八】三　涵芬樓本注，葉本作「三人」。

其事甚詳。及守桂陽，吏輩尚能言。判官侯孝友者，亦居於常寧，云：「趙妻乃中官家女，不知本何人。容貌姝美，未嘗妊娠。性好潔，夫每至其室，坐于椅上，才去即令洗滌。三婢之亡，皆遭其乘夜吮血，故浸淫絕命。」

東湖荷菱

鄱陽東湖蓮藕菱芡甚盛，薦福寺賴以贍其徒。淳熙中，忽薦然如悴，所産花實才得十之三。景裴弟游浮洲，與院僧法聰納涼柳下，叩其故。曰：「爲一村巫所焚，是以若此。」裴怪其語不經，頗出言蚩責。聰曰：「向者某村有行法，巫術已成，而弟子從之學者，必欲觀試，乃買一生魚，持祭所事神。啓白未竟，魚正撥刺，遽翻白以死。巫愠見於色，曰：『溪之北，有枯木，爲精所憑，吾未暇祛逐，爲德已厚，而不願正法之臨，故呈此悔。詎容不加誅！』即寫符飛擲，俄頃間，遥望火起木中，從巔至末，悉焚燼，魚復活。弟又求再詣他所，於是爲此來寺中，人但覺微煙蓬勃，繚繞湖面，旋即煙止。明日，往視荷菱，一切萎倒【九】，更不可救。其爲人禍，亦云烈矣。天地神祇，昭布在上，山川之靈，固見之，了不致誅，何也？」

紫姑詠手

吉州人家邀紫姑，正作詩，適有美女子在其【一〇】傍，因請詠手，即書曰：「笑折夭

【九】萎倒　「萎」原作「菱」，據四庫本改。

【一〇】其　涵芬樓本注，明鈔本作「箕」。

【一一】天桃　「天」，黄本、四庫本、《賓退録》卷九作「櫻」。
【一二】管絃曲裏傳聲慢　涵芬樓本注，「傳」吕本作「歌」。四庫本同吕本。
【一三】斂拜　涵芬樓本注，吕本作「禮拜」。四庫本同吕本。
【一四】緑衣　涵芬樓本注，《賓退録》卷九、葉本作「緑窗」。
【一五】放却針　涵芬樓本注，葉本作「却放針」。

桃【一一】力不禁，時攀楊柳弄春陰。管絃曲裏傳聲慢【一二】，星月樓前斂拜深【一三】。綉幕偷回雙舞袖，緑衣【一四】閑整小眉心。秋來幾度挑羅襪，爲憶相思放却針【一五】。」信筆而成，殊不思索，頗有雅致也。

秀州棋僧

秀州兜率寺僧師豫，能醫術，而酷嗜奕棋，與人賭賽，品格甚低，然好之，窮日夕不厭。乾道九年，染疫疾，死而復生，言：「被追至官府，立庭下，有大井當前。王者曰：『誤追汝，汝既是僧，能誦多功德經否？』對曰：『受性愚懵，不知有此經。』曰：『乃世間所謂《金剛經》者是已。』對曰：『此則固能之。』王者顧左右取經，即於井中汲出，以相付。誦至數分，王者及一府人皆稽首作禮。既畢，命一吏送還。過廊下，吏語之云：『此亦有可觀覽處，宜相從一行。』遂到一室。案上列棋局，兩奩貯黑白子，而大小極不等。吏曰：『師能此乎？』應之曰：『甚愛之，正以太低爲苦。』吏曰：『吾爲爾作計，但吞一子，則進乎技矣。』吾欲取白而大者，吏不可，探一黑而小者，使吞焉。隨即驚悟。」明日病愈，常時對奕者來視之，索局較藝，果頓增數等。

黄巢廟

柳州宜章縣黄沙峒，山勢嶮惡，盤紆百餘里，爲溪峒十八所，皆剛夷惡獠根株窟穴之處。出峒口，地稍平，山上有黄巢廟，不知何時何人所立，其前一杉木合抱。山下人每聞廟内聲喏，若有數百人受令。唯喏者則峒民，必嘯聚而叛。淳熙中，王宣子尚書爲湖南帥，留意治寇。適有作亂者，命統制官楊欽領兵討平之。因發火箭焚其廟，且伐其樹。臨欲仆，有大黑蛇長丈許，頂上披髮，呀然躍出，爲搏噬之狀。衆環以弓矢，射殺之。治其地爲寨【一六】，以屯戍卒，金鼓之音，朝暮響震，自是一方獲甯。將官張某預是役，備説其異。已上皆景裴説。

一年好處

吴中士大夫園圃多種橙橘者，好采東坡詩「一年好處君須記，正是橙黄橘緑時」之語，名之曰「好處」。惟陳彦存損魏塘所居之前一圃，獨標曰「一年好處」，頗爲新奇。時彦存自中書檢正官丐外，爲江東轉運副使，到任恰滿歲而卒，殆成讖云。然韓退之詩曰：「天街小雨潤如酥，草色遥看近却無。最是一年春好處，絶勝煙柳滿皇都。」則「好處」二字，難專以歸橙橘也。

【一六】治其地爲寨　涵芬樓本注，吕本「治」上多一「平」字。

夷堅支乙卷第六十四事

建康三孕

建康醫者楊有成，説目擊三事，皆婦人異産者。桐林灣客邸主人王氏妻，年二十九歲，紹熙三年八月懷妊，臨産生大蛇五六於草上，乳醫及夫皆驚走。蛇徑出赴秦淮水中，遇夜復入其家，訪母飲乳，天明始去。在店居人悉徙避他舍，凡七日乃絶跡。鹽商劉一妻，當産不下，氣厭厭且死。有成爲診脈曰：「腹内必有怪，宜救其母。」與藥灌服，至于四。中夜生子，頭甚大，茁髮長五寸許，兩肉角隆起，滿口十餘牙，白而銛利。其家殺而投諸江。又斗門橋河船張大奇之婦，産一雞。夫持刀剉【一】，未竟，婦仍稱腹痛，復誕一猴，亦殺之。包以布，縋之以大石，舉而擲之於深淵。三母幸無恙，而不能測致怪之由。

羅伯固腦瘤

《春渚紀聞》載，何次翁生瘤于鼻，日以益大。遇道人于襄陽，授以藥，如粟米粒。使是夜經用針剔小穴，置藥焉。俄頃，覺藥在内旋轉，若遊行然，迨曉，瘤已失去。吾鄉羅伯

校勘記

【一】剉　涵芬樓本注，吕本作「臠剉」。

固鞏，爲士人時，腦後生一瘤，數月後大如半升器，不可櫛髮。聞婺源有瘍醫，藝絶精，遣僕邀迎於家。醫塗藥線繫瘤際，再匝，縛其末，剪斷之，而出憩外舍。踰兩時，久繫處痛甚，至齩齕衫袖，弗堪忍。呼其子去線，曰：「寧逐日受苦，此痛殆徹骨髓。」子將奉戒，而斷線無餘地，欲施手不克。方冬月，困卧火閤席上，遂熟睡。及醒，枕畔皆如水沾濕，有皮囊一片在傍，捫其瘤，已不見。諸子秉燭就視，腦外略無瘢痕，蓋附着成贅，初不相干也。

閻義方家雷

汴人閻義方，隨父官於鄱陽，因買宅以居。義方死，其子𢿱習行五雷術，而爲人儇薄，少誠敬。先娶嚴陵余氏女，經數歲仳離之而蓄妾，每數月無娠孕，即逐去，前後七八人。日夜躭著酒色，不復於法籙介意。紹熙五年十月六日，正晝大雨，氛霧【二】蒙蔽其室。𢿱之女，年十二三歲，見白衣老翁長丈許，伈伈而入，衮大火毬于庭户，女駭顫欲仆，翁挈之歸房，震雷轟擊，一柱一梁，皆有損臂痕，侏儒盡碎。其家先事四聖，繪立像，嘗爲廄下兩馬鬭齧至挂處，傷像雙目，乃令畫工復寫別本爲坐像而捲束。舊物，覆以東坡石刻墨竹，是日悉捽碎無餘。一轎拆析如粉，椅卓之屬皆然。燈檠二枚，一長一短，短者碎而長檠不動。庖婢遭火敗面，鄰居郭氏一婢亦爲殘焰所灼。灰埃積地，厚寸許，若累年無人居者。附近數家屋宇皆摇動。𢿱憂降罰未艾，招王仙壇楊道士醮謝。楊蓋素行雷法者，語之

【二】氛霧　「氛」原作「氣」，據四庫本改。

曰：「此法中神祇威猛，吾以羽流清淨，猶常常戒惕，豈君塵俗輩所應用心？凡所傳文書之類，宜以付我，不然將獲大戾。」皺懼而從之，且上章謝罪，繳納法式，誓不復敢行。初，皺之女兄爲母楊氏鍾愛，招樂平洪懋將仕作贅壻。是歲秋，以病亡，臨終與母訣，曰：「此宅蹀躞已久，必生變怪，宜急徙以避之。」母不暇如其説，未幾有雷禍。

茅君山隱士

元豐中，金陵大水，溪壑暴溢，有一大木可及，尋泛泛出茅君山中，蘿荔蒙冪，被以蒼蘚，遇者不覺其有異也。有漁者遇於曲渚，其氣薰然，就視之，人也，亟走告茅山觀主劉混康。劉率其徒至，驗之信然，爲遷于岸側，剔荔去蘚，從而浴之，弊衣凋落如網罟然。紺髮玉色，方瞳炯炯，蹶然而興，顧謂衆曰：「飲吾以水。」既飲，復問歲曆，對以今某年。悵然曰：「二十年矣。余昔歲客真州，遇二僧語予曰：『觀子風標清峙，有方外之趣，可以學道。然通都闤廛，非棲養之地，宜游茅君山以練真觀。』予以無資可遊爲解，僧曰：『但從吾行。』遂同塗以來，寓洞中，授我收視反聽之術。臨别，以方板見授，且戒曰：『融神寂慮，勿撓勿畏。他日當復見汝。』自居於此，茫不知晦明寒燠風雷霜雪之變，人間得喪去取欣戚之累。方翺翔廣漠之鄉，莽蒼之野，悵悵【三】然，如偃于巨室而無所覺。今寤而偶俗，詎可見吾師邪？」道流驚異，延致齋室，朝夕奉香火，盥沐謹甚【四】。鄉閭奔趨，浸浸

【三】悵悵　涵芬樓本注，吕本作「伥伥」。四庫本同吕本。

【四】謹甚　涵芬樓本注，吕本作「謹慎」。四庫本同吕本。

聞於郡邑。金陵守備禮迎置館舍，達官搢紳日造謁，曲奉跽拜，以蘄養身之方。流傳他邦，聞者以不得見爲恨。而此人本無所悟入，歲餘，志日憍汰。間有遺之果實者，稍取啖食，或饋以素羞，亦喜而弗拒，衣衾錢帛，到則受之，至于服靡嚼肥，眈嗜醇酒，情欲所肆，漫不省擇。未幾病死，略無他異。上官彦衡作傳，書其事，嘆其以俄頃之間，敗累年之養，畔師教，捐初心云。

因揭尊者

邵武光澤縣龍興院僧師滿，紹熙十四年十一月，夢老僧百衲支笻跏趺而坐，曰：「來自南岳，將赴上官氏供。」翌日，聞近村富田郴寺作供十六尊者。繼有雲遊比丘至彼室，言：「方適遠塗，而行資不裕，欲以所藏武洞清畫羅漢及中尊碑本售於人。」取視之，至第十三因揭尊者，則宛然疇昔入夢之人也。滿大歎異，謂諸佛慈悲，將以堅其信心，遂空囊易之，別置于定光圓應堂之兩壁。因欲少加潤色，爲供槃巾鉢之類，而力未能及。於是宣説夢証，丐諸檀越。甫及卿士上官之才之門，則亦先見夢矣。之才謂滿，曰：「子貧無資，吾爲子作佛事，子勤香火可也。」乃償其初贖之價，爲設標飾，益之以家所常事惠應、圓覺二像，且增葺其堂。李郁光祖作記。

英州野橋

先公謫居英州，無禄粟以食，日糴於市。郡人或云：「去城七十里曰東鄉有良田。」於是空旅裝買百畝，令季弟景徐往驗校。方冬穫稻，而先公忽被疾，遣僕走報徐。弟得信時，已黄昏，急馳馬歸。行半道，馬忽踡局縮栗，若有所畏。馭者曰：「必有虎在近。」適月色朧明，遥望數百步外，叢薄中果有一虎弭耳而過，馬蓋已見之。徐亦怖，然思親念極，强加鞭。將届城五里許，值斷港，無船可渡，臨淵上下，得横木徑水中，謂爲野橋，遽踐之，甚滑，不可移足，乃跨之而進，手所托處，黏腥如飴餳。暨到家，東方明矣。他日再經彼處，元無所謂橋，蓋囊夕蛟螭睡熟，以故人履其背，而不知覺。咸謂【五】誠孝所感，得濟港善還，且免搏噬之害。其危如此。

單于問家世詞

東坡《送子由奉使契丹》，末句云：「單于若問君家世，莫道中朝第一人。」用唐李揆事也。紹興中，曹勛功顯使金國，好事者戲作小詞，其後闋曰：「單于若問君家世，説與教知，便是紅窗迥底兒。」謂功顯之父元寵，昔以此曲著名也。後大璫張去爲之子安世，以閤門宣贊爲副使，或改其語曰：「説與教知，便是中朝一漢兒。」蓋京師人謂内侍養子

【五】咸謂　涵芬樓本注，吕本作「或謂」。四庫本同吕本。

不闇者謂「漢兒」也。最後，知閤門事孟思恭亦使北，或又改曰：「便是塩商孟客兒。」謂思恭之父，爲販鹺巨賈也。張才甫說。

真揚慧倡

江淮閩浙土俗，各有公諱，如杭之佛兒【六】、蘇之鼓子、常之毆爺【七】之類。細民或相犯，至於鬬擊。宣和中，真州倡迎新守於維揚。揚守置酒，大合兩邦妓樂。揚州諱「缺耳」，真州諱「火柴頭」。揚倡自恃會府，意輕屬城，故令茶酒兵爇火而有烟焰，使小鬟戒之，已而不止，呼責之，曰：「貴官在大廳上張筵，如何燒火不謹，却着柴頭。」咄詈再四。真倡笑語曰：「行首三四度指揮，何得不聽？汝是有耳朶邪？沒耳朶邪？」揚倡大慚。乾道中，滁州教授考試於揚府，既出院，赴郡集，帥命妓侑觴。教授者，傒子也。呼一倡歌於側，怒其不如指，謂之曰：「大府樂籍，却山野如此。」倡徐徐答曰：「環滁皆山也。」此客愕然，終席不復敢出一話。

合生詩詞

江浙間，路岐伶女有慧黠知文墨，能於席上指物題詠，應命輒成者，謂之合生，其滑稽含玩諷者，謂之喬合生，蓋京都遺風也。張安國守臨川，王宣子解廬陵郡印，歸次撫，安國

【六】佛兒　涵芬樓本注，呂本作「福兒」。四庫本同呂本。

【七】毆爺　涵芬樓本注，呂本作「毆爹」。四庫本同呂本。

置酒郡齋，招郡士陳漢卿參會。適散樂一妓，言學作詩，漢卿語之曰：「大守呼爲五馬，今日兩州使君對席，遂成十馬。汝體此意，做八句。」妓凝立良久，即高吟曰：「同是天邊侍從臣，江頭相遇轉情親。瑩如臨汝無瑕玉，暖作廬陵有脚春。五馬今朝成十馬，兩人前日壓千人。便看飛詔催歸去，共坐中書秉化鈞。」安國爲之嗟賞竟日，賞以萬錢。予守會稽，有歌宫調女子洪惠英正唱詞次，忽停鼓白曰：「惠英有述懷小曲，願容舉似。」乃歌曰：「梅花似雪，剛被雪來相挫折。雪裏梅花，無限精神總屬他。梅花無語，只有東君來作主。傳語東君，宜【八】與梅花做主人。」歌畢再拜，云：「梅者，惠英自喻，非敢僭擬名花，姑以借意。雪者指無賴惡少也。」官奴因言，其人到府一月，而遭惡子困擾者至四五，故情見乎詞。在流輩中誠不易得。

了奭應夢

鄱陽永寧僧了奭，初行脚往廬山，將參天池長老行機法席。方入室，機逆問曰：「汝非某人乎？」對曰：「和尚所問，乃了奭祖師，今亡久矣，不審何以知之？」機曰：「吾夜夢此人來作禮，今而汝至，汝得非乃祖後身耶？」蓋奭之祖以試經得僧，而奭亦然，聞者證爲後身之兆。機自稱簡堂，名震叢林，不妄接納。奭于弟子中最爲上首，後嗣法出世，住持圓通。始入寺之夕，夢延衆僧會茶，而己居第六位，覺而莫曉。纔閱六月，移涖他刹，

【八】宜　涵芬樓本注，葉本作「且」。四庫本同葉本。

乃悟第六之義。久之，歸薦福而終。

永悟侍者

福州僧永悟，屢住禪刹，每一駐錫處，必携其親姪爲侍者。悟規矩峻整，他人有犯必治。惟此姪過舉，一切優容，未嘗少加訶責，人莫敢言。後住台州國清寺，姪愈恣不律，諸上首羣起攻之，詣方丈白曰：「若是人不出，大衆當散去。」悟始慘然曰：「此事久不忍言，今度不可隱，此僧乃吾母也。」衆拱問其說，曰：「吾雖出家，然多在故居一室打坐。時母氏已亡，一夕見其掩面入吾兄之舍，方驚怛欲起，則聞孕嫂免身生男。既長，遂爲買牒落髮，常以自隨，故雖知其犯禪禁，不忍問也。」衆皆嘆悔摧謝。悟曰：「事既彰露，彼不宜復留。」遂遣出院。未幾，悟亦避席，與之【九】姪過南康，見兜率長老法端說。

廣福寺藏

江州彭澤縣北四十里廣福寺，有輪藏極華壯妥潔。紹興初，巨盜李成犯江西，駐軍寺下，留一宿，將以質明焚燒而南，且欲盡戕縣人。是夜，成設榻藏殿，睡正熟間，藏轉動不止，疑其下有寺家所伏僕隸，將爲己害。起呼健將在帳前者，秉炬伏劍，接續入視，則寂無一人。而藏聲愈響，旋運愈速，成甚懼，即具衣冠，詣佛所焚香謝過，隨即闃然。迨旦，引

【九】與之　涵芬樓本注，黄校：作「與」是。吕本作「皐之」。四庫本同吕本。

衆行過縣，秋毫不犯，百里賴以全活。

復州防庫犬

復州僉判廳，主管諸司錢物，故蓄犬以警盜，名爲防庫。一黄犬在彼十餘年，吴興周礪居官，尤加意飼養。犬亦知感恩者，常坐卧其傍。洎滿秩，予姪臯之代之，以小兒女多，慮或爲所驚囓，牽以付【一〇】浮橋之南二十里外蓮臺寺。明日復來，又執拘以往，已而復爾。周未去間，嘗謁臯，犬認所乘轎，識爲故主，迎繞馴伏，揺尾戀戀，伺其退，即隨以行。臯解其意，語周使寘于船中。後數日，船至巴河，犬登岸未返【一一】，而船人解纜東下，犬望見跳躑嘷鳴奔隨不置，凡三四十里，周顧見之，命小艇呼載，既得上，不勝喜，遂至湖州。

右四事，臯姪説。

夷陵嬰兒

峽州夷陵縣數十里間村民家，以紹熙元年生一子，纔周晬，忽頓生髭數莖。及三歲，遂蔚然滿頷。雖頭如瓠壺，咿鴉學語，只是嬰兒，然長鬚已過臍，多可把握，色極黑。嘗抱入郡城，予仲子簽書判官事見之，將從其父買以歸，未及而夭，曾不登五齡，亦云異矣。

【一〇】付　原作「附」，據四庫本改。

【一一】犬登岸未返　「犬」字原脱，據吕本、四庫本補。

夷堅支乙卷第七 十五事

岳陽呂翁

淳熙十六年，章騆爲岳陽守，聞城南老松之側有呂公祠宇，因往瞻拜。覩其塑像，袍色黤黮不鮮，命工整治，未暇扣其訖工與否也。一夕，家人夢一道流，衣新黄袍，遮道立於郡圃，趨而避之他所，則又相遇，問其姓名，曰：「我仙者也。」家人曰：「若是仙者，何不游天上，而反行地下乎？」曰：「我地仙也。」翌日，以語章。章出視事，吏前白云：「向者奉命易真人袍，今繪已畢【一】。」章深異之，且念一潤色其衣服，而形於夢寐若影響，乃以故所藏《呂公金丹秘訣》刻於郡齋，冀廣其傳。其書呂自爲序，稱：「紫微洞天純陽真人，曰嵓。幼習儒教，長好玄門，志慕清虚，心游雲外【二】。尋師訪友，往來無憚於馳驅；切問近思，終始不生乎懈怠。陰陽升降，取法於二儀；性命根基，歸源於一氣。無形無象，來時止一婦一夫；有姓有名，去後存三男三女。九宫臺畔，金童探得黄芽；十二樓前，玉女收成白雪。水中起火，當分八卦之才；陰内煉陽，自别九州之氣。三花和會，化火光直出昏衢；千日功成，驂鶴駕先遊蓬島。天機深遠，不敢輕言；道體淵微，難爲直

校勘記

【一】今繪已畢　涵芬樓本注，呂本作「繪事已全畢」。

【二】心游雲外　涵芬樓本注，原本作「雲外水」，黄删「水」字。呂本作「雲水」。四庫本同呂本。

説。今以平日建功之法，尊師已驗之術，集成口訣十八首，密示後進。凡金丹小成法七訣：天童不老法第一，聚火煮海法第二，匹配陰陽法第三，聚火還元法第四，聚火煉形法第五，龍虎金丹法第六，周天火候法第七。金丹中成法六訣：河車肘後法第一，肘後飛金晶法第二，玉液還丹法第三，玉液鍊形法第四，金液還丹法第五，金液煉形法第六。金丹大成法五訣：集成朝元法第一，煉炁成形法第二，内觀交换法第三，神仙出入法第四，分形超脱法第五。」其書合三千言，每訣四句，句四字，明白易曉，實修真妙旨也。

張二大夫

張二大夫者，京師醫家。後徙臨安，官至翰林醫痊。免，退居吉州，啓藥肆，技能不甚高，而一意牟利，累資數萬緡。屋後小圃，廣袤不能十丈，日往縱步，忽垣牆頹仆，正壓右足，腕折骨破，痛不堪忍。市民范接骨，以外科著名，亟招之。范視其骨脛中但黄膜存【三】，歎曰：「凡人上自頭，下至足，皆以髓爲主，故能恃以久長。方盛壯之時，或有毁折，苟精髓充盈，則可施板夾掖傷處，乃用外藥塗傅，隨其輕重淺深，刻日復舊。今大夫髓枯矣，無復可接，是病非吾所能醫也。」即捨去。張宛轉榻上，呻呼幾半年而死。羅正臣説。

【三】但黄膜存　四庫本作「且黑而枯」，中華本「黑」作「黄」。

彭氏池魚

鄱陽彭仲光，有魚湖在郡三十里外。當秋暮水落，與仲子大辨往其處觀漁人設網罟，終日不得一鱗，甚訝之。留宿岸傍村舍，大辨夢黃衣卒數輩，持杖驅罪囚數千人，皆麋縛駢聯【四】，男女相雜，羸形悴態，以次入水。悉拊膺大哭，若不得已而墜。辨驚覺以告父。明日舉網，魚充滿其中。仲光感之，爲之不忍食。

姚將仕

文惠公總領淮東日，攜幼弟迅在官。其所生母病，療治無良醫，乃載詣常州。時從兄景高爲晉陵宰，畏其疾傳染，使往節級范安家。招醫巫診治，竟不起，殯於僧舍。明年正月望夜，高兄之子櫄，年十歲矣，與親識兩人觀燈于東嶽行廟。范安之居在廟外，邀啜茶果，歸而被疾，信口妄語，不省人事。郡人姚將仕者，納粟買官，能行五雷天心法，命視之。先敕神將呼土地詰問，有降神小童見，至咄咄自語：「官府嚴整，如何得有邪祟？恐是他家婢妾之屬所爲，那可責我？實無鬼可捕。」姚謝去。自於其家飛符噀水，凡十餘日，攝出一女子，蓋迅母也。不肯言所以來，姚牒城隍寄收。他日再呼問，始云：「因小官人到范家，故隨入縣舍。」於是以酒饌香楮遣之，而申泰山府，乞注生具，焚其柩，櫄即愈。

【四】麋縛駢聯　涵芬樓本注，「麋」吕本作「束」。四庫本同吕本。

澧州判官

故郭郡州沰之子林，字伯宗。紹熙二年，自鄱陽赴澧州判官。涖事數月，直宿兵卒見本衙土地廟判官踞坐廳上，或以告林。林意諸卒相戲侮，不以爲怪。次夜復然，陰察之，了無迹，但杖閽者而親往。閉廟門，且選一謹信者宿其側。此人懼譴，終夕不敢寢。將五更，見一人身軀頎偉，髭髯如戟，從外來，踐履其衾席而過。至旦，則儼然據主位偃蹇。林亟驗封鑰，門閉如故【五】，始大駭訝，曰：「得非奉事不肅，招致此異？」乃具牲酒，拜禱謝過。俄報手詔至，林乘馬出郭郊迎，中途墜鞭，若中風狀。馭者拾鞭復進，已頹仆馬背，扶掖以下，僅能拜詔。甫歸家，即死。廳吏方云：「數日前，夢本官與廟判官爲代。」林本雅素吉人，而邂逅至此，雖没而爲神，亦眇末矣。澧州巡檢馬燧説。

臨江二異

臨江軍相傳有二怪。其一，軍治内野貓，雙目如丹，出則以前足抱頭而睢盱人立。其一，省倉内白犬，不知其幾何時，凡見之者，必有災咎。紹熙二年，予壻錢薆【六】爲守，嘗見貓，繼而老兵報，已生六子，而不得其處。俄銜其二，往通判廳齧食。是時，景韋兄在職，未幾而錢以言章【七】、韋爲漕使所劾，同日罷。從姪欅爲清江尉，暫攝録曹，入倉支馬

【五】門閉如故　「閉」原作「開」，據四庫本改。

【六】薆　涵芬樓本注，黄校：「薆」字疑誤。四庫本作「密」。

【七】錢以言章　四庫本作「錢以人言」。

穀，羣卒忽向廒【八】叩稽連拜，驚問之，曰：「白犬正在穀堆上，望外而立。」出視之果然，亦爲致敬。櫟數月卒於官。

朱司法妾

朱琮司法者，處州麗水人，以祖大卿恩得官。紹興戊午，再調臨江軍法掾。有一侍妾，其妻王氏不能容，日夜楚毒淩虐，至於自刎。朱君坐卧食息，無時不見之，頗懷憂畏。招閣皂山道士行法禳逐【九】，牒付城隍廟拘縻，仍戒云：「尊官從今日以後不可往岳殿。」自是不復覩。他日，郡寮偕出禱【一〇】。中塗值雨作，適到岱廟之前，衆轎悉入避，朱亦隨之。少焉，雨止出外，忽逢故妾來前，略無恭敬之禮，忿恚溢面。朱語之曰：「自汝之死，我哀憐到今，汝當亦知，非干我事。」妾曰：「若不做官人侍婢時，安得致此？」朱還舍以告妻。未幾，遇疾卒，王氏旋踵併亡。凡生三男子，大者纔六歲，無人主喪。族姻有從官鄰邦者。聞之，亟沿徼【一一】來，爲料理後事，亦嘗招道流考召。見朱着袍執簡立，二女囚荷枷拷訊【一二】。迨棺柩出門，鄰家室女見兩棺後一婦人，蓬頭敝衣，拊掌大笑相續去。女驚異，爲父母說，即時病喑，竟不復能語。朱里人黄祥主簿說。予謂一妾之死，而主君主母償其命，岳廟之嚴，而不能攝制一鬼，使之出入自若。小女子詀其異，即病喑。是皆可疑也。

【八】廒　原作「敖」，據四庫本改。

【九】禳逐　「逐」原作「遂」，據四庫本改。

【一〇】禱　涵芬樓本注，吕本作「禱晴」。四庫本同吕本。

【一一】沿徼　涵芬樓本注，黄校：上二字疑誤。四庫本作「傳檄」。

【一二】二女囚荷枷拷訊　涵芬樓本注，吕本作「妻因荷枷被訊」。

弋陽女子

弋陽陳秀才，與其友以元夕觀燈於市。有人家女子，年十三四歲，坐僕肩右，墜髻花一枝，正落陳巾上。陳甚喜，攜歸示妻。妻疑其游娼館所得，奪而擲於地。陳邀其友證所以，妻愀然不樂曰：「果若汝言，當是異時兆祥，我死不久矣。」後數月竟卒。陳鰥居十年，始別娶，復因燈夕遊觀，戲舉前事，蓋墜花者也。

勸善大師

饒州東岳行宮遭火蕩盡，後來草創修理，僅有屋一二十間。紹熙五年十二月，判官孟滋同妻往謁，至外舍小室，見一僧像貌彩飾皆剥落，問何神。祝吏曰：「勸善大師也。」滋顧其妻有整治之意而未嘗出言。是夕，夢一長僧【一三】來丐衣服禦寒【一四】，且云：「不過費君家錢三千耳。」覺而驚異。明日，即令工往，裝繪一新，正用楮幣三千。

荆南猴鼠

淳熙某年，荆南官道上十五里間，忽有鼠以千萬計，蔽塞通逵。其色或黑，或白，或黄，或青。其狀或如鷄，如烏。人行其間，略不知避，遭車馬踐踏而死者不可勝數。凡兩

【一三】長僧　涵芬樓本注，吕本作「長身僧」。四庫本同吕本。

【一四】禦寒　涵芬樓本注，吕本作「禦冬寒」。四庫本同吕本。

三月乃息。復有一猴，高二尺許，隱于高木之上，乘間爲人害。是時正暑天，婦女露坐者，多爲戲侮，不敢輒出。居民膽勇者，百方取之，久而墮一網中。民納之布囊，將負往八渠山，投於江流。未明登塗，到城西，遇一老叟，鬚鬢如雪，笑問之曰：「囊中物豈非猢猻耶？」民曰：「然。」曰：「彼實有罪，願貸其死。吾適有官會三千道謝汝，使獲脱去，不復敢更來。吾二人同詣八渠，放之深林足矣。」即於袖間取楮幣付民。民以無望之獲，喜而從之。自是，猴果絶跡弗至。此叟豈猴之翁祖耶？

陸荆門

紹熙三年，姪孫伋爲荆門簽書判官。臨川陸九淵子静作守，携貴溪醫士周禮者同行。是年十一月，夢伋著毛衫坐于便齋，左右侍直，皆呼爲知軍，且以告伋。旬餘又夢，且聞人言：「不久當交印。」歲未盡十日，子静感疾不起，伋正著毛背子，在書室暫領印符，旋被帥檄攝軍事。先是，子静閲《荆門志》，見王瞻叔紹熙庚午十月所作《惠泉亭記》云：「庶幾九灡之靈有所憑依，以惠澤斯民。」甚惡其語，亟掩卷。未幾而卒。伋説。

桂巖鷙獸

族弟仲堪居洪源，往祖居桂巖，赴從兄飯。歸已中夜，一僕持炬火行前，覺有物追隨在後，凡三四里。將到家，家間人又持炬出，乃見一豪豬蓋乘火光而至者。兩下以矛交刺之，豬從坡下跳登岸，正直智井，墜焉，爲衆擊殺。通身皆帶箭，箭如小玳瑁筒，其表尖鋭，可以治頭痒。尋常與人遇，則竦而激之，中輒成創，或著要害處，亦久久方愈。村民程十八者【一五】，能射虎，里人稱爲程大蟲。其法惟煮草烏頭汁以淬箭鏃，拖窩機，伺於虎出入道上。嘗有一虎爲箭所傷，不能行，倚樹蹲立。程曰：「虎死不倒地，此已死，無足懼。」徑前欲取之，虎尚未絶，忍痛哮吼，舉兩足搏【一六】。程奮臂撑拒，力且竭。其徒望見，爭奔救，僅得脱。腦後及背皮皆遭爪攫拏，卧病幾月乃起。

潘璋家僧

樂平醫士潘璋，居于縣市。有商客詣門，曰：「早上遇一僧，買我紫羅兩疋，酬價【一七】已定，寘諸袖間，使我相隨取錢。到君宅徑入，今移時矣，願爲一言促之。」璋曰：「吾家欲縑帛，何必仗僧爲市？且未嘗有此徒來往【一八】，汝亟去。」客不肯去，力言之，仍述【一九】其形貌及衲衣穿敝之狀。璋始悟，亟往所事【二〇】泗州菩薩堂驗視，則【二一】兩縑正在坐側。蓋常時崇奉甚敬，被以真服，祈禱獲應【二二】。歷年多，積爲塵坌鼠齧，未暇更新。是日，爲之矍然，盡室焚香謝過，以錢償客，而唤匠治衣易之。

【一五】村民程十八者　「村」、「十」原作「杓」、「卞」，據四庫本改。
【一六】搏　原作「摶」，據四庫本改。
【一七】酬價　涵芬樓本注，葉本作「議價」。
【一八】且未嘗有此徒來往　涵芬樓本注，葉本作「且吾未嘗與僧來往」。
【一九】仍述　涵芬樓本注，葉本作「具述」。
【二〇】亟往所事　涵芬樓本注，葉本作「是本家所奉」。
【二一】驗視則　涵芬樓本注，葉本作「往視之」。
【二二】獲應　涵芬樓本注，葉本作「靈應」。

喻氏招醫

鄱陽士人汪櫄，居于郭外數十里間。妻喻氏，以紹熙五年初秋感疾，伏枕兩旬，更數醫治療，弗效。其家議欲招劉昶。昶者，世爲醫，用叔蔭補右列，嘗爲江東提刑司緝捕官，因寓處城中。是夜，櫄夢一異人，授以金刃，光采粲然，長徑尺。覺而默喜，自念：「金刀者，劉也。當付於昶，無所疑。」夙興，命僕且行，方啓門，而其友宋震適至。問疾云：「昨晚人從郡中來，言新駐泊醫官劉舜臣，其技甚高，盍使視之？」櫄始悟己夢驗，爲神告，即易書遣僕馬【一三】邀致。到時，日將暮，喻氏已困篤，舜臣投以兩藥。及旦，灑然頓蘇，信宿而愈。至後再無染患之事矣。

王牙儈

乾道七年，鄱陽鄉民鄭小五合宅染疫癘，貧甚，飦粥不能給，欲召醫巫買藥，空無所有。但得一氈笠，倩牙儈王三鬻之，可值千錢。王乃【一四】隱其半，才還家，即得病，昏不知人。六七日，鄰里以爲必不起，忽大聲疾呼，如受杖痛苦之狀。妻扣之，能言所見，云：「恰被黄衫承局追出，到近里胡家步【一五】下。見巨船艤岸，大官正坐，左右擁侍，皆朱紫，儀衛光赫，全如官府。承局領吾臨岸，大官問：『爾何敢匿留鄭小五錢？』吾不敢諱，遂

【一三】僕馬 「馬」原作「焉」，據四庫本改。

【一四】乃 涵芬樓本注，吕本作「輒」。四庫本同吕本。

【一五】近里胡家步 「里」原作「理」，據四庫本改。

遭皮鞭一百，擲置草中，痛不可忍。大官令以涼藥與吾，旋移船過下岸。左右教我就水内取兩甕，使飲一盞，乃悸而覺，便得汗有瘳，臀痛愈劇。」妻視之，生赤丁瘡，約滿百，困卧幾月始復。初，既而下岸大疫，蓋所覩者瘟部云。右三事，周貴章説。

夷堅支乙卷第八 十三事

湯顯祖

湯顯祖，池州石埭人，兵部侍郎允恭之孫也。紹熙五年，爲涇縣宰。初交印，主吏白三日當謁廟，湯叱之，曰：「吾行五雷法，神祇在掌握中，豈當屈身拜于土偶之前？」但令具飲饌兩席設于祠宮，而命車呵殿，直造其處，與神分賓主，抗禮對酌，且言當官籍庇之意。吏民見者切怪而憂之。是夜，暴風欻起，山水溢溢，縣治渰浸七八尺，至于臥牀之下，文書籠篋，大半入水，僅不傷人，皆以爲慢神之咎。湯以屋廬損敗，伐木于林藪，一新之。又命畫工王生繪神將大象七十二軀，舉事香火，極其虔敬。至次年春，爲提舉官李唐卿子勉所按，罷去。

水陽二趙

宣城水陽鎮宗室寓居者四十餘人。師恭、師珏者，從兄弟也。其廬在空相寺側，相距數百步。淳熙中，兩人同毆殺一僧，恭以計脱，獨珏任其罪，坐鎖閉泉南外宗司。用己酉霈恩，得自便。其父伯冷爲平江府將領，珏留家，治母墓。嘗抵暮還舍，聞門外有呼趙三者，連聲甚厲，恐，避入室。族姻數輩在彼亦聞之。明日，再往墓次，誤蹴伐下一木，遭壓，扶以歸。得疾，痛楚不能興，遂死。時紹熙壬子秋也。衆知爲僧寃報，而師恭自以向來免禍，姓名不經案牘，了無所懼。至癸丑之秋，因訟事逮赴府。舟楫已具，戒使先解纜，待于前步。少頃，獨行就舟【一】，人訝久弗至，其家望溪畔亦未見舉棹，然皆不疑有他故。有兩行客過官道，怪其癡立于草間，撼之再四，始應曰：「恰爲三哥邀去，飲酒一盃，頗覺昏醉。」兩客噀其面，曰：「渠死已一年，汝定見鬼。」方悚悟。即詣寺命僧設供席，禮懺竟夜【二】，冀消宿愆，不旬日亦卒。

陳李寃對

水陽民李氏、陳氏有爭訟。李氏爲秦府幹者，挾勢力，歸曲于陳，陳翁死於獄。經數歲，其少子在田間爲一白犬所窘，持杖逐之，犬走入李氏之堂，忽不見。是夜，翁託夢于妻曰：「我抱寃憤歷年，今訴理得直，故來報汝。明日可爲我設奠以賀。」妻覺而悲泣，如其戒。未幾，長子入李山掘榾柮。李適在山下，聞丁丁聲，趨視見之，取巨梃奮擊，曳至平地，又使僕併力痛箠，支體無全膚，即死。旋斫竹數束，疊於蓁莽間，唱云：「陳持刀爲

【一】就舟　中華本注，似當疊「舟」字，屬下。

【二】禮懺竟夜　「懺」原作「讖」，據四庫本改。

盗，與之格鬬。」監鎮官汪杲驗其尸，具以實白縣。李生係獄，旋亦死焉。乃昔歲陳翁絶命處也。

嚴州女子

嚴州士人家女子，年未及笄。一夕睡醒，枕畔得果實如桃者，取食之。旦起，見飲饌之屬，輒掩鼻，凡可啖之物，皆不向口。父母嗟異，訪醫召巫，莫能展力。歷十餘年矣，而肌體不覺羸瘠，一切如平常，但不敢議及婚姻事。忽索酒，其家與一杯，即飲之，繼稱餒甚，索飯，自是悉復故。乃以嫁郡士洪生。洪之二弟琰、璞，俱登紹熙庚戌科，琰爲南陵主簿。

徐南陵請大仙

吴興徐大倫，紹興四年知南陵縣。次年初秋，有舊友來訪，能誦訣，邀大仙。因注香酌酒，驗其術。俄頃箕動，書曰「張紫微」。自是遇請輒至，隨所禱即書。徐每召會賓僚，必設虛位，凡酒之美惡，杯之遲速，亦書之。嘗出金觥禱獻，乃書曰：「此吾家舊物。」莫能曉。已而忽憶，頃侍父次游守淮郡，張公過之，開宴延待，以此觥勸侑。欲舉贈之，而張辭去，拂旦告行，不及與，始知其說不妄。賦詩度曲，信筆立成，殆盈數十軸。徐闢便坐，揭張存時所書「冰壺」兩大字，從之求記，即揮數百言，筆勢遒勁，全類平生翰墨。徐寶玩，不忍捨，唤工標飾，置于壁間。又爲表軒之南曰「歌寓」、北曰「琴寄」。徐妻周氏以故冬卒，悲慘殊甚。張作《鼓盆歌》，以解之。徐扣周今安在，曰：「以無過，得托生江州王太尉家三宣贊位，作男子。」復扣其月日、名第，曰：「便爲物色，明當奉告。」次日云：「吾爲君御風而往，得其實。蓋今年四月某日生，小名榮郎。將誕之夕，母夢一婦人搴帷而入，覺即免身。君或道過九江，試訪之，當相顧一笑。」徐徧問同官休咎，曰：「邵尉有綺語之過。」未幾，邵不疾而死。蓋其人素爲吻士【三】，徐由是愈敬信。復云：「子有道骨，異日當相從爲蓬萊三島之遊。宜淨掃一室，密加糊飾，列茶果，用綵帛蒙小箕，插筆其上，挂諸梁間。俟九月甲子日召予，予當聞命而至。凡爲請禱，悉爲書之，但不可容外人到耳。」徐一一如所戒。及期，所謂舊友者已去，忘其請訣，遂絶弗至。

南陵美婦人

宣之南陵，在漢爲春穀縣，古邑也。民某生者，就邑治大門之内開酒店。嘗以月夜出户，逢美婦人，若自宅堂而來，見生即與笑語。時東平郭堯高叔爲宰，生謂姬妾浪遊，不敢應。婦【四】前執其手，徑趨店中。生固市井屠沽兒，迷于色，便留之寢，旦而去。他夕復至，如是數月。每至必有贈餉，初但得錢，久而携銀盞，浸浸及於緋疊，所獲不勝多。益疑

【三】吻士　涵芬樓本注，吕本作「口吻士」。

【四】婦　涵芬樓本注，吕本作「婦人」。四庫本同吕本。下同。

爲竊主家物，然貪財溺愛，不以爲虞。偶往郊外行幹，遇道人乞錢，見生顔色枯悴，語之曰：「汝滿面是邪氣，將死于鬼手。」生驚悟，弗隱，盡以告之。道人就近舍求紙三寸許，書一符，使貼于房門。是夜，聞婦怒駡曰：「吾以至誠待汝，汝受吾物，亦不爲薄。將終身是托，何乃遽起妄心，一旦如是？吾非畏符不敢入，以汝背義忘恩，誓將棄汝。」即怫然而去。經數夜，復扣門言，曰：「汝不義已甚，使人不堪，明日夜當治汝。」又去。生始大怖，坐而須曉，始徙于他坊，由此遂絶。後三年，縣宰徐大倫妻周氏死，其弟從吳中來唁，寓治後堂。夜登廁，忽身傾且仆，涎出不止。一僕携燈在下，急挾歸室。徐奔視之，灌以湯藥，移時乃醒，云：「恰溷畢，見一女子相引，詣别館，几榻華赫，置酒歌謳，未暇欸昵，而爲人唤覺。」縣吏言：「宅素有妖祟，前後造怪非一。」於是虚其處，但處西偏。徐字子至，湖州人。右六事，汪果茂明説。

胡朝散夢

華亭胡朝散亶，夏夜納涼，因踞胡床而睡，夢一偉丈夫【五】，着白道服，撼之使起，曰：「居家有不恰好一事，宜急起理會。」胡驚寤，亟出户，果見一人自經于廊下。往視之，其子婦房中使妾也。婦者，同邑張氏女，賦性慘妬。此妾少有過，杖之百數，不能勝楚毒，乃就死。胡使呼婦就傍熟視，婦略不動色，徐云：「他人不須管，若不可救，我自當其

【五】偉丈夫　「丈」原作「大」，據周本、四庫本改。

責。」即取凳登之，解縊索。移時復甦。胡氏供事廣德張王甚嚴敬，舉家不食猪肉，故蒙神力云。張婦之惡，猶不少悛也。

楊政姬妾

楊政在紹興間爲秦中名將，威聲與二吴埒，官至太尉，然資性慘忍，嗜殺人。帥興元日，招幕僚宴會，李叔永【六】中席起更衣，虞兵持燭，導往溷所，經歷曲折，殆如永巷。望兩壁間，隱隱若人形影，謂爲繪畫，近視之，不見筆蹤，又無面目相貌，凡二三十軀，疑不曉。扣虞兵，兵旁睨前後，知無來者，低語曰：「相公姬妾數十人，皆有樂藝，但少不稱意，必杖殺之。面剥其皮，自手至足，釘于此壁上，直俟乾硬，方舉而擲諸水，此其皮跡也。」叔永悚然而出。楊最寵一姬，蒙專房之愛。晚年抱病困卧，不能興，于人事一切弗問，獨拳拳此姬，常使侍于側。忽語之曰：「吾病勢洴瀌【七】如此，決不復全生。我傾心吐膽，只在汝身上。今將奈何！」是時氣息僅屬，語言大半不可曉。姬泣曰：「相公且强進藥餌，脱若不起，願相從，往黄泉下。」楊大喜，索酒與姬各飲一杯。姬反室沈吟，深悔前言之失，陰謀伏竄。楊奄奄且絶，瞑目，所親大將誚之曰：「相公平生殺人如掐蟻虱，真大丈夫漢。今日運命將終，乃流連顧戀，一何無剛腸膽決也！」楊稱姬名，曰：「只候他先死，吾便去。」大將解其意，使紿語姬云：「相公唤予【八】。」呼一壯士持骨索伏于榻

【六】李叔永　「永」原作「家」，據四庫本改。

【七】洴瀌　涵芬樓本注，黄校：「洴」字疑誤。四庫本作「沈綿」。

【八】相公唤予　涵芬樓本按：「予」字疑誤。四庫本作「預」，似是。

後，姬至，立套其頸，少時而殂，陳尸于地，楊即氣絶。

宜興官人

宜興官人吴瑄，紹熙五年春得目疾，頗劇。乃挈妻子來餘杭，謂爲避災。吴嘗仕于此縣，因買小宅，爲往來寓泊之所。于時盡室居之，月餘，一旦忽起歸心，妻以遣人市物於臨安未反，欲少留之，吴堅不可，若有促其【九】使去者。但令一僕守舍，即登塗，亦不與交游告别。明夜，天目山發洪，川流暴至，平地水深數丈，吴之居没於中，僕溺死。是時，民罹其禍者十萬餘人。

張元幹夢

張楠，字元幹，福州名士也。入大學，爲學録。既優列解籍，而省試不利，乃詣土地祠，禱曰：「楠雖不肖，自覺學業程文不在儕輩下，令而失意，其必有説，敢以請于神。」是夕，夢神來謁，語之曰：「君當登科，緣以比者受無名之錢四百三十幾貫幾百幾十文，爲此遭黜。」楠覺而默然，念：「身爲寒士，安有是哉？」時諸生從受業者，聞師赴省，各隨力致助，然度其數亦不能多，意其必用此故。試取記事小册逐一算計，與神言合，貫百分文畸零不少差。然後大悟，遍以告人，使知非己之財，不可妄得如此。續以上舍賜第。

【九】其　涵芬樓本注，吕本作「之」。四庫本同吕本。

駱將仕家

淳熙癸卯歲，張晉英濤自西外宗教授入爲敕令删定官，挈家到都城。未得官舍，僦冷水巷駱將仕屋暫處。駱自居其傍。數日後，駱妻謁張氏，問無恙，甚勤。自是，每見輒云。然意以爲相勞苦，常談爾。其地卑濕特甚，不數月徙去。而黄景亨涣自滁州來，爲太學録【一〇】，復居之，經旬月【一一】，婢妾夜叫云：「有賊。」已而房門洞開，竟夕擾擾。明旦點檢，無所失亡，獨新洗衣四種，元在厨間，皆不見。遍索之，其二在牆頭，猶以爲盜携去而誤墜者。其二乃壓于積薪之下。黄雖疑怪，而不欲形言。後數日，又復見怪。元置四甆盌於卓上，悉頓疊壁下，亦不之問。黄母夫人病，侍藥至三更，持燈上廁，則庖内器皿數十皆排列廁板上，懼而亟出。於是亦去之。訪其事，乃一年前，駱之長子以狂遊弗謹，爲父母所責，自經於厨，從此變怪百出。晉英聞之，始悟駱妻所問，蓋爲是云。黄母族亦捐館。

右四事，張晉英説。

陳二妻

金華縣孝順鎮農民陳二者，其妻懷妊將産，詣鎮市太平寺請僧於佛前，許《孔雀明王經》一部，以祈陰護。既而生男，久不償初願，妻遂雙瞽，凡衣裳縫紉，皆倩鄉里。男能移

【一〇】太學録　「太」原作「大」，據四庫本改。

【一一】旬月　涵芬樓本注，吕本作「旬日」。四庫本同吕本。

步，但匍匐而行。妻夢一僧來言：「與我千錢，吾爲汝治眼病。」且以告厥夫，夫云：「得非所許經卷未還故邪？」妻曰：「家間赤貧，尚無飯喫，何暇及此？佛亦不應屑屑與吾較也。」是夜，陳二所夢亦同。偶到太平寺，閱僧房功德簿，頓憶其事，乃焚香禱告，乞放妻眼光明，秋成還賽【一二】。時紹熙癸丑歲也。及秋暮，始踐前約，恰費錢一千文。纔及新春，妻雙目如平生時，了無患苦。

江牛屠

婺源姦民以屠牛爲業者，或能用藥毒牛，但慢火焚烏頭汁，濟以他藥，浸鐵針，長三寸餘，插于牛脅皮中，不經日必死，則喚之，使宰剥，肉既非帶疫【一三】，人食之無害，謂爲良殺，厥價差高。數年前，鄱陽村屠頗傳習之。有江六三者，居城東十五里，常得此伎。農民見牛不病而斃，莫能曉，悉付鬻賣，雖鄰里鄉曲，皆無一人知其事者。紹熙五年十二月十三日，出外，至昏暮不歸，妻子遍詣平日所來往處訪尋，彼人皆云不曾見。明日過午，妻見羣鴉及鵜【一四】、鷹翔噪，居舍百步間污池畔，試往視之，江已溺死于中，水才深尺耳。臨棺殮，仵匠於其腰囊得鐵鍼兩枚，方知行詐已久。時將謀適何人家，而爲鬼所誅也。

【一二】秋成還賽　涵芬樓本注，吕本作「候秋成還賽」。四庫本「候」作「俟」。

【一三】帶疫　涵芬樓本注，吕本作「帶疾」。四庫本同吕本。

【一四】鵜　涵芬樓本注，吕本無「鵜」字。四庫本同吕本。

校勘記

夷堅支乙卷第九 十二事

宜黄老人

紹興中，撫州宜黄縣宰徐君聽訟，有老人曰侯林，哀哭陳牒云：「居于社壇之旁，遭弓手夏生縱火，焚蕩所居，遂并三子爲灰燼。」徐受詞駭愴，即捕夏送獄，訊鞫之，甚苦。夏不知所對，泣涕弗食。縣吏共言：「夏爲人素循理，安得有白晝放火殺人之事？願追詞首，究其本末。」徐用其説，及詣壇下物色，並無侯老住止與火煬之跡。乃夏生以祀社之故，奉尉命汛掃壇宇，翦除榛穢，悉輂枯槀，寘一空穴而焚之，蓋妖狐所窟也，三雛死，老狐因是假公力以復怨云。夏始得釋。又別有牝者，化形爲美女，往來令丞廳，民吏盡見之。女面左頰有黑痣如豆大，爲所惑以死者非一。多據丞廳碧瀾堂，小吏屢窺見其從事於針紉，聞人聲則没。庚辰歲，衢人祝君爲丞，時至此堂獨寢，逢之而喜，挾與同衾，已而并其子相繼殞命。

宜黄丞廳蛇

宜黄丞廳與縣治相連，有大蛇長二丈，鱗甲青黑，行地有聲，父老傳言，每出遊一廳，則主人者必罹禍咎。紹興庚辰春，出於丞廳後東牆蓮池側，隱半身牆内，尾垂於池。丞祝君適以亭午到池上，見之。呼乞子能捕者，穴牆取之。蛇蟠屈不動，命數健力舁致郭外，過百丈橋數里，縱之莽中，意其已遠，不能復至矣。次日，祝仍以午到昨處，則蛇乃在元穴，欲殺之，吏士皆不敢承命，曰：「此禍至大，寧受杖責。」不得已，但令舁去。如是者，至于四五。迨祝死，乃絶不見。

宜黄縣治

宜黄縣後有游觀處，曰望月臺，曰馴雉堂，曰百步亭，皆依山爲之。紹興初，巨盜入邑，民奔赴逃命，盡死其中，以故鬼物爲厲。十政令宰不敢居正寢，多宅西偏船齋。戊寅歲，南昌李元佐到官，始開户掃塵，撤空治牖而居之。盡夕安處，寂無所見。獨僕輩棲船齋之西，距馴雉堂不遠，或白日聞撼鈴聲，往視之，乃巡夜卒所持者，自鳴於空，倏往倏來，初無攜控懸繫之物也。揮杖擊之而墜。他日，又有束竹出自堂，夭矯如蛇行。僕迎斷以刃，投諸火，以白李，李斥勿言。在職三年，始終如一日。臨受代，徙寓驛舍，將葺故治，以待新令尹。什器運致未盡，明旦往取，皆爲鬼堆疊，無細無大，至與屋脊平，甚費人力收拾。後政至，聞其異，復處西偏云。

張保義

靖安張保義者，本邑村朝山屠兒，以建炎扞寇功得官，資産甚富。乃戊志所書，爲寶峰主僧景祥所識者。寺既焚燬，張一力重營之，又置田數千畝，以贍常住。張藏錢不勝多，至築土庫數十所，作貯積處。平生享用自如，閱三十年。暮歲，忽聞庫内錢唧唧有聲，自往户外審聽，持杖擊其錢門【一】，曰：「汝要去，須是我死後始得。如今大驚小怪，待作甚麽？」即寂無影響。又數年，乃死。鄰里咸見其庫錢晨夜飛出，如蝴蝶然。未幾，居室百間一爇而空。寶峰相去數十里，旬日間亦煨燼不遺。張氏子孫雖存，而生理不能百一矣。

九梁星

陰陽家有九梁星煞之禁，謂當其所值，不可觸犯。或誤於此方隅營建，則災禍立起。俚俗畏之特甚。靖安縣寶峰寺，僧堂蠹敗，不堪安衆，長老景祥欲以新之【二】。羣僧合言：「今年正值九梁所棲，毋爲空取禍。」祥獨以爲不然，曰：「人神一也，皆欲安居，烏有

【一】擊其錢門　涵芬樓本注，吕本無「錢」字。四庫本同吕本。

【二】欲以新之　涵芬樓本注，「以」吕本作「一」。四庫本同吕本。

人不可處而神可處乎？」即率衆往誦經，白請神煞暫遷法堂，候修造訖役日還。踰月【三】工畢，乃如前説，復率衆誦經，迎神歸故處，後皆無他。時紹興丙寅歲也。至紹熙庚戌，鄰寺大梓院議葺，僧堂衆又以犯九梁爲言，主僧用景祥故事禱誦迎徙。未一年，僧行數輩相繼亡没，堂迄不就。鄉人輕薄者，或因相傚詈駡，至以兩寺爲口實云。

鄂州總領司蛇

鄂州總領司，故州治也。後逼城，城有園【四】，園有大蛇，長數丈，徑尺許。乾道中，韓總領者欲于東北隅建楚望亭，而築基不成，至於數圮。或言此處蛇所穴，儻爲立祠，當可就。韓如其説，作小廟於數十步前，基即成。蛇往來東西，或入教場大井内，或從府倉氣樓中【五】，垂頭而下食米。嘗蜕皮於竹林裏，一兵得之，貯以布囊，時時出示人。蜕廣長如其身，左肋下有一足。郡民楊八，賃撲城下濠種菱芡，就壖地縛葦舍，母子處之，以察監摘者【六】。夏夜過半，聞水聲【七】，母以爲盗也，出視之，見蛇在女牆上，而頭在濠中【八】，昂起。睨母。母駭叫，楊生至，僅能舉手指示，即仆地死。楊懼，捨之去。已而，蛇不復出入【九】，疑其入大江去。

【三】踰月　原作「月踰」，據周本、四庫本乙改。

【四】城有園　四庫本作「城下有園」。

【五】氣樓中　涵芬樓本注，黄校：「氣」字疑誤。

【六】監摘者　《淵鑑類函》卷四三九《鱗介部·蛇二》作「盗摘者」。

【七】聞水聲　同上書無「水」字。

【八】而頭在濠中　「在」字原無，據四庫本補。

【九】蛇不復出入　「入」四庫本作「人」，當屬下。

宜黄青蟇

宜黄縣獄有廟，相傳奉事蕭相國，不知所起如何也。縣人言：「神多化爲青蝦蟇而出，惟以小爲貴。如體不踰寸，則邑宰必薦召。或以治最勑擢【一〇】，胥吏按堵，不罹黜逐。如大至尺許，則反是。」紹興中，蟇屢出，至如扇如盤，如大龜鼈，宰不經歲輒非意而斥，或遭憂去。己卯年，忽徧於廳廡林園，無慮萬數【一一】，僅若小錢，狀類青蛙而狹匾，足差長，色白，身色如翠羽，每足有五爪，能緣壁升木，至一二丈不墜。舉邑歡忭，指爲吉證，競置酒殽，詣廟答謝陰貺而去，共享膰胙，以爲慶喜，共白于宰李元佐，乞備享禮。元佐獨不信，叱使去。明日，皆隱不見。竟三載，百里晏然。元佐以薦解組，馴至侍從。

鄂州遺骸

鄂州地狹而人衆，故少葬埋之所。近城隙地，積骸重疊，多輿棺置其上，負土他處以掩之。貧無力者，或稍經時月，瀕於暴露，過者憫惻焉。乾道八年，有以其事言於諸司，於是相率捐庫錢，付勝緣寺僧，治具焚瘞。先揭牓衢路，許血肉自陳，爲啓壙，甃甓舉而藏之，且書姓字于外。如無主名者，則爲歸依佛寶，一切火化，投餘骨於江，其數不可勝計。內一骸，獨骨節相聯不絕，色狀與他尸不類。僧拈説金沙灘鎖子公案，以爲一段勝果。俄

【一〇】或以治最勑擢　「勑」原作「飾」，據四庫本改。

【一一】無慮萬數　「慮」原脱，據呂本補。

又于積骸下得小鬢，度可十四五歲，青衣紅襦，塗澤艷治，儼若生存。輿置寺門外三日，市民無遠近爭來諦觀，莫有知者。時方秋初，容不少變，萬衆驚異，乃别治兩棺，易衣改葬。仍立塔其塚上，表而出之。但無有記於圖志者，懼久遠泯没，爲可惜也。右八事，李大東仲詩説。

全椒貓犬

紹興中，樂平魏彦成安行爲滁州守。全椒縣結證一死囚獄案，云縣外【一二】二十里，有山庵，頗幽僻，常時惟樵農往來。一僧居之，獨雇村僕供薪爨之役。養一貓極馴，每日在旁，夜則宿於床下。一犬尤可愛，俗所謂獅狗者。僧嘗遣僕買鹽，際暮未反，凶盜乘虚抵其處殺僧，而包裹鉢囊所有，出宿於外。明日入縣，此犬竊隨以行，遇有人相聚處，則奮而前，視盜嘷吠。盜行，又隨之，至于四五。乃泊縣市，愈追逐哀鳴，市人多識庵中犬，且訝其異。共扣盜曰：「犬如有恨汝意【一三】，得非去庵中作罪過乎？」盜雖强辨【一四】，然低首如怖伏狀。即與俱還庵，僧已死。時正微暑，貓守護其傍，故鼠不加害。執盜赴獄，不能一詞抵隱，遂受刑。此犬之義，甚似前志所紀無錫李大夫庵者也。蠢動含靈，皆有佛性，此又可信云。

【一二】縣外　涵芬樓本注，明鈔本作「縣郭外」。

【一三】意　涵芬樓本注，葉本作「聲」。

【一四】强辨　涵芬樓本注，明鈔本作「數强辨」。四庫本作「强辨數次」。

王瑜殺妾

江東兵馬鈐轄王瑜者，故清遠軍節度使威定公德之子也。天資峻刻，略不知義理所在。居於建康，嘗延道人嚴真于家，使之燒金。怒真跌宕失禮，多所求索，諷親校飲以酒，至極醉，揮鐵椎擊其腦殺之。婢妾少不承意，輒褫其衣，縛於樹，削蝶梅枝條鞭之，從背至踵，動以百數。或施薄板，置兩頰，而加訊杖。或專捶足指【一五】，皆滴血墮落。每坐之雞籠中，壓以重石。暑則熾炭其旁，寒則汲水淋灌，無有不死。前後甚衆，悉埋之園中。妻鄭氏亡，妾何燕燕濟其惡，顓房擅愛，僞作正室受封。紹熙【一六】五年九月，妾李遭撻委頓。瑜捽付後院，自遍鎖其門。李氣息僅屬，心念此家殺人多矣，何得全無影響，便恍恍若有值遇。門忽豁開，天未明，負痛徑出。謂主人見之，均爲一死。洎過堂門，及外門三重，皆無人焉，遂奔歸其家。瑜方覺，遣卒還追躡。李父挾女詣府。時總領使者趙從善，攝府事，聽其訟。呼廂官往究質，得兩夕前燕燕手殺一婢，猶未掩藏。乃令吏輩監守瑜，而執燕出，下獄鞫治。盡得衆尸，械繫兩人，而上其獄。慶元元年四月，詔削除籍，編置朱崖，燕杖死於市。瑜至萬安軍死。

【一五】足指　「指」原作「相」，據四庫本改。

【一六】紹熙　「熙」原作「興」，據四庫本改。

徐十三官人

湖州城北徐朝奉之子十三官人者，自爲兒童時，資性誠質。既長，念親戚間有被妖鬼作祟者，遂刻意奉道，行天心考召法，爲人治拯【一七】，靈驗絶異，而略無求需。至于香火紙錢，率皆自辦。不以貧富高下，應時決遣。未嘗到病者家，覩其面目，只令具狀投訴，旋扣神將，俟鬼物現形鞫伏，然後繳回施行。濟人之功，積有歲月。淳熙中，市民張翁女遭物憑附，邀道士數輩驅逐，械杻鞭箠，視之若無，特不敢用刀仗，畏或傷女身。女但訕駡極口，無術可制。翁詣徐致懇，徐許之，而語之曰：「翁去，勿與人説道曾見我。」翁不諭。會其鄰亦以被祟來求符，徐知其與張比屋，往攝祟至壇。鐫之曰：「汝當緣乏食，故出爲怪。汝必知張家衆鬼本末，盡以告我，可録功贖過，我捨汝。」對曰：「是鐵鈷精也，所以不怖笞掠。」徐乃呼張翁，使備畚鍤炭醋，令持一符歸，就房左方掘土才【一八】得物，即熾火焚之，而沃以醋。翁還未及門，女已哀鳴乞命，涕淚滂沱，果掘得一鑽，如言焚鎔，女遂愈。

普靜景山三異

湖州烏鎮普靜寺，本梁沈休文父墓也。當武帝時，休文貴盛，每歲春，一來拜掃。其反也，帝必遣昭明太子迎之遠郊，因就築館宇。休文不自安，遷葬金陵，而捨墓域爲寺，昭

【一七】治拯　原作「治極」，據四庫本改。

【一八】才　涵芬樓本注，吕本多一「尺」字。

明亦以館爲密印寺。其後二寺各祀，以爲土地神。宣和間，普靜遇火災。僧尚奎將改塑神像，方擇工，有道人詣奎，言：「從建康來，素精此藝，不較直，但勿使人窺覘。」奎喜而用之。數日工畢，長揖而去。衆異之，始入祠瞻翫，於壁閒忽見絶句云：「昔作梁朝相，今爲普靜神。千年英魄在，代代護僧人。」共證爲休文不疑。奎傳法於慧斌。建炎初，京師三藏道法師奉陳留闡教寺釋迦佛牙至鎮，有三朝御封，盛以玉匣及金銀再重。始護以木函，斌偕僧俗致禱，以求舍利，七日勿應，人皆懈怠。斌拜祈愈力，誓言今夕無驗，當捨此身。三更後，銀盆内鏗然有聲，舍利流出三十餘顆，五色晃耀，其半露半隱于匣無數，亟貯於蕃琉璃瓶。先是，太湖漁者於波中得檀香七級塔，高二尺，上刻佛像，精巧之極。一僧贖得，是夜，夢神告曰：「釋迦佛分身今在烏鎮，汝宜捨塔奉安。」明旦，捧以來。斌持餅入塔，闊狹深淺無差，因建禮塔會。關子開、子東皆作文記其事。斌傳法於妙心。郡之景山寺，唐覺聞禪師道場也。紹興壬午，妙心挂錫書記寮。欲南遊，夢二偉丈夫，着古衣冠，排闥入謁，執禮甚恭，曰：「昔日聞禪師至此，某輩七十二村土地，聽説法，忍虔受大戒，永斷葷酒，以護正法。禪師授記，五百年後再來興此山。時已至矣，和尚欲何之邪？」心覺而未信。連夕見夢，挽留苦切，心謂之曰【一九】：「此寺頽弊，常住枵然，將何力復興？且二公何人，鄭重若此？」對曰：「我伽藍主者。自有大檀越爲師維持，兹非所慮。」心終不然之。住持僧師範亦夢神託留之，不得已，故爲度夏計。至六月，師範下

【一九】心謂之曰　「曰」字原無，據吕本、四庫本補。

世，適張恭壯公詣寺爲功德院，邀心主席。一坐三十臈，百廢興舉，焕然一新。距覺聞開山，恰五百年。慧斌姓沈氏，傳曜侍郎之弟也，心乃其姪云。三世皆感一異，善緣深矣。

右二事，沈端叔説。

夷堅支乙卷第十 十六事

趙主簿妾

潭州貧民某人，無夫【一】，挾二女改嫁。稍長，悉售之，爲人妾。次者入湘陰趙主簿家，歲滿不得歸。繼父死，厥母經官取之。方在趙時，爲主簿之子所私，雖已出，猶竊詣之弗已。母寓城下客邸，無僦直，主人逐之去。乃徙東街易二十三店中，趙生不復至。女懷孕，易妻問曰：「爾未有夫，何以孕？」曰：「自爲繼父所賣，抱氣成蠱，故腹皤然，非孕也。」後數月，腹愈大，母又不償僦直，遂詣府，誣訴易之子姦其女。府逮易并女，係右司理獄。易受杖笞【二】，月餘不肯承，而女以娠重，不可訊。一日正午，囚者困睡，女亦睡，忽驚覺，則有大白蛇纏其腹三匝，首尾翹然相向，女惟叫呼求救，同室相視怖栗。伴媪出語推吏，吏驗之而信，走白理掾。掾具衣冠，焚香楮，拜而禱，蛇解縛，緣壁登屋，遂不見。女旋誕一男，方道本始，蓋趙生之子也。易乃獲脱，母受杖，女以産故免。時淳熙十六年閏五月間也。

校勘記

【一】無夫　涵芬樓本注，吕本作「死妻」。四庫本同吕本。

【二】杖笞　涵芬樓本注，吕本作「榜笞」。

王尚書名紙

南城陳元，字長卿。淳熙十年，再以鄉薦赴省試，寓貢院前旅館，夢一吏呼曰：「王尚書送名紙。」時王宣子爲户部尚書，元與之無雅素，且未嘗往謁。既覺，殊以爲疑。越三日，王被命知貢舉，元遂登第。

何氏魚子

金谿士人何少義，乾道九年冬，取池魚爲鮓醢，剖腹得子盈盆，置諸廡下室中。夜半，聞盆内唧唧有聲，謂爲鼠齧，起視之，喧愈甚，敲其盆即止。既而復然。明日以語人，或勸之使投於江河，妻不聽，悉烹食無餘。次年春，妻死。初，少義嘗夢烏衣婦乞命，覺而妻家遣僕以�【三】盛巨鼈來餉，因感昨夢，即親詣江濱出放之。惜其妻不能然也。二事，臨川黎仲明説。

桂林兵

淳熙十六年，桂林守應孟明仲實，遣效用兩兵，督匠伐木于臨桂山中。夜宿民家，一兵夢神人持刀割去其腎，夢中叫呼。傍兵亦驚覺，問所以，急秉炬照視，則兩腎已墮床下，

【三】筠籠　「筠」原作「均」，據四庫本改。

流血如注，恍莫測何以致此。民與傍兵掖以歸城中，且白于府。仲實疑弗信，送獄根治，使權節度推官、修仁主簿梁輈詣劾用軍審究。傷者吐曲折，出腎示之，囚者始獲免。傷兵不茹葷，凡半年創乃愈，狀貌全如宦官。既而食肉，遂亡。

梁主簿書院

梁輈，潭州人，居聚星門外，僦大街索將軍廟前呂氏空宅，以爲書院，其徒從學者三十人。一夕，梁還家，諸生六七輩同坐廳上，未燃燭，見有披髮自浴堂出者，初疑同舍許國梁爲戲以相嚇，既而非也。國梁走登樓，餘人繼踵而上，未及半，爲鬼物所擊。邵陽士人劉開，遂與講禮云：「即日恭惟槎木大王萬福。」且云不干開事，鬼又擊之。良久，諸生至樓上，恍惚間，有肥肉一臠、鷄頭子數包在案。衆迷罔不自知，共食二物。俄頃，嘔吐滿板。唯國梁在床帳内，不遭擊。隱隱見諸人食鷄頭，每擘一枚，各挼挲之，至長尺餘，猶相詫，曰：「此乾脯香也。」鬼手大如烏鴉扇，倏焉没於壁隙。事定，始就枕。旦起視所吐，了無一跡，競磨礪刃【四】以待之。後數日，讀書燈下，復見大手自窗櫺入，戡以刃，不中而遁。於是百怪俱集，然皆相約，勿與先生言。居之凡七閱月，逮罷館，方以告云。梁輈子忠直説。

【四】刃　涵芬樓本注，吕本作「白刃」。四庫本同吕本。

一明主簿

建寧劉策，字獻卿。乾道丙戌赴省試，已考中魁本經，而以《孟子》小義失一出處被黜。又三舉，復就試，與臨川黃日新邂逅信州道間，云：「嘗乞靈邵武廣祐王廟，夢神人書字其手，曰『一明主簿』，豈非他日官至此乎？吾若登科，決不敢注是缺也。」是歲下第，後六年，中省闈第十一名，不得爲教官，遂擬鄰州司户以歸。時春秋已高，侍從中有矜其潦倒者，爲移書漕臺，得攝松溪主簿。到邑一月，適言者上章論權局之弊，丞尉皆不許，即日罷歸，未幾而卒。

黃講書禱子

黃廓講書者，興化人。徙家信州，未有子，携妻施氏及侍妾詣佛寺，禱於羅漢堂。是夜，夢與妻妾同數羅漢位次，相視而笑。羅漢忽發言，顧之曰：「前後各三年。」既寤，歷歷能憶。妻妾同時亦感此夢，俱莫曉旨意。但謂當相去各三年孕育耳。已而同歲得男。廓卒後，施氏教之讀書甚力。妾之子曰燾，爲長。施之子曰杰。淳熙甲辰，杰登第。至丁未榜，燾繼之。方悟前後各三年之説。廓亦別有四字【五】云。燾字子元，其婦翁饒大中爲黃日新説。

【五】字　涵芬樓本注，呂本作「子」，似均誤。

劉堯夫

劉堯夫，字醇叟，撫州金谿人。本名單，將詣郡赴春補，夢有以文卷示之，題曰：「太學饒堯夫。」覺而思之，以姓氏不類，姑先易名。既而中選入學。偶家急，不暇請假，倩友人嚴泰伯具狀。嚴誤書「劉」爲「饒」，他日再至，見而恍然，元未嘗以昨夢語人也。後補入太學，臨當私試，忽苦頭痛，不可忍，歎曰：「吾必死。」前一日，鄰齋生夢人來告云：「劉堯夫作魁。」視其試卷，塗注五百餘字，以報劉。劉謝曰：「感君愛我厚，然吾今日不知死所，豈復計校功名事哉？」鄰生退，密爲投卷，薄暮始告之。明旦强起，以巾遮腦，扶掖坐，信筆塞白。洎日中，洒然而醒，讀程文而笑，悉抹去，凡數百言，而改爲之。揭榜，果第一。既陞上舍，鄰生又夢學門洞啓，從者傳呼而來，曰：「劉吟詩釋褐。」劉聞之，曰：「邵先生詩有『堯夫非是愛吟詩』之句，此殆爲我也。」遂以兩優賜第。初，劉爲兒時，夢覘牌上題云「劉通判宅」，親誌於庭柱，以故不用高遠自期。由太學博士，倅貳豫章，其後暴得疾，危甚。家人環泣，劉曰：「吾久知必止此，獨不閲吾柱上所誌乎？」且死，手疏家事數紙，乃作偈曰：「不到清泉白石邊，却來城市走喧喧。夜來一派銀潢水，瀉向瓊臺玉檻前。」蓋平生未嘗參禪也。

劉暐做官

劉暐、黃則皆宜黃士人。乾道戊午，黃冠鄉書，劉免舉，偕赴己丑省試。邵武人謝極者，精地理學，嘗遊術臨川，與二子相識。是時，在其鄉士張德庸家宿，夢人告曰：「黃則及第，劉暐做官。」覺以語張。張曰：「劉君當恩科乎？」曰：「然。」然「則可知矣，渠必不正奏名，故只説做官也」。已而，黃登科，劉特恩，入第三等，補文學。謝生喜其夢應，他日到撫州，爲言之，皆抵掌一笑。黃調分寧主簿，臨當赴而遭母憂。再調衡州安仁酒官，在家須次。晨起開門，一鵬飛入，立主位屏風上，急擊之，已失所在。妻適卧病，黃憂之。既而愈，而安仁遣吏來報，見任者物故。黃曰：「鵬兆殆爲彼邪？」亟上道。到縣一歲，忽自唱解官詞，其夕無疾而卒。劉注官得韶州司户，當待六年闕。在臨安適與新太守同邸。韶吏云：「司户久無正官，一在任，以憂去，及迓後政，則死矣。」劉遂之任。首尾凡五考。再調象山武仙令，閲考亦如韶。嘗攝倅、攝郡，歸家買田，致仕，改京秩，年幾八十乃終。談者論謝生之夢，所謂黃則及第，蓋止於策名，而劉暐做官也。黃族子日新言之甚詳。

王姐求酒

建昌葉氏極多内寵。一妾王姐【六】病死，以無子故【七】，雖葬於墓園，而春秋薦奠勿

【六】一妾王姐　「姐」原作「妾」，據四庫本改。

【七】以無子故　「以」原作「亦」，據四庫本改。又四庫本「故」上多一「之」字。

及。淳熙己酉，葉自昭州終詣闕，攜二妾行，俱夢王姐來求酒，且愀然曰：「吾没後，幽魂無歸，欲自取覆官人，又近不得，爾兩人幸爲我一言。」既寤，白于主翁，亦爲悽惻。逮還家，即命祀其墓，仍以中元日爲設齋位云。

張詡夢名

建昌新城士人張詡，淳熙十六年初夏，夢遊鄉先達葉昭州民極園【八】。逢白髯老叟告曰：「君今秋應舉，但用葉使君名，必可得也。」詡覺而異之，以謂身爲晚輩，豈得輒犯長者名，然私心竊喜，惟恐失之【九】，乃只用下一字，更爲「極」。是歲，中解試第二人，謁謝昭州，自言其夢以謝過。此二事，皆邑子王揆聞之於葉云。

吴中小經

新城吴中，字克明。紹興己卯，赴鄉舉。其兄在邑，於初場之夜夢克明歸，云：「小經義第四句言：『神聖有作』，大是愜意。今兹中定發舉。」覺而書於壁。克明試歸，兄據問曰：「汝作小經義，得無用『神聖有作』之句乎？」克明駭然，念：「所爲程文，元來未嘗示人也，兄何以知之？」即引觀壁間所書。未幾預選，後十年登科。

【八】葉昭州民極園　「民」原作「氏」，據吕本、四庫本改。

【九】惟恐失之　「失」字原脱，據四庫本補。

陳氏貨宅

陳玠者，建昌人，生計本厚，將新所居門【一〇】，爲木工所欺【一一】，日趨于侈。自門至廳堂【一二】一切更建，浸淫及於什器。歷數年，輪奐整潔，而膏腴上田掃空無餘。其始從事於【一三】土木也，當乾道丙戌之春，妻蔡氏夢人告曰：「聶君及第矣。」蔡曰：「他人及第，何預我事？」告者不復言，但以錢二千緡置於地而去。蔡寤，以語夫。聶君，同郡人也。是時方赴省，俄登科【一四】。十年後，玠家益以貧【一五】，蔡氏又死，略無一錢可活，遂以宅售於聶，恰得二千餘緡。追悔勿及，自爲人説如此。

楊壽子

唐小説所載，吴郡漁人張胡子，于太湖釣得巨魚，腹上有丹書曰：「九登龍門山，三飲太湖水。畢竟不成龍，命付張胡子。」近建昌一事，亦然。淳熙八年春，南城縣境久雨溪漲，漁者於岸滸【一六】設網罟。前此郡無大魚【一七】，江中所得，極不過一二斤，他皆池塘中豢養者耳。是歲，民楊壽子置網於章山支港【一八】，及舉之，覺其太重，獨力牽挽不能勝，遂爲所困，幾墜而溺，叫呼求救。同業者三人共助舉之，乃一魚絶大，騰躍於中，徐徐曳出岸，百計攻刺死【一九】，凡重百斤。熟視之，額上隱隱有紅字，衆漁皆村甿，無有識者。

【一〇】所居門　涵芬樓本注，明鈔本作「所居之門」。

【一一】欺　涵芬樓本注，葉本作「誤」。

【一二】自門至廳堂　涵芬樓本注，葉本作「自門而廳，自廳而堂，自堂而廊」。

【一三】於　涵芬樓本注，葉本無「於」字。

【一四】俄登科　涵芬樓本注，葉本作「俄報登科」。

【一五】玠家益以貧　涵芬樓本注，葉本無「以」字。

【一六】岸滸　涵芬樓本注，葉本作「溪滸」。

【一七】前此郡無大魚　涵芬樓本注，葉本作「溪素無大魚」。

【一八】章山支港　涵芬樓本注，葉本作「草茭港」。

【一九】死　涵芬樓本注，葉本作「幾斃」。四庫本作「始死」。

一士人至，爲識之【二〇】曰：「三渡入潮門【二一】，四度遭大水，下梢却逢楊壽子。」彼村多楊氏，取此魚者，正楊壽子云。

陳如塤

陳如塤，字伯和，南城人。其父適用，曾與山谷先生倡和，名見集中。塤雖不讀書，而爲人剛烈，嗜酒使氣，無忌憚。一妹嫁遠鄉何屯田之孫，嘗往其家。見一樓寬敞，弛裝欲宿。妹曰：「此中多鬼怪，何氏之人尚不敢登，兄毋取禍。已洒掃書房延待矣。」塤弗聽，遣僕伴入直，又却之。妹憂甚，而不能回奪。夜將半，一女子盛飾含笑，迤邐從他處來。塤知其爲鬼也，佯若熟寐，女稍前趨牀，元未交一談，即推股【二二】，時時移足，向下至地推轉。塤奮身起立，大聲叱之，隨没不見。復上床，理衾安枕，迨曉寂然。妹急問訊，乃詳告之，聞者服其勇。凡留連旬日，不復有影響。爾後亦無人敢再寢于彼者。

傅全美僕

紹興十七年七月，建昌軍管下箬嶺士人傅宗道置酒延客。方就席，聞鑼聲錚錚然，遥望乃羣盜也，其徒數十人。因急唤壯僕治禦備，婦人皆登山。盜入門，見酒饌恣飲食焉，掠財物四千緡而去。隔保聞寇至，盡持刀矛來，盜已醉，所攘半爲諸人所得。近村厚平里

【二〇】爲識之　「識」涵芬樓本注，吕本作「釋」，葉本作「辯解」。四庫本同吕本。

【二一】潮門　涵芬樓本注，葉本作「湖門」。

【二二】即推股　涵芬樓本注，吕本作「即推其股」。四庫本同吕本。

有傅全美家，兩田僕亡命邀擊，死於盜手，其魂每夕至主人之門，寃憤呼叫。全美之父怒甚，開門厲聲叱駡之，曰：「汝自利賊財，至於喪身，何干主家事，而來恐嚇人如此！吾念汝積年奔走之勤，不忍加治，今將繪汝形於近廟，俾汝受香火，待時託生，宜速去。」自是其聲日遠。及繪畢，遂寂然。此卷皆得之臨川黄日新齊賢。

夷堅支景序

歲二月支乙成，十月支景成，書之速就，視前時，又過之。昔我曾大父少保諱，與天干甲乙下一字同音，而左畔從火，故再世以來，用唐人所借，但稱爲景。當《夷堅》第三書出，或見，驚曰：「禮不諱嫌名，私門所避，若爲家至户曉，徒費詞説耳。」乃直名之。今是書萌芽，稚兒力請曰：「大人自作稗官説，與他所論著及通官文書不侔，雖過於私無嫌，避之宜矣。」於是目之曰支景。懼同志觀者，以前後矛盾致疑，故識其語。慶元元年十月十三日序。

夷堅支景目録

校勘記

【一】余氏　「余」原作「佘」，據正文改。

校勘記

夷堅支景卷第一 十三事

陽臺虎精

自鄂渚至襄陽七百里，經亂離之後，長塗莽莽，杳無居民。唯屯駐諸軍每二十里置流星馬鋪，轉達文書，七八十里間，則治驛舍，以爲兵帥往來宿頓處。士大夫過之者，亦寓託焉。乾道六年，江同祖爲湖廣總領所幹官，自鄂如襄。由漢川抵陽臺驛，夜爲蚊所撓，不得寢，戒從卒雞初鳴即起。驛吏白曰：「此方最荒寂，多猛虎，而虎精者素爲人害。比有武官乘馬未曉行，并馬皆遭啖食。今須辨色上道爲佳耳。」江如其言。歸塗過郢州，復當投宿於彼，與皂隸共三騎及兩卒前行。起差早，覺人馬辟易，遥望一黄物馳草間，中心絶怖。漸近，蓋巨鹿，其大如牯牛，固已悚然。行半程，忽見一婦人在馬前，年可四五十，綰獨角髻，面色微青，不施朱粉，雙目絶赤，殊眈眈可畏，著褐衫，繫青裙，曳草履，抱小貍貓，乍後乍前，相隨逐不置。將弛擔，乃不見。江心念：「豈非所謂虎精者乎？」秘不語人。拂旦欲東，鋪卒云：「昨於道左見二虎雛，尚未能動步，吾官欲之否？願以獻。」江笑曰：「吾豈應養虎自遺患？」却弗取。又信宿，從漢陽濟江，同載數人，彼婦在焉，容貌衣服，一切如初。江謂女子獨行，而能及奔馬，益懼。坐轎中，下簾閉沓【一】，不敢正視。還舍且一月，聞門外金鼓叫譟聲，士庶環集者幾千數，若捕押兇盜然。出視之，則又彼婦也。問其故，皆言：「南市人家，連夕失猪狗并小兒甚多。物色姦竊無有也。獨小客店内此婦人單身僦止，三經旬矣，而未嘗烟爨。囊無一錢，但謹育一猫，望其吻，時有毛血沾污，疑必怪物。是以訟於官，令戎邏執送府。」婦人氣概洋洋，無怖色【二】。既入郡，郡守李壽卿侍郎使至僉廳供狀，婦自能把筆作字，云：「姓屠氏，是士大夫家女，父嘗任遠安縣知縣。嫁夫不稱意，亦已死，無嗣續。孤孑一身，客游苟活。市上惡少年交相侮困，翻抵爲異類，寃苦情極，願侍郎做主。」壽卿不忍窮治，姑令責戒勒狀，押出境。遂入咸寧茶山，與采茶寮户雜處。久之，又因搏食畜犬，爲人所見，箠而逐之。後不知所在。

京山鹿寨

江同祖過郢州京山，晚抵村驛。人言鹿在前結寨，即出觀之。彌望可數里，巨鹿無數，四環成圍，以角外向，凡數十重，兩【三】麑麀處中勃跳嬉戲，民田相近者悉遭蹂踐，禾苗爲之一空。獵户雜沓其傍，云：「不可近，近輒觝觸，遭之者多死。」明旦引去，獵人操弓矢戈矛追隨之，伺巨者行前稍遠，乃敢捕射其稚弱，亦各有所獲而還。

【一】閉沓　四庫本作「閉目」，似是。

【二】無怖色　涵芬樓本注，吕本作「殊無怖色」。

【三】兩　原作「而」，據吕本、四庫本改。

王宣樂工

紹興初，岳少保制閫於荆襄。是時墟落尤蕭條，虎狼肆暴，雖軍行結隊伍，亦爲所虐。有士人言：「猛獸畏樂聲，若簫鼓振作，當自退避。」由是頗采其説。乾道中，王宣子爲副都統制，自襄陽往鄂渚。途次荆郢間，從馬直以百數。日猶啣山，衆樂競奏，候吏報：「一筆篥部頭【四】，爲虎於衆中馬上忽啣去。」正驚怖未已，又報笛部頭一人亦然。其處距宿驛幸不遠，爭策馬赴之。解鞍良久，筆篥者奔喘而至，顔無人色。少定，始能言：「初爲虎所搏，置之穴中。復往取笛工，至則啖食。度已飽，故未見傷害。但與二雛繞弄作戲。忽憶得腰間有所執器，急取出大聲噴吹之，巨虎駭震，不暇挾其子，踉蹌遽走，不反顧。望之極目，乃敢歸。幾不免虎口也。」時呂彦升守襄。

【四】部頭　「頭」原脱，據呂本、四庫本補。

餘干縣樓牌

餘干縣治之南，有二樓，前曰鼓樓，後曰勅書樓。後樓牌，縣宰杜師旦所書。乾道初，「勅」字左畔有黄蜂結窠頗高，邑人言：「此吉兆也。吾邑當出貴人，或士子巍掇科第者。」是時，趙子直家居縣市，赴省試，已而大廷唱名爲第一。後三十年，紹熙甲寅，復見一窠綴於「力」字之上，人又益喜，趙公遂拜相。次年春，窠忽爲人觸墮，不踰月趙罷歸。

是三者豈皆偶然耶？ 其異如此。

朱忠靖公墓

朱忠靖公，蔡人也。渡江之後，卜居於湖州，薨而葬於妙喜山下。既數年矣，術者過而嘆曰：「山勢甚吉，恨去水太遠，秀氣不集，子孫雖蕃昌，恐不能以科名自奮。」朱公諸子皆知之，固不暇徙，而後死者復以昭穆次第祔窆。乾道中，公次子侍郎夏卿亡，子翌用治命，捨祖塋而別訪地，唯以水爲主。羣從諫止之，不納，竟如其志，得一穴，前臨清溪。既葬二十年，侍郎幼子翌及翌之子儕，遂擢丁未進士第。已而儕弟偃及甲，繼之殊衮衮未艾也。

江陵村儈

江陵民某氏，世以圈豕爲業。有村儈居五十里外，每爲鉤販往來，積有年矣。民長子嘗攜銀券，其直百千，并一僕，出鄉間貿易。經宿不歸，浸淫至累月。荆土市廛子弟多因挾貲在手，飲博浪游，耗折父錢，無以反命，不敢歸，或迤邐適他境者，民蓋用此疑厥子，不深以爲憂。村儈者，以冬月農事畢，牽猪過其門，留少憩。別一僕視其挽索，驚曰：「此我家大郎所自搓者五尺，安得在汝手？」五尺者，土人稱挽畜產繩綷之名也。儈色變，抵云：「昨於某處大路上拾得之，誰人無此物，何爲誤認？」僕以告主人，强拉儈偕往昨處。方舉手指畫，聞林莽間尸臭異常，掩鼻就視，則厥子與僕兩尸跧仆敗溝内。雖暴露過盛夏，而枯骸不損，略不爲狼狐齧啖，的的可識，遂執儈以還。始言：「因見其有所齎，乃醉以酒而殺之。歷日已久，意謂無由發覺，豈料用一索之故，自投寃網，今無所逃矣！」竟伏刑於市。

峽州泰山廟

峽州城東有泰山廟，蓋以他處東岳行宫者頽敝歲久，士人謀改作。峽境雖饒於林木，而多去江遠，正有力可買，猝難挽致。紹興癸丑之冬，一夕大風雨，五十里外深塢中，如發洪水【五】，浮出巨材千數，皆串貫成排筏【六】，順流而下，至門郭外【七】，無所閡礙而止。民共告於郡，咸謂神明所賜，請以爲新廟。緣門擊鉦，集衆牽綷，置之寬閑處。梓匠審視，大自棟梁，小至榱桷，一切備具。凡可爲梁者本末著地，而當中隆起；可爲柱者充滿端直。或長或短，各應所用。又已剥削木皮，於工力甚省。見者嗟異，證冥冥賜佑，無敢小爲欺隱。即日命役，踰數月廟成，一區耽耽，遂爲夷陵壯觀。仲子時僉書郡幕，實見之。二事仲子說。

【五】如發洪水　涵芬樓本注，「水」，吕本作「狀」。四庫本同吕本。

【六】排筏　涵芬樓本注，吕本作「簰筏」。

【七】門郭外　四庫本作「郭外」。

員一郎馬

荆門軍長林縣民蹇大，居郭北七八十里間。有一女，納同里鄒亞劉爲贅壻。鄒愚陋不解事，薄有貲業，且常爲人傭，跋涉遠道，在家之日少。蹇據其屋，耕其田，又將致諸死地而掩取其産。少年李三者，數至蹇氏，浸浸與女通。蹇常諷之曰：「苟能殺鄒郎，以女嫁汝。」李欣然承命，特未得間。紹熙四年秋，城人員一販牛往襄陽，鄒輔行，畢事南還。蹇遥見員生跨馬，鄒負擔在其後，急呼語，李使持刃出迎之，纔相值，奮斫員背，墜馬死，繼又戕鄒，亟舁置道側。是時，適無人行。里正稍稍集會，倉卒之際，莫知凶變所起。員之姻家爲義勇部將，所居距彼數里。員馬既失主，徑趨其門，與廐駒相踶齧。部將出視，驚曰：「此是員一郎馬，吾恰見其騎而歸，安得到此？必有故。」即詣前塗訪測，見二尸，認其一爲員，其一尸衆識爲鄒。固已略聞陰計，徑往嚇蹇，曰：「汝何得白晝殺人？」蹇面赤聲嘶，不能答，李正在焉，遂皆受捕。明年春，獄成，蹇、李以謀殺，女因與人姦，致夫於死，皆當伏誅。以殺時無證，具奏。予姪孫伋僉書判官，見其故。已而去職，奔母喪。至七月覃赦下，此三人正典刑及漏網皆不及知。原是事因馬而覺，天理昭昭，當不但已也【八】。

【八】不但已也　涵芬樓本注，此句疑有脱誤。

張十萬女

郢州京山境，地名辦頓，豪民張祥雄於鄉里，名田藏鏹，金銀布帛，皆以億計，故里俗目之爲十萬。紹興初，巨盜桑仲横行漢、沔間，所過赤地。張聞其且至，以貲財孥累之衆，不能遠避，於是整頓舍館，烹牛屠猪，多釀酒，先路邀迎之。桑甚喜，爲之駐留。於是累月凶徒相隨，日夕醉飽，仍各有縑銀之贈。桑約飭丁寧，秋毫不犯。張有笄女從簾下窺覘，桑見其少艾，欲得之，張不許。桑怒曰：「吾業爲不義，殺人如踐螻蟻。今全爾一家，可謂恩惠，而眷惜一女子耶？」張懼，亟以嫁之。留既久，哨聚數萬衆，無物可食，遂盡戕其家，猶以妻故，收拾其骸，瘞於堂中，作大冢掩畢而去，獨挈妻俱行。别一女奔出外得脱，存亡消息，無復與人相聞。既四五十年，鄉人樵采山下者，猶或見之於巖穴中，容貌只如二十歲者。亦間至故居，隱隱有哭聲，到今猶然。爲鬼爲妖，或云遇僊得道，皆不可知也。張屋基址尚存，有奇石高丈餘，巖壑穿穴，宛然天成。宣和時，花石綱欲取以入京，重不可移，亦會兵亂而止。今士大夫過見之，未有不瞻翫咨嗟者。堂記石刻猶存，范謙叔所作文【九】，有《蘭軒記》，朱子發所作。故屋唯門樓在，彼人徙以爲東岳行宫小殿，其大可知矣。二事，姪孫伋子中説。

【九】范謙叔所作文　涵芬樓本注，「文」吕本作「又」。四庫本同吕本。

贛州雷

慶元元年三月二十七日，贛州大雷雨。贛丞張履信既受代【一〇】，赴同僚餞席於縣治靜暉堂。日晡時，廷中忽有火毬十數，旋轉上下，其勢可怖。坐者皆起，曰：「迅雷風烈必變，此非吾曹所應高會也。」相與散歸。至暮開霽，聞郡市一書鋪史林三者震死，左脅下有朱篆「三」字。是時憲司大吏劉昭在家，晚飯亦見火毬滚踔於堂，徑入弟房内。弟亦小胥也，正登床視漏處。其妹在房，見朱衣神十餘輩，皆長丈許，睢盱往來。妹喪膽，盡力大叫救人。一神捽其髻以出，曰：「不干汝事。」則已相去二丈矣。雷斧從屋脊碎椽瓦而下，搦弟至門外首門限，然後擊碎其腦。俄一婢亦隕於庖下。蓋同死者三人云。

章簽判妻

婺人章濤，德文侍郎之子，娶永嘉盧氏，生一男。數歲之後，忽不飲食。初意其有所嫌惡，或小疾爲梗，而起居笑語固自若。明日復然，章問之，不肯言。姑鄭夫人出語譙詰，但斂袂唯唯，於是疑爲鬼魅。遍扣婢妾，乃知近嘗往後院游觀。謂侍妾曰：「桃枝上有一顆如盃【一一】大，必甜美可食，爲我摘取。」妾望之，滿樹纍纍皆常品，無所謂絶大者。盧氏自以竹打作叉，夾取入手，而爲啖食之狀。女伴有同游者皆訝之。自是日遂不食，猶時

【一〇】受代　原作「代受」，據周本、四庫本乙正。

【一一】盃　原作「盆」，據呂本、四庫本改。

時飲酒涓滴，及果實之屬。雖幹理家務如初，而與夫異寢。歷十五年後，并酒果不入口，唯飲冷水。又七年亦已。紹熙五年，章簽書贛州判官，妻偕來。其弟越適爲江西副都監，官舍在贛。越嘗病，更數醫弗愈。盧氏問疾，坐其榻，爲按摩所患苦處。次日宿痾如洗，始驗【一二】其感遇云。張履信因邀同僚室家宴集，獨盧氏不肯來，時年七十矣。

玉環書經

章濤從外祖鄭亨仲資政入蜀，過京西。道間入一僧寺，舍宇極蕪陋。其傍有一堂，奉觀音龕像，左右列《華嚴經》數函，多散亂不全整。龕下有抽替，試啓之，得小軸，乃朱書《金剛經》也。卷軸差不甚損，然已故暗，字畫勁楷可觀。展視其末，則云：「玉環刺血爲皇帝書。」蓋楊太真遺跡，血色儼然，非朱書也。鄭之子，取而寶藏之。

信豐巨樟

贛州信豐縣水南，有瑞蔭亭。前兩巨樟，相去百餘步，其高拂雲，枝幹扶疎，類烟霄中物，亭以故得名。紹熙癸丑之秋，贛境大水，至浸淫於縣鼓樓。兩樟之間，爲所淘洗，露出一連理枝，自東徂西，長四十五丈，枝下去地丈許。蓋其生已多歷年所，因水暴乃表見，遂爲一邑奇觀。右四事，思順説。

【一二】始驗　「始」字原脱，據吕本、四庫本補。

校勘記

【一】竟經　涵芬樓本注，吕本無「經」字。

夷堅支景卷第二 十五事

孔雀逐癘鬼

撫州宜黄人鄒智明，家饒於財，暴得癘疾，昏昏不知人。一日少間，語其妻，使請師叔。師叔者，其族叔也，爲僧，住持臨江寺，能誦《孔雀明王經》。至則曰：「可於房内鋪設佛像，而即床前誦經。」妻如其戒。僧誦兩卷畢，出就飯。智明望見挂像處，一孔雀以尾逐癘鬼。僧竟經【一】讀疏去。日將暮，一小鬼來告曰：「我輩佩佛勅，行當去此，但公頭上有釘未拔，願多燒冥錢與我，便相爲除之。」於是呼幹僕饒山散買楮幣，聚焚於庭。諸鬼奇形異狀，以十數，舞謝歡喜。其先告者徑登床拔釘而去，且言曰：「我明日往縣市曾打銀家行病矣。」先是，智明最苦頭極痛，登時豁然如失，平旦即能起。欲驗其事，走介扣曾匠家，果云忽害傷寒。

雲門僧鬼

建昌麻源第三谷，山水清邃，爲江西勝處，有僧寺、道觀各一所。僧姓陳者，自縊死。

其弟子邦彦，鄒氏子也，代掌寺事。嘗謁三里外民家作緣會，徒衆盡行，旋募村農陳三守舍。甫二更，明燈獨坐，聞户外咄咄有聲，方疑怖間，一僧揭簾入，吐舌至地。陳驚奔走厨，提庖刀望空亂斫，殆如失心。夜過半，寺衆歸，覺屋内呼擾撼閙，趨視，陳已昏惑。良久乃蘇。臨川漆匠陸生者，常爲僧役，然至暮則寓宿觀中。南城王三錫時在觀讀書，謂之曰：「汝就彼用工，何不擇一室休憩，乃挈拏來此？」陸笑曰：「吾往來兩處久矣，向者元不知有變怪，昨攜小子以暑月宿於寺廡，因爲蚊蚋所撓，避之於法堂中屏内。時夜方半，月色滿庭，望【二】一僧繫皂裙，曳靸鞋，從東廊上，西廊下，口呼邦彦不已，如是者數次。吾父子恐甚，憂其且來，屏息不敢喘，幸而自去。從此不復夜往云。」

蓬頭小鬼

雲門寺又有一魈鬼怪，頗幻嚇人。嘗有游客至，主僧邦彦館之於三門旁小室。冬夜附火，不覺昏睡。及開目，見一物長三尺，蓬髮鬅鬙，正相對坐。客驚呼出户，邦彦聞之，徐行，笑視曰：「何害，何害，只是蓬頭小鬼耳。」麻源巡檢鄧琉來治小亭，館於寢堂。時表兄王三錫在道觀，常相過。王告之曰：「深山多怪異，須益置僕從，以備不虞。不然，徙入僧房，乃可安寢。」琉弗信。一日，折簡召飯，遽言便欲還家。王訝其怱怱，琉曰：「不聽兄教，昨夕只一小吏伴直。琉寢於大床上，夜分熟寢，聞左榻上如人持重物敲擊者

【二】望　涵芬樓本注，呂本作「望見」。四庫本同呂本。

數四，倉惶呼吏，吏固已怖慴，遂相攜開關而走。歷階十餘層，不暇躡級，衮擲趣下。驚魂至今未定，豈容更留哉！」是晚辭去。

鄧富民妻

邵武光澤縣村疃曰牛田烏陪，富民鄧生買一妾，嬖愛殊甚，妻不能堪，遂自經而死。即日響怪百端，鄧苦之，而無計可息。召墓師兩人爲卜葬，館於書室。鄧不敢徑就枕【三】，且傍壁寢，令客處外。夜月正明，聞窗下芭蕉林風敲撲簌聲，失驚曰：「又來也。」客方問其故，死妻已披髮立帳邊，漸逼枕席。客口舌間爲髮所沾絆，三人呼駭起走，不復寢於彼矣。妾當晝入酒庫，見主母垂髮立其側，即悸倒地上，幾至隕命。訖於妻葬，乃已。

右四事，臨川黄日新説，得之王三錫。

會稽獨脚鬼

方子張爲會稽倉官，僦民屋作廨舍。庖中炊飯熟，婢舉甑時，忽三分失其一，已而殺饌亦然。陰伺之，了無所見。主母疑婢盜與人，屢加鞭笞，而竟不能得其實。一老媪嘗至彼，遇異物，一足踸踔，不暇細覩容狀，悸而出，以告子張。子張異焉，謀徙居以避他禍。偶步至鄰家，望小室内一黿帳極華潔，試往視，正晝一巨脚，略無相貌，扣其人但窘撓不

【三】鄧不敢徑就枕　「敢」原作「可」，據呂本、四庫本改。

答，若無所措。乃悟常日盜飯者，此也。郡士姚縣尉精法籙，善治鬼。語之故，姚曰：「是名獨脚五通，蓋魈類也。君欲治之乎？」子張曰：「幸不爲大過，無用深懲。只令絶跡，勿相犯足矣。」姚爲飛符約敕之，自此寂不至。

孫判官

孫判官者，汴京人，南渡後居於秀州魏塘。氣質軒舉，好談修身養生之事。每歲初夏，輒舁一卓置庭前，烈日中，偃臥其上，又以一卓覆之。當食時略起，食已復然。自旦迨暮，乃罷。如是者，竟三日。劇暑不渴。凡所謂暑藥，未嘗向口。專啖冷虀粟飯，亦無藏府瀉泄之疾。常自矜詫言，可以不死。識者亦以得道，當享上壽期之。乾道五年，官於毗陵，恃色力盛壯，與娼女媟狎無期度。訖喪其軀，年才六十餘。

孫儔擊鬼

孫儔大夫者，鄧州人，在金國爲千户長。紹興末，歸正得官。淳熙中，爲京西兵馬副都監，因買田築室於穀城。其人甚勇，庖婢嘗報：「比夜入厨，輒有一物蹲竈下，蓬頭垂髮，不可認面目，呼之不應，逐之不退，必鬼也。」孫曰：「此後再來，當告我。」明夕又至，孫往視之，信然，笑曰：「是桑仲軍吃了底人魂魄耳。」即奮拳揕其頂，立没於地。迨早，命僕發土，得遺骨一具，乃輂而棄諸野。

孫儔寶劍

孫儔家藏寶劍絶異，夜置庭下暗處，則星象皆燦列其上。襄陽前軍統制趙嚴者，亦自北來，爲予弟景裴言：「頃遼主天祚在位日，有星隕於燕，光徹禁廷。既入土，猶熒熒然。召太史訊其占，對曰：『其下必有異。』立遣掘視之，深入七八尺，得鐵鑛一塊，其重百餘斤。命付八作司【四】，鑄作十劍。欲試其利鈍，唤獄中一死囚出，被以厚甲三重，曰：『我今赦汝。』囚喜而拜謝。即舉劍斫其腰，并三甲皆斷，其堅利如是。嘗以一與駙馬都尉，孫君蓋得此云。」裴弟屢求觀，力拒之，曰：「原未嘗有。」其意畏人奪取之也。裴時官襄帥幕府。右四事，景裴説。

易村婦人

慶元元年五月，湖州南門外一婦人，顔色潔白，著皂弓鞋，踽踽獨行，呼賃小艇，欲從何山路往易村。既登舟，未幾即偃卧，自取葦席蔽其上【五】。舟纔一葉，展轉謦欬必相聞，而寂然無聲。舟人訝焉，舉席視之，乃見小烏蛇【六】，可長尺許，凡數千條，蟠繞成聚。驚怛流汗，復覆之【七】。凡行六十里，始抵岸步【八】，則【九】儼然人

【四】八作司　「八」原作「入」，據四庫本改。李按：宋有八作司。

【五】自取葦席蔽其上　涵芬樓本注，「蔽其上」葉本作「以蔽」。

【六】小烏蛇　涵芬樓本注，「小」原本作「一」，從明鈔本改。李按：四庫本同明鈔本。

【七】復覆之　涵芬樓本注，葉本作「復以席覆之」。

【八】岸步　涵芬樓本注，「步」葉本作「乃」屬下。

【九】則　涵芬樓本注，葉本無「則」字。

形【一〇】，與初來【一一】時不少異。腰間取錢二百，償顧直，舟人不敢受，婦問其故。曰：「我適見汝如此，那敢接錢？」笑曰：「切莫説與人。我從城内來此，行蛇瘟，一个月後却歸矣。」徐行入竹林，數步而隱。彼村居人七百家，是夏死者殆半。初，湖、常、秀三州，自春徂夏，疫癘大作，湖州尤甚。獨五月少寧，六月復然，當是蛇婦再還也。吁，可畏哉！沈清臣女嫁閩帥詹元善，老嫗來福州説此。

潘僊人丹

高州茂名縣，本唐潘州也。縣界有黄尖嶺，父老言，昔有僊人姓潘居此鍊丹。近十數年來，土人入山鑿石，乃得樹木屏於石中，蓋仙所遺丹劑，墮地融結者。一層復一層，殆可揭取。但枝葉端正者，百無一二。民黄氏擅此山，外人欲采伐，則先以鹽綵與之，然後入山祀土地【一二】畢，徐徐施工。朱子淵爲桂帥【一三】，致兩屏遺予。老幹扶疎，上挾雲氣，下臨廣漠，混然天成，略無斧鑿一跡。非若祁陽所産，藉人力磨治，故痕齶高下失其自然也。又云海涵萬族，無所不有。范石湖《虞衡志》嘗載石柏，今方得一株。自海底石塊上生，根株盤錯，枝葉如畫，其色紫，其根白，其質皆石也。天陰雨時，必有水珠在葉上，枝間亦有。柏子皆石脂凝結而成。子淵賦詩云：「海物難窮造化奇，後凋惟有歲寒知。誰將修月黄金斧，斵就凌雲紫玉枝。直幹豈容産點涴，靈根偏與石相宜。天然不假栽培力，肯

【一〇】儼然人形　涵芬樓本注，「形」葉本作「矣」。

【一一】初來　涵芬樓本注，葉本作「下船」。

【一二】祀土地　涵芬樓本注，「地」吕本作「神」。四庫本同吕本。

【一三】桂帥　「桂」原作「巨」，據吕本、四庫本改。

逐春風盛與衰。」予和之，云：「海底靈根石効奇，山經地志不曾知。凝紅幻出珠千顆，染紫裝成玉一枝。鶴骨龍姿隨質見，鸞棲鳳宿與香宜。元戎高唱真難和，愧我年來筆力衰。」又有石梅、石松，則未之見也。子淵説。

余氏蛇怪

樂平余六七郎者，娶程氏女，才一年。嘗白晝欲登榻，見一蛇蜿蜒於上，僅長丈餘，而匾闊三寸許。程駭怖，呼家人共取杖擊逐之【一四】。蛇躍下，徑出房門，遂不見。里俗相傳，山木間有所謂旺神者，魑類也。頗能見妖怪，邀索祭享，然其威靈亦殊不章赫，雖村巫社覡亦能去之。甚者化爲人，或爲蛇，與婦人亂。於是余氏疑焉。程意狀罔罔，稍與平日異，亦莫知其遭祟與否也。踰月而死，方斂尸於地，蛇復來，踞其腹，形模全似前所覩者。人攜杖至，亟奔趨而出，不知所在。此蛇蓋名曰猪豚云。是時慶元元年二月也。

蜀中道人

張魏公，宣和中爲成都士曹。母卜冀夫人【一五】奉道，每日齋道人一員，不問所從來，或親出焚香加禮。嘗有一客至，嘆曰：「夫人當有貴子，今安在？」曰：「見爲曹官，方在州食納粟。」客徑往就謁。既相見，熟視不語。公呼小吏，有所言，乃揖公起，行數十步，

【一四】擊逐之　「擊」字原闕，據四庫本補。

【一五】母卜冀夫人　四庫本無「卜」字，似是。

即呼爲相公。拱白曰：「公之貴相在語聲與行步間。從此不十年，海内將亂【一六】，公當出入將相，掌握兵柄，爲國家立事建功。願自愛。」公竦然謝，不敢當。客亟趨出，不暇扣其何處人，何姓氏也。所言既驗，每託蜀士陰訪求之，莫能得。後謫居和州，爲秦丞相所忌，必欲置諸死地。公絶憂之，未知所以自脱。此客忽排闥而入，望其儀貌，儼與三十年前無少異。迎語之曰：「吾昔求先生不可致，正爾牢落，肯惠然相顧，何耶？」客曰：「知公以時相爲憂，故來奉告。彼乃死人耳，何足慮！異時公當復舊物，福未艾也。」公長子欽夫栻出揖，客熟睨良久曰：「兩眼視物欲裂，好處正在阿堵中。他日爲西南帥臣，名滿天下。」時次子定夫杓方數歲，在寢未起。公曰：「尚有稚兒，欲丐題品。但正睡熟，不可唤覺。」客秉燭就視之，笑曰：「大有福，勝如哥哥，未易量也。」少頃告去，訖不復再見。余仲庸聞此事於欽夫。

應山槐

德安府應山縣治南半里許，過小溪，有野寺。寺外數十步間，一槐樹高可二丈，闊稱之。根株與常槐等，但遍體柔條纏結，若藤蔓然，莫見其所起處。每枝必分兩歧，葉葉皆背面而生，無一相對。雖孫枝數寸者，亦然。婆娑茂蔚，土民相與愛護，故露植空曠之野，未嘗翦伐。士大夫經此，必往賞翫。政和中，花石之役興，有欲徙置禁苑者，而盤踞牢甚，

【一六】亂　涵芬樓本注，吕本作「大亂」。四庫本同吕本。

不可發掘，乃止。鄱陽張君爲邑宰，命畫史睥睨，將寫爲圖，以寄餉四遠，竟不能落筆，亦止。

牙兒魚

應山縣外大龜山，高峻可二十里。其上有小寺，寺外一池，泉源未嘗少竭。産一種魚，形模與常異，名曰牙兒魚。有四足，能登岸升木，作聲咿嚘，全如嬰孩。大者亦重一斤許。相傳云，不可網釣。常爲寺頭陀捕取其一，欲烹而食之。傍人苦詞勸止，不聽，未幾疫死。自是，人莫敢害。張芸叟《南遷録》云，過武昌，見蘇子瞻，言：「近獲一魚，似鮎而有四足，能履地而行，不敢殺，復縱之江中。」或曰：「此鯢魚也。」殆亦此類。王聞禮立之，過雅州，有饋一枚，如前所説。

蘄州三洞

蘄州境有三洞：一曰龍洞，在蘄水縣三角山下。神龍居之，禱雨多應，而光景變化，未嘗表露。二曰龜洞，在近郊廣教寺。龜生其中，品類不一，而緑毛者尤多。三曰蛇洞，在蘄口鎮側，蓋白花蛇所聚，今不復有矣。土人捕采，乃出羅田山谷中。施小【一七】路温舒自信陽守解印造朝，舟抵蘄口，詣近處龍峰寺游觀，距蛇洞不遠，詢於寺僧，皆言徒有其

【一七】施小　四庫本作「施少」。李按：疑「小」爲「州」之誤。

名耳。因信步到方丈後，躡石級百層，得一堂，方疊足坐憩，傍人驚曰：「一巨蛇正蟠屈於下。」相與持挺擊逐。施遽下榻，蛇徑入山，見者無不汗駭。此蛇之毒，甚於蝮，或爲所傷，須急剜出肉【一八】。少緩，則遍體盡生白紋方花，如其形。不踰時，必死。施到闕，除蘄春守。蓋且將爲地主，故山川之靈陰相之，特令此物出異以示衆。吁，其危哉！言之使人毛豎。右五事，余仲庸説。

【一八】剜出肉　涵芬樓本注，「出」字吕本作「其」。四庫本作「去」。

夷堅支景卷第三 十九事

王嘉賓夢子

吴人王彦光【一】御史之子嘉賓，頃隨侍入蜀。在漢川，夢至一處，樓閣臺觀，上侵雲霄【二】，中垂珠簾，有三四人相對，盛服玉帶，風格清奇。訪其左右【三】：「此皆何人？」曰：「帝王子孫也。」又至一大宅，垂楊夾道，朱紫秉笏者三十輩，列坐聽事。曰：「此公侯貴人家也。」行過曠野，見小兒可數千萬計。一吏曰：「此貧弱之民【四】子孫也，汝可於此中隨意抱【五】一兒歸【六】。」嘉賓正以未有嗣息繫念【七】，聞言甚喜，遽取【八】其一。及寤，甚異之。次年，生一子。既長，愚魯不解事，蓋來處寒陋也。嘉賓字仲賢，淳熙十二年，監左藏封樁庫，爲同官説此。

永日亭鬼

乾道二年，吕彦升知鎮江府。所親李伯魚來訪之，授館於府治錦波堂西偏。當四月初暑，開窗夜坐。時永日亭兩邊櫻桃正熟，於月明中望見有竊食之者，意以爲直更諸卒

校勘記

【一】王彦光　涵芬樓本注，葉本作「王彦禮」。

【二】雲霄　涵芬樓本注，葉本作「雲表」。

【三】訪其左右　涵芬樓本注，「其」葉本作「諸」。

【四】貧弱之民　涵芬樓本注，葉本作「貧民」。

【五】隨意抱　涵芬樓本注，葉本作「隨取」。

【六】歸　涵芬樓本注，葉本作「時」。

【七】未有嗣息繫念　涵芬樓本注，葉本作「未有子嗣」。

【八】取　涵芬樓本注，葉本作「抱」。

耳，叱問之，乃二白物，從木杪而下，皆長丈【九】許，蓋鬼也。呼衆起，譟而追逐之，向西南十餘步而没。旦以告吕，吕命法籙道士王洞先書鐵符埋於所没處，自是怪不復出。

武康二叟

湖州武康山谷中，有二野叟，一人姓楊，一人姓徐，皆年八九十歲，狀貌偉碩，蒼鬚白髮，步履如飛。結廬於山之絶頂，占上下巖，居相去可百步，疊石爲垣，繚繞半谷，松竹四面干霄，小軒古壇上各植瑞香一本。二月十一日，花盛開，吕義卿自嘉禾至邑中，適當生朝。一客素不相識，自通爲沈道人。訪之旅舍，青巾布袍，人物修整，目光奕奕，如神僊中人，語笑殊不凡。因劇談叟廬之勝，即相引往謁。到花下，見平闊皆丈餘，吴中固多此品，然亦未嘗睹也。道人曰：「君欲之乎？可致敬二叟以求之。」叟漠然，有難色，云：「吾此花久爲神物所護，培養成就，未省令俗士輒見，豈容浪求？雖高官顯貴，齎持錢帛，吾亦弗與也。」既而從容延顧，頗相親洽。道人爲言：「吕官人，賢者。非奔趨勢利之流，與之何害？」二叟相視，幡然有和悦色，徐云：「與君似有宿契。若花得所托，吾何惜哉？但恐到人間栽蓄不以道，將貽吾憂耳。君善自愛重。」即唤集僮奴樵丁，移置竹畚，自山顛舁而下，至村市，不交一談，委之而去。沈道人亦長揖告别，不費一錢，於是買舟載歸。花益以鬱茂，柯蘂倍於他種。義卿自爲記。疑彼三士者，皆異人云。時淳熙三年也。

【九】丈　涵芬樓本注，吕本作「尺」。四庫本同吕本。

吴江鄭媪

淳熙元年，吴江長橋側，居民鄭氏媪，年八十餘歲，獨處茅簷之下，日丐於市，頗爲人所憐。敝衣糲食之外，蓄其賸錢於藏缾，欲以畫觀音像。夏四月，鄰火延燒，所積一空。明日泣理故處，於燼中得故缾，略無壞缺。而錢自鎔成寶像，高一尺許，冠衣瓔珞，楊枝淨缾，皆【一〇】具，工製妙巧，塑匠驚嘆，以爲不能及。巨室王氏取去，營一室嚴奉，留媪事香火，壽過百歲，紹熙中猶存。頃吴斗南書明州民媪一事，全相似，已載庚志中。佛力不可思議，普欲示化，不嫌於同也。

何百九

贛州石城縣豐義里，小民何百九，强悍亡賴，以屠牛爲業。嘗坐事編隸南安，遇大赦得歸，不改舊態。紹熙四年春，主簿鄭縉因審究公事到彼里，適見何鼓刀解牛，有麄皮小片僅三寸，割而擲之。其子五孜適從旁過，正著其右目上，揭之不落，即時生合，不可脱，黑毛森然，才爲指誤觸，則痛楚異常。此子蓋與父同惡者，人以爲業報。

【一〇】而錢自鎔成寶像高一尺許冠衣瓔珞楊枝淨缾皆　涵芬樓本注，以上原闕，據吕本補。

水精環

《邵氏聞見録》載洛陽楚氏所寶水精枕，其間有半開杏花一枝。自北方攜之來南，建炎中，胡騎犯淮甸，委於山澤，今不知所在。錢塘闢子東博士，家於秀州，其孫出乃祖所藏水精條環，表裏瑩徹，中有生竹葉一片。二者皆異物也。

應夢寶塔

吕大年德卿，欲訪《法華經》善本，久而未得。乾道九年初秋，夜納涼於中庭，如睡醒間，夢白衣少年奉一金塔，高三尺，光采照人，置其前方。顧盼咨嗟，塔與人俱不見，失聲而寤。明旦飯竟，有攜是經求售者。其人與夢中所見無小異，試拈一卷，揭一板，視之則寶塔品也。始悟前異，用倍價得之。經乃寫本，字法端勁，夏文莊公作序，金填標目，乃貯以黑厨。吕置於佛堂，奉之甚謹。

大錢村

湖州城外十八里曰大錢村，乾道十年春，農民朱七爲人傭耕。一日，天氣陰晦，見一青物，自東北乘風飛過，狀若籧篨，墜下散錢如雨，俯拾之，得七百餘枚。俗所謂錢龍者，疑此是也。

吕氏畫扇

吕椿年夏日晝寢，夢到大宫府。日色正午，見千葉白蓮兩盆在砌下，傍值木樨十餘株，廳上屏風有草書數行，不可讀。小妾秉燭引一少婦從内出，容貌媚麗。方注目諦觀，忽聞堂前翻棋局聲，驚而覺。不曉所謂，自以爲神遊仙境也。轉盼間，枕畔得一畫扇，視其上，皆夢中所覩者。爲家人言，乃稚女置扇於彼，吕元弗知。

邵武酒家女

謝用光源明，邵武人，所居在城内。嘗以夏夜獨步其門首，見鄰家門外燈燭熒煌，賓從雜沓，擁一輿而進。疑此家微下，不應有重客【一二】來。趨前視之，無有也。乃審爲鬼物，遽還舍。迨旦，聞鄰婦正以此時生女焉。後十二年，一夕所見復爾，但肩輿却從其中出。謝緩行，踵其後，過十四五家，徑入一舍而寂。認彼處，蓋酒家也。明日詢之，乃鄰女昨夕已死，而酒家誕一女云。

【一二】重客　「重」原作「衆」，據吕本、四庫本改。

緋袍官人

紹熙癸丑，吕椿年夢四皂衣吏踰牆而入，自稱鄉司。驚而寤，猶髣髴在目也。三鼓後，又夢一緋袍官人，秉笏稱通判，直前設拜，吕遜謝將致答，傍若有贊者，曰：「君是他主人，宜端受。」堅握其臂，不容屈膝，遂四拜而退。覺而異焉。念之悚惻，達旦不能寐。天甫明，守園人來告：「五更時，後圃犬生五子。」扣其毛，四皂一赤，悉與夢契，爲之憮然【一二】者終日。

三山陸蒼

傅敞，字次張，濰州人。爲士子時，以紹興二十年過吴江。縱步塔院，見僧房竹軒雅潔，至彼小憩。其東室有殯宫，問：「爲誰？」僧云：「數歲前，知縣館客身故，聞其家在福建，無力歸窆，因權厝於此。」敞惻然憐之。既還舟次，是夜，夢儒冠人持名紙來見，曰：「三山陸蒼。」自叙蹤跡，與僧言同。將退，拱白曰：「旅魂棲泊無依，君其念我！」明旦，敞以告邑宰。亦有舊學院小吏知其事者，遂遷葬於官地上，仍修佛果，資助之。至七月，敞赴轉運司試，寓西湖小刹。復夢陸生來，再三致謝，且云：「舉場三日題目，蒼悉知之，謹奉告。切宜勿泄，若泄之，彼此當有禍。」敞寤而精思屬藁。洎應試，盡如其素，於

【一二】憮然　「憮」原作「撫」，據周本、四庫本改。

是高擢薦名。

王武功妻

京師人王武功，居韉栁巷【一三】。妻有美色，緣化僧過門，見而悦之，陰設挑致之策，而未得便。會王生將赴官淮上，與妻坐簾内，一外僕頂合置前，云：「聰大師傳語縣君，相别有日，無以表意，漫奉此送路。」語訖即去。王夫婦亟啓合【一四】，乃玉璽【一五】百枚。剖其一，中藏小金牌，重一錢【一六】，以爲誤也。復剖其他，盡然。王作色叱妻曰：「我疑此髠朝夕往來於門必有異【一七】，今果爾。」即訴於府縣。僧元無名字及所居處，已竄伏不可捕。獨王妻坐獄受訊，但泣涕呼天，不能答一語。王棄之而單車之任。妻囚繫累月，府尹以曖昧不可竟，命録付外舍，窮無以食。僧聞而潛歸，密遣針婦説之，曰：「汝今將何爲？且餓死矣，我引汝往某寺，爲大衆縫紝度日，以俟武功回心轉意，若之何？」王妻勉從其言。既往，正入前僧之室，藏於地穽，姦污自如。久而稍聽其出入，遂伺隙告邏卒，執僧到官，伏其辜。妻亦悵恨以死。

西湖庵尼

臨安某官，士人也。妻爲少年所慕，日日坐於對門茶肆，睥睨延頸，如癡如狂。嘗見

【一三】韉栁巷　涵芬樓本注，「栁」葉本作「㘦」，四庫本作「拗」。

【一四】啓合　「啓」原作「起」，據葉本、四庫本改。

【一五】玉璽　涵芬樓本注，葉本作「肉璽」。四庫本同葉本。

【一六】重一錢　涵芬樓本注，葉本作「餅重一錢」。

【一七】必有異　涵芬樓本注，葉本作「必有故」。四庫本同葉本。

一尼從其家出，徑隨以行。尼至西湖上，入庵寮，即求見啜茶。自是數往。少年固多貲，用修建殿宇爲名，捐施錢帛，其數至千緡。尼訝其無因，而前扣其故。乃以情悰語之，尼欣然領略，約後三日來。於是作一齋目，列大官女婦封稱二十餘人，而詣某官宅邀其妻，曰：「以殿宇鼎新，宜有勝會，諸客皆已在庵，請便升轎。」即盛飾易服珥，攜兩婢偕行。迨至彼，元無一客【一八】，尼持錢犒轎僕，遣歸。設酒連飲兩婢，婦人亦醉，引憩曲室就枕。移時始醒，則一男子卧於傍。駭問爲誰，既死矣。蓋所謂悦己少年者，先伏此室中，一旦如願，喜極暴卒。婦人不暇俟肩輿，呼婢徒步而返。良人適在外，不敢與言。兩婢不能忍口，頗泄一二。尼畏事宣露，瘗死者於榻下。越旬日，少年家宛轉訪其蹤，訴於錢塘。尼及婦人皆桎梏拷掠，婢僕童行牽連十餘輩。凡一年，鞫得其實，尼受徒刑，婦人乃獲免。

建陽驛小兒

王崧壽茂與弟嵎季夷，紹興十五年入閩。經建陽，道中驛舍投宿。四更後，見十數小兒入，從窗隙跳躍，鼓舞於前後，呵叱不退，爲之驚擾，不得寐。一僕寢户下，持帚向前擊之，始相率奔出。拂旦，審測所來，蓋驛之東有小廟，覩泥孩子排列於神像前，不成行綴，宛是昨夕爲怪者。不忍毁擲，但歎異而去。

【一八】一客　涵芬樓本注，明鈔本作「人」。

觀音二贊

臨川王瓘瑩夫，和甫左丞曾孫也。平生不以仕宦屑意，於文筆甚高。晚學禪釋，洒然有所悟解。嘗作《入定》、《水月觀音》二贊，《入定贊》云：「大士法身，猶如虛空，寧有動靜。可以形容。隨衆生心，應所知量。袈裟蒙頭，現此定相。定上人者，三昧密圓。毫端所向，奇觀炯然。我贊一言，如風過水。二俱無情，偶然成理。」《水月贊》云：「一月當空，影涵衆水。至人應物，亦復如此。億萬維生，其欲不同。我毋汝心，感而遂通。其感伊何，元汝精明。不湛不摇，所能皆成。汝陰高人，得大自在。毫端高明，普周妙界【一九】。百千尠義，不假言宣。稽首十方，尠相現前。」皆爲人士所傳諷。年至六十，晏無病苦，趺足而化。時居於越之諸暨。

莫氏庵蟻

湖州月河莫氏，衣冠大族也。祖塋在卞峰之西南，曰齊山，古木千章，巨竹萬挺，一郡形勝，無與比論。乾道二年，正月，僧庵中堂忽有大蟻聚焉，往來營營，不見其止，未覺爲有異也。明旦視之，甃磚上蛀成大樹一株，根幹壯實，枝葉扶踈。觀者靡不嗟賞，謂圖畫之工，有所不逮。僧飾以朱欄，護惜甚謹。到今三十年，聞尚存也。

【一九】普周妙界　涵芬樓本注，「妙」吕本作「沙」。四庫本同吕本。

瓦上冰花

《筆談》及《夷堅景志》皆有冰花事，今亦間見之。濟南呂援彦能【二〇】，居秀州西門之内。淳熙初，除知和州，未上。其廳側元置瓦數百，爲雪所壓，迨雪消冰澌，皆結成樓觀欄檻、車馬人物、並蔕芙蓉、重臺牡丹、長春萱草及萬歲藤之類。紗華精巧，經日不融。彦能令其子述卿施墨，搨印十餘本，以爲傳翫。

海中真武

婺士葉昉，登乾道己丑進士第。因往明州訪親故，爲航海之役。方升舟，見一物漂漂隨流，赴舟所。試勾取視之，乃故紙一幅，畫真武仗劍坐石上，一神將甚雄猛，持斧拱立於傍，後書「道子」兩字，疑爲吴生筆也。紙略不沾濕，若初未嘗著水者。葉徙居嘉禾，此像爲其姪宜之所得，供事於神堂，極有靈驗。葉再調舒州懷寧令，終於官。此卷皆呂德卿説。

【二〇】呂援彦能　「能」四庫本作「龍」。

夷堅支景卷第四 十六事

姜處恭

淄州姜處恭，年二十四歲時，以妻龔氏之兩兄謫南安及桂陽，往省之。從南安上猶縣間道適桂陽，行峻嶺曠谷，夐無人烟，經日纔得一村落，又無旅舍。涉大溪外二里，有屋三間，標曰如歸館。主翁隔溪居，聞有客，始來啓户，已而復歸，更無人可給薪水。姜遣僕詣疃買酒肉，俄遇三武士至，兩人持長矛，一人執大刀，色白如銀。執刀者最豪健，姓名爲薛忠，云分往某處屯駐。時當暑天，姜汲水調暑藥分食，酒至復共飲。欲取刀切肉，薛忠於左足腕抽匕首授僕，又於左足畔解刀，磨澗石上。迨夜，共坐納涼，薛曰：「我輩邂逅相逢，既喫公藥，又飲公酒，無以爲樂，請觀擊刺。」於是袒裼距躍，良久方止，歎曰：「明日囊無一錢，奈何？」姜固疑其非佳士，既就寢，但危坐榻上不暇寐。甫夜半，聞館門劃然蕩開，心愈顫掉，呼問之，答曰：「我不能安眠而起，公勿訝。」天未明，辭去，猶以刀摩戛窗檻十數番。姜平明登塗，未及五里，見三尸卧於道，狀如商客，乃武士所戕也。又一程，迷失路，日向夕，無人往來，時時見紙錢纏搭草樹。頃之，嵐霧翳合，對面不分誰何。冥行過深夜，埃翳漸散【一】，稍窺明月，傍側若虎嘯聲，急置擔杖，與二僕升高木自縛。移時乃下，復前進，得一草舍。翁媪出揖，驚賀曰：「官人定有後福，憶所過挂紙錢處乎？魑魅魍魎，白晝牽人衣，嶺上下又多猛虎，豈容平行安步，略無困惱？真可賀也。」他日歸至南安，則薛忠輩既事敗就擒，戮於市矣。處恭，字安禮，工爲詩，予前志書之。後錫山士人陳善爲記其事，以爲姜平生爲人行義孝友，故值兇盜，行鬼區，蹈虎境，履危如此，皆獲免云。

琴臺棋卓

乾道初，内侍陳源坐罪謫郴，詔籍其家貲出鬻。將作吕丞義卿得二物：其一琴臺，號州月石所作，色紫而理細，茂林修竹，江村小景，工巧不可名狀，四脚各以緑絲條繫，降真香靸子一枚。其一象棋卓，高一尺五寸，闊二尺五寸，空中以貯棋合，四圍有闌，沉香爲局面，牙栅界之，其外用烏木花梨白檀數匝緣飾，以降真香刻水浪加金填，而浪頭填以銀，芬薌襲人。他物一切稱是。其居在秘書省東，連牆起樓，樓下築露臺，每延客張樂，必於其處。有閩士獻書警之曰：「宅西正是三館職【二】，多窮寒措大，羨人富貴，於心常弗堪。稍遷則爲臺諫、給舍，或能害我。」是後遂不復至。此書雜於故紙中，故外間得見之。貂璫僭侈之極，罪不可勝誅，尚爾漏網。高宗閲其鈿榻水精盤，謂宫禁所無有。

【一】埃翳漸散　涵芬樓本注，「漸」吕本作「頗」。四庫本同吕本。

【二】三館職　中華本注，「職」上疑脱「館」字。

吕氏緑毛龜

吕德卿家，畜一緑毛龜於盆池中，久而甚馴。每至日午，以小竹杖擊水面，必應聲而出。即就杖頭，插生猪肉數小臠，飼之，食盡復入。凡如是兩歲，未嘗少差。稚兒欲爲戲，用此時擊水，出而取之，寘於定盆。次日歸之，至午不復出。經六七日，使童子没臂求索，則死矣。此一介蟲之微，慍於失信，寧不食而死，異哉！又魯子禮書室石斛中育白龜，僅若小錢大，背文皆黄金色，有光采，雙目如漆。後因以鰕醢與食，金文脱落而斃。秀州市民杜會，有一龜若藥瓢然。詢其人，云：「自始得時，以鐵捲束其腹，故如此。」又一道人，盆養二龜行丐。背狀如鱉而龜文，喙若鸚鵡，尾之長與身等，鱗甲斑斑然。此四者皆與常異也。

吴法師

吕椿年幼子年三歲，以紹熙癸丑夏得痰疾，父母憂之，醫禱備至。或言有吴法師者，符水極精，宜使治之。乃亟往邀請，復以百錢顧廛市一小兒，令附語。吴訶責詰問，敕神將縛其手，即徐徐高舉手，爲受縶之狀。繼令縛兩足，亦然。叱之曰：「汝是某鬼乎？」俛首曰：「是。」凡所扣數條，皆呫囁應喏。又曰：「吾不忍治汝，汝要某功德乎？」兒頷首謝曰：「幸甚。」旋叱使去，兒冥然仆地，少頃而起。法師退，吕氏詢小兒：「適間所見，尚能省憶否？」答曰：「我貪百錢之利，故一切從彼言。其執縛對答，皆我自爲之。仍以久立，脚力疲盡，是以隨問掂頭，且欲事了後，出外睡一覺耳。」衆相視大笑而罷，幼子亦自愈。

人生尾

臨安薦橋門外米市橋之傍，有賣䓈豆者，腰間生尾，長四尺餘，每用索纏縛數匝乃得出。常爲市中小兒窘逐，必求觀乃止。又一丐者，亦有之，然才長數寸。

陸思俊犬

秀州吕氏老幹陸思俊家，蓄一犬甚馴。凡七八年，陸夫婦繼亡，遂空其室而扃之。犬猶日卧户下，傫傫然，間【三】往來他處，已復歸。常作聲烏烏，若有所尋索，而悽咽者。鄰人不忍視，或以糟糠呼飼之，亦不食。久之，肉消骨立，長號數聲而斃。

【三】間　涵芬樓本注，葉本無「間」字。

完顏亮詞

建康歸正官王和尚，濟南人，能誦完顏亮小詞。其《詠雪·昭君怨》曰：「昨日樵村漁浦，今日瓊州小渚。山色捲簾看，老峰巒。錦帳美人貪睡，不覺天花翦水。驚問是楊花？是蘆花？」其《中秋不見月・鵲橋僊》曰：「持盃不飲，停歌不發，坐待蟾宫出現。片雲何處忽飛來，做許大通天障礙。愁眉怒目，星移斗轉，懊惱劍鋒不快。一揮揮斷此陰霾，此夜看姮娥體態。」讀其後篇，凶威可掬也。

寶積行者

台州僊居縣寶積寺，雖小刹，而從來規矩整嚴。紹興中，僧圓悟主寺事，園人陳甲常種蔬菜來鬻。直堂行者慶修竊其一畦，陳妻王氏知之而不克與競，但仰空呪云：「我所失菜，直一貫二百錢數，你做畜生還我。」已而，慶修病傷寒，因自汗失音，困乏欲絶。人問所苦，不能言，唯墮淚而已。寮衆以粥飲彊灌之，奄奄幾一歲。忽矍然而起，語人曰：「向來實不合取陳家菜，遭彼設誓。憶昨病瘖時，見黄衫公人來云：『王大伯叫汝。』即以黑衣加我體。大伯者，王氏兄也。遂被驅入其舍後，先已有七八人在彼矣。約月餘，復獨挈我至陳園，顧視自身，乃成一猪。窘急思歸，而爲縶縛，且以糟食餵飼我。數月後，肌膚充腯，持貨於張屠，正得錢千二百。屠施刀猛刺喉下，痛不可忍，大叫一聲，欻如夢覺。」自是疾瘳。徐以其事詢諸人，所説皆同。傳記中載死而償債者多矣，若慶修生而爲猪，未之有也。紫囊長老清可親見之。

何左司

何萬一之、陳謌蹇叔皆福州名士，平生最相厚善，雖爲鄉里交游，而情好不異骨肉。淳熙十三年，同爲宰屬。是歲之冬，何出守姑蘇。才數月，陳爲左司郎官。其家媪夢何來言：「我如今不做平江知府，别受得好差遣，官况極勝前時，又與爾官人同官，我心甚喜。可先次爲報知。」寤而告陳，莫曉所謂。俄報何下世，媪復夢其金章紫綬，乘白馬，導從溢目，謂媪云：「我先去赴任。爾説與左司，治疊行李了，早早來。」媪再以告陳，陳始憂窘，不知所以爲計。遂卧病，少日而卒。吕德卿時監封樁庫，陳爲提領官，自爲吕説。

清塘石佛

湖州周司户幹僕陶忠，掌收掠僦債之直。每日暮，必經由清塘門裹，常見河畔髣髴有光自水際出。凡數十夕，皆然。漫記其處，旦而往訪，尋得一方石，四面皆鐫釋迦佛像，即取以歸，香火供事甚謹。石理細潤可愛，遇天將雨，先一夜必有水珠出，以之候陰晴，未嘗不驗。時乾道初年也。陶氏自此儲積稍以豐腴。至淳熙甲午，其子顯寘黄頭雀籠於佛室相近處，遺矢污像，不加拂拭。忽風雷中夜暴震，迨曉，失佛所在，窮人力搜索不復可得。未幾，顯病痁，夢爲黄衣卒逮至獄廟，神斥數其罪，命與頂層杖二十，驚覺。視之，臀無膚矣。醫者以杖瘡膏貼傅，月餘乃愈。明年夏，頓苦煩悶，赴水而死。家日以貧窶，一切如初。

趙葫蘆

宗室公衡居秀州，性質和易，善與人款曲。但天資滑稽，遇可啓顏一笑，衝口輒嘲之。里閭親戚，以至倡優伶倫，無所不狎侮，見之者無敢不敬畏。素寡髮，俗目之爲趙葫蘆。遂爲好事者作小詞詠之，曰：「家門希差，養得一枚依樣畫。百事無能，只去籬邊纏倒藤。幾回水上，輒捺不翻【四】真箇彊。無處容他，只好炎天噉【五】作巴。」讀者無不絶倒，蓋亦以謔受報也。

扈宣贊

戚方既罷鎮江都統制，謫竄長沙，後自便卜居湖州【六】。乾道七年，苦腰股沉重之疾，藥石鍼艾俱弗効。既而奇痒不可忍，乃寘甑熾火，横股其上，使熱氣蒸嘘，方得稍解。如是累月而死。正困棘時，侍妾秉燭進藥，見燈焰上現人頭數十，已則滿帳皆然，殆以千計。其一差大，指戚曰：「此扈宣贊也。」蓋戚爲巨寇時，破廣德軍，凡官吏自太守以下，皆舉室屠戮。每斬首竟，則剖其腹，折其股，而實之以錢。獨教授一家得免。扈君任兵

【四】輒捺不翻　涵芬樓本注，《詞苑叢談》卷一一「不」作「百」。

【五】噉　涵芬樓本注，上引作「照」。四庫本作「曬」。

【六】自便卜居湖州　「便」原作「汴」，據四庫本改。

鈐，罹禍尤酷，妻卞氏色美，戚以爲妻。逮命絶之際，人皆知爲寃業云。卞氏亦繼死。子世顯，坐殺人於都城，掠其楮幣，受極刑云。

榮侍郎墳

榮茂實侍郎嶷，葬於湖州卞山之西南。後十年，道人徐存真至其處，謂庵僧曰：「此地本佳，但近來佳氣【七】已走了。其家衰替，當只在三二年間。急卜它兆域改遷，猶可救一半。儻因循不問，禍至無日矣。」僧以告榮之子簡，殊不屑意。蓋事緒至大，非指日可辦也。既而簡殂，諸孫鉛山主簿撫辰、南康司理應辰、仁和知縣授辰相繼而亡，諸女婦輩，死者十七人。今唯桃源主簿拱辰存。墳墓之所係如此，豈偶然耶？存真者，亦異人矣。

王雙旗

忠翊郎王超者，太原人。壯勇有力，善騎射，面刺雙旗，因以得名。嘗隸劉武忠軍，爲步隊小將。後解兵籍，得湖南巡檢。坐贓削官，編置鼎州。遂入重湖爲盜，戕奪人貨，至於黔配。然惡習不悛，曾遇道人授以修真黄白之術。乾道庚寅、辛卯間，年八十矣。時岳陽民家遭劫，被害者數人，且姦穢其婦女，累歲捕賊不獲。福州連江人黄士宏爲平江尉，

【七】佳氣　涵芬樓本注，吕本作「旺氣」。四庫本同吕本。

正鄰壤也，悉意踪跡之，得凶盜十輩，而超爲之首。既成擒下獄，尉見其春秋已高，而精采腴潤，小腹已下如鐵而常暖，呼問之，曰：「知汝有異術，信乎？」對曰：「無他技，唯得火灸力耳。每夏秋之交，輒灼艾數千炷，行之益久，全不畏寒暑。能累日不食，或一食兼數日之饌，皆不覺大飢大飽。豈不聞土成磚，木成炭，千年不朽，皆火力致然耶？」鞫其過犯，略不諱隱。結正赴郡，論斬刑。劊者剖其腹，得一塊非肉非骨，凝然如石，蓋其炙火之効。惜其不自檢束，至於觸大惡，抵極典，翻爲養生之累，其無識甚矣。士宏説。

金鷄老翁

趙師輶居湖州武康上柏圓覺寺。乾道九年春，爲父謀葬地，久而未得。夏五月，夢一翁，雪髯白衣，右手抱金鷄，與語云：「吉卜只在三十里内，明日便可得。」時所營茫然無緒，未敢以爲信。明日正午寢，寺知事僧來謁，言：「有一道人持經帳爲某家售地。」輶即令入【八】詢之。迨晚，偕詣其處，問山名，乃金鷄峯也。頓悟昨夢，唤主至，商價須百千，喜而酬之。成券之日，又適辛酉，竁穴坐壬向丙，於青囊家指爲佳城。葬之次年，輶以進士登第。

【八】即令入　涵芬樓本注，吕本作「即令引入」。四庫本同吕本。

慶喜貓報

呂德卿親戚家，一庖婢曰慶喜。置兔臘於厨，爲貓竊食，而遭主母責駡，不勝憤憤，擒貓擲於積薪之上。適有木叉與腹值，簽刺洞腸胃流出，叫呼彌一晝夜而絶。後一歲，此婢因暴衣失脚仆地，爲銛竹片所傷，小腹穿破，洒血被體，次日即亡，殊似貓死時景象。蓋寃報也。此卷亦吕德卿説。

夷堅支景卷第五 十四事

臨安吏高生

朱思彥則，淳熙初知臨安縣。因鉤校官物，得押録高生盜侵之過，其妻尤貪冒，每攬鄉民納官錢，詐給印録【一】而私其直。時高以事上府，先逮妻送獄。高歸，詢詰之，應答殊不遜，遂併鞫治，囚繫月餘，日加絣訊。一夕，丞巡牢，二人哀泣，言楚毒已極，恐無生理，丞惻然憐之。會朱延過客飲，宴席未散，乃爲破械出之，使潛竄跡。明日，丞詣縣，與朱言：「高某爲胥長，而夫婦盜没民錢，且對長官咆哮，誠宜痛治。然久在囹圄，昨夜呼其名，已困頓不能應，不免責出之。旋聞皆到家即死，幸不隕於獄，不必彰聞。其子亦願殮瘞，既從其請矣，失於顓擅，此情悚然。」朱喜丞之同嫉惡，又處事委曲無跡，致詞言謝。迨反室，復念彼罪不至死，一旦併命，異時豈不累己？正不然，將有陰譴，寃祟之撓。自是寢食爲之不寧，遂見二鬼，裸形被髮，箠痕遍體，徑前挽衣裾曰：「我罪不過徒隷，乃淪冥塗。又使縣丞屏去體骨，慘忍如是，非得爾往地下證辨，斷無相捨之理。」朱噤不得對，遂感疾，鬼朝夕在傍。丞來問疾，朱告之故，且曰：「思不忍一時之憤，至不可悔，今又奚

校勘記

【一】印録　涵芬樓本注，吕本作「印抄」。四庫本作「印鈔」。

言？」丞笑曰：「兩人實不死，吾憫其困而脱之，匿諸邑下親戚家，而給以亡告耳。」朱曰：「若是則日日【二】現形吾前者爲何人？」丞曰：「此憂疑太過所致，當呼使來。」甫經宿，果至，拜於堦下。朱登時心志豁然，厥疾頓愈，命高復故役焉。或又言，朱所治胥真死，而常出爲厲。任漢陽、復州守時，恍惚見高入府，猶怒閽人不誰何，及兵校不捉搦，皆決杖，有黥配者。郡民知曩事，莫敢白。至今未能安泰云。

許六郎

湖州城南市民許六者，本以鍋【三】餅餌蓼糤爲生，人呼曰許糖餅。獲利日給，稍有寬餘。因出子本錢於里閭之急缺者，取息比他處稍多，家業漸進，遂有六郎之稱。乾道六年，病死。其甥女嫁秀州魏塘陳氏，鄰家牝犬生三子，其一白色，腹下有褐毛五字，曰「湖州許六郎」。甥女往視，信然，使其夫持千錢買之，未忍報許子。而許氏爲亡者設三七齋會，一家皆夢見之。泣訴云：「我在生無顯過，只縁放錢取利【四】，致貧民不能償，或鬻妻賣子，坐此墮犬身。猶幸生於陳婿之鄰，外甥已贖我，可便取歸。然不過一百日，則業縁盡矣。」明日，其子即遣僕往陳氏。甫到，乳犬已迎門摇尾，僕以絮窩負之歸。至家，據主席而坐，兩眼淚落。妻子不勝悲惋，豢育盡志，滿百日果亡。

【二】日日　涵芬樓本注，呂本作「日夕」。

【三】鍋　涵芬樓本注，葉本作「貨」。四庫本同葉本。

【四】放錢取利　涵芬樓本注，葉本多「太多」二字。四庫本同葉本。

童七屠

台州近城三十里【五】有小寺，亦曰徑山【六】。路口有屠者童七，累世【七】以刺豕爲業，每歲不啻千數，又轉販於城市中，專用以肥其家。淳熙初元歲夕，家人夢【八】先亡祖考盡集，云：「因小七不改故業，我等皆已十餘次作豬【九】，死於其手。今圈中所蓄，總是我輩。然還債已足，切勿更加殺害。」至旦，往視之，羣豕首悉變爲人，若祖，若父，若伯叔，若姑姊妹【一〇】，皆悲酸出言，大略與昨夢所告等，而下體固畜類【一一】也。頃之復故，而外人無所見。童遽空羣【一二】捨入寺，且飯僧懺佛，痛自洗悔，而改貨紗帛以自給，至今猶存。

淳安潘翁

紹興二十五年，忠翊郎刁端禮隨所親邵運使往江西。經嚴州淳安道上，晚泊旅邸，日未暮，乃縱步村徑二三里，入一村舍少憩。見主家夫婦舂穀，問其姓氏，曰：「姓潘。」婦淪茗以進。聞旁舍窸窣有聲，試窺之，乃一無頭人織草履，運手快疾。刁大驚愕，扣潘生。生曰：「此吾父潘翁也。宣和庚子歲，遭婺源方賊之亂，斬首而死。某偶逃外得脫，還訪尸於積骸中，尚可辨認，舁以歸【一三】，手足猶能動，肌體皆溫。不忍殮殯，唯造小函寘首

【五】三十里　涵芬樓本注，葉本多一「外」字。

【六】亦曰徑山　涵芬樓本注，「亦」明鈔本作「名」。

【七】累世　涵芬樓本注，葉本作「家世」。

【八】夢　涵芬樓本注，葉本作「夢其」。

【九】作豬　涵芬樓本注，葉本多「來宰」二字。

【一〇】若姑姊妹　涵芬樓本注，葉本下多一「姪」字。

【一一】體固畜類　涵芬樓本注，葉本作「則豬」。

【一二】童遽空羣　涵芬樓本注，葉本作「童以屋」。

【一三】舁以歸　「舁」下原衍「而」衍字，據葉本、四庫本删。

埋於屋後，而用藥傅斷處。其後瘡愈，別生一竅，欲飲食則啾啾然，徐灌以粥湯，故賴以活。今三十六年，翁已七十矣。」刁亟反僦邸，神志恍然不寧者累日。後每思之，毛髮輒洒淅也。《己志》所書廣民亦如此焉。

湯教授妾

湯衡平甫，臨安人。登進士第，待某州教授闕。就上饒王侍郎家館舍，攜孥【一四】寓於門屋之側。乾道中，王氏遭火災，焚燒俱盡。湯妻得驚疾致亡，窆於彼處。湯後至都城，買一妾，頗有色藝，悉取故妻箱笥首飾付之。嘗以清明節上冢，將偕遊山。未及行，白晝見妻舉手搦妾，碎其冠珥裳衣，肆擊移時乃没。舉室怖駭，又不敢招邀巫法毆禦。湯於是爲檢拾遺物，可直千緡，盡付寺觀，追營薦焉。妾病踰月方愈，影響亦絶。

高子潤

文林郎高子潤，淳熙庚子歲爲真州判官。因被疾，夜夢神人告云：「汝生前作官，誤斷公事，陷一平人於死。今雖隔世，猶日日伺隙，欲償寃對。以吾衛護之故，未能前。然恐終不能庇汝，若能急納禄，不獨可以延年，兼此鬼亦不復爲祟矣。」高寤，以告妻子，使治歸裝。明旦白郡守，乞致仕。守留之甚力，高詳舉昨夢云：「儻知而不去，恐不能脱

【一四】攜孥　「孥」原作「帑」，據四庫本改。

死。」守愴然，即從其請，上諸朝。時相嘉其恬退，奏於合遷秩上更加一官。歸秀州，居東門之外，一意治生，遂爲富室，且賦性倜儻，有氣義。高氏巨族也，姻黨至多，以窮來言者，必蒙其惠。或云方夢神人時，他有緒訓，既不能爲人言，故不能審。

鄭四客

鄭四客，台州僊居人，爲林通判家佃户，後稍有儲羡，或出入販貿紗帛、海物。淳熙二年，偕其僕陳二負擔至摘星嶺。鄭有姑，嫁於嶺西十里間，將由徑路往訪之。日色已晚，忽值暴雨，不能前。遇一空屋趨入泊憩，旋敲石取火，拆葦籬炊燃。積藁下若有物蝡動【一五】，視之，乃三乳虎，亟以隨身矛刺殺之，而用他木撐閉門户。少焉，聞撞扉聲極猛，窺諸隙中，蓋兩大虎，其一銜物長數尺，頓於地，其一舉爪穿閾下，意欲突入。鄭以利刃斷其三爪，兩虎皆捨去。良久，審聽如人呻吟，莫敢啓關。迨旦出視，乃通判之女，爲虎所搏，幸無損傷。鄭負以下山，迤邐回縣，送歸林氏。一家方聚哭，不勝喜，厚謝鄭生。鄭因此小瞻，亦懲虎暴，不復爲商矣。

【一五】積藁下若有物蝡動　涵芬樓本注，吕本「積」上多一「覺」一字。四庫本同葉本。

聖七娘

建炎初，車駕駐蹕揚州，中原士大夫避地來南，多不暇挈家。淄川姜廷言到行在參選，以母夫人與弟孚言已離鄉在道，久不得家書，日夕憂惱。邦人盛稱女巫聖七娘者，行穢跡法通靈，能預知未來事。乃造其家，焚香默禱。才入門，見巫，蓋盛年女子，已跣足立於通紅火磚之上，首戴熱鏊【一六】，神將方降，即云：「迪功郎、監潭中南岳廟姜，跪問母與弟消息，更十日當知，又三日可相見。」姜聞語敬拜，積憂稍釋。恰旬日，果得書。又三日，家人皆至。姜悲喜交集，厚致錢往謝，一切弗受，唯留香燭幡花而已。姜後爲工部侍郎，每爲客道此。

吕德卿夢

吕德卿自贛州石城宰滿秩赴調，夢人持牓子來謁，曰：「前信州通判洪朝奉。」其字廣長二寸許，蓋予大兒也。前此無一面之雅，叙致但云：「以家君於門下託契，故願識面，今亦將相與周旋矣。」覺而熟念，不能測。時大兒已除倅福州，既還鄉里。後數月吕受甲寅覃霈遷秩之命，告中乃載云：「洪㮶等五人擬官如右。」遂同轉朝散郎，始憶前夢。

右九事，皆吕德卿説。

范諤妻

范諤，字昌言，夷陵人。好學工文。娶白雲郭先生頤正女爲妻，夫婦絶相驩。年過三

【一六】首戴熱鏊　「鏊」字原脱，據吕本、四庫本補。

十而郭氏死，謂夢之如平生，挽其裾曰：「與我同行。」謂謝曰：「汝不忘疇昔，恩義至厚，吾亦何辭？但親老子弱，勢難如願耳。」郭曰：「既不可同歸，須勿赴省試，乃可。」自是謂屢舉於春官【一七】，每在塗，惴惴然，恐蹈不測，雖無所患苦，竟坎壈【一八】不第以没。勿赴省試之語，斯其兆與？順正姪李勇説。

伍相授賦

建昌李朝隱，字兼美。其家素事伍子胥之神甚謹，民俗呼爲相王，有禱必應。李在太學，以寇至守城，得免舉。夢神遣駛卒示以賦一首，其題曰《光武同符高祖夢》。覺不能記憶，次夜再夢，且使熟讀，遂悉記之。紹興辛亥，江東、西舉子類試於饒州，正用前句作賦題，遂奏名，後官至左通直郎。

董性之母

饒州德興縣常豐村，士人董性之母李氏，淳熙十二年五月苦腹疾。是時，村墅間多嬰此患。李疾勢日進，七月九日夜半，氣息不續，家人相守啜泣，棺殮衣衾，悉已辦治。天時正暑，須明即就木。翌日卯刻，微若欠伸，扶起坐，乃言曰：「吾始落冥境，初行平陸曠野數里許，入大城，聞人聲嘈嘈，而眼界絶闇，一無所睹，自分必死矣。以口語心曰：『吾受

【一七】屢舉於春官　「官」原作「宫」，據四庫本改。
【一八】坎壈　「壈」原作「凜」，據四庫本改。

持《觀音普門品經》凡三十年，未嘗少懈。今一旦入鬼録，佛如有靈，不無覬幸。』於是大聲疾呼救苦觀世音菩薩，僅百聲，恍若有以右手把吾左臂而偕行者。纔三十餘步，漸覺光明如晝。乃一婦人，瓔珞被體，璀璨照耀，香氣芬郁，好相端嚴。吾知爲菩薩示現，告使救命。應曰：『爾數已盡，緣善根素具，故來相援，宜急歸勿留，更半紀復相見。』吾方作禮敬謝，則舉步愈高，相距愈遠，指西方而去。遥望幡蓋導前，金碧輝晃，使人蕩心駭目。旋如夢覺，不知身之卧此榻也。」自是，康樂安平。後五歲，紹熙元年八月十七日，無疾坐逝。性之自爲文，記其事云。

董參政

廬陵董體仁參政德元，累舉不第，用特恩得州助教。貧甚，無以自養，乃從富人家書館。紹興丁卯秋試，諸生有赴漕臺請舉者，欲使偕入貢場。董年時已高，無復有功名奮飛志，不肯往，强挽以東。道過臨江，郡守彭子從合鄉人也。視其刺字，曰：「老榜官耳，何足道！」略不加恤。是歲。預薦選。次年，南省奏名，廷試居第一，以有官之故，詔升王宣子居上，而董次之。恩例與大魁等，得左承事郎、僉書鎮南軍判官。歸次臨江，彭守遣介持公狀迎候。董批絶句於紙尾曰：「黄牒初開墨未乾，君恩重許拜金鑾。故鄉知已來相迓，便是從前老榜官。」彭聞之慚悔。自是六七年，董驟進用，爲侍御史。彭不敢出求官。已而董執政，適揆路虚席，遂行相事。起彭爲廣東使者，人善其能捐怨云。

南岳廟梁【一九】

淳熙中，南岳廟火，詔潭州重修，命湘潭令薛大圭督役。所用材木絶大，深山窮谷求取殆遍，而正殿缺一梁，當長五丈而徑五六尺者乃中度，搜訪不可得。或言：「湘潭境内黄岡白馬大王廟前有巨杉，其高戛雲，他處所産皆莫及。今將集事，非此木不可。但廟神靈威怖人，那復敢近。」薛審訪得實，即具文牒，遣邑尉王以寧焚於廟下，然後領工匠百輩，厲斤斧伐木。至其傍，見長蛇蟠踞根株，匠手顫股栗，拱立相視。尉遣人馳報薛，薛策馬親詣廟，致牲牢酒醴，敬禱曰：「此方壤地，皆嶽帝所司。今崇建宫宇，出於制敕，區區一木，當以爲棟梁之用，尚何愛惜哉！」取杯珓擲之，得吉卜。於是百斧并進，聞樹杪鏘然如劍戟聲，匠懼欲止，薛不聽。明日樹根汁出如血，迸流滿地，大聲如雷，樹既斷，而盤空旋繞，欲墮不墮，薛麾衆趨避，復白神云：「既已許我，願勿以聲響靈異動人。」如是者踰時方仆。還謁廟奠謝，神像遍體悉折裂，觀者落膽，疑樹蛇是其精魂云。薛之子天騏説。

【一九】南岳廟梁　中華本注，「岳」目録作「嶽」。

夷堅支景卷第六 十四事

富陵朱真人

安處厚，廣安軍人，爲成都教授。嘗過太慈寺【一】，主僧待之甚至。寺據一府要會，每歲春時，遊人無虚日。僧倦於將迎，唯帥守、監司來，始備禮延竚，視他官蔑如也。安蒙其異顧，怪而問之，僧曰：「昨夜三鼓，外人傳呼云：『中書相公且至。』凌晨而公來，知他日必貴，所以奉待。」安以上書論學制，召拜監察御史，後爲湖南轉運判官。頓聞詩自御史謫監潭州税，夢於江岸迎中書相公，識其面目甚悉。是夕，報安入境，明日見之，宛然夢中人也。安又自言：「爲諸生時，夢人導至大宮闕，望真官被冠服坐殿上。時江瀆神先在廷下，與同班，神居其上。良久，真官命吏引神却立，揖己居上。既拜謁，召升殿賜坐。某請曰：『江瀆尊神，蜀人素所嚴事，何故班在下？』真官曰：『鬼趣安得處神僊上？汝生前乃富陵朱真人，今生當爲宰相，但恨鼻準不正爾。』覺而默喜。嘗作絶句以記所見云：『夢游仙館逢真侶，爲説生前與此身。本是當陵朱隱士，暫來人世秉陶鈞。』」孫宗鑑著《東皐雜録》，書此事。且謂安位止同知樞密院，而贈特進，蓋寄禄文階，舊爲左右僕射

校勘記

【一】太慈寺　中華本注，「太」字疑誤。四庫本作「大」字。

也。予以其説爲不然。安當紹聖中，爲諫議大夫，一意附章子厚及蔡京、卞，故有「大惇、小惇，滅人家門」之語。至指司馬公、吕汲公、劉莘老、梁况之爲大逆不道。士大夫以訴理書牘被禍者七八百人，可謂元惡大慝。神僊、宰相之夢，出於其口，而妄自尊大，冀聞之者不敢議己耳。清都絳闕之人，雖謫墮塵世，必不如是也。唐小説載李林甫、盧杞，皆稱爲上仙，殊與安相似。安小子郊，坐指斥誅。次子邦竄流涪州，其祀遂絶。上天昭昭，疏而不漏也。

葉祖義

葉祖義，字子由，婺州人。少游太學，負雋聲。天資滑稽不窮，多因口語謔浪，所至遭嫌惡。嘗曰：「世間有十分不曉事，吾以一聯詠之曰：『醉來黑漆屏風上，草寫盧仝月蝕詩。』」後登科，爲杭州教授。輕忽生徒及同僚，無不斂怨。一旦以事去官，無一人祖餞。獨與西湖僧兩三人差善，至是皆出城送之。葉與之酌酒敍別，半醉酣歌，曰：「如夢，如夢，和尚出門相送。」聞者絶倒。

醴陵尉

醴陵縣尉者，失其姓名。舊嘗有風疾，既而平愈。後到官，因受檄往衡陽。方自入山谷深處，無肉可買，見從者捕得穿山甲烹食，乃嘗數臠，病遂作，左手足俱廢。於是謁歸。孫少魏赴永州，遇之於塗，憐其困苦，搜篋中藥一兩種，漫與之，纔旬日，聞其人一旦强健，沉疴脱然，意以爲藥之效。暨至永，閲圖經云：「穿山甲不可殺於堤岸，其血一入土，則堤心潰壞，不可復塞。」蓋此物性能透地脈也。始悟彼尉宿恙暫作而愈者，亦氣血通暢致然。吾鄉多此蟲，而無滴血壞堤之説。

道州侏儒

道州民侏儒，見於白樂天諷諫。今州城罕有，唯江華、寧遠兩縣最多。孫少魏過其處，詢諸土人，云皆感獮猴氣而生者也。猴性畏竹扇聲，富家婦每妊娠就寢，必命婢以扇鞭扣其腹，則猴不敢近。貧下之妻無力爲此，既熟睡，往往夢猴來與交，及生子，乃矮小成侏儒。兩縣境接昭、賀，去九疑山五十里，皆瘴癘之地。山嶺之上，猴千百爲羣，相挽引，殊不畏人。其精魂又能爲人害如此。

開福輪藏

潭州城北開福寺，五代馬王時所建，殿宇宏麗，唯經藏未作轉輪。邦人前後欲營之，輒不果。政和四年甲午，住持僧文玉始拆舊藏欲新之。於棟間得一板，題四十五字，云：

「吾造此藏，魔障極多。初欲爲轉輪，衆議不可。後二百年，當有成吾志者。是時住院者荆山璞，化緣者中秋月，匠人弓長玉。」傳示於衆，莫能曉。有識者解之，曰：「荆山璞，即文玉也。中秋月，即化緣僧智圓也。弓長者，塔匠張其姓也。」推考立寺之歲，當梁正明元年【二】己亥，正馬氏有國時，恰二百年矣。

李綬祝火

觀察使李綬雖生戚里，而律身甚嚴，不妄語笑，交游間稱爲法度士。所居在東京報慈寺西，一日寺中火延燒於外，將及綬宅，家人童奴荒窘奔走，徙置箱篋帑藏。綬叱之不聽，出而索公服，焚香再拜，祝曰：「若李綬家有贓賄，願天速焚之。」火將近數步而滅。嘗大書屏間曰：「布施不如還債，修福不如避罪。」真格言也。唐時，王參元遇火災，家無餘儲。柳子厚貽以書，謂：「京城人多言足下家有積貨。士不敢道足下之善，一出口，則蚩蚩者以爲得重賂。今乃幸爲天火之所滌盪，是祝融回禄之相吾子也。」噫！世之以官爲家，而建干霄連雲之大第，視李君之事，可不慎哉【三】！右六事孫少魏《東皐雜録》所予頗潤飾而論之【四】。

【二】梁正明元年　涵芬樓本注，原本無「元」字，從葉本補。

【三】可不慎哉　涵芬樓本注，「慎」葉本作「懼」。

【四】右六事孫少魏《東皐雜録》所予頗潤飾而論之　涵芬樓本注，「所」下疑有闕字。

文迪家蛇

餘干縣潤波巡檢寨兵文迪，善捕盜，以功積遷都虞候。死後十餘年妻亡，其子百一者，奉喪於家。忽見巨蛇如人臂，長可丈許，纏其棺，莫知所從來。一家怖懾，不敢近。越兩日乃去，徑入鄰卒張進之室，張殺之。甫數日，張死，百一亦繼之，紹興四年五月也。

孝義坊土地

慶元元年正月，平江市人周翁瘧疾不止，嘗聞人説瘧有鬼，可以出他處閃避，乃以昏時潛入城隍廟中，伏卧神座下，祝史皆莫知也。夜且半，見燈燭陳列，兵衛拱侍，城隍王臨軒坐，黄衣卒從外領七八人至廷下，衣冠拱侍。王問曰：「吾被上帝勑令，此邦行疫，爾輩各爲一方土地神，那得稽緩。」皆頓首聽命。其中一神獨前，白曰：「某所主孝義坊，誠見本坊居民家家良善，無過惡，恐難用病苦以困之。」王怒曰：「此是天旨，汝小小職掌，只合奉行。」神復白曰：「既不可免，欲以小兒充數如何？」王沉思良久曰：「若此亦得。」遂各聲喏而退。周翁明旦還舍，具以告人，皆哂以爲狂譫，無一信者。至二月，城中疫癘大作，唯孝義一坊但童稚抱疾，始驗周語不誣。迨病者安痊，坊衆相率歛錢，建大廟，以報土地之德。

西安紫姑

吴興周權選伯，乾道五年，知衢州西安縣。招郡士沈延年爲館生【五】，邀至紫姑神，每談未來事，未嘗不驗。尤善屬文，清新敏捷，出人意表。周每餘暇，必過而觀之。嘗聞窗外鵲噪甚急，周試扣曰：「鵲聲頗喜，未審報何事？」即書一絶句，末聯云：「窗前接接緣何事，萬里看君上豹關。」周笑曰：「權乃區區邑長，大仙一何相奉過情邪？」是日，周與一小史執箕，箕忽躍而起，奮筆塗小史之頰，大書云：「不潔。」周表姪胡朝舉在旁，因代其事。俄又昂首舉筆向周，移時若凝視狀，諸人皆悚然。徐就案，書數十字，大略云：「平時見令尹神氣未清，面多滯色。今日一覘犀顴，日月角明，天庭瑩徹，三七日内，必有召命之喜。當切記之，毋謂謔語。」時十月下旬也。至十一月十三日，大程官自臨安來報召命，越二日省帖下，以周捕獲僞造楮券，遷一官。仍越都堂審察【六】。距前所説十有八日云。後三年，周從監左藏西庫擢守婺，沈生偕往。周欲延鄉僧智勇住持小院，白仙曰【七】：「此僧絶可人，工琴善奕，仙能爲作請疏否？」援筆立書。其警句云：「指下七絃，彈徹古來之曲，局中一着，深明向上之機。」詞既藻麗，且深測禪理。通判方粢宴客，就郡借妓，周適邀仙，從容因求賦一詞往侑席。仙乞題，指絣内一捻紅牡丹令詠之。又乞詞名及韻，令作《瑞鶴僊》用「捻」字爲韻，意欲因險困之，亦不思而就。其語云：「睹嬌紅

【五】館生　涵芬樓本注，吕本作「館客」。四庫本同吕本。

【六】仍越都堂審察　中華本注「越」當作「赴」。

【七】白仙曰　「仙」原作「山」，據四庫本改。

細捻，是西子當日，留心千葉。西都競栽接。賞園林臺榭，何妨日涉？輕羅慢褶，費多少，陽和調燮。向曉來露浥，芳苞一點，醉紅潮頰。雙靨姚黄，國艷魏紫，天香倚風羞怯。雲鬢試插，便引動，狂蜂蝶。况東君開宴，賞心樂事，莫惜獻酬頻疊。看相將紅藥翻階，尚餘侍妾。」既成，略不加點。其他詩文非一，皆可諷翫。周以紹熙甲寅爲福建安撫參議官，大兒杵【八】貳福州，得其説如此。

黄陂丞

黄州黄陂丞某者，爲人甚粹謹，居官無過。嘗晝坐書室，繙閲文史，忽見一頂冠女子立於傍。其色憤怒，言曰：「官人我相尋許久，又却只在此，且得見你。」别一嫗若乳母，抱嬰兒同來，出語勸解云：「許多時事，何如且休？」冠者應曰：「來日却相見。」如期復至，色愈怒，猛批丞右頰十數。嫗又勸止。俄以嬰兒授冠者，亦批丞頰十掌。自是逐日一來，必批頰至腫，痛不堪忍。縣宰建昌李德叟率主簿、尉偕視之，二婦了不避隱。德叟祝之曰：「丞公有母垂老，何不少緩之？料必前世宿寃，當令具大功果相資薦，庶得解脱。願夫人哀念。」皆謝曰：「長官聰明，一見便測知本來。然此事不可索休，今且去。」遂寂無影響。縣爲申郡，乞解官尋醫。踰月，吏部符下，乃治舟將東歸吴中，同僚祖餞於江亭。臨分袂，丞愕然曰：「又來也。」而他人皆無所覿。丞大聲呼叱曰：「剜眼睛。」即舉手自

【八】大兒杵　「杵」原作「仵」，李按：邁兄适，長子槻、次子楺，則邁長子或名爲杵，據改。

剜雙目，繼剖出肺腸滿地而絶。時宣和中，德叟名秉。

水太尉

李遵，字夷曠，建昌公擇尚書子也。爲發運司幹官，嘗捧檄河北。晚抵一驛，候吏先至，見已有牌曰【九】「水太尉」。召問驛吏，此何處官員，亦不能知所自。審聽其中，聞無人聲【一〇】。候吏以發幹牌掛於柱，李亦至，則聞有詬罵者，曰：「彼此是仕官，安得相逼？我蓋某官之孫，某官之子，舅舅係某人。」所稱皆將相大僚，而姓名乃唐時貴達者。李不答，亦不與競，姑就廡下憩泊。俄又聞有語云：「待遷出，還發幹正位。」少頃，一髽髻兒裸跣，唯著犢鼻裩，身如金色，年可十五六，攜兩空桶先出。繼一婦人椎髻曳皂裙，牽白馬如雪。最後一老翁，裹圈脚幞頭，衣黃衫，挑馬杓并爬刷之屬，若圉者然。喝云：「太尉揖。」髽髻兒鞠躬一揖，徑趨去，俱至驛門外，入大池水心而没。予頃聞王嘉叟嘗説此事。右二事，南昌裘万頃无量説。

胡秀才

樂平梅浦胡秀才，爲人愿慤，讀書應舉，鄉黨稱善人。處骨肉鄰里間，無纖芥嫌怨。家事付之子弟，未嘗關心。忽若有不懌，語其妻余氏曰：「吾欲自縊。」妻聞言駭愕，百端

【九】有牌曰　「曰」原作「白」，據周本、四庫本改。

【一〇】聞無人聲　涵芬樓本按：「聞」字似當作「閒」。四庫本作「不聞人聲」。

解釋之，終怏怏不領略。妻竊以爲憂，凡房内條繩衣帶之屬，悉密加藏隱。夜則使卧於床裏，且命一婢宿踏蹬上，所以防閑之甚至。踰年後，稍益厭怠。一夕失之，急吹燈繞屋遍索，乃在織室中，用絲一巨握，紐爲索，繫頸於機上，體冷舌出，死矣。

楚場龍窩【一一】

吴興鄭伯膺，監楚州鹽場曹局，與海絶近，常覩龍掛，或爲黄金色，或青，或白，或赤，或黑，蜿蜒夭矯，隨雲升降，但不覩其頭角。土人云：「最畏龍窩，每出則必有漲潦，大爲鹽鹵之害。」一旦忽見之，乃平地竇出一巨穴，傍穿深竅，蓋龍出入處也。場衆往視，無復踪跡，滿穴皆龜鼈螺蚌。或於蚌内作觀音像，姿相端嚴，珠琲纓絡，楊枝淨缾，無不備具。又於蟹捲内刻一鬼，毛髮森立怪，惡可怖，如是者非一。鄭取數物藏貯之，今爲浮梁令，間以示客。

朱顯值鬼

饒卒朱顯，爲吾家養馬二十年，謹畏無過。慶元元年六月，以事往樂平程氏，與他卒同歸。至白鹿岡，於二十六日白晝，忽拱手向左方三揖，同行者問其故。曰：「見三四個官員聚坐，如何不唱喏？」而彼處通逵，了無所覩。方疑其恍惚冥罔中，俄頃，即低頭，稱腦痛，僅能扶至旅店，已不能語，迨夜而亡。居人言，顯拱手之處，舊有小廟，疑其鬼爲厲也。

【一一】楚場龍窩　「場」原作「陽」，據四庫本改。

夷堅支景卷第七十三事

鄂州綱馬

秦蜀買馬入東方，率以五十匹爲一綱，遣兵校部押。馬多道亡，於是置監漢陽，憩泊五日，以俟三衞江上諸軍【一】取發。先赴湖廣總領所，對驗毛色齒數，與四川馬司者無異，然後即路。乾道九年，殿前程副當此役。至漢陽，卜日將濟江，卒長云：「舊例必具牲酒詣城隍廟謁賽乃行，則長塗無他慮。」程不答，再言之，忽怒詬，曰：「我取官馬，何預於神？」叱使去。是日晚，絶江宿城下驛，才五鼓，悉控馬往總司，須啓關而入。忽聞馬蹄聲從西來，諸卒謂他綱至，起立相戒，各謹持控，以防相遇鬭觸之害。俄頃間，已至前，暗中不能測其多寡，即衝突踶齧，不可制。如是兩刻許，天且明，視它馬了無，而一行綱馬死者幾半，皆折脅流腸，若遭矛戟，衆以爲程將慢神之咎。時李元佐爲總領。

鄂總二犬

李元佐在鄂州，得襄、漢間二犬，軀幹獰猛，迥與它異。命畜於後圃，慮其或傷人，常

校勘記

【一】江上諸軍　「上」原作「山」，據四庫本改。

加維縶。一日守卒暫解縱之，使自如，猶束其頸。圃與禁卒營柵爲鄰，牆垣不固，營犬十數成羣，競至其傍，肆意侮詈。囊犬以頸索拘縻之故，不能敵，俱遭搏噬。守卒擊逐羣犬去，而曳以歸，復縶諸故處。遂數日不食，若忿恨然。衆卒或相與言：「此二犬非儕輩可比，反遭傷害，今而弗食，豈亦懷報復之志乎？盍爲去其縛，使得逞威，以決勝負？」僉以爲然，乃縱之。營犬望見，謂如前可欺，羣吠而至。二犬奮迎之勢，若猛虎之視羊豕，或絶其咽，或破其脅，皆立死。凡殺四五犬，餘悉奔遁。衆卒烹食死者肉，厭飫之外，復以歸遺妻子。經旬日，顧念得肉之利，又解縱如初，徘徊抵暮略，無一來者。俄有兩龍類犬【二】，出不意而至，雖持梃毆逐，不肯退。少焉，客主各隕其一，存者流血呻呼而散，不越夕併死。蓋四犬競鬬，皆不獲免，畜産銜怒，不可解如此。

竹林院鸕鷀

洪府奉新縣之東三十里，有僧舍曰竹林院。院有松岡，巨松參天，禽鳥羣栖其上，鸕鷀最多。每歲字育，及秋乃去。鄰邑建昌控鶴鄉民王六者，能緣木，常升高，取其雛，以供饌。積十數年，羅其虐者以千計。紹熙甲寅夏，率其徒至松下，繫小筊於腰間，攀挾喬枝，履虛而上。將及木杪，老鸕鷀在焉，悲噪苦切。已而，羣飛競集，繞王生之身，啄其股，攫其目，王盡力挾松，兩手皆不可釋。其徒仰視之，爭呼曰：「勿取雛，且亟下。」未能及半，

【二】兩龍類犬　涵芬樓本注，呂本作「兩虎龐頗大」，周本同，但「頗」作「且均」，不可解。按：似當作「兩尨頗大」。李按：四庫本同呂本。

啄攫者猶不捨，遂顛墜死，舉體如斧斫然。

汝嶺牛虎

建昌縣控鶴鄉有汝嶺絶高，從顛至麓且十里。民居於嶺西者，蓄一水牛甚大，每旦則命小兒牧於嶺下，聽其齕草，至暮牽以歸。淳熙己亥之冬，忽失所在。一家長幼山中遍索，無有也，意爲盜所竊，聞於保伍。後三日，有樵夫言曰：「爾牛過嶺東，方與虎鬭，且遭食矣。」於是聚衆，鳴鑼持矛，越嶺赴救。正見牛倚石崖，下臨虎，虎作勢相拒，衆莫敢逼。民子頗勇壯，奮刃直前，將刺虎，則牛虎皆已立死。時方盛寒，故僵而不仆。民輿二畜還，屠剥之，視其内，虎無他異，獨牛之心膽皆破裂，蓋雖力可格虎，而振懼至是云。

王宣二犬

紹興二十九年冬，撫州宜黄縣劇盜謝軍九聚衆百輩，椎埋剽劫，至戕殺里豪董縣尉家。知縣李元佐適在郡，尉遣弓兵出討捕，都頭劉超者領數十人前行。翌日，王宣者繼之。與盜遇，超即遁，宣所部不及盜之半，大呼索戰，鏖鬭黄山下。宣素蓄猛犬二，每出必從，是時亦奮呼噬齧。盜死者且二十人，遂奔潰。宣退休山上，已而盜復還，盡斷死者首，攜以出。蓋慮爲官兵所得，識其形狀姓名，累及親族。宣望之甚怒，曰：「我殺之，而縱彼取頭顱去，則何從藉手？必取之。」於是率衆趨下，再戰移晷，翻爲所敗。宣與二兵得三級，馳取徑路絶田而西。方穿稾桔中，陷於淖，盜追及，俱遭屠臠。二犬猶存，守其尸。保伍環集，以事白於縣。元佐回邑，厚恤三家，命治棺往殮，仍即彼處立小廟。犬凝立經日不食，見家人來，摇尾迎導至尸所。宣既歸葬，犬亦死。邑人嗟異，爲塑於廟内，以彰其義云。

南昌胡氏蠶

淳熙十四年，豫章蠶頓盛，桑葉價直過常時數十倍。民以多爲憂，至舉家哭於蠶室，命僧誦經，而送諸江。富家或用大板浮籧笘其上，傍置緡錢，而書標云：「下流善友，若饒於桑者，願奉此錢以償，乞爲育此蠶，期無愧於天地。」他不得已而輦棄者，皆蹙額【三】起不忍心。獨南昌縣忠孝鄉民胡二桑葉【四】有餘，足以供餵養，志於鬻葉，以規厚利。與妻議，欲瘞蠶。妻非之，胡不顧，喚厥子攜鉏，劚桑下爲穴，悉窖之【五】。且約遲明采葉入市。自以爲得策，飲酒醉寢。三更後，聞床壁嘖嘖聲，謂有盜，舉火就視，蓋蠶也。以帚掃去之，隨掃隨布，竟夕擾擾，一家駭懼。妻尤責言曩愆，胡愈憤怒，決意屏滌盡。明日昏時乃定，殊不自悔，但恨失一日摘鬻之利。俄又聞嘖嘖聲，胡呼曰：「莫是個怪物又來也。」亟起，明燈。足才下地，覺爲蟲所齧，大叫稱痛。其子繼起，亦如之。妻急奔視，則滿榻上

【三】蹙額　「蹙」原作「慼」，據四庫本改。

【四】桑葉　涵芬樓本注，葉本、吕本作「桑柘」。四庫本同。

【五】劚桑下爲穴悉窖之　涵芬樓本注，「穴悉」葉本作「大坑」。

下蜈蚣無數，父子宛轉痛楚。數日，胡二死，蜈蚣悉不見，子幸無他。而外間人家蠶已作繭，胡桑葉盈園，不得一錢也。

天王院古冢

隆興府城北望雲門外三里許，有天王院。院有舍利塔，舊傳隋仁壽中分布舍利於五十州，建置寶塔，此其一也。初到院日，有白脰烏前道，故又以烏遮名之。罹建炎兵盜，塔毁基存，其徒僅立屋數椽以居，莫能復舊觀。淳熙七年，杭人俞紳來爲府鈐轄，其妻徐氏夢一異僧引詣廢寺，有故塔遺址，羣烏聚焉。徐氏素崇禮西方甚謹，覺以語紳，使訪測厥祥。或以天王院告，因過之，儼然夢境也。徐少時爲韓蘄王妾，後乃嫁紳，饒於財，盡捐橐中所藏，以造寺。寺既久廢，多爲人寄葬其間。紳白府帥悉起之，凡十數冢。其一已歷年久，絶深堅，甃石縝密，石外列小石人，與近世明器相類。高數寸，形相各異，工製亦精巧，役人爭取之。又得小石碑，高不盈尺，廣半之，細視，蓋陶埴所作範，其上爲蓮葉，下爲荷花，中有真書印文，曰「神武聖文皇帝之廟」，兩傍夾書曰「貞元二十一年」。紳覩之而懼，但留一石人一碑，復掩其竁，而高築其處，今爲法堂。紳不敢言於人，久之始密與李仲詩説，約使勿廣。按貞元，乃唐德宗紀年。以二十一年正月終，十月葬於崇陵，其生時稱「聖神文武」，没謚「神武孝文」，此四字雖略同，然本葬長安，又碑在地中，而印文曰

「廟」，不可曉也。紳再任兵鈐，與妻皆死於後。

李氏乳媪

李元佐，以紹興十六年監建州豐國監。生女子，買民妻陳氏爲乳母。女既長，因不復肯言歸。媪賦性獷戾，常與人競，視同列蔑如也。乾道四年，女嫁王氏，以其好駡，弗與之俱。後三年，李爲户部郎，陳死於臨安，赴殯僧舍，旋命僕泣火化【六】，將以其骨歸。明日，僕往收燼。未出，聞喧呼聲甚衆，視之，則有老幼數十人聚立火所，曰：「火尸香如蓮花，聞於外，是異人也。故來觀之。」僕爲留一宿。黎明，呼僧誦經，未明【七】，遠近已湊奔，視灰中皆舍利，衆競取之。僕切於拾骸，不暇尋覓，只得十餘顆以歸。色如泥金，而光明可鑑，其形若小兒，高不盈寸。李始嘆異，訪諸姨嬭，此媪平日險惡，有何功力致然。皆云：「無它善業，但每朝早起，即誦《蓮花經》十餘遍。不能記全文，唯止憶三兩句，有『蓮花盆裏坐着玉仙人，每日清鍾淨不聞』，如是而已。」媪前生駡人，當積口業，而用二十六年誦經之故，獲報乃爾，亦其善念堅固所致云。

【六】旋命僕泣火化　涵芬樓本按：似「涖」之誤。四庫本作「爲」字。

【七】未明　涵芬樓本注，吕本作「未集」。四庫本同吕本。

范隅官

乾道辛卯歲，江浙大旱，豫章尤甚。龔實之作牧，命諸縣籍富民藏穀者責認糶數，令自津般，隨遠近赴於某所。每鄉擇一解事者爲隅官，主其給納。靖安縣羨門鄉范生者，在此選。其鄰張氏當糴二千斛，以情語范曰：「以官價較市值，不及三之二。計吾所失，蓋不勝多矣。吾與君相從久，宜蒙庇護，盍爲我具虚數以告官司，他日自有以相報。」范喜其言甘，且冀後謝，諾其請，爲之委曲，張遂不復捐斗升。闔里皆知之，而畏二家力勢，弗敢宣泄。壬辰秋大稔，前事頓息。范、張由此愈益交歡。癸巳之春，范以微疾卒。將殮，復蘇，呼謂其弟曰：「我適到一公府，殿宇嚴峻，官吏森列，使我供責減壽一紀狀。我念平生無過惡，拒而不從。吏云：『前年汝爲隅官，虚申張家賬糴米二千石，至餓死者若干人，非過惡而何？』我記得向時張家認只一千石，今所言乃倍之，哀祈此吏放回，取干照，遂得暫歸。當來應干文書，盡寘篋中，汝爲檢索，恐可藉手。」弟亟往取視，果二千石，范即瞑目。是時年三十有八，踰歲張亦死。右九事，本李仁詩説。

劉方明

潮陽劉昉方明，甲志所書開元宫主允之子也。臨生時，允夢人自誦其詩兩句云：「仗摇楚甸三千里，衣惹秦川一帶雲。」既而生昉，後仕至太常少卿，三帥潭州，一臨夔府，符其夢。

九月梅詩

紹興三十八年九月，潮州揭陽縣治東齋，梅花盛開。嶺外梅著花固早於江浙，然亦須至冬時乃有之，邑人甚以爲異。士子多賦詩，大抵皆諂令尹。時梁鄭公正爲館客，寓此齋，亦作一篇，曰：「老菊殘梧九月霜，誰將先暖人東堂。不因造物於人厚，肯放梅枝特地香？九鼎燮調端有待，百花羞澀敢言芳。看來水玉渾相映，好取龍吟播樂章。」語意不凡。殊類王沂公「雖然未得和羹用，且向百花頭上開」之句。明年還泉州，解試第一。又明年，遂魁天下，致位上宰。右二事，見潮人王中行教授所作《圖經》。

程氏樟木

鄱陽松子源民程氏家，山有大樟木一株，傳二三十世矣。族系益熾，莫適爲主，故不加翦暴，其高至侵雲霄。慶元元年，族長知萬與衆議，以與薦福寺，使自伐之。監寺僧紹禧往涖其事。木半生瘿，隆起三四尺，一匠先升高，削其瘿。既脱，中直泓水澄湛，一蛇蒼褐色，見人若驚，躍空而下。匠以語禧，禧懼，欲捨之。知萬不可，曰：「吾舉宗聚謀，發心施佛，渠可中止？」卒仆之。悉芟刈枝幹，獨留木身，矯然如斷虹長隄。時農人種稻在田，乃擊鼓唤集，飲以杯酒，挽拽未十步，木展轉東西，五人遭壓，知萬姪亦死。其傷股敗面者，又十餘輩。死者家欲訴於官，知萬曰：「不幸及此，吾自茹猶子之痛，尚何忍復相困乎！」竟載木歸寺。紹禧以他事爲郡倅所治，囚械獄户，將受杖而聽贖。木今爲大雄殿柱。

清塘發洪

慶元乙卯歲夏五月中旬間，饒州大雨七晝夜，江湖皆溢，水人城者過六尺，鄱陽、浮梁尤甚。清塘村去州九十里，劉氏擅其地，是時庭中數處穿穴，濺水跳珠，其家謂積水固然，弗以爲慮。至二十二日午未之際，忽成兩大竅，泉湧出其中，方知必有水禍，悉收拾箱篋，縛置梁上，而率家人登舟，趨後山。甫及山半，水大至，回望故廬，已蕩然隨流而去，無尺椽片瓦存。迨水退往視，則陷爲污澤，了無向來居室形體，生生之具掃空。識者謂蛟螭輩乘水勢與人爲害，然亦不可奈何矣。

校勘記

夷堅支景卷第八 十五事

諸暨陸生妻

諸暨縣治有湖四，饒民陸生者居縣後湖塍上，以打鑿紙錢爲業。一旦黄昏，方畢事，倦而就寢。妻懷娠過期兩月，夫未睡時覺腹痛，因卧其傍。有頃，陸睡覺，不見妻，而房門元未曾開，知墮怪境，急籠燈出外呼索，且邀鄰居人窮訪之。半夜後，聞湖内人應聲，月正明，望之，乃妻也。率一少年共往取之，妻執少年衣袂曰：「將孩兒還我。」既登岸，陸挾以歸，胎已失去。始能言，云：「見數人來房内，唤出到一處，引入小室，排設薦褥如産閣然，不覺免身。既洗滌，加襁褓，觀者滿前曰：『男兒也，真可喜。』我未及就觀，驀無所覩。今思之，殆與死爲鄰，亦幸而存耳。」明日，起居泰然，一無患苦。湖雖不廣，而外與江連，疑婦人向來受胎之時，必夢蛟螭輩來與交接，而不肯言。時慶元元年中元後也。

茅山道士

揚州名醫楊吉老，其術甚著。某郡一士人，狀若有疾，厭厭不聊賴，莫能名其何等病苦，往謁之。楊曰：「君熱證已極，氣血消爍且盡，自此三年，當以背疽死，不可爲矣。」士人不樂而退。聞親識間説茅山觀中一道士，於醫術通神，但不肯以技自名，未必爲人致力。士人心計交切，乃衣僮隸之服，詣山拜之，願得執薪水之役於席下。道士喜，留置弟子中，誨以讀經。晝夕祗事左右，頤指如意。歷兩月久，覺其與常隸别，呼扣所從來。始再拜謝過，以實白之。道士笑曰：「世間那有醫不得的病？汝試以脈示我。」纔診視，又笑曰：「汝便可下山，吾亦無藥與汝。但日日買好梨一顆，如生梨已盡，則取乾者泡湯飲之，仍食其滓，此疾當自平。」士人歸，謹如其戒。經一歲，復往揚州。楊醫見之，驚其顔貌腴澤，脈息和平，謂之曰：「君必遇異人，不然豈有安痊之理？」士人以告。楊立具衣冠焚香，往茅山設拜，蓋自咎其學之未至也。《北夢瑣言》載，醫者趙鄂云：「一朝士疾危，只有一法，請剩吃消梨，不限多少。如咀齕不及，捩汁而飲，或希萬一。」用其言，遂愈。此意正同。

黄顔兄弟

吴郡黄顔兄弟，從事科舉。顔元名某，其父夢人告曰：「汝子若以『顔』爲名，必遂意。」即從之。是歲，獲鄉薦。來春，擢第。至次舉，叔、季將試，父又夢人使二子亦名『顔』，覺而相與語，以爲安有兄弟三人同名之理。後再入夢，於是析『顔』字爲二，叔名彦而季名頁，果同榜登第。王順伯、李仲詩皆與顏之孫姻舊。

平陽王夔

永嘉士人，或夢至大山下，見嵓穴豁開，祠廟赫然。一神正中坐，而緑袍判官持文書前白，曰：「呈今年舉人解榜。」士人傴而覷之，僅見「王夔」二字。判官指之曰：「此平陽王廷用也。」士人固與廷用善，答：「彼不名夔。」判官曰：「須用改名乃可。」夢者覺而喜，以書告之，使更名。廷用曰：「士子得失蓋自有命存，豈應信他人一夢？」不肯改。旬日，夢復如初，又以告，其意確然不移，遂至於三。判官頗怒曰：「王秀才執志頑悍如此，我必要他改了。」夢者以屢遭沮卻，不復言。會秋闈不遠，舉人各納試卷，連粘家狀。廷用手寫十紙皆錯誤，不堪用，瞿然而悟，即書爲「夔」。一上中選，繼登第於丁丑王十朋牓中。右四事，王順伯説。

陽春縣

嶺南大抵皆瘴毒，而春州最甚。自唐以來，北客謫徙者罕得生還。本朝廢爲陽春縣，以隸南恩州。蓋既爲一邑，則士大夫竄逐、罪囚黥配，皆獲免至彼。亦建議者持心近厚云。凡調注縣令，如滿三年，許不用舉主，由選階改京秩。去者莫得歸，然貪嗜榮進，率冒昧以往。惟淳熙中莆田葉元卞獨終更，與妻室無恙，而家人子盡死。一婢正病卧於别室，夜聞其呻吟聲，俄如喉間痰涎喘擁之狀。迨旦視之，乃自縊於梁。梁去床猶丈許，無階梯可升，蓋從前不善終者從而爲厲，非專以瘴而隕命也。余千【一】鍾宏爲惠州歸善巡檢，時正覩其事。葉名子昂丞相之姪也【二】。

汪氏庵僧

徽州城外三里，汪朝議家祖父墳庵在焉。紹興間，招僧惠洪住持。僧但飽食安坐，未嘗誦經課念，於供事香火亦極簡略，僅能循循自守，不爲他過。主家上下皆安之，凡歷歲二十。乾道二年病終，汪氏葬之於近山。元有大楮樹，鬱茂扶疏，數月後，頓以枯死，經雨生菌，汪僕牧羊過之，見其肥白光粲，采而獻之主人。用常法煠治，味殊香甘，殆勝於肉。今夕摘盡，明旦復然，源源不窮，至於三秋。浸浸聞於外，或持錢來求輟買，悉拒弗與。又畏人盜取，乃設短牆闌護之。鄰人嫉憤，夜半踰牆入，將空【三】其根柎。楮忽作人言，曰：「此非爾所得食，强取之必受殃災。我即昔時庵主也，坐虛受供施，不知慙愧，身殁之後，冥司罰爲菌蕈以償。所以肥美者，吾精血所化也。今謫數已足，從此去矣。」鄰人駭而退，以告汪。汪猶不信，自往驗之，不復有菌，遂伐以爲薪。資福院僧顯章説。

【一】余千　李按：疑爲江南西路餘干縣之誤。

【二】葉名子昂丞相之姪也　中華本注，「子昂」上疑有缺字。李按：葉子昂，名顒，孝宗時丞相。闕字應是元卞之名。

【三】空　涵芬樓本注，吕本作「斧」。

希韓大正

梁起道知虔州，有王宗愈者，由大理丞坐事送吏部，注雩都知縣。初到，詣郡參謁。既畢，當趨下，循廊而出。梁以其方爲朝士，且與之有舊，留使升車，王辭避不敢。梁呼其字曰：「希韓，不須如此。」言之再三，客將謂其爲官稱，即傳聲曰：「請希韓上轎。」客主皆解顔。梁雖賦性嚴毅，而察其愚野，不之問。李正之提點坑冶，巡歷廣西，過長沙，郡僚具迎牘，稱曰「提點大正」。蓋不知其名，而亦誤以爲官稱，若寺正之類者。李怒，移文潭府，治諸曹書吏。時張欽夫居於潭，其緘亦如是。府主劉共甫笑曰：「他人容或不曉，君何爲爾？」張愧笑。及李至，引咎，謝不敏焉。

小樓燭花詞

紹興十五年三月十五日，予在臨安試詞科。第三場畢，出院，時尚早，同試者何作善伯明、徐搏升甫相率游市。時族叔邦直應賢、鄉人許良佐舜舉，省試罷，相與同行。因至抱劍街，伯明素與名娼孫小九來往，遂拉訪其家，置酒於小樓。夜月如晝，正臨欄凡炳【四】，兩燭結花，燦然若連珠。孫娼固黠慧解事，乃白坐中曰：「今夕桂魄皎潔，燭花呈祥，五君皆較藝蘭省，其爲登名高第，可證不疑。願各賦一詞紀實，且爲他日一段佳話。」

【四】臨欄凡炳　涵芬樓本注，吕本作「臨欄望月」。四庫本作「正臨欄几，内廂」。

遂取吴牋五幅，寘於卓上。升甫、應賢、舜舉皆謝不能。伯明俊爽敏捷，即操筆作《浣溪沙》一闋，曰：「草草杯盤訪玉人，燈花呈喜坐添春，邀郎覓句要奇新。黛淺波嬌情脈脈，雲輕柳弱意真真，從今風月屬閑人。」衆傳觀歎賞，獨恨其末句失意。予續成《臨江僊》曰：「綺席留歡歡正洽，高樓佳氣重重。釵頭小篆燭花紅，直須將喜事，來報主人公。桂月十分春正半，廣寒宫殿葱葱，姮娥相對曲欄東。雲梯知不遠，平步揖東風。」孫滿酌一觥相勸曰：「學士必高中，此瑞殆爲君設也。」已而予果奏名賜第，餘四人皆不偶。

南康戲語

汪仲嘉謫南康，寓處僧舍。嘗招郡僚宴集，官娼咸在，有姓楊及李者，於羣輩中藝色差可采。理掾主李，户掾主楊，席間時時相與嘲戲。理掾顧謂户曰：「『爾愛其羊，我愛其禮。』固載之《魯論》，無用相笑也。」坐客哂之。而求所以爲對者，教授麋麋周卿【五】正與汪公對奕，麋爭劫思行，星子沈令從傍呫囁。汪曰：「我已有對矣。『傍觀者審，當局者迷。』」衆擊節嗟賞，以爲名對，各爲之滿飲一觴。一時戲語，遂爲風流清話。

泗州邸怪

安定郡王趙德麟，建炎初，自京師挈家東下。抵泗州北城，於驛邸憩宿。薄晚，呼索

【五】麋麋周卿　四庫本作「敎麋用卿」。李按：據下文「麋爭劫」云云，「麋」似重。

熟水，即有妾應聲捧杯以進，而用紫蓋頭覆其首。趙曰：「汝輩既在室中，何必如是。」自爲揭之，乃枯骨耳。趙略無怖容，連批其頰，曰：「我家不是無人使，要爾怪鬼何用！」叱使去，掩冉而滅。趙不以語家人，留駐竟夕，天明始登塗。

汀州通判

紹興中，宗室忘其名。當范汝爲亂後，添差汀州通判，無官舍可居，暫寓推官廳。吏士多言有怪，偶正員缺，因暫寓其處。此廳正自有七姑子之擾，方冬初薄寒，獨坐火閣內，忽有吏捧十餘刺納謁。視其官位姓名，皆稱前任通判汀州軍州事。趙生心知爲厲，扣吏曰：「此諸客何爲悉集於此？」對曰：「並是累年以前做通判者，各終於任所，故魂魄無歸，棲泊度日。聞尊官來，相率求見。」趙又曰：「汝復何人？」曰：「亦故客將，今已死矣。」趙【六】曰：「客既多，若一番相見，無緣欵曲。汝自以先後之序，逐一爲吾延請。」吏拱手曰：「諾。」於是引一客至。趙接以賓禮，歷詢其鄉里，并所歷官，今眷屬安在。客如言對答，殊不他談，頃刻告退。再一客，如前語之，盡十人，乃遍謝曰：「日晚茶酒兵不在，不得具茶湯。且無由報謁，幸勿責笑。」皆唯唯揖别，已而寂然。人謂趙以一生人而對十鬼，其膽勇可敬，禄位當未艾也。然自從汀五年，僅得某州通判卒。右二事，王季光説。

【六】趙　原作「起」，據周本、四庫本改。

張三娘

德興醫者葉吉甫，妻張氏，行第三。乾道中，暴得熱疾卒。未殮，復甦，云：「被一公皂追去，行郊野間，杳杳冥冥，莫知處所。久而到一官府，趨赴庭下立。一貴人正中坐，皂通呈文書。貴人振怒，命捽皂於地，一獄卒以荊杖訊其足。叱曰：『我本令汝追樂平縣金山鄉許門張氏三娘，今乃差誤，何也？此婦人合更有一紀壽，生兩男，豈得遽引來？』即別遣人送我還，遂寤。」吉甫喜其再生，而不暇詢許門之事。後張氏果誕兩男，恰十二年乃亡。吉甫今尚在。

樂平民

樂平縣押録梁傑有罪，爲刑獄使者逮送州院，死於獄。一市民爲證左者，相繼亦以疫隕。既而兩經檢驗，箱卒用葦席束尸，埋諸芝山寺亂冢之側。越三日，寺僧到彼處，見所瘞土露一手，白於衆，命僕啓之，則已活。扶出外，與之湯粥，民蒙蒙然，略不能説所見，但云若夢中。然雖【七】復得爲人，而面色全如梔蠟，殊無血液滋潤，四體皆黑。洎還家，其妻已爲他人所據，不復肯歸原夫。此民棲棲行乞，至今猶存。

【七】然雖　原作「雖然」，據呂本、四庫本乙改。

眉壽庵僕妻

樂平何衝程國老，自作生塋，築庵舍名之曰眉壽，延僧主之【八】。其後僧去，只令一僕挈家居其中。僕出田間，歸時已黄昏。不見厥妻，呼外人遍往尋訪，山巖榛莽，無處不至，倦極而反。悶睡未熟，聞廥廄内似有人轉動，啾唧之聲，審聽之，則妻也。急燭火登梯，發壁取之，正卧於笪上。四傍無隙縫，雖雀鼠不可入，扣妻所見，蚩蚩不能言。後亦無他。右三事，余景度説。

上官醫

醫者上官彦成，本邵武人，自稱北京駐泊。云宣和中，在京師試針灸，得翰林醫學，轉至副使，皆妄也。乾道初，來鄱陽，其技亦平平，而能大言。宗室公頤頗滑稽善謔，因坐羣客次，有言：「某人病勢可慮。」一客云：「可招上官駐泊。」公頤慼然曰：「上官來則下官去矣。」坐皆笑倒。蓋州郡每日申時兵校交番，其當直軍員必大聲曰：「上番來。」當下者繼之，曰：「下番去。」故用此以爲戲。彦成聞而甚病其語，聲譽曰削焉。

【八】延僧主之　「延」原作「寺」，據周本、四庫本改。

夷堅支景卷第九 十二事

王縣尉小箱

呂叔炤爲太平宰，攝尉王生同僚，以憂去。臨行，持一黑板箱并他篋數隻，寄與呂宅。丁寧謹護此箱，無致失壞。言之于再，于三，而未已。呂既受其託，爲置諸床内板閣上。初時聞其中呫囁窸窣，但以爲鼠，拊席嚇之則止。箱鎖處向外對南，久之，忽面壁，謂妻妾移動，復正之。明日，又横轉南北向，始微怪訝。數月後，王生來，即取去，且求一舟至江津。徐扣其所留，乃在邑日，與一娼密暱，未幾娼死，王親詣瘞所，焚化其柩，而包燼骨，著小函，箱中所貯蓋此也。是日，抛於江流，則向來現小怪者，爲娼鬼無疑。呂氏追思悚淅，撤去板閣，忽忽若有所覩。叔炤説，不欲書王名。

建康三聖廟

建康土俗多事三聖，所在立廟，而塑像唯一軀，莫知爲何神，靈威頗著，吏民奉之尤謹。句容縣一廟，在丞廳大門内之東。每歲春月，邑人祭享沓至，宰猪烹羊，往來必經廷下，從朝至暮，叫呶冗雜。紹熙辛亥，吴人顔景宴爲丞，欲塞其户，吏卒交勸，以爲必興禍殃，顔勉爲止。次年，竟不奈其喧，乃築短垣於傍以限之。自是出入者必迂枉，經吏舍後，轉而之廟前，來者視舊日益少矣。顔將滿秩，求檄還家，時甲寅六月也。縣人詣廟焚香告白，言【二】：「前所以斷隔祭祠，皆顔縣丞之意，願勿以爲吾民罪。」顔到家，忽病泄痢，一夕而卒。顔名叔平，魯子侍郎之子，蔭補登科，年少雋爽，遽至隕命，士友嗟惜。豈其受命於天，而爲一神所夭奪，得非偶然耶？江寧尉司一廟亦如此，凡居官者至，必祀謁。丹陽劉平國宰，獨不肯加敬，每轎過其前，且舉袖掩面。一弟隨侍，未幾以小疾終。妻陶氏懷娠而病，夢神言：「汝夫無禮於我，我已取厥弟，苟爲不悛，當復取汝。」陶氏以告劉，劉不之信，陶果死。劉始悔懼，躬往禱謝乃已。

范成績

范成績，石湖參政弟也。賦性桀暴，每從其兄居藩方，輒爲所困。紹熙甲寅，爲建康通判。冬至之夕，庖妾報甑鳴，一家皆懼，欲求僧巫禳謝，置不問。既而益甚，至或哮吼，作鷄犬百禽之聲，其音響厲，外間悉聞之。范親以刀破其甑，即日聲出釜中。又碎釜毁灶，於是諸怪互作。正對客坐，卓椅昂然自舉，烘籠奮而行，蹴之不仆，舞躍自若。凡擾擾數月，習慣爲常。次年四月八日，與同僚在都廳，忽覺疾眩，不復能支吾。從吏掖登車，僅

【二】告白言　「白」原作「曰」，據四庫本改。

到家，喉中涎如泉湧，呷嘎有聲。其家人云，全與向來相似。衆醫切脈下藥，皆不可納，俄大叫一聲而殂。

陳待制

陳元承待制桷【二】，閩中人，天資好道。紹興中，常從韓蘄王宣撫幕。後爲秦丞相所惡，屏處累歲，遂絶意宦塗。誅茅結廬，於句容大茅峯之傍。盡屏妻妾，築八卦臺，晨夕朝禮星斗，暇則存神内視，恬澹寡欲。買田數十畝於山下，以贍方外遊士。每歲春二月，大茅君生朝，士庶道流輻輳，凡宫觀十七所，供醮無虚席。惟山北元符萬寧宫香火最盛，陳日往致敬。逢一客，頎然而長，碧眼方瞳，標韻洒落，衣槲葉衣，持八角扇，遮道化緣。陳篋中有崇寧大錢一文，即投與之，客欣然接去。既而曰：「君與我錢，我不可無報。」復以所得錢付陳。陳訝而視之，則成兩錢矣。回顧客，已不見。及還庵取出，皆金錢也，益大驚異。是夜，夢其人來告曰：「予乃吕洞賓。以子有仙姿，故相戲耳。子學道之志雖切，而及物之功未著，盍勉之！」因教以服氣煉真飛符治疾之法，且約三十年復相見。陳既寤，絶不茹葷飲酒，習行天心正法，奇祟異殃，得其符水立愈。又爲人行持齋醮，効驗甚多。山居歷歲，步武輕健如飛，道俗翕然歸重。秦亡之後，當軸者與之故舊，勸其復出，始猶執志拒卻，竟奪於子姪之請，即家奉祠。劉信叔制置江淮，以爲參議官，旋一再典州，還

【二】陳元承待制桷　「桷」，原作「桶」，據四庫本改。

元職。道心益怠，方術不復驗。暮年仍蓄姬妾，腰背龍鍾，視聽晦昧，了非昔比。因入浴，熾炭於傍，髣髴見神靈叱責，遂墮爐中，半身灼爛以死。其孫壻李勳，紹熙末，爲句容主簿，爲人言。右三事，余忠卿稷思説。

林夫人廟

興化軍境内，地名海口，舊有林夫人廟，莫知何年所立，室宇不甚廣大，而靈異素著。凡賈客入海，必致禱祠下，求杯珓，祈陰護，乃敢行。蓋嘗有至大洋，遇惡風，而遥望百拜乞憐，見神出現於檣竿者。里中豪民吴翁，育山林甚盛，深袤滿谷。一客來，指某處欲買，吴許之，而需錢三千緡。客酬以三百，吴笑曰：「君來求市，而十分償一，是玩我也，無由可諧。」客即去。是夕，大風雨。至旦，吴氏啓户，則三百千錢整疊於地。正疑駭次，外人來報，昨客所議之木，已大半倒折。走往視其見存者，每皮上皆寫「林夫人」三字，始悟神物所爲，亟攜香楮，詣廟瞻謝。見羣木多有運致於廟堧者，意神欲之，遂舉此山之植，悉以獻，仍輦原值還主廟人，助其營建之費。遠近聞者，紛然而來。一老甿家最富，獨慳吝，只施三萬，衆以爲太薄，請益之，弗聽。及遣僕負錢出門，如重物壓肩背，不能移足。惶懼悔過，立增爲百萬。新廟不日而成，爲屋數百間，殿堂宏偉，樓閣崇麗，今甲於閩中云。

謝樞密夢

謝子肅，台州臨海人。元名某，爲舉子時，夢人告曰：「君若改名某，則小吉。名深甫，則大吉。」紹興己卯歲，先用某名赴州學春補，教授金華季翔喜其文，既中選，自是月書季考，連占前列。及應舉試，始更爲深甫。已而不利，至壬午秋復然。私自笑曰：「鬼神戲我如是，豈非當止於州學生乎？」乾道乙酉歲，議別更名。逼期復夢前人告曰：「終不成，這回又不得。」驚而寤，仍以深甫投牒，遂預計偕，明年登第。久之，夢一卒如皇城親事快行家者，擕一牌刻曰「御史中丞」，紹熙初，謝自左史尹臨安。鄉人或聞昨夢，語其友曰：「此去獨坐不遠矣。」蓋以其嘗爲諫官也。友荅曰：「吾所知，一士子夢得省榜一册，乃市井遂急印賣者。其上列人姓名盈版，而謝公在焉，於名下白書，刊一『相』字，若墨刻。以是推之，中丞不足賀也。」繼而果拜此官，擢登樞密，相位固可涉級而進也。

丁逢及第

常州士人丁逢端叔，紹興二十九年【三】，夢人告曰：「汝若逢丁可則及第矣。」覺而改名。爲「逢」。是歲，秋闈不利，乃嘆曰：「安得有人姓丁而名可者，吾必不第。」如是又兩舉。至隆興元年，省榜出，果有天台丁可姓名，雖竊自喜，然度其調官須次，尚猶數載，未

【三】紹興二十九年 「興」原作「熙」，李按：紹熙僅五年，「熙」當爲「興」之誤，據改。

必出其衡鑑之下。乾道元年秋試，丁可待闕家居，漕使念其貧，檄爲常州考試官。逢洒然自慶，知必中程，而可於貢院被病出，逢大失望。迨揭榜，乃在選中。後謁謝，主司諸人皆言：「丁主簿臨去時，手執一卷程文授吾輩云：『自得此卷，便擬寘諸前列，會以疾，不克如志。願諸同院勿遺此人，可雖死不憾。』及會卷之際，各有所主，不暇爲他人計。適點檢一試卷，犯諱當黜，倉卒難訪尋，遂以充數，蓋吾子也。」逢始以昔夢告之。右二事，宋之瑞伯嘉說。

李三妻

饒州市人李三妻楊氏，郡吏之女也。紹熙五年春，染時疾，招里醫鄭莊治療，未愈。數日後，忽矍然起坐，語言舉止，若男子，呼李生曰：「吾爲中堂神王。汝家從來香火嚴潔，吾念汝至誠，聞婦病困，故來相救。可喚醫者來。」少頃，醫來。楊斥其姓名，莊曰：「何得遽爾見輕！」楊曰：「我是神道，如何叫汝姓名不得？汝平日用附子入藥，煞損了人性命，復敢然邪？」莊拒以未常用。楊曰：「昨日所下某散實有之，而欺我，何也？」莊始悚怖。又曰：「便煮竹葉石膏湯飲之，使我至少緩，已無及矣。」莊辭曰：「不知此藥所用幾種？」楊大怒，叱之曰：「醫人不識此个藥方，真可笑。」即歷舉名品分兩，無分毫差。莊於是以一服進，接而飲之。飲訖，冥然就睡。及醒，再服一盃，明日遂安。次年春，又病，亦有憑附者，自稱張大王，而所言略不效，但時時注視枕屏破紙處。李疑其異，揭紙觀之，乃畫寫一神像未竟者，亟焚諸城上，病旋愈。

丘鼎入冥

宜黄人丘鼎，病困中爲二吏持符逮去。至官府，諸吏駢列廷下，候主者出坐，引而前。旋呼一女子，手挾涼衫，脚曳長帛，若與丘有所證。口未及言，而肩傍自有咄咄與女辨者，女詞屈，吏命之，去其纏帛，扯其衫。丘默寤，乃少年日，與此女雜居，朝夕往來，因與之合。後嫁某氏子，多以其貲布施道釋，未數年而死。冥司課其功，宜受男身，但有舊與丘淫通事，須得直，乃可，故逮丘以證。丘未言，而傍咄者曲折已白，蓋向時私意，實出於女，女坐是不得轉男。女既麾去，丘方辭行，見吏呈文書，探首窺之，全如世間州縣追引，列人姓名二百餘，不能識，僅即見兩「郭氏」字，吏遽掩之，顧卒導丘出。抵大門，則已揭示一榜，曰某人，曰某人，其弟在焉，名下注「十七日」字。末後繫銜乃里中新逝官員，署押官稱，殊與世異。届中途，導卒私禱曰：「他人到此，必有賄贈。君那得無？」丘曰：「吾固貧士，且來時不持一錢，何以爲謝？」卒曰：「候還家，請道士誦《度人經》百遍足矣。」丘許之。恍然而寤，則已死一日。家人環泣，具棺衾，僧寺擊無常鐘，聲歷歷在耳。爲母妻言之，喜其復生，而母、妻皆郭氏也，愀然不樂。越數日，同時卧病不起，弟果以十七日亡。

姚宋佐

姚宋佐，郴州人。乾道八年登第，爲靜江府教授，能詩文，頗擅名其鄉，而舉措多失之輕易。嘗赴經略司幹官宴席，坐客受勸觴，適當酌主人，姚見酒黑色，而侍妾所執樽又非適所用者，疑爲紫蘇水，作色而起曰：「客則飲酒，主人則飲水，何哉？」主人曰：「此亦酒也，安得有二？」姚以所疑對，主人笑謝不然，終不之信。別酌以酬之，而自掠取所斟者，一飲而盡，始知是酒。但云：「比向來者味差醇。」未幾，覺腹大痛，急歸。俄臟府洞下，繼之以血，旦而死。一城皆傳姚教授遭經幹所毒，府帥深疑焉。謂彼方有京秩之請，而爲姚所先，怨恨必出於此，即劾罷之。已乃審其實，蓋執樽之妾，本顓房擅愛，其後寵稍替，將不利於主公，故寘毒藥於中，而姚攘臂掇其禍。帥逮此妾鞭殺之，幹官旋亦病廢。

熊雷州

崇仁熊某，通判廣府，攝守雷州。至之日，吏白當致敬雷廟。熊曰：「吾知有社稷山川之神，學宮之祀而已，烏有於雷祠！」言未訖，烈風驟雨，震霆飛電，四合而起。一横板從空墜前，取觀之，乃其家以限倉户者，所題則熊手筆，不勝恐，急致香幣謁謝。續馳書質家人，果以其日失此板，竟没於郡。予在西掖時，曾行雷神加封制，其廟曰顯震，其神曰威德昭顯王，其廟神土地曰協應侯，然則名載祀典，渠可忽哉！

丘秀才

撫州民張生，以財雄鄉閭，訟輒得勝。所居玆龜嶺，其田與艾氏鄰，當歲旱，陂塘涸，攘艾水以溉灌，因致爭，毆傷艾僕。交訴於郡縣，累歲不得直。一漕使至，艾往披訴，乞以事付清强官，且與張共約立罪賞訖，以今所定爲據，無問是否，彼此勿得再言。漕委宜黄丞。邑士丘秀才善於丞，受艾餌往禱，丞先入吏語，置不領略。丘陳情以告曰：「此無累君德，而吾所白理正如是，願君平心處之，使滯屈獲伸。吾亦可以少霑補助，於計爲兩得。」丞爲之感動，如其請，裁決以報。張氏三僕逮繫獄，姓李者病死，二受杖。張憤甚，而不可復競。唯歲設僧供，具列其事，若詛呪然。淳熙丁未，張竟怏怏以終。丘秀才就館於鄉豪，正對主人坐，忽瞢騰如分辯狀。久之，始言：「吾且死矣。適被吏追我至一王者居，見張老及李僕索命。吏稱舊名喚吾前，吾拱曰：『自名爲某，與所指不同，可證其妄。』王令訊張、李，叫呼曰：『果此人不謬。』吾執前説，仍引去年秋試中待補生爲驗。言未已，一吏負大簿，前題曰《丙午年，諸州軍待補簿》，檢視至撫州，有今姓名。張、李曰：『汝斷送我命，何得以改名，故輒欺冥王？』王使釋兩人，而引吾聽判語。吏讀示云：『本界土地契勘，限十五日到。』吾揖退，遂得蘇。」因念雖以計獲寬度，必不免。求解館，歸訣妻孥。主人强留之，然覺其氣息奄奄，迨十四日始歸，未到家而卒。右四事，吴垂永仲説。

夷堅支景卷第十 十五事

姚尚書

姚尚書祐，字伯受，湖州安吉寒儒也。偕其兄依富室館第，富翁擇葬地，延一客名術者於家，使寓宿書館，因與姚善。翁嘗與之行視某處山，以爲不堪用。既改卜矣，他日再往，則秀氣呈露，儼然佳城，念前語之失，弗敢言。密以告於姚曰：「君從主人求之，俟得之，當指穴以告。」所謂某處者，翁家山也。姚方居父喪，乃從容請於翁。翁曰：「吾初心亦欲爲先生求一佳地，今幸可用，吾復何辭。」客又語姚曰：「此翁儻悔之，將必爭，必須立券乃可。」約既定，客引姚縱觀，而謂之曰：「此地兩處皆有穴，就上穴，則二君服闋後即登科，駸駸要津，特患壽數不能長。若就下穴，則奮發稍遲，至三十年後乃盛，可出執政。二者唯所擇。」姚曰：「吾方貧困，朝夕無以糊口，蚤得禄食足矣，何暇遠意三十年外乎？願處其上。」客曰：「然則姑營之，異時纔小振，如吾言，却徙而下，亦可。但不復有執政耳。」遂如之。已而兄弟聯策名【一】，伯受爲符寶郎，伯兄卒於州通判。思客曩説而懼，且數夢亡父來，衣裳爲水所漬，於是謁告遷葬。洎啓壙，水盈其中，其熱如湯。伯受至

校勘記

【一】兄弟聯策名　涵芬樓本注，「策」吕本作「第」。

禮部尚書，丁母憂，後出鎮太原。以鄉縣小吏造冢，逼其先墓，疑爲厭己，請解官持服，詔提舉上清寶籙宮。凡先後三議除丞轄輒不成而止，尋卒。王順伯說。

侍其如岡

豫章寓士侍其如岡，就館於臨安監打套局門朱德初家。慶元元年，當赴秋試，中元後，左手大指甲上，忽見一道人側面立，身潔白而眉目悉具，如繪畫狀。驚而示於人，皆謂耳目聞見所未有，或以爲祥，或以爲怪。越二日，又變作正面，而形貌益明，於是以爲祥者亦怪焉。如岡始懼，以書刀刮去之，心切自念：「吾赴試期，而有此異，豈非佳兆乎？」正熒惑不自定，而其叔父訃音來，限期親百日制，不獲入試。一時之應乃若此。

趙積智

趙再可侍郎，有子八人，皆好學，多預薦送。第六子積智，尤孜孜讀書，獨屢試弗効，居常抑鬱不樂。紹熙三年，從其父在桂林，時年三十八矣。當就鄰路湖南轉運使試，家素事張王神，默禱求助。夢夜月如銀輪，内大書一「中」字。既覺，志之於策，朝夕思念，其意忽若有省。告其兄弟曰：「月中有『中』字，唯用字實應之。」即白於父，改名用。是歲遂貢名，春闈雖不利，而中太學補選。以覃霈免乙卯舉，時未可量云。

婆惜響卜

括蒼何湛叔存，清源王曾孫也。淳熙丁未赴省試，館於三橋旅邸。揭榜之夕，遣僕探候，久而不至，有憂色。因率同輩登橋聽響卜，駐足未定，聞河畔婦人叫呼曰：「婆惜，你得，你得【二】。」蓋吴人慍怒，欲行打駡之詞，俗謂之受記，非吉兆也。湛獨喜，亟還曰：「可賀我矣。」同輩曰：「叔存作意聽響卜，而連四『得』字，夫復何疑？」湛曰：「不特此也，吾小名正爲婆惜。」衆皆喜，方買酒欲飲，而僕至【三】，果中前列。

李氏二童

李元佐宰南城，嘗挈家遊麻姑山。諸子尚少，挾隨行二童，登齊雲亭。覩山間花蝶翻飛可愛，令撲之。童入林樾【四】深處，久不返，呼之莫應。走白於父，遣吏卒入山遍索，移晷方出，但云迷路，而不言所以。後月餘，諸子見童著新衣，又常常置酒肉相對飲啖，心疑之，恐其爲盗，縛詰之。始曰：「向者撲蝶時，遇一道士，手提頭巾，唤我至所居。見屋宇華麗，風物清絶，不似人境。命童煎茶，將飲我，未至，而聞呼聲急，乃奔歸。道士擲一物與我，拾取視之，乃銀也【五】。回顧間，人屋俱失，竊喜而不敢説。將銀賣與市鋪，其重十兩，得錢二十二千，就寄鋪中，時取以供衣食費。」諸子未之信，詢諸鋪，實然。元佐謂其

【二】婆惜你得你得　涵芬樓本注，葉本作「婆惜你得，婆惜你得」。

【三】而僕至　涵芬樓本注，「至」葉本作「歸報」。

【四】林樾　「樾」原作「越」，據四庫本改。

【五】乃銀也　涵芬樓本注，原本無上三字，從吕本補。

銀僊家物，蓋必異於常品，欲以元直取之。鋪人云：「爲過客買去矣。」後訪之僊都黄冠，皆云：「手提巾者，紫陽鄧真人也。」始知二童有所遇。是歲，紹興癸酉。及丙子年，李解縣印，相繼佚去，莫究所之。其一福童者姓戴，其一壽童者姓傳，皆南康人也。

公安木手

江陵公安縣一寺甚雄偉，所事神，俗稱二聖，曰青葉髻如來，曰樓至得如來，靈効彰著。紹興初，蜀僧懶牛者主此寺，以殿柱朽壞，欲易之。聞遠村巨室有豫章大木，遣其徒往問。主人索高價，不可售【六】。懶牛將自往，未及行，知客僧乃引其人至云：「向者承需木，方擬布施，而來介遽還。次日，木上忽生一枒，大類如來手。今豈敢復靳，願於二佛前焚香敬白，以明初心。」如其言。既伐木，而奉其枝龕於藏殿卓上，指甲筋節，視像手，無小異云。

鄭二殺子

武陵民張二嫁女，招鄰里會飲。鄭二夫婦預焉。鄭妻素與王和尚者通，人多知之。酒酣後，偶墮箸於地，張妻戲曰：「定有好事。」鄭妻笑問故，曰：「别無好事，只是个光頭子。」坐譁然，鄭已不堪。俄有外人唤之出，附耳語而去。衆問爲誰，曰：「王闍黎典袈裟

【六】售　原作「攜」，據呂本、四庫本改。

在我處，將鹽來贖。」衆又大笑。鄭夫妻大怒，捨去。鄭、張皆義勇民兵，鄭歸取所佩刀，再至張門叫呶，張不勝憤憤，曰：「你家做如此事，我請你酒食，却提刀上門駡我。」亦拔刀逐之。鄭愈怒，其子八九歲卧於凳上，自捽其首【七】，斷臂折脅【八】以死。而大呼投里正，言張二殺我兒。里正捕縶張，仍飛報縣。主簿李大東攝令事，檄巡檢驗實。張言了不知鄭子致死之因，而鄭妻守尸拊膺哭云：「只有一子，爲夫所殺，將以圖賴張二。」於是兩家悉對獄。鄭坐殺于誣人，黜流遠郡。張夫婦受杖。鄭妻、王僧伏姦罪，杖脊。以酒席言謔之故，致禍如此。

陳長三

武陵細民張道僧，少失父母，獨與祖母霍氏居，年才十三四，而頗孝謹。紹熙辛亥之冬，久雨雪，方霽，張出溪邊，見魚遊，歸取鈎垂釣，得一魚，喜甚，串以竹杪，將還。溪西鐵爐下人陳長三望見，度水求之。張辭以欲歸遺婆，陳曰：「隨我到爐下，以百錢償汝。」又不可，陳徑攜魚去。張亦度溪追躡，至岸挽陳衣紛競不解。兩人俱墜水，陳長身豐偉，跨張腹壓之，且捽其頭，捶其項，岸上人聞叫呼聲，急趨救。張正負痛欲脱，從下舉足，適中陳隱處，陳立死。里正執張詣縣，獄成，赴府。府守永嘉劉立義閲其牘，曰：「此無罪人也。」即援王荆公斷鬬鶉事，書判曰：「公取竊取，皆爲盜。道僧得魚，而長三彊取之，盜

【七】自捽其首　「自」字原闕，據呂本、四庫本補。
【八】斷臂折脅　「折」下原衍「裂」，據呂本、四庫本删。

也。誘之過溪而取之，壓之水而猶不置，時窮冬凝寒，道僧疲弱，少緩且死，道僧以足踢之，偶中其隱死，是盜與失主鬬，爲失主所殺耳。道僧無罪。」召保知在，具申提點刑獄司及省寺，竟從所斷。陳氏之人亦無詞。人謂長三之勇，何止勝道僧十倍，而恃力以逞，天實誅之云。

商德正羊

淳熙十三年冬，隆興進賢縣舒致政以生羊饋府士商德正【九】。留家旬日，送往塔園豢養【一〇】。明年夏，貨之於屠者孔生，牧於東湖傍【一一】。至初冬，將殺之，忽失所在。是日正午，德正在家，見一羊自外奔入，至堂而跪，爲赴愬哀鳴之狀，已而喘卧厨中。認其爲元物，呼詢孔屠，得其事，嘆曰：「羊向者來此，少日即去。今相隔一年，吾所居升平坊距塔園五里，中間岐路不易識，而能逃死就生如是，豈冥冥有神使之然，以警世耶？」即還元直而存之。郡人廬國英爲作《跪羊記》。又三年，羊死，瘞之塔園。因與寓客田顥叔語如此。其夕夢抵西山朱橋莊，遇婦人襁乳兒來拜曰：「兒被公恩，今得爲丁家子，敢不敬謝。」翌旦，往審之，耕僕丁氏果以羊死之日生男子。顥叔又爲之記。

【九】饋府士商德正　「士」原作「事」，據吕本、四庫本改。
【一〇】豢養　「養」字原脱，據吕本、四庫本補。
【一一】牧於東湖傍　牧原作「木」，據四庫本改。

簡坊大蕈

進賢縣簡坊市，皆諸簡所居。田僕趙三，每日入山采薪。慶元元年七月，久雨乍晴，持斧至山顛，見巨松下一大蕈，其徑一尺八寸，摘歸誇語鄰里，以爲平生所未見。酒肆王翁尤異之，謂曰：「我與爾錢，爾以與我，將挂於店外，以誘飲客。」趙許之【一二】，而嫌所酬之薄，與妻言：「蕈如許大，而王翁只肯還五十錢，不如我一家自飽。」傍人亦以是贊之【一三】。即分擘洗滌，和米加味作臛，喚妻子婦孫均食訖，乃就寢。未及交睫，皆覺腹痛雷鳴，競奏廁，到明盡死。獨一孫數歲，以嘔吐得免，簡氏爲收育之。蕈之有毒固多，此禍一何慘也。王翁家與酒客亦危矣哉。右九事，亦李仲詩説。

復州銅磬

復州乾明寺，四隅皆湖。紹熙辛亥，漁人舉網得古銅磬，泥土汙蝕，方就水指滌寸許，其光赫然，透照腸胃，而旋轉不止。置之篷頂亦然。波濤旋覺洶湧，謂爲怪，擲之岸上。以棹扣擊，聲徹雲漢，而旋轉愈甚。因投腐魚實之，猶不止，乃棄諸水中。明年春，主僧清顯方聞之，募衆漁舫索得於別浦。但經魚汙處，不復光，唯唇間尚可燭鬚眉，聲雖清揚，終不如向來也。

【一二】趙許之　「之」字原無，據呂本、四庫本補。

【一三】傍人亦以是贊之　涵芬樓本注，呂本作「傍人亦是之」。

向仲堪

樂平向仲堪，字元仲。紹興十一年，通判洪州。府帥梁揚祖侍郎峻於治盜，嘗有殺人盜，委向審問。吏以成牘來，問盜所在。對曰：「彼已伏罪，例不親引，恐開其反覆之端。但占位書名足矣。」向曰：「人命至重，安得不見而詢之。」幹官趙不係譖於梁，梁召向，責其生事。向曰：「如帥司即日徑誅之，何必審實。既付之獄，則當准式引問。若無罪而就死地，想仁人不忍爲也。」梁感悟，遂竟其問，果平人耳，遂得釋。後自池州赴調，宿留旅邸。一疾瀕於危殆，夢至殿宇間，聞王者云：「向仲堪有治獄陰德，特延半紀。」既覺，浸以安愈。詣天慶觀，啓醮筵以謝再生。其青詞自述云：「頃既罹於重患，忽得夢於良宵。覘玉嶺之無涯，恍身歷真都之邃；續龜年而有永，覺親聞帝語之祥。」旋復貳處州，終於官，距夢時正六年數也。

公安藥方

向友正，元仲之子也。淳熙八年，爲江陵支使【一四】，攝公安令。癰發於胸臆間，拯療半歲弗愈。嘗浴罷，痛甚，委頓而卧。似夢非夢，見一偉丈夫，長鬚巨目，執拂塵披衫，微揖而坐，傳藥方與之，曰：「用没藥【一五】、瓜蔞、乳香三味，以酒煎服之。」且言：「桃源許

【一四】江陵支使　「支」原作「長」，據四庫本改。《醫説》卷六《療癰毒》正作「支使」。李按：宋江陵府爲荆南節度，應置觀察支使。

【一五】没藥　「没」原作「末」，據吕本、四庫本改。

軫知縣亦録此方，但不用瓜蔞。若欲速效，宜服此。」友正敬謝，即如其言，不終劑而痊。後詣玉泉禱雨，瞻壽亭關王像，蓋所感夢者，因繪祀於家。

向友正

向友正，紹熙四年，爲復州推官。五年正月十五夜，月不甚明，其子彦章見舍後一黑物，長丈餘，以爲木影也。俄而少動，因叱之，逡巡而隱。明日，白其父。父曰：「翁翁在贛時，我夜讀書窗下，月色【一六】皎然，睹一影甚巨，自隙窺之，乃極長黑人，腰與簷齊，怖而就寢。既而翁捐館，今無乃類此乎？」後九日，友正無疾而卒。先是，孔目官任遜死已十餘歲，是日，遜妻見故夫幘履袍笏，疾趨過門，全如生時形質。邀之還舍【一七】，辭曰：「吾今爲西祠判官，適乎惠神王以推官嚴明，使召之。汝姑少待。」至二更後復來，叩門語曰：「向公非人間可留，必别除命，我行亦不容緩矣。」遂去。俄而向亡。

【一六】月色　「色」原作「明」，據吕本、四庫本改。

【一七】邀之還舍　涵芬樓本注，吕本作「妻固邀之還舍」。

劉之翰

田世輔爲金州都統制，荆南人劉之翰者，待峽州遠安主簿闕，作《水調歌頭》詞獻之，曰：「涼露洗金井，一葉下梧桐。謫僊浪遊，何事華髮作詩翁。烏帽蕭蕭一副，坐對清泉白石，翹首撫長松。獨鶴歸來晚，聲在碧霄中。神僊宅，留玉節，駐金狨。黔南一道，十萬貔虎控雕弓。笑折碧荷倒影，自唱采芝新曲【一八】，詞句滿秋風。劍佩八千歲，長入大明宫。」田覽之大喜，致書約來金城，欲厚加資給，之翰遽亡。明年田出閱武，見之翰立道左，泣曰：「人鬼殊塗，公能恤吾家，亦足表踐言之義。」忽不見。田大驚異，亟送千緡與其孤。

【一八】采芝新曲　涵芬樓本注，「芝」吕本作「蓮」。

夷堅支丁序

稗官小説家言，不必信，固也。信以傳信，疑以傳疑，自《春秋》三傳則有之矣，又況乎列禦寇、惠施、莊周、庚桑楚諸子汪洋寓言者哉！《夷堅》諸志，皆得之傳聞，苟以其説至，斯受之而已矣。聱牙畔奂，予蓋自知之。支丁既成，姑摭其數端以證異，如合州【一】吴庚擢紹興丁丑科，襄陽劉過擢淳熙乙未科，考之《登科記》則非也。永嘉張愿得海山一巨竹，而蕃商與錢五千緡。上饒朱氏得一水精石，而苑匠與錢九千緡。明州王生證果寺所遇，乃與嵊縣山庵事相類。蜀僧智則代趙安化之死，世安有死而可代者？蘄州四祖塔石碣，爲郭景純所誌。而景純亡於東晉之初，距是時二百餘歲矣。凡此諸事，實爲可議。予既悉書之，而約略表其説於下，愛奇之過，一至於斯。讀者曲而暢之，勿以辭害意可也。慶元二年三月十九日序。

校勘記

【一】合州　「合」原作「何」，據支丁卷二《吴庚登科》條改。李按：宋無何州。

夷堅支丁目録

夷堅支丁卷第一 十二事

南康神惠廟碑

大觀三年秋，長樂陸端信蘊，自太常少卿坐議原廟不合，謫爲虔州瑞金令。其弟端禮藻在京局，亦丐去，得武夷沖佑觀，隨之官。是歲九月戊子夜，夢艤舟江皋，登北岸，見堂殿崇深，一丈夫衣冠甚偉，前揖曰：「吾順濟王也。子何爲至此？然吾祠宇方興，子當爲吾記，仍書之。」藻逡巡謝曰：「欲作記，須刻石，此無碑材。欲書，則字畫不工，且名字湮微，不足爲重。」乃以中朝達官某人言【一】，曰：「王其諉之。」王色莊聲厲，曰：「誰謂南康而乏碑材？誰謂達官？吾不知也。但記而書之勿辭。」藻拱曰：「敢不敬奉命。」王色定，延之以入。脩廊曲檻，花木掩映，若圖畫然。久之語曰：「吾今修行，子行歸矣，當以順風奉送。」又曰：「風之順逆，亦非可私，特世人弗知之耳。」俄有武夫磬折庭下，王顧曰：「今日風色何如？」對曰：「順風也。」王笑視藻曰：「可去矣。」相與行至林麓間而別。王登車，車制絶異，藻請其名。王曰：「禹乘四載以治洪水，此其一也。」即與徒御去如雲煙。藻矍然而覺。十一月，罷祠入京，調南安軍南康丞，復歸瑞金，政和元年八月至

校勘記

【一】言　涵芬樓本注，吕本作「爲言」。

官。二年二月甲辰夜，夢中恍惚若見王者。後數日，邑民來告，蜿蜒之物見於橋者三日矣，請各獻地，創爲神惠廟以奉王靈。三月甲子相地，越十日，甲戌神見於祠所，于是廟成。藻念昔歲之夢，王云南康，蓋今莅官之處，其所建立，乃江之北岸也，遂爲作記。以八月丙午立石於廟中。石刓敝不耐久，淳熙十三年，知縣李秩重刻之，今見存。事見陸碑。

王百娘

明州王氏女百娘，少孤寡無依，其舅陳安行舍人，每携以之官，連歲苦疾疢。紹熙三年夏，忽患瘖聾，不能與人接，僅識字，每有所欲，但於紙上書之。陳批諭使投誠觀音大士，冀或慈憐。因晨夕禮拜不怠。每假寐如入定狀，必見端嚴瑞相，訓誨拳拳，且勸以作禮西方阿彌陀佛。乃【二】親授四句偈曰：「淨土周沙界，云何獨禮西。但能回一念，觸處是菩提。」又云：「可普勸持誦。」曾未踰月，二患頓愈，元不假醫藥之力。陳謂其一念純至，應答如響，鏤板以廣其傳。

徐熙載禱子

樂平徐熙載，只有一子，以淳熙甲午歲八月二十四日亡。明年，徐寓舒州宿松令鍾炤之館舍。值子初朞偕【三】南臺寺供佛，長老宗悟陞座，爲舉唐顧况之子非熊，再生爲顧氏

【二】乃　涵芬樓本注，吕本作「仍」。四庫本同吕本。

【三】偕　中華本注，「偕」字疑誤。

之子事。且云：「吾有觀音聖相，極靈異。今以相授，能刊板印施，必獲報格。」徐敬而受之，携歸書齋。鍾令爲喚匠者於郡城，踰月方至。啓像匣視之，已有黄蜂作三土窠，如龍眼大。其子同時飛出，二巨者甚偉，一細者甚弱，幾不能相追隨。鍾令喜曰：「螟蛉之子殪而逢蜾蠃。」祝之曰：「類我，類我，久則肖之。」舜俞，它日當有三丈夫子矣。」明年，果以八月二十四日生男，名曰伯仁。考諸五行命書，實爲還魂格。繼又得兩男，季子秀而不實，符弱蜂之應云。鍾令嘗爲之序。

建康太和古墓

建康屯駐中軍，教場在城外。其一隅有堆埠，坡陀突兀，相傳古墓也。統制官成彦信以其妨礙毬馬奔馳，且妄意冢中之藏，鋭欲去之。夜夢一女子，衣裳冠珥，不似時世結束，年可三十許，顏貌美麗。泣云：「妾處此八百餘年矣。遺骨棲棲，幸而得存。今聞欲見發掘，倘於人不至深害，願止此役，無使泉下起暴露之歎。」成覺，以告同輩，咸勸其罷議。堅不從，竟命徒削平，果得冢穴。其磚甓上有晉太和年月鐫記，蓋海西公在位時妃嬪葬處。雖骸骴不存全【四】，而粧奩鏡臺盆杅之屬皆精金所製，凡數百兩，悉掩有之。自以爲得策。未幾，一皁隸從臨安來謁，言：「見執趨走之役於甘太尉門下。今此軍郭都統本太尉所引薦，而近者頗忘恩背德，故使我來語君，託密廉其過，欲行罷斥。若能裒具其實

【四】不存全　四庫本作「不全存」。

上之，當擢君爲代。」成大喜，信以爲然厚犒之。即釀織十數事，示所親。且其性不能謹，又漏言於人。郭聞之憤怒，摘其罪，舉劾之，坐削職秩，使白衣自效。是時淳熙十一年，景裴弟倅貳建康，亦識之。經十餘年後，帥皆謂家賊難防，莫肯收置戎列，無由可復故物。知之者以爲陰譴致然。所謂甘氏之隸，蓋亦常常至諸軍傳達主公之旨意，後以過遭逐，猶冒循舊態，故成生不以爲欺。成生，故開府儀同三司閔之子，記其名，不甚的。

三趙失舟

江東總管趙士岍說，淳熙十二年，宗室中有叔姪三人，自臨安調選歸。其所居同邑，當四五月之交，共買小舟，經吴興，過溪中一灘。日午，風大作，天色晦冥，若有物執其柁，即時淪覆，幸水淺，得不溺死。既達岸，茫不知爲計。俄一籠漂至前，視之，則叔勑誥袍鞾之屬，雖遭滰浸，略不汙濕。叔甚喜。二姪泣曰：「叔已無所憂惱，奈我等何！」繼又一籠至，二姪文書在焉。日已暮，投宿村舍。凌晨，徒步而出，見田父荷鉏治地，望其倉皇愁窘，問之，告以故。父曰：「盍往問趙法師，可知底藴也。」且語其居處，遂行。訪之，亦宗室，素相善者。趙歷扣曲折，云：「彼處乃小小川瀆，何能壞舟船？必有異。吾行制神鬼術，當相爲考召，立可見矣。」作法才畢，鬼物已盈家。其爲首者，蓋向所遇田父也。趙責數之，仍索舟中物，一一皆悉爲此鬼家屬服用。若都城所買【五】冠珥首飾，則婦女掩爲

【五】所買　涵芬樓本注，吕本作「所謂」。四庫本同吕本。

「某忝爲當界土地，前此數日被城隍司公牒，指名覆此舟。諸物皆據牒交領，惟三人誥命及制書，非籍中所載，旋送還之矣。牒見存，可以驗視。」趙取而閱之，竟無以罪，於是釋使去。

德興潭魚

德興縣鄉落間，有大潭。四十年前，一巨鱖出没其中。身如葦席，兩領長闊。每出游泳，輒有小者數十從之，亦各長三四尺。居民見之熟，不以爲異。某道人自江西至，與居者言：「此物不可不去，若停留更久，將爲里社興大災。諸人儻見信，肯出錢稍與我，當爲去之。」於是村疃遠近共約，許以三十千。道人曰：「吾必俟見效，然後告行。」使采刈水蓼，無間新舊乾濕，悉貯於敝竹籠中。凡數日所得盈岸，乃舉置於潭。翌日，曀霧坌起，障塞潭面，零雨霏霏，一聲震響如雷，徐即開霽。則自潭上削成溝，深徑各數尺，巨鱖由之而出，赴江中。羣魚尾隨者十餘頭，曝於泥沙，不能去，村民爭取以食。一鄉喜賀，謝錢如約付之。道人受已，即辭去。然無有詢其鄉里姓氏者。邑氏張增師川親見之，爲景裴説。

右三事，景裴説。

楊戩毀寺

崇寧以來，既隆道教，故京城佛寺多廢毀。先以崇夏寺地爲殿中省，政和中又以乾明寺爲五寺三監。楊戩又議取太平興國寺，改爲邸店及民舍，以收僦直。初拆正殿，瘞佛象于殿基之下，至於支體破裂。已而戩病，亦胸腹潰析而死。時中貴復有欲毀啓聖院者，坐是乃止。李方叔侍郎説。

禁中涼殿

政和間，詔於禁中之西南營一涼殿，爲雄屋四重數十楹。既成，將涓吉【六】游幸，扃鑰甚嚴，每夕命小黄門兩人守直其處。時已炎暑，但對寢于撲水下。夜未半，聞内外暗嗚叱咄，聲殊猛厲，竹夫人相逐躍舞，不容交睫，顫悸徹曉，以告知省盧太尉。盧别易兩輩往，説其怪亦然，猶未深信。親往驗之，才至殿外，正門軋然自啓，盧遽入，即有人鎖其扉，以至第二、第三重皆然。望其中燈燭輝赫，寒風肅然。哲宗南面坐，嬪御列侍，巨璫郝隨、劉友端輩十數人拱立。見盧至，喝曰：「盧某，何不起居？」盧流汗再拜。繼呼使前，宣問曰：「汝來何爲也？」對曰：「被旨洒掃新宫，不知聖靈在此，觸突天威，死有餘罪。」帝意怒不釋，曰：「汝歸去，説與官家，這些個屋，也讓不得與我！」盧曰：「恭領聖旨。」又

【六】涓吉　「吉」原作「日」，據四庫本改。

拜而退。每出一門，隨即施鎖。明日白奏，不敢盡言，唯云車駕乞未須往。遂虚而不居。盧之孫居於豫章東湖上，爲客話此。張才南説。

韓莊敏食驢

韓莊敏丞相嗜食驢腸，每宴客，必用之，或至於再三。欲其脆美，而腸入鼎過熟則靡爛，稍失節，則堅韌。庖人畏刑責，但生縛驢於柱，才報酌酒，輒旋刺其腹，抽腸出洗治，略寘湯中，便取之調劑五味以進。而持紙錢伺於門隙，俟食畢，放箸無語，乃向空焚獻焉。在秦州日，一客中席起更衣，自公厨傍過，正見數驢咆頓柱下，皆已刳腸而未即死，爲之悚然。客生於關中，常食此肉，自此遂不復挂口。韓平生嚴毅，令行禁止。罷相之後，出鎮長安。時藩鎮庭參之儀久廢，唯初到日聊一講。韓令五日一爲之，僚吏厭苦。一旦，得小詩於屏上，其詞曰：「五日一庭趨，全如大起居。相公南面坐，只是欠山呼。」韓讀竟，略不動色，徐言：「却是我錯了。」於是改令，每遇坐廳【七】則爲之，謗者亦息。人服其臨事不懼，堅彊有決云。徐端立説。

郭大夫

郭大任掃除和州妖祟，見於庚志中。其子雲居平江，調知杭【八】之於潛縣。未赴上，

【七】每遇坐廳　「每」下原衍「日」，據周本、四庫本删。

【八】調知杭　涵芬樓本注，吕本多一「州」字。

夢入書室，有人授以錢數百、米數升，曰：「是君平生祿料也。」寤而不樂，以爲所享若是之薄，前程事可知矣。自此不復詣彼處。久之，恍如有所遇，寫仳離書與妻楊氏。楊氏，和王女也，伉儷十餘歲，生男女三四人矣。捧書悲泣，莫知所爲。雲出居外舍纍月，親朋爭勸，挽使歸。楊氏之兄子靜樞密鎮江陵，過其家，取離書焚之。然遂與妻異寢，不復受俸料。官期至，不肯往。自宣教郎積年勞，數進秩，當轉大夫。文書到吏部，趙子直爲尚書，持之不爲上鈔，曰：「安有卧家十五年不仕宦之理？」符平江，審其存亡。陳公亮以提刑攝府，勉使到闕，始獲拜命。閤門以無近歲俸曆，又以爲疑。宛轉料理，乃得放見注嚴州建德宰，時紹熙四年也。雖居閑而意緒常忽忽，四月十八日中夜，忽呼其子曰：「吾神志大不佳，懼有禍至。」子驚怖，問所以然。語聲浸低，殆不可辨，越六日不起。蓋二十五日當支料錢，故先一夕而没，才年五十三。其婿翁瀞爲饒州推官，說此。

王大卿

王季德尚之以故九卿起守平江，到官僅一月而卒。府僚合力爲治喪，臨入殮，尸忽猛張【九】，不可容。其子泣告衆，曰：「先人頃【一〇】自作壽具，頗爲華壯。在家之日，每小有不適，輒偃卧其中，或至三兩夕。尋常見之則喜笑，必引手摩拊。今寄於震澤一甲僕家，料神靈欲是物送終，故顯此異。若急遣人取之，載以小舟，不兩日當可到。」於是用盃

【九】猛張　四庫本作「猛脹」。

【一〇】頃　涵芬樓本注，吕本作「向」。

玟審其可否，一擲即聽，香烟才息，尸已如初。翌旦，元棺至，遂克殮。時郭大夫雲方下世，其家以五十萬就買新製者而用之。翁潾子蓬說。

營道孝婦

道州營道縣，村婦養姑孝謹。姑寡居二十年，因食婦所進肉而死。鄰人有小憾，訴其腊毒【一一】。縣牒尉薛大圭往驗，婦不能措詞【一二】，情志悲痛，願即死。薛疑其非是【一三】，反覆扣質。婦曰：「尋常得魚肉，必寘厨內柱穴間，貴其高燥且近，如此【一四】歷年歲已多，今不測何以致斯變。」薛趨詣其所，見柱有蠹朽處，命劈取而視，乃蜈蚣無數，結育於中。愀然曰：「害人者此也。」以實告縣，婦得釋。予記小說中似亦有一事相類者。薛字禹圭，河中人，予嘗誌其墓。

【一一】腊毒　涵芬樓本注，葉本作「置毒」。

【一二】措詞　涵芬樓本注，葉本「詞」上多一「一」字。

【一三】薛疑其非是　涵芬樓本注，葉本作「薛疑之」。

【一四】如此　涵芬樓本注，葉本多一「者」字。

夷堅支丁卷第二十四事

小陳留旅舍女

黄寅，字清之，建安人。政和二年，試京師。未到六十里，抵小陳留旅舍寓宿。夜將二鼓，觀書且讀，聞人扣户聲，其音嬌婉，出視之，乃雙髻女子，衣服華麗，微笑而言曰：「我只在西邊，隔兩三家住。少好文筆，頗知書。所恨墮於女流，父母只令習針縷之工，不遂志願。今夕二親皆出姻知家赴禮會，因乘間竊步至此。聞君讀書聲，歡喜無限，能許我從容乎？」寅留與坐，即捻書册翫誦。又索飲，具酒款接。微言挑謔，略不羞避，遂就寢，鷄鳴而去。復約再會，往來幾半月。店媪訝其無故而久留，其所親柳仲恭者，過而相遇，拉以同入都。女子已知之，倏來告别，携手而泣。寅發篋出銀五兩以贈。旦而【一】行，可二十里，地名柳林子，見一廟，神坐傍侍女，宛然是所遇者。詳觀之，其色赧赧然，若負愧之狀。紙裹墮側【二】，銀在手中，初未嘗啓視也。

校勘記

【一】旦而　涵芬樓本注，吕本作「别去」。

【二】紙裹墮側　四庫本無此四字。

燕太尉樓

燕達太尉，元祐初，以殿前都指揮使終於京師。家有樓，甚宏麗。其孫詁，年十三歲，頗剛果。一夕，見吏士數十輩，擁一男子，著淺黄衫，裹青荷巾，執白羽扇，徑登樓，歌童舞女繼至，男子正中坐，衆姬以次奏伎。酒行正洽，詁自隙窺之，唤僕妾執器仗欲上。才至梯半，聞空中人厲聲曰：「漢王子在此，不可無禮。」逮到樓，闃無所覩，而酒炙果實在焉。所用樽罍七箸，悉燕氏物也。高明鬼瞰，其語誠然，自後不復至。

吴庚登科

吴五承事者，合州赤水縣人。其家頗饒於資，傳四世，皆一子。專務陰德，凡可以濟衆振貧者，無所不盡。至五承事，遂生兩男。其壻張溥司户勸其次子庚讀書，招邑士張垣【三】於館舍。及赴鄉舉，垣黜而庚預薦。將就類試，乃捐錢百千，結同舉勾龍渙以爲助。追入類場中【四】，則兩人分坐東西廂。是歲，紹興丙子，場屋嚴肅，不得相往來。庚才短思澁，窘迫無計，髣髴見垣在側，取其試卷一揮而成文。凡三日皆然，遂中高等。張溥扣其所著，略不能言。溥曰：「正使全出勾龍手，獨不稍記梗概以答？交游間，問訊者乎？」庚曰：「與勾龍對廊坐遠，甚失望。非賴張先生力，殆成曳白矣。」溥感垣之德，

【三】張垣　涵芬樓本注，吕本作「張坦」，下同。四庫本同吕本。

【四】追入類場中　「類場」二字原重，據四庫本删。

亟往見道謝。垣駭曰：「垣既不發解，何由入得類場？君無戲我。」俄庚亦來謝，垣怪歎其異，曰：「是亡它，乃君家累世陰騭，彰聞天地，神祇故以善祥相報。」庚登科，調果州相如主簿。接《登科記》丁丑牓無此人姓名，疑未必然，或年歲有誤也。

顧百一

温州村落一山，去城市遠，無人買佃，但名爲官山。乾道中，農民陳、李兩叟，各劚地種粟。聞深處有哭聲，甚哀，輟鉏聽之。俄又聞其傍一人慰解之，曰：「不須憂。明日有車頭大洋擔火麻人顧百一，當替汝矣。」明日，陳、李復往，正見擔麻者來，問其姓曰：「顧。」問所居，曰：「車頭大洋。」於是爲説昨事，力挽之回。言若不相信，必死於鬼手。顧喜謝，與之俱還。將至家，未及門，立化於道。

黄衣婦人

安自强，字行老。紹興二十七年，爲荆南安撫參議官。其子勵，令幹僕魏璋，以十月一日買黄牸牛并其犢。既殺犢爲脯矣，才數日，又欲屠其母。先一夕，勵夢一婦人著黄衣，泣拜無數，懇言曰：「女子已遭官人剮了，乞恕妾命。」勵未及對，其人相隨申訴不已。遂寤，爲表弟盛采話其異，且扣魏璋，乃知已縛牸牛，方擬屠剥。勵大悔悟，棄死犢餘肉於江，而牽犉付興化寺，終身不食牛。

安妾柔奴

蜀人安自牧，喪妻之後，買妾曰柔奴，付以閫政，恃主人寵嬖，恣横頗甚。一婢安兒産子方滿月，用計殺之，而逐其母。乾道七年，自牧以置制司幹官卒於成都，其家歸常州寓居新興寺。柔奴感水蠱疾，歲餘而死。所親盛子東及諸安族來弔，以俟大殮，命僧修設薦嚴。方呪亡位食，尸忽自起而坐，衆駭懼奔走。唯一老僧獨留不去，曰：「此尸蹶爾，何足畏！」伸脚蹙之倒，亟舁入棺。咸以爲積惡之報。

盛八總幹

盛八總幹者，名挺，字特夫，開封尹章之族孫也。寓居潤之金壇縣小曲觀，生三子，長曰木，登進士第，次曰栗，季曰果。紹興十九年十一月十九日晡後，有異怪起，甲士鐵馬，可百輩，各長三寸，分兩陣，馳驟戰鬬於庭除。凡歷半月，日增數十騎，稍聞金鼓之聲，喧閙特甚。挺不勝駭憤，拋大塼亂擲，則散走。門堂庖廁，隨處四集。或遺下弓矢刀矛，皆絶小，而形製悉具。是日暮，乃不見，一家不知所爲。歲未盡，挺卧病而卒。木待次揚州教官，繼死。栗忽失所在，罄力搜索，杳不得其蹤跡。妻徐氏懼禍之延，亟挈孤幼往常州，依表叔安自强同居，始得息。厲鬼爲妖，若是未之聞也。

大善寺白衣人

恩平郡王娶司農丞王楫女，其家因是寓居於越府大善寺之羅漢堂。次子元卿，出入王府，董督脩繕之役。率意營築，几所謂方隅禁忌，一切不問。淳熙十三年四月，得病危困，遷泊外書室中。二十六日晡時，似夢非夢，見偉人長可九尺，裹唐巾，白衫黑帶，謂之曰：「汝犯九良星【五】，當死，故來報。汝有一法可以禳治，今夜三鼓當有二神人來，必不利於汝。宜取木一截，覆以衾，置於床上，却用物藉地而卧，可脱此厄。」元卿頓首奉戒。纔夜半，二神果來，奇形猛狀，獰惡可怖，營營忽忽，若尋覓之狀。俄劃然有聲，唐巾者出曰：「可賀，可賀，彼已爲虀粉矣。」舉手拽之，二物遂去。元卿謝曰：「不知尊神是何靈祇【六】，而蒙委曲救護如此。」曰：「汝前生事我極謹，是以救汝，無用問其詳。」疾步而出。至旦視衾内之木，碎如柿屑矣。病從此愈。思報其恩而不可得，憶昨見時衣衫頗故敝，乃以絹兩疋作大衫，具疏并楮鏹焚獻之。其兄正卿嘗作記。

【五】九良星　涵芬樓本注，「良」吕本作「梁」。四庫本同吕本。

【六】不知尊神是何靈祇　「是」上原衍「爲」，據四庫本删。

圓潭墜鍾

福州長溪縣境，有圓潭者，水深叵測。左右有徑路，通商賈往來，而變異靡常。曾有荷擔而過者，見一徑頗廣，塼甃整潔，且多金銀器物棄擲于地，人爭趍之，則没於潭中，不可得。紹興三年，近居村民姚叟，當秋夜，聞鍾聲鏗訇，響振山谷。偕二子乘月往觀之，正見一鍾墜于潭。潭之側，三寺環遶，僧知其異，明旦各持誦經呪，投牒請禱，冀得鍾。左右二寺皆邈然弗應，惟中寺纔擲牒，水即湧高丈餘，鍾隨而浮上。僧具威儀梵唄迎以歸。其重三千斤，雙龍蟠結，精巧特甚，安奉於寺樓上。繼此一潭帖然，不復有異。數歲，寺遭火一空，獨鍾樓屹然不動。

張次山妻

洛陽張濤次山，宣和甲辰，爲宿州户曹，喪其妻。是歲冬，入京參選。因南至休假日，游相國寺，於稠人中與亡妾迎兒遇，驚問之，曰：「爾死已久，何因得來此？」對曰：「見伏事媽媽，在城西門外五里間一空宅居。官人可以明日飯後來彼相尋，迎兒當迎候於路。」張如其言，果見妻。妻泣訴曰：「我坐平生妬忌，使酒任情，在此受罪。君幸少駐，可見也。」至晡後，聞騶哄傳呼，旌旆劍戟，儀衛甚盛。紫衣貴人下馬，入正廳，一行從卒悉變爲獰鬼阿旁形狀，運長叉【七】揕妻至前斬首，且析其四體，爲數十段。已而復生，鞭訊痛楚。移時，紫衣去，一切如初來時。妻曰：「每日受苦如此。須請泗州大聖塔下持戒僧，看誦《金剛經》，方免兹業。」明日，更至此觀之。及期所睹如昨，但只加執縛，不復

【七】運長叉　涵芬樓本注，吕本作「叱令運長叉」。

斬斸。紫衣問曰：「汝必曾發願，故惡業漸消，可實告我。」妻具對。即合掌曰：「善哉，善哉！勉之。」既去，妻與夫訣。張調官東下，至泗州，設齋賽經回向畢，再詣京城西，茫無所見。其夕，夢迎兒云：「媽媽傳語官人，謝經文資薦，爲士人家男子矣。」紹興中，濤知常州，其甥安勸説。

范之綱妻

會稽士人范之綱，居於城中，壯歲下世，有兩子能謹畏治生，日以給足。其母早夜焚香，敬禱天地百神，且誦經五十過。凡十餘年，未嘗少輟。淳熙元年下元日，設三官位，供事甚勤。燭下一神人出現，語之曰：「婆婆年來家道長進，兩個兒子留意産業，孫男女五人，仍有奴僕。又老身安强無疾病。居於塵世，真不易得。此外更何求，而朝朝暮暮香火臻至如此？願聞所欲。」母謝曰：「老妾感謝天地，護佑一家，百無所望，只願安然得飽飯喫。」神曰：「衣食定不缺，若欲安然得之，恐難也。」語畢而没。予謂世之人，無功無德，坐享富貴，使聞范嫗之事，宜知所警。

張承事女

湖州張承事女，容色美麗，以乾道癸巳歲生，至紹熙庚戌，十有八年矣。事父母孝謹，不妄出户庭。是春忽得感疾【八】，常切切如與人昵語，醫巫不能治。時有道流，善攝制鬼魅，行業孤高，呼爲煞先生。郡人延譽於張，邀至家。方仗劍噀水，此女出侮困之，殊不少懾。生深自愧悶，起行外間，假寐橋側。魂氣縈繞而上，若出神然。逢九天采訪使者巡游，儀衛甚肅。因詣車下，再拜，告以張氏女爲妖所纏，不容遣逐，願賜指示。使者曰：「可用金橋訣治之。」旋即夢覺。再登張門行法，女抑首屈服。問其姓名，曰：「某乃其鄰廟神。張承事昔貧時，來禱於某，願以此女爲妻。緣是加意擁護，今幾成富翁，而頓負盟約，所以作祟。蓋其父母素心相許如此，非敢擅殃之。」法師賜鑒可也。」生曰：「欲命工塑女像於神位之左，儘可從容，而令捨其精魂復還故幹，如何？」神謝曰：「敬諾。」後遂帖然。今已納壻。

龍溪巨蟹

福州長溪之東二百里，有湫淵曰龍溪，與温州平陽接境，上爲龍井山，其下有大井，相傳神龍居之。淳熙初年七八月之交，不雨五十日，民間焦熬不聊生，罄其禱請【九】，皆莫應。士人劉盈之者，一鄉稱善良，急義好施予，倡率道士僧巫，具旗鼓幡鐃，農俗三百輩，用雞鳴初時詣井投牒請水。到彼處，天已曉，僧道四方環誦經咒。將掬水於潭，見一巨蟹，游泳水面。一鉗絶大，背上七星狀，如斗大，如丸彈，光彩殊焕爛。遽滌淨器迎挹之，

【八】忽得感疾　涵芬樓本注，呂本無「得」字。四庫本「感」作「惑」。

【九】罄其禱請　「其」原作「祈」，據四庫本改。

蟹隨以入【一〇】。舁者才動足，雲霧滃然亂興，未達龍溪，雨已傾注。明日，遍迎往鄉閭，觀者擁塞，忽失蟹所在。甘澤霑足，衆議送之歸，彷徨訪尋，乃在劉後園池内。又明日，始備禮供謝，復致井中。自後有所祈必應。

朱巨川

餘干團湖民朱巨川，一意治生，以不仁爲富。嘗白晝有人抛塼入室，意姦盜所爲，審視之，無所覩，亦未以爲異。旬日後，又自空墜大磨石于庭中，繼而衣笥箱篋火從内起，於是呼村巫治之。怪愈益肆，男女皆遭扼喉、批頰、弔縛、箠楚，舉室晝夜不皇寧。乃命道士設醮筵禳請。衆悉見火毬巡繞壇下，科儀未竟，抛石及於坐旁，不復可施法。其居旋爲火焚，遂徙寓别墅，相去十數里，百怪交作，生計蕩析幾半。有喻真官者，過其家，爲言：「此非邪鬼敢然，以君家用秤斗出入不均，好利太過，造物所不容，天降其罰，非人力所能救。宜改過悛心，禍將自息【一一】。」朱懼悔引咎，一切改爲，逮今無恙。此卷皆吕德卿説。

【一〇】蟹隨以入　原作「蟹隨之以」，據四庫本改。

【一一】自息　「息」原作「悉」，據四庫本改。

夷堅支丁卷第三 十七事

如皎鹿母

台州臨安縣【一】古城，富室李氏庵僧如皎，母葉大嫂，與長兄居於北村，皎時時往省。淳熙十三年春，母亡。明年小祥，皎脩設齋祭畢，還庵居喪。夢母至，垂泣曰：「我以平生不作善事，遂墮身爲鹿，只在近山中。來朝當爲鷹犬所趕逐，汝可出觀之。如見時，以錢贖取，切勿忘也。」皎覺而悲傷。天甫明，率行僕數人，俟於外。辰巳間，果有獵徒逐一鹿。鹿徑奔庵中，皎持錢五千與獵人，而留鹿飼養，凡三年。後復夢母，曰：「我償業已足，免以獸軀飫人口腹，皆汝孝感所致也。」旦起，鹿死柵間。皎埋之於墓側，里巷呼爲鹿母冢。

石城廟神

贛州石城縣，城隍祠在邑治之側，水旱祈禱多應，土人敬事之。紹熙辛亥五月十七日，大雨傾注，溪流溢涌，浸通衢丈餘。祠門頹敗，士民合力一新之。門之左右，元塑兩

校勘記

【一】台州臨安縣　李按：宋台州無臨安縣，臨安屬杭州。台州有臨海縣，「臨安」疑是「臨海」之誤。

馬，是時忘設置。踰月後，知縣吕大年夢紫袍吏立庭下，聲喏云：「大王令傳語長官，出入乏馬乘【二】，欲暫假駿馹兩匹。」吕許之。覺而思之，山邑元未嘗養馬，安能遣借？悟其事，乃自捐俸錢，即東西塑飾，用錦衣四健卒控馭。至七月，兼旬不雨，致禱祠下，香火才收，陰雲正晝四合，隨得膏澤，歲以大稔。縣人或夢神導從甚偉，正乘所塑東邊馬云。

陳恭公祖墓

石城永福寺，縣主簿據爲舍【三】。藏院相對有丘隴，高且十丈，相傳是陳恭公祖墓，未嘗有人掃祭，其是否莫能知之。紹熙四年，衢人鄭琯爲主簿，以其處顯敞，可遠覽，欲平治隴首建小亭。工料已具，僧徒慮或招譴，交勸止之。琯方居官，自謂有威力，殊不信。廳吏葉愿夜直宿書齋，夢騶導録續傳呼：「太師且至。」一金紫人坐肩輿而來，呼愿云：「我宅於西岡【四】將二百載，爾輩何得輒萌侵犯之心？」愿怖汗而寤，亟以白琯，遂寢其役。

廖氏魚塘

紹熙四年六月，吕德卿以石城宰詣府，道經雩都縣曲陽鋪東，暫泊於居民廖少大旅舍。盛暑偃息，少大者頗可與語，因言：「有親弟少四，好使酒尚氣，向時每每相凌，置不

【二】出入乏馬乘　涵芬樓本注，「馬」吕本作「騎」。四庫本同吕本。

【三】舍　涵芬樓本注，吕本作「官舍」。四庫本同吕本。

【四】西岡　「西」原作「兩」，據四庫本改。

與校。所居有兩塘，各廣袤二十畝，田疇素薄，只仰魚利以資生。弟忽起分析之議，勉從之。至取魚之時，弟倩村巫書符於瓦上，沉於吾所得【五】東塘，洎舉網，不獲一鱗。徐知其然，亦召此巫如前法，於是西塘亦然。其後巫來相告曰：『汝兩人親兄弟，自不相容，而使我以邪術干正。慮貽譴罰，各宜悔初心，復同居共業。吾當爲爾解救之。切勿再起狂念。』兄弟皆奉其戒，巫乃別畫二符投之，魚遂如故。今每歲獲直，不下數百緡。」巫能不爲利誘，警人使和協，爲可嘉尚。惜不問其姓名。

李氏紅蛇

福州長溪人潘甲，妻李氏顏色秀美，年二十三歲方嫁。後二年，偕娣姒衆婦出游園，見紅蛇蟠結於道上，凝然不動，注目諦觀之，還家即得疾。初時語笑無節，雜出怪異不稽之語，然猶與人相應答。已而益甚，盡改變形態。或靚裝華服，新潔冠履，簪花滿頭。或被髮裸體，一絲不掛，跣行通衢中，泥塗荆棘皆弗避。路人聚觀疊跡，殊不動容。潘生懼其蹈死地，閉諸空室，曉夕謹視之。招村巫馬氏子施法考驗，巫著緋衣，集鄰里僕僮數十輩，如驅儺隊結束。繞李向所游處山下，鳴金擊鼓，立大旗，書四字曰「青陽大展」，齊聲叫譟，稱燒山捉鬼。遇蟲蛇之屬則捕取以歸，沃以酒醋而享其神。夜引李氏出，唱邪詩，與之對。巫拾碎瓦一器，赤足踐蹈，李初亦效焉，足破流血。巫又煆方塼通紅而立其上，

【五】吾所得　「所」字原脱，據呂本、四庫本補。

煎湯百沸，置大鑊，用手拈掇，頓于頭，旋走三帀。李皆不能，遂斂臂屈伏。巫傾沸湯，令李濯足，坐之小椅，勒其供通姓名，具狀言不敢再作孽。乃遣一介押出門，行百步許，仆于地。潘生掖起，擁歸房，了不省人事，昏昏如醉。經一晝夜，精神稍復，而極慙恥。凡兩旬始安。扣向來所遇，不能言，蓋亦羞之也。

海山異竹

温州巨商張愿，世爲海賈，往來數十年，未嘗失時。紹興七年，涉大洋，遭風漂其船，不知所届。經五六日，得一山，脩竹戛雲，彌望極目。乃登岸，伐十竿，擬爲篙棹之用。方畢事，見白衣翁，云：「此是何世界？非汝所當留，宜急回，不可緩也。」船人拱首，白曰：「某輩已迷失路，將葬魚腹，仙翁幸教如何可達鄉閭。」翁指東南方，果得善還。十竹已雜用其九，臨抵岸，有倭客及崑崙奴，望桅檣拊膺大叫「可惜」者不絶口。既泊纜，衆凝睇船内，見一竹存，爭欲輟買【六】。曰：「吾不論價。」愿度其意，必欲得，試需二千緡。衆齊聲答曰：「好。」即就近取錢以償。愿曰：「此至寶也，我適相戲耳。非五千緡勿復議。」崑崙尤喜，如其數輦錢授之，而後立約。約定，愿問之，曰：「此竹既成交易，不可翻悔。然我實不識爲是何寶物，而汝曹競欲售如此，盍爲我言之。」對曰：「此乃寶伽山聚寶竹。每立竹於巨浸中，則諸寶不采而聚。吾輩世舶游，視鯨波拍天如平地，然但知竹

【六】輟買　涵芬樓本注，吕本作「求買」。

名，未嘗獲覩也。雖累千萬價，亦所不惜。」愿始嗟嘆而付之。予謂温州未必有倭船到岸，而蕃客安得見仙【七】，當以詢彼人也。

寶華鍾

王德金少卿玨，紹興十四年，待行在糧料院闕，寓居平江横金市。市之西南曰魯都灣，有田數百畝，欲卜築於彼，未果也。相去又半里，寶華山有禪刹曰慈嚴智顯，殿宇宏敞，近村寺舍皆莫及，士人呼爲小靈隱。主僧來謁王，言：「昨夜夢神人告云：『横金王判院，乃舊檀越，與兹一方有善緣。盍勉之，使居此地？』其意殊不可曉。」於是王決策謀徙，而未能遽辦集。會其妹婿李秄通判以所居求售，即買之，而拆毁其材植以供用。甫兩歲，第宅雄成。他日同姻朋詣彼刹，登鐘樓，讀其鐫誌曰：「重和元年，將仕朗、前崑山縣主薄王玨施淨財，一力鑄造。」正與己姓名同。主僧相顧歎異，始悟神人有緣之語。

阮公明

臨安於潛縣士人阮公明，幼聰敏，爲太學生，不事拘檢。將往臨平鎮娶婦，因醉持篙擊水手墜水死，廂【八】付仁和獄。法爲誤傷，罪不至大辟，而以久繫隕命。後十年，同舍生王質，自外州教授受代，到中都。晚坐旅邸，一僕捧刺來云：「阮上舍拜謁。」視其名，

【七】見仙　涵芬樓本注，吕本作「見錢」。《海外新發現永樂大典十七卷》卷一九八六六同吕本。

【八】廂　涵芬樓本注，吕本作「廂吏録」。四庫本同吕本。

則公明也。相見悲喜，敍舊款曲，復邀飲於肆。酒數行，歎曰：「吾久墮鬼籍，緣天年未盡，陰司不收，但拘縻於城隍。晝日聽出，入夜則閉吳山枯井中。如我等輩，都城甚多。每到黄昏之際，繫黄裹肚，低頭匍匐而走者，皆是也。」回首指其僕，曰：「此人亦是。各隨貴賤留下，更相服役，與世間不殊，不足爲異。」酒罷辭去，握手囑曰：「某尚有十年留滯，未能受生。幸爲作書，白家君，修水陸道場，可減六七年之限。願無忘！」長揖而逝。明日，質遺報其父，不之信。質自捐橐金，辦佛事資薦之。數日後，出外歸店，人言阮留謝刺而去，其所用紙，蓋人間者。自是不復見。

人魚劍脊烏【九】

乾道六年，湖州市中，弄蛇客養一魚於瓦盆，狀似鮎而色黑，腹下出兩手若人狀者，十指皆具，蓋所謂人魚也。又武康山間産一種蛇，名曰劍脊烏，大而善走。逢人則昂首而立，其尾著地不及寸。須急趨避之，乃免其害。

卞山佑聖宫

紹興初，湖州卞山之西，有沈崇真道人者，得真武靈應聖像，因結庵於彼，奉事之。仍持符水治祟療病，效驗殊異，而民俗皆呼爲真人。後增建一堂，買度牒爲道士，其徒從之

【九】人魚劍脊烏　中華本注，目録作「鳥」。四庫本作「鳥」，下同。

者數十輩。忽有紅光四道起於堂後，近視則無所覩。沈旬日試於光處掘地，獲有青石，長三丈，闊尺許，上刻「天關地軸相交糾」，兩日【一〇】光彩浮動，遂砌一龕。自是，士女敬信益倍昔時。共爲移遠鄉廢元峰觀額，以標其宇。沈守約丞相當國，奏賜額曰佑聖宫。崇真既没，今厥孫住持云。

圓真僧粥

吕彦能授，自天台城中入山，過村落一小寺。其主僧圓真適出外，守舍童熟寐室間，呼之不醒，吕行久頗倦，暫卧榻上。聞飲饌芬香，徹於鼻觀【一一】，起詣庖下視之，炊煙微温，更無一物。唯見釜旁以線繫崇寧四大錢寘四角，固所不曉，乃捨之而出。僧正從外來，迎且笑曰：「手脚以露【一二】，不復自文。幸小留共享。」於是飲酒數杯。設粥一器，糝如雪色，味絶甘，不知爲何品。僧曰：「恰見釜旁繫錢，蓋爲此耳。其法用鱖魚大者四枚，破除淨盡，去首尾及皮，以綫繫骨端，垂于釜中。然後下水與米，凡鹽酒薑椒之屬，悉有常數。度其縻爛，則聚四錢爲一，併掣之，魚骨盡脱，肉皆潰於粥矣，所以美者如是。山僧酸寒，不足爲貴公子道也。」吕醉飽而去。

【一〇】兩日　四庫本作「雨日」。

【一一】鼻觀　四庫本無「觀」字。

【一二】手脚以露　「以」四庫本作「已」。

虞一殺螺

奉化海上漁人虞一，以取砑螺爲生。每得時，率用生絲線作圈套其上，候吐肉出，則盡力繫縛之。急一拔，了無餘藴。數年後，右手背生惡瘡，五指及皮俱脱落，痛苦之甚，略不能運動。追悔前業，誓不復更爲。久之乃愈。遂棄妻子，捨身爲寺家奴。

鄭行婆

合州城内一媪曰鄭行婆，自幼不飲酒茹葷，默誦《金剛經》，未嘗少輟。紹興辛未之春，因往報恩光孝寺，聽悟長老説法。中路過屠者門，正見臠割牛肉，戲語同行曰：「以此肉切生，用鹽醋澆潑，想見甘美。」迨到寺，悟公問：「汝安得喫牛生？」媪曰：「出母腹以來，不知肉味，和尚如何有此説？」悟曰：「汝真不食邪？」命取藥刀圭，注湯調爲一杯，使之服。少頃，吐出生牛肉椀餘。媪始悔恨妄想，故示顯化，益痛加脩飭。今已九十餘歲。

嘉興道人

紹興五年冬，秀州市上有貧道者，衣裘極藍縷，而顔采腴澤。人問之，則以右手撮地，若取物狀者數四，元未嘗丐錢【一三】，往來但指以爲笑。忽揖吕德卿兄弟曰：「無事時來我道堂中吃茶。」吕不暇即往，然意非凡流。明日訪其居，已去矣。

折玉龍釵

揚州平山堂，左右皆隋煬帝故宫苑，其地多已耕墾爲田園。淳熙九年，村民因取土得白玉釵半股，質理温潤，上碾龍鱗甲寸餘，黄栗色，光采欲動。統制官朱振出錢三千買之以示客，吕德卿嘗見之。

班固入夢

乾道六年冬，吕德卿偕其友王季夷嵎、魏子正羔如、上官公禄仁往臨安，觀南郊，舍於黄氏客邸。王、魏俱夢一人，著漢衣冠，通名曰班固。既相見，質問西漢史疑難。臨去，云：「明日暫過家間，少款可乎？」覺而莫能曉。各道夢中事，大抵略同。適是日，案閱五輅，四人同出嘉會門外茶肆中坐，見幅紙用緋帖尾，云：「今晚講説《漢書》。」相與笑曰：「班孟堅豈非在此邪？」旋還。到省門，皆覺微餒。入一食店，視其牌則班家四色包子也。且笑且歎，因信一憩息、一飲饌之微，亦顯於夢寐，萬事豈不前定乎？

【一三】丐錢　「丐」原作「正」，據四庫本改。

張四海蛳

臨安薦橋門外太平橋北，細民張四者，世以鬻海蛳爲業。每浙東舟到，必買而置於家。計逐日所售，入鹽烹炒，杭人嗜食之。積戕物命百千萬億矣。淳熙十六年二月之夜，蛳在盎者，盡緣壁登屋，上床繞衣，掃去復集，至於粘着肌膚不可脱。張慨然有悟，遂發誓云：「從今日以往，不復造此惡業。自别尋一營生道路，願諸佛子監察。」言訖，蛳悉墜於地【一四】。甫天明，空所蓄，投諸江，而改貨煎豆腐以贍給。此卷亦吕德卿所説。

【一四】蛳悉墜於地　涵芬樓本注，「蛳」原脱，據葉本補。

夷堅支丁卷第四 十五事

林子元

福州閩清士人林子元，屢應鄉試未登名。淳熙十三年，夢人謂己：「君欲薦送，當俟賢兄來帥七閩可也。」覺而記於牘。其兄自誠者，雖嘗業儒，久已捐棄筆硯，爲商賈之事矣。朋友或知之，每相面會，輒戲之曰：「令兄已開藩否？」林亦絶意榮望。至慶元元年秋試畢，適報宣城守林藴之鎮閩，喜謂其友曰：「吾兄字待問，正與新帥名同。鬼神不吾欺，吾刻日以覬吉報耳。」洎九月二十四日揭榜，林果以詞賦居首選，乃驗。士子得失，固不偶爾。郡守隨時差擇，時【一】已豫定於九年之前。則凡朝至暮徙，倏去忽來，世以紛更數易，迎送煩費，歸咎於造物。殊不知冥冥主張，信而有證，特假手於人。盡心力而營之，祇可笑也。大兒時通判州事，得其説甚的。

楊九巡

術士行山者，或畏墓穴妨其身，則必迂枉避就，如予前志所書劉少保家保安軍地者是

校勘記

【一】時　涵芬樓本注，吕本作「亦」。四庫本同吕本。

已。鄱陽人楊九巡，習此技而絶貧困，至無衣可出。梁企道侍郎亡，訪地未得。楊往見寓客張承事，謂之曰：「我有一個好經紀，恨衣裳破碎，難謁達官，非君不能成吾事。」張曰：「此易辦耳，吾職庫役，其中多有之【二】。」即擇衫裘之屬數種衣之。導往梁氏，先以地圖入。梁之子宏夫，視之喜，便與偕詣彼處。既至，指一穴，曰：「此是也。」宏夫回環四顧，曰：「地勢趨下，恐有水患。」令移上三丈許。楊愀然曰：「鵶鵶【三】。」蓋知其於己不利也。及葬畢，得犒錢二百千。次日，忽病風攣，數月小愈，扶杖詣張謝，曰：「賴君之賜，使我一家温飽，愧無以報。有土湖上一地，可作花園，切不可失。」張本邢州人，北俗以豫凶事爲諱，不肯先卜壽藏。楊之意，欲使他日作葬地，故婉其辭。張曰：「年衰矣【四】，無用旋營一圃也。」然竟如其言。及卒，其子玘葬之。十年後，玘從白屋登第。玘説。

書吏江佐

洪應賢自婺源縣擕書吏江佐歸鄉里，服役累歲。應賢捐館之次年秋，請假還家收禾，踰月不至。應賢次子仲堪夢其來，參拜如平生。問：「所收幾何？」對云：「佐才歸，即得病，以爲疫，不肯相拯救，飢困至死。今所以來者，蓋有一事啓告，佐親弟佚，在龍泉寺爲行者。它日若作僧，則先父遂無後。望收拾，使令之。」仲堪又問：「汝既以疫死，想不復有人爲殯殮，後事竟如何？」曰：「賴鄰里親族率錢營辦，僅得涼衫裹尸，白松木棺周

【二】吾職庫役其中多有之　「職」原作「質」，「其」原作「台」，據四庫本改。

【三】鵶鵶　原注：俗間歎聲。

【四】年衰矣　涵芬樓本注，「年」原作「無」，後改。吕本作「吾」。四庫本同吕本。

身，而葬於縣東門外。」言訖而泣。且去，問其所欲，曰：「囊無一錢，願賜盤費。」仲堪夢中買紙錢二十結，呼巫在外，引宣白而焚與之。又問之曰：「汝來時道路無阻礙否？」曰：「正苦爲關津闌遏。」於是又使巫給一引，佐捧受媿謝。旋登榻取被覆體，少頃揭被，已不見。後旬日，縣故吏王伋來，試訪其事，盡如夢所説。因遣唤江佺至，留之書室，供灑掃，經數年而去。今在光州通判廳爲筆吏云。

張妖巫

婺源懷金鄉巫者張生，善爲妖術，能與人致禍【五】。每於富室須索錢米，小不如意，則距躍勃跳，名曰「打筋斗」，此家隨即病瘡痘，或有死亡。以是莫不畏憚。士人汪廷瑞慕其能得不義之財【六】，從而佐佑之。大書一牓曰「朝天門」，揭於其居。巫頂高冠，著寬袖緋衫，繫大黄帶，每日升高座，縱談禍福，隨從祇承，可三十輩。縣手力汪早，嘗過門，怒其不燒香，遣人押回取問。汪云：「客洗手致敬。」既焚香畢，復命左右撾縛之。汪云：「如此卻不可。若有符法，當使陰兵執我於虚空，而加箠擊，不然便去白知縣。」遂得釋。汪徑具狀詣縣告，縣宰洪應賢追逮至庭，詰其妖惑。對曰：「所行乃天心正法，最善療人疾病，初非造【七】妖也。」詞色傲倨。宰曰：「汝會打筋斗，如能跳過鼓樓，即放汝。」始惶怖，亟拜祈哀。命囚於獄。明日，躬往鞫訊，且持正一籙中降魔印在手，而語之曰：「汝常言能神通，知未

【五】能與人致禍　涵芬樓本注，葉本作「能造禍福」。

【六】慕其能得不義之財　涵芬樓本注，葉本作「慕其得財之易」。

【七】造　涵芬樓本注，葉本無「造」字。

來事，且道我手内是何物？」錯愕無以對。立杖之二十，逐出境。初，巫以創造法院，斂民錢幾千緡，悉拘籍入官帑，充月樁，邑人爲之相賀。廷瑞懼罪，亦徙而之他。

治湯火呪

里巫多能持呪語，而蹈湯火者【八】。元仲弟得其訣，爲人拯治，無不立差。其呪但云：「龍樹王如來，授吾行持北方壬癸禁火大法。龍樹王如來，吾是北方壬癸水，收斬天下火星辰，千里火星辰必降。急急如律令。」呪畢，手握真武印吹之，即用少許冷水洗。雖火燒手足成瘡，亦可療。右三事，洪元仲説。

袁娼馮妍

袁州娼女馮妍，年十四，姿貌出於輩流，且善於【九】歌舞，本謝氏女也。其母詣郡陳狀云：「賣此女時，才五歲。立券以七年爲限，今踰約二年矣，乞取歸養老，庶免使以良家子終身風塵中【一〇】。」郡守張定【一一】呼問妍曰：「汝離家時尚小，能認母乎？」曰：「能認。」於是引謝媪至前示之，摇首曰：「非也。」張判所訴云：「既非真母，難以强取。免勘虚妄，逐。」謝便銜恨泣涕而出【一二】。妍還馮居，才入門，忽迷不識路。娼母詢其所以，曰：「眼前冥冥漠漠，如人把手遮我【一三】，更不能曉解【一四】。」暨至房，便覺内障，告

【八】而蹈湯火者　涵芬樓本注，「而」下，葉本多一「救」字。

【九】於　涵芬樓本注，葉本無「於」字。四庫本同葉本。

【一〇】庶免使以良家子終身風塵中　涵芬樓本注，葉本作「免使良家，終身墮於風塵」。

【一一】張定　涵芬樓本注，葉本多一「叟」字。四庫本同葉本。

【一二】免勘虚妄逐謝便銜恨泣涕而出　涵芬樓本注，葉本作「免勘逐出。謝銜恨，泣涕而出」。四庫本作「免勘虚妄，逐使去。謝恨，泣涕而出」。

【一三】如人把手遮我　涵芬樓本注，葉本作「如人手遮我眼」。

【一四】曉解　涵芬樓本注，葉本作「見」。

于郡，以疾求假。張不之信，因會客，命如常日呈伎。蒙然如癡【一五】，與之酒，亦不知盞所在。猶以爲詐，曰：「汝且歸，只從當中去。」妍迂枉信足，遂墜砌下，始驗其被疾【一六】，聽除籍。遂竟失明。孫鼎臣爲判官日，常見之，眸子宛然，而其盲自若也。

許成悖母

金溪民許成爲農，自田所歸舍，從母索飯。母告之曰：「飯在釜中，可自去取喫。」及至灶下，視釜則空無所有，怒而罵曰：「爾不害瞎，妄語如此。」即出外折薪，一枝忽躍而上，徑入眼，貫一睛而出，登時昏絶，累日乃能起。今爲孫鼎臣擔僕，自狀其過，而悔無及矣。

吴廿九

紹熙二年春，金溪民吴廿九，將種稻，從其母假所著皁綈袍，曰：「明日插秧，要典錢，與雇夫工食費。」母曰：「我怕春寒，且明日未必成【一七】。汝妻自有襖，何不就取？」吴恚而退。其家有桑十餘株，婦姑中分之矣。姑誤采婦葉，婦告吴，吴即入母房，牽之出，曰：「不借我襖，又采我葉，莫要在此住，自去别處討飯喫。」便持斧斫其床，并薦席亦碎毁。時已逼暮，母詣鄰家求寄一宿。鄰人曰：「婆兒子性氣惡，我留汝必遭炒鬧【一八】。」

【一五】癡　原作「礙」，據明鈔本、四庫本改。

【一六】被疾　涵芬樓本注，葉本作「真疾」。

【一七】未必成　涵芬樓本注，葉本作「未即雇人」。

【一八】炒鬧　涵芬樓本注，葉本作「兇鬧」。

拒不納。母出，立簷下，彷徨往來，且坐且立。至五更，遥告虚空，願早天曉。俄聞鷄唱，時方陰翳，忽開晴，吴甚喜，即與三農夫同之田間【一九】。母還所居，見床榻已壞，發聲泣。其婦言：「昨以桑葉之故，被丈夫一夜打駡。婆且去。」日正午，片雲起於山，須臾煙霧四塞，四人【二〇】皆避於山下。驚雷掣電，有頃復晴。三農聚首如初，獨吴生不在，走訪之【二一】，乃倒埋稻中【二二】，入地二尺，牢不可拔【二三】。妻急邀僧，誦經懺悔【二四】，至晚，始得出，舉體黑如炭煤然。

丘岑食蕈

金溪士人丘岑，就館於鄉豪家園。僕居在傍，使朝暮供送飲饌。僕嘗得大蕈，煮作羹，一家五口飽食之，以一杯獻岑。岑曰：「此珍味也，不可徒食。」命學生歸，求酒一升許，滿飲然後啜蕈。既而聞僕夫妻皆嘔血困仆，往視之，則兩子復然，不移時，四人盡死。主人料岑必及禍，畏其或隕於門内，且爲累，亟置酒三觴延之，償其束脩之直，遣轎舁之歸，又餉以一尊。主家去岑舍三十里，行半塗，與友生相遇，因語其事，遂留連共飲，空其尊，醉卧邸榻。迨醒，略無所苦。識者謂酒能解蕈毒云。右四事，皆孫鼎臣説。

【一九】吴甚喜即與三農夫同之田間　涵芬樓本注，葉本作「吴與三農夫同下田」。

【二〇】四人　涵芬樓本注，葉本作「吴與三農」。

【二一】獨吴生不在走訪之　涵芬樓本注，葉本作「獨失吴生，尋之」。

【二二】稻中　涵芬樓本注，葉本作「稻田」。

【二三】牢不可拔　涵芬樓本注，葉本多「走報其」。

【二四】懺悔　涵芬樓本注，葉本、吕本作「懺謝」。四庫本同上二本。

繆夫人

羅春伯爲刑部尚書。紹熙五年四月，母繆夫人在臨川，夢春伯乘轎還鄉，而著衰服，方大駭，而從者持一合而來，啓之，得樞密告身一軸。春伯易公服，繫方圓毬文帶，出見賀客。母乃大喜，問人曰：「尚書今轉何官？」曰：「樞密相公也。」覺以告家衆，皆喜懼居半，深以爲疑。至六月，壽皇遺誥至，始驗衰服之兆。越兩月，春伯入樞府。少日蓋夢中所稱止此耳【二五】。臨川饒祖堯説。

王監之

太學生王監之，婺州人也。紹熙壬子秋薦，告假還鄉里。常時好招邀大仙，遂焚香泚筆，拜祈來歲得失。即大書十五字云：「羅春伯急欲相見，已爲公討冥州差遣。」是時，羅以刑書兼吏部尚書，王甚喜，謂春闈必知貢舉，當於其衡鑑下登科。欲詣學參假，方解舟，疝氣大作，急還家，俄頃而卒。旋營周身之具，乃羅木、柏木各兩片，而前後用椿板足之，始驗前説「羅春伯」三字，冥州之兆，安得云吉乎？

【二五】少日蓋夢中所稱止此耳　四庫本作「乃悟昔夢中所稱正此耳」。

朱四客

婺民朱四客，有女爲吴居甫侍妾。每歲必往視，常以一僕自隨。因往襄陽，過九江境，山嶺下逢一盜，軀幹甚偉，持長鎗，叱朱使住，而發其篋。朱亦健勇有智，因乘間自後，引足蹴之，墜于岸下，且取其鎗以行。暮投旅邸，主媪見鎗扣之，遂話其事。媪愕然，如有所失。將就枕，所謂盜者，跛曳從外來，發聲長歎，曰：「我今日出去，却輸了便宜，反遭一客困辱。」欲細述所以，媪摇手指之，曰：「莫要説，他正在此宿。」乃具飯餉厥夫，且將甘心焉。朱大懼，割壁而竄，與僕屏伏草間。盜秉火求索，至二更弗得，夫婦追躡于前塗十數里。朱度其去已遠，遽出，焚所居之屋。未幾，盜歸，倉皇運水救火，不暇復訪，朱遂爾得脱。

武昌客舍虎

承宣使孫瑺之子禹功，紹熙四年冬，自臨安挈家赴襄陽都統司幹官。過鄂州，捨舟趨陸，夜宿驛舍，覺有賊往來門外。從吏呵駡之，曰：「是都統官員，不得作過。」久之稍定，乃啓户出視，見兩虎相與盤拏也。既至襄，遣僕蔡德歸親庭，宿武昌客舍【二六】。見舍中人紛紛擾擾，有驚畏之心，問其故，云：「昨夜吾家父子四人俱未寢，團聚圍爐，俄一虎撞

【二六】遣僕蔡德歸親庭宿武昌客舍　「親庭」四庫本作「視夜」，二字分屬兩句。

入，踞爐而坐。吾父子危懼喪膽，以爲必有一人遭啖食，不敢略轉，但添薪益火，與之相守。虎亦偃然自若，至曉乃奮迅而出。鄰媪適來請火，正及門，遇之，即駭仆而死。吾家雖幸免，而驚魂到今未定。且憂其今夕復來，決無由可脱也。」蔡德亦爲之變色，殆寢不安席【二七】。明日辰巳間，始敢去。右三事，姪孫侃説。

黄狀元

鄱陽士人黄瀛，字季蓬，善屬文。宣和間，在太學負俊聲，屢夢人稱爲黄狀元，瀛固自待不淺，每爲交友言之。然才入舉場，輒不偶。紹興八年，以免舉赴省試於臨安，而黄公度魁多士。是歲，無廷對，遂唱名第一。瀛始悟，歎曰：「二十年夢黄狀元，今乃爲它人所奪。」鞅鞅而歸。久之，僅得特奏，攝官而卒。所作《飛來峯》、《含笑花》二賦，殊可觀。《飛來》一篇，嘗經高宗御覽。瀛之居，去州百里，每入城則館於安國寺。嫌廁不潔，遇欲登溷，輒往妙果僧堂後，其爲人耿介類此。

汪莊敏宅

汪莊敏公築宅於浮梁邑中，高明閎廣，子弟列房居之，不能徧。其姪杲習銓課，招鄉人朱龜蒙主書館，治一閤於東廂，别有外間，兩士就學，凡四人同處。杲嘗與朱夜謁從兄

【二七】殆寢不安席　四庫本作「終夜危懼，不安席」。

茂良於後堂角舍，因留飲。杲先出讀書，獨攜紙炬以行。將至所居【二八】，見兩士窗外一男子衣冠頗整潔，穴窗窺覿，以爲兩人自相戲耳。暨入室，則皆假寐桌上，方瞿然，疑非人。出視之，無所覩，窗紙元未嘗破，蓋鬼也。杲字茂明説。

【二八】將至所居　「居」原作「留」，據四庫本改。

校勘記

夷堅支丁卷第五 十四事

潘見鬼理冥

慶喜貓報，已載支景中。既死二十二年，當紹熙壬子夏，其主母得水蠱疾，日就危困。幹僕王富云：「嘗聞天井巷開茶店錢君用二郎說：『艮山門外潘先生善理幽冥間事，俗呼爲潘見鬼。』試往禱之。」王遂拉錢造其居。潘焚爇楮鏹，施手帕於所事神像前，燈上正見一婦人、一貓對立。潘云：「俱有寃枉，吾亦不解其由。」二人持帕歸，爲主母道所以。母大驚，曰：「往歲實怒責此婢，然其死也，自因損傷，非我隕厥命，何緣作祟如此？」復使往見潘。乃命童子附體考召，即作婦人聲曰：「我名慶喜，以死於非命，到今未得託生。固非主母殺我，但却自渠而發。向者其福未衰，故等守多年耳。」潘許以齋醮經卷，皆不應，而作貓叫數聲。童即昏睡，及覺，不能略省。潘牒城隍，令收置酆都宫，且呪棗治水與病者服，似覺小愈。才數日，復沉篤，竟不起。錢往弔喪，是夕夢婦人來，曰：「我自報寃，何預爾事？顧令潘法師囚我於獄，非屈君來地下作證不可。」旋抱熱疾，少日亦亡。噫！冥途業報茫茫，理難致詰。慶喜之死，自緣貓故，乃貽禍主母及錢生，則爲太濫矣！豈非數相值【一】，偶然若是乎？吕德卿説。

潘見鬼卜

潘見鬼者，又啓卜肆，其術尤高。淳熙戊申歲，禹之姪以前武陵通判詣闕，當再得倅貳。或云：「華亭胡朝散待建康次，而得疾，消息殊不佳。若求代之，只二年半便可上。」禹未能信，將謀諸卜筮，遂往訪潘。隨其所需，買香紙，仍留白紙一幅於神堂，禱請供事。約明日復來。既至，潘取香爐灰反覆擦紙上，良久，拂拭視之，則成二「方」字。禹蓋以其爲胡君問，謂事不諧矣。時周益公在相位，往謁之，伸建康之請。周曰：「彼兩倅闕，皆是三四年。何不求贛州？」禹曰：「禹非不詢究，緣有饒金酉、黄巖卿、方盛三政，官期甚遠。」周曰：「饒已下世，黄當即赴，而爲私計所牽，見擬丐祠。今但替方盛耳。」禹喜謝，即納劄子請之，而心猶疑慮。次日，饒致仕命下，黄遂祠請，其到堂資歷同者，爭求之，殆三十輩，而禹劄在前，遂得之。於是證「方」字之驗。

夏巨源

夏巨源者，亦精於卜筮，居臨安中瓦，每來卜者，一卦率五百錢。紹熙三年冬，禹之自贛倅受代造朝，其子价【二】侍行。既至，點檢勑誥文書，遺其一【三】，雖遣僕還家訪尋，終

【一】豈非數相值　涵芬樓本注，「非」吕本作「命」。四庫本同吕本。

【二】价　四庫本作「介」，下同。

【三】遺其一　涵芬樓本注，葉本多一「劄」字。

不能自釋，乃同詣夏肆【四】。夏書紙上曰：「事在千里外。」繼書一「食」字，一「堯」字，合而讀之，則「饒」字也。問曰：「是乎？」答之曰：「然。」曰：「文書見在，係一多口人收得，而鴛鴦爲【五】看守，無足憂也。」其說茫洋無準的，固以爲妄。既而僕從饒州來，持所遺至。蓋向者打併行李時，忘在外【六】。小妾福安見之，价房中十篋，用【七】「泥融飛燕子，沙暖睡鴛鴦」爲標貼，遂以寘鴦篋内【八】。既悟【九】「鴛鴦看守」之語，而「福」字有口，田字又四口，所謂多口人者，如是。亦神矣哉！右二事，禹之說。

李朝散

紹興三十一年，朝散郎李浚監通州支鹽倉。並海多産蟶，居官者必以爲鮓醢，餉遺親故，浚所買頗多。一夜夢若游他處官府，見神人冕服正坐，呼謂之曰：「汝近日何得廣殺生？合減一算。吾念汝善【一〇】也，已從恕，自今後當力戒之。吾姓俞氏，而名從立人，仕至宣教郎，年勞當升朝已下磨勘。及通直命下，曾不克拜而終。見掌百禽獸水族，行且受代。生前與汝爲姻戚，故特告汝。」遂辭去。又聞有語云：「看經與道士着【一一】。」浚覺而思之，俞乃其妻族，名從立人者，妻之諸祖也。但不曉去後之説。明日問主人，始知蟶有兩種，小曰孩兒蟶【一二】，大曰道士蟶。昨日所製，蓋擇取其大者，亟唤僧誦經資薦之。迨秩滿還家，言於諸俞。云所夢者，名佚，以宣教郎知德清縣，臨欲還官而捐館。未

【四】乃同詣夏肆　涵芬樓本注，葉本多「卜之」二字。
【五】爲　涵芬樓本注，葉本作「爲之」。
【六】忘在外　涵芬樓本注，葉本作「忘失在房」。
【七】小妾福安見之价房中十篋用　涵芬樓本注，葉本作「小妾福安拾得，藏在鴛字篋中。蓋价房有十篋，以」。
【八】爲標貼遂以寘鴦篋内　涵芬樓本注，葉本作「爲記號」。
【九】既悟　涵芬樓本注，葉本作「方悟卜者」。四庫本作「既應」。
【一〇】吾念汝善　善原作「吉坐」，據四庫本改。
【一一】看經與道士着　中華本注，「着」字疑誤。
【一二】孩兒蟶　蟶原脱，據吕本、四庫本補。

幾，夢告其妻曰：「我今爲神，實掌鱗羽諸獸，當爲我造冕服。」妻如其請，倣祠廟中規範繪飾【一三】，當齋七祭供，焚而獻之。至辛巳歲，垂四十年矣，而靈著如此。俞之姪孫瀹，刻石記其事。

虼螘瘟

淳熙十四年春，江淮浙癘氣肆行，但不甚爲害。唯中者覺頭痛身熱，不過三日即愈，名爲虼螘瘟，言自淮北來。趙師縉明叔云：「其祖彦澤鎮揚州，正坐決事，一吏以疾作告去。俄紛紛繼之，過半不止。明日，趨庭之吏，三分僅有其一。當晝宴客，一倡方行酒，亦以出去。迨終席，無一人存。」翁潾云：「時爲溧水主簿，身遭其沴，既而舉邑盡然。」予在翰林，大兒自鄉里攜婦孫來省。至衢買舟，方離岸，即有病者，浸浸舟中之人無有得免，然不藥而愈。所在相傳云，頃年未嘗如是也。

蜀梁二虎

蜀峽山谷深敻，鷙獸成羣，行人不敢獨來往。萬州尤爲荒寂，略無市肆。教授官舍，自處一偏。嘗召會同官，至夜於廳上設燈燭勸酒。一虎忽躍升階，蓋見火光熒煌，突然而至，坐者悉驚竄。一客在外，不暇入，急伏於胡牀。後虎漸進逼之，客無計可禦，舉牀冒其

【一三】倣祠廟中規範繪飾　原作「倣似廟中規矩繪飾」，據呂本、四庫本作删改。

諸客不敢再飲，乃昨夕客各散去。明日，村民入城者言，三十里間，有一交椅碎裂在地。教授遣取視之，乃昨夕客所失者。蓋虎沿途擺撼，方得脱也。客雖免於搏噬，亦喪膽成疾，彌月方愈。興元府近郊，有農民持長刀將伐薪，行畬田狹徑，其下皆沮洳。相去丈許，一虎在彼，望農至，欲奮迅登岸。農遽跳坐其背，以刀亂斫之，虎亦勃躑與相抗。里人環睨，不敢救，相率投戎帥乞援。帥命獵騎百輩，鳴金鼓馳往，至則人虎俱困，騎刺虎殺之。扶農歸，遍體斷裂成紋，蓋盡力用刀，且驚怖故也。次日亦死。帥厚給其家錢粟，使葬之。

頭，按頓再三。虎作勢撑拒，頭入愈深，如施枷械者，大窘駭，負之奔出。

建康空宅

建康都統制會客，至勸酧【一四】，而所親趙路分自遠方來，先遣信假館。其人素亢傲，尤侮鬼神，子弟欲窘困之。軍中有將官空廨，絶凶，無人敢居，乃導往彼處。趙入據中堂宿，半夜後，望大門内兩火炬，以爲從僕未寢，猶呼問之。俄而開門，一物長纔二尺，闊亦然，持巨扇直入。趙擬下牀毆之。時當冬夕，既解衣，畏寒，未能起。物竟逼牀，舉扇一揮，覺陰風如割，精采消隕，惴怖戰慄。憂其復爾，不暇出聲唤僕。會帥宴已散，知其故，乃責厥子曰：「奈何將人性命爲戲！」急令邀迎還。公廨中，人聲四喧，此鬼始捨去。明日，趙氣象索然，無復向來豪態。後一年，竟死。知文州李言時在彼見之，爲姪孫偁子

【一四】至勸酧　四庫本作「正勸酬」。

翼說。

饒風鋪兵

金、洋之間，驛路蕭條，但每十里一置。饒風驛鋪卒送文書，已逼暮，值虎【一五】從旁來，有攫噬意。卒窘甚，駐立語之曰：「我聞汝亦是靈物，我今所傳文字，係朝廷機密下制置司者。汝吃我無可辭，此一筒制敕符命，如何分付？」虎弭耳低頭，爲聳聽之狀，徑捨去。卒到他鋪交遞畢，因留宿，與彼中人言，自喜再生。明日，回至昨虎處，復相遇虎，竟爲所食。乃知命分當死於虎，疇昔之免，端爲文書故云。右三事俌說。

義烏孫道

淳熙元年冬，榓姪自鄱陽往四明，過婺州義烏縣南舍。晚泊逆旅，倏有野服者坐於傍。扣其何人，曰：「邑醫孫道也，工療眼疾。」榓與之語，孫曰：「君當是貴家子弟，必藏好書，願畀我一二，或可爲人起疾。」榓素秘翻胃一方，即口授之。其法用一大附子，去其蓋，刳中使淨，納丁香四十九粒，復以蓋覆之，線縛于箸，置銀石器中，浸以生薑自然汁，及蓋而止。慢火煮朝乾，抄一錢匕摻舌上，潄津下之。若煩渴，則徐食粥糜，忌油膩生冷。孫喜，書之於策。未幾，州鈐轄苦此病，危甚。孫爲之拯治，正用前方，數服而愈，謝以錢

【一五】虎　涵芬樓本注，葉本作「一虎」。

五萬。孫家貧，所得過望，平生未之有也。略不述所來，但自言其功。欲偵榼歸塗，更有請。俄一夕告殂，時方年五十。精采伉健，而奄忽若此，乃知財物不可妄得云。榼姪説。

海口鎮鱖魚

汪茂通檝，監福州福清海口鎮税。一夕，津吏報有海船一隻，經過岸下，所載惟鱖魚一尾。客人貪行市，不可滯留，乞便爲檢放。汪知其爲大魚，語之曰：「俟收税畢，爲我買其頭。」吏曰：「恐太多，無發泄處。」乃令只買雙頰顋肉，亦以多爲言，於是但市其半。少焉，四兵牽負而至，其重七八十斤。汪舉室恣食之，又以其餘作脯，餉縣僚。略計此鱖，無慮數千斤。

黟縣道上婦人

浮梁民程發，爲人庸力，屢往江浙間。淳熙十四年九月，自臨安歸，過黟縣境。清旦，遇婦人於途，顏狀愁悴，告程曰：「我不幸，丈夫很惡，常遭鞭箠，而阿婆性尤嚴暴，不曾得一日定疊。昨夜趕我出，無處著身，汝能帶取我以行，便當嫁汝。」程曰：「我自有妻，會伏事吾母，如何無故捨之而别娶？且與汝同行，路人必唤做姦盜，於事不穩便。」婦曰：「如此時汝自先去，我今此路甚熟，候晚下宿泊處，當往相尋討。」程無詞以拒，漫應曰：「好。」遂獨行。暮抵旅店，則婦已在房内矣。力邀共寢，程初不肯從。愠曰：「我便走投都保，説汝掠我來，强姦我。」程頗懼，又覩其容色勝厥妻，乃遂其請。將曉，復云：「我後須到汝家，若怕妻不容，自向近處別討一屋住。但時時過來相就，亦得。」臨別，於手帕内取一衲襖與程。程既還家，不以語母妻。所居五里外，有虚市曰廣平，距邑十五里。程一日往，忽被疾，始與母道所見。曰彼婦恰入房【一六】，相存問，坐牀上，移時方出門去。母駭愕，蓋略無影形也。迨曉而死，母斂以衲襖，而葬之。妻從後更適人【一七】，惟生一女，及嫁，程母往依之，遂空一室。

淮西牛商

慶元元年夏，浮梁北鄉桃樹村，衆户買牛賽神，得一頭於淮西商人，極肥腯。享獻既畢，分胙而食之，凡七八十人。肉才下咽，悉苦身熱腹脹，如中毒狀，經三日始愈。徐究其故，乃姦商殺青竹蛇入藥，糜碎拌和於藁秸，而以飼牛，牛咀嚼甘美，十餘日膚革倍於昔時。商獲息過半，乃引餘牛往浙東。買者方議追執而訴其惡，聞已溺死於前渡，遂置不問。此鬼得而誅也。右三事，汪茂明説。

李晉仁喏様

李祐，字晉仁，河東人。政和、宣和中，歷數路轉運使。在京西時，以唐、鄧、房州不奏

【一六】彼婦恰入房　「彼」原作「母」，據四庫本改。

【一七】妻從後更適人　「適」字原無，據四庫本補。

旱災，及禁民陳訴，皆舉劾之。其人公直剛明，然性最滑稽。上官有庸繆不見稱於士論者，必行侮辱。嘗爲磁州滏陽令，磁守老昏，而好校僚屬禮數。祐初上謁鞠躬，厲聲作揖，守驚顧，爲之退卻。既去，遣客將責之。明日再至，但俯首拱敬，而不啓齒。守大怒，出府帖取問，令分析。祐具狀答言：「祐昨早詣府，自謂蕞爾小官，事上當以禮，故行高揖。旋蒙使君責誚，所以今日不敢出聲，不意復蒙譴問。委是高來不可，低來不可，伏乞降到喏樣一個，以憑稟守施行。」守覽狀益怒，而竟無以爲罪也。汪汝紹少卿，嘗在其幕中，實聞之。予得汪卿，説已五十年，所謂李作令處，亦不能的記也。

醉石舞袖

許先之尚書幾，信州貴溪人，住居鄱陽。知東平府時，得一奇石，高闊三尺，宛如酒家壁所畫仙人醉後奮袖坐舞之狀，蹺其右足。輦歸，寘於堂。宿直者常遇一偉丈夫，舞躍不已，而形體絶壯。始猶懼之，久而習玩其態，相與扶持襲逐，擊之即仆，燭火閲視，乃此石也。許命椎斷其腦，自是不能神。紹興初，宅爲汪丞相所有，知其物爲怪，委諸牆角。予求得之，以入草堂供翫，甚可觀也。

夷堅支丁卷第六 十一事

上饒徐氏女

上饒徐氏二女，長嫁王秀才，性頗淫冶。因夫出外，輒與少僕私。後得疾，日進不瘳。平時用一鏡，其妹嫁楊氏者屢求之，不肯與。至是謂家人曰：「我病無活理，安能戀鏡？姨姨要此物，可持以送之，表我意念。」久之果死。妹居在三十里外，來奔喪，相與經畫後事，且營佛供，因留駐數日。臨去，姊家述亡者之言，付以鏡。妹悲哭捧咽，遂攜歸。及還舍，取以照面，時日色已晚，忽施脂粉塗澤，開箱易新衣，氣貌怡悦。人問其故，曰：「姐姐見在鏡子裏喚我，須著隨他去。」皆驚而來視，初無所覩。遂對之笑語，惘然如狂癡。裝才畢，覺頭眩，頃刻而亡，時慶元元年四月也。姊既葬，淫僕詣墓下，若有呼之者。繞墓往反數十匝，咄咄云：「娘子喚我。」趨伏墓前，再拜不能興，它僕掖起之，死矣。郡士鄭著必彰説。

校勘記

證果寺習業

明州醫者俞正臣說，其鄉里士人王某，當科舉之歲，欲往山間習業，得證果寺，絕幽邃，無車馬喧，遂謁僧，假一室寓止。寺僅有僧行三四輩，嘗盡往十里外民家誦經斂死。王獨處，迨夜半，滅燈將就寢，聞人叩户，即延入，蓋舊友也。王見其來，甚喜曰：「正爾孤寢，而逢故人，可謂幸會。恨寺衆皆出，無由炷燈煮茶，殊失主禮。」客謝曰：「不必爾。吾自不合冒夜行，無處託宿，能見容，足矣。」王留之同榻。劇談良久，微笑而言，曰：「有一事不免以實告，幸勿怖。」問：「何爲？」曰：「我死已歷年，今夕之來，願有所託。」王駭曰：「如是，則我乃與鬼語？　那得爲便。」曰：「無傷也。吾非爲怪惑，但有禱於君。吾亡後，妻即改嫁，稚子懦弱，殆無以食。吾生時，積館舍所贏白金二百兩，埋於屋下某處。願爲語吾兒，發取以治生。切勿令故妻知。冥漠之中，當思所報。」遂長揖而別。王方幸其去，而暗中隱隱見其人固在床，展轉不敢寐。俄天明，亟趨出，值寺僧及喪家人至，云：「夜來十念畢，舉尸欲斂，只空衾在地，遍處尋索弗得。」王引入室，視床上人，乃新死者也。王惴恐未已，急徙歸。而訪友家，呼其子，果如言得銀。予頃聞張定叟說嵊縣山庵事，略相類，豈非傳者誤其郡邑乎？　然其末絕不同，姑復書之，以廣異述。

陳六官人

嘉興魏塘鎮東，陳六官人，名師則，娶同里朱監酒女，隨婦翁之官温州。既還鄉，與兄不協，買孫氏屋別居。彼宅素多凶怪，故孫氏虚而不處。陳才入其室，百妖并興，符禁不可治。但呼巫祝，具牲酒禱謝，則稍定。陳嬖一少妾曰安安，年甫十六，因是常與妻反目。慶元乙卯季夏，妻以疾亡。後兩日，比鄰鐵工沈廿一亦死。陳不能奠居，暫避之於近村徐莊，相去三十里。安安之母錢二嫂，未聞朱氏訃，見沈生至，云：「陳六孺人唤汝來取安安，若不然，便責付牙家。我今下州城幹事，汝宜一面速往。」錢嫂持飯與沈食，自賃小艇，到陳故居，始知已徙去，孺人及沈皆已死，大恐而返。陳又再徙張涇匯，孫屋復空，而安安猶無恙。今方一歲，未保其往也。

阿徐入冥

嘉興奉賢鄉民王三妻阿徐，乾道元年初夏死。經夕復生，言：「方病困時，見兩個公人，把文符追我，云：『唤汝對事。』我云：『尋常家務，自係丈夫與兒子管幹，我無所預，何故來追？』公人曰：『須要你去。』不覺隨出門。行一徑，陰慘不見天。約十數里，到官府，往來憧憧喧鬧。兩人止我於外，先入寫押到狀，然後驅至庭下，四面垂簾，别一吏在前立，問云：『汝何故强占卑幼財産？』我答言：『平日不曾于預家裏事，喫素念佛，已三十來年。只記得阿伯王大與丈夫王三均分祖業，伯後去大聖寺出家做行者，其一分田園是伯兒子王八典與魏塘鎮孫家，將錢賭博，非理用過。只剩得屋基，却是阿徐請佃。累年後伯身死，王八出外未歸，夫王三爲焚化抛骨，再將屋基還王八造屋。除外即無强占。』聽得簾裏傳聲：『押王八出對。』便有一帶枷罪人階下立，乃伯也。伯向我説：『我久在陰府，不知陽間事子細，所以兩次會理。今既分曉，更不願爭。』我問：『伯何事受苦如此？』曰：『我做行者時，緣化施主錢修造鐘樓，隱瞞入己，又將打回齋飯歸家，所以受罪未脱。』對訖，我乞放回。簾内云：『到這裏，如何空回得？』遂捺坐打背，至第三下，一似夢覺，乃頓甦。」家人視其背，杖痕儼然，極痛楚，數日方愈。縣人新廣德宰孫淇，傳其兩事【一】。右四事，余魏思説。

成都趙郡王

青唐羌唃氏之孫隴栙，崇寧中歸京師，賜姓名曰趙懷德，拜節度使，封安化郡王。其孫襲爵，後入蜀，常爲成都路兵馬鈐轄。天資桀横，占大慈寺四講院屋宇，併居之，歷年既多，殊爲一邦患苦。寺内保福禪院西堂僧智則，嘗住持合州釣魚山，道行清高，獨與之厚，蓋無日不往來，人莫知其所以契合也。有游士妙於命術，談人死生禍福若神，謂趙君九月

【一】孫淇傳其兩事　涵芬樓本按：「兩」字疑誤。「淇」，四庫本作「漢」。

生日後必死。時方仲春，趙恐甚。邀智則語其故，禱之曰：「師方外尊宿，視寂滅如夢覺，能代我一死乎？」則笑曰：「何足爲難，但我却有所請，能相聽則可耳。」趙問：「欲何言？」曰：「郡王久據四院，殿堂像設，日就隳頽，講席由兹殆廢，吾實弗忍。儻能卜徙外第，而還以畀羣僧，吾雖死不惜。」趙許諾。即日於城外山東郭建宅，而捨其故居。後七日，四院僧輩集闔府緇流，嚴備香火，迎則公齋於水陸院。食訖陞座，舉揚般若，具道所以代死之意，奄然而化。趙爲主喪事，素服舉龕，焚于大智寺塔下。是歲趙無恙。明年，曹庭堅待制帥蜀，趙貴倨自若，肩輿騶呵，徑造廳上【二】。曹怒曰：「鈐轄於制置使有階級，安得犯軍禮？」立命武卒擒赴直司，旋荷繫于獄。揭牓求其宿愆，不數日，士民交訟紛紛，得其自直兵前後死亡者四百輩，悉不落名籍，而冒請粮帛。遂併捕其二子，鞫實計贓不貲，父子皆斃於獄中。距智則之死才一年。饒州安國長老了詳者，蓋嘉州人也，談此異。予謂死而可代，則臣之於君，子之於父，行之久矣。趙君與智則之事，豈其然乎。

【二】廳上　涵芬樓本注，吕本作「廳事」。四庫本同吕本。

劉改之教授

劉過，字改之，襄陽人。雖爲書生，而貲産贍足，得一妾愛之甚。淳熙甲午，預秋薦，將赴省試。臨岐眷戀不忍行，在道賦《水仙子》一詞，每夜飲旅舍，輒使隨直小僕歌之。其語曰：「宿酒醺醺猶自醉，回顧頭來三十里，馬兒只管去如飛。騎一會，行一會，斷送殺人山共水。是則青衫深可喜，不道恩情拚得未？雪迷前路小橋横。住底是，去底是，思量我了思量你。」其詞鄙淺不工，姑以寫意而已。到建昌，游麻姑山，薄暮獨酌，屢歌此詞，思想之極，至於墮淚。二更後，一美女忽來前，執拍板曰：「願唱一曲勸酒。」即歌曰：「別酒未斟心先醉，忽聽陽關辭故里，揚鞭勒馬到皇都。三題盡，當際會，穩跳龍門三級水。天意令吾先送喜，不審君侯知得未？蔡邕博識爨桐聲。君背負，只此是，酒滿金杯來勸你。」蓋賡和元韻。劉以龍門之句喜甚，即令再誦，書之於紙，與之歡接。但不曉蔡邕背負之意，因留伴寢，始問爲何人。曰：「我本麻姑上仙之妹，緣度王方平蔡經不切，謫居此山，久不得回玉京。恰聞君新製雅麗，勉趁韻自媒，從此願陪後乘。」劉猶以辭卻之，然素深於情，長塗遠客，不能自制，遂與之偕東，而令乘小轎，相望於百步之間。迨入都城，僦委巷密室同處。果擢第，調荆門教授【三】以歸。過臨江，因游阜閤山，道士熊若水修謁，謂之曰：「欲有所言，得乎？」劉曰：「何不可者。」熊曰：「吾善符籙，竊疑隨車娘子，恐非人也，不審於何地得之？」劉具以告。曰：「是矣，是矣。俟茲夕與並枕時，吾於門外作法行持，呼教授緊抱同衾人，切勿令竄佚。」劉如所戒。喚僕秉燭排闥入，見擁一琴，頓悟昔日蔡邕之語，堅縛寘于傍。及行，親自挈持，眠食不捨。及經麻姑，訪諸道流，乃云：「頃有趙知軍攜古琴過此，寶惜甚至。因搏拊之際，誤觸墮砌下石上，損破不可治，乃埋之官廳西邊，斯其物也。」遽發瘞，視之匣空矣。劉舉琴置匣，命道衆焚香誦經

【三】調荆門教授　「荆」原作「金」，據四庫本改。李按：宋代無金門行政區，而有荆門軍，同下州，據改。

呪，泣而焚之，且作小詩述懷。予案，劉當在詹騤榜中，而《登科記》不載。

烏江魏宰

烏江縣後有狐狸洞，時時出有小妖。淳熙四年，魏昌賢作宰，因坐廳事，家人於看幙【四】内遥望見美女在其側，以告魏妻。時官妓王道奴以色稱，頗蒙邑僚顧眄。妻不復審其實，呼之入宅，痛加杖笞。明日，自往幙内，所覩如初，但不能辨其容狀。又呼道奴，則正病創困卧，始知其非。疑洞狐爲厲，以語魏。魏往後圃，於竹林中得土穴，穴口才徑尺許，而陰沉暗塞，深不可計。於是集道流設醮祛逐，輦瓦石謹築之，凡用十力，經日乃填平。自後妥貼，不復見。

南陵仙隱客

濠梁士人林森，字秀實，攻苦讀書，汲汲以功名爲念。惡城市喧雜，即村野營一室。每夕修業至三鼓，忽窗下有人聲，其音則女子也。呼曰：「功名富貴真難致，讀書中夜何曾睡。」時月色明潔，無僮奴，知其爲異，叱之曰：「汝人耶？鬼耶？故以半夜來相戲侮。」笑曰：「我乃南陵仙隱客，吾父令我爲君婦侍巾【五】。」森望其容儀甚美，啓户納之，而出語詈責。女曰：「無用生疑，我只是南鄰【六】王知縣女。先人已没，有遺文在此。嘉

【四】看幙　涵芬樓本注，吕本作「簾幙」。

【五】爲君婦侍巾　涵芬樓本注，「疑有脱字」。

【六】南鄰　涵芬樓本注，「鄰」吕本作「陵」。疑是「陵」字之誤。

君力學【七】思奮，故命我嫁君。吾家更無他人，至于室女之身，自媒自獻，用是不欲白晝來。」因出一紙書以示森。果其父手澤也。森年少介處，喜於得配，遂乃留與共寢，至旦而去。自是不間朝暮，或經月不窺外庭。森如醉夢迷罔，了不復究其所届。往來逾年，生一子，森因抱拊嬰孩，謂女曰：「我既爲汝家壻，而不一到汝居宅，於心常不安。盍偕行乎？」女不可，森始疑焉。自念：「昔聞盧充幽婚，得無近似。」即訪於近鄰問：「王知縣宅安在？」皆曰不在此。只有女葬於南岡山，今二十年矣。森拉其人同詣墓次，見一竅如鼠穴，穿徹於中，懼而歸舍。女正卧床上，撼之覺。具以所見扣之，默然無一語，若有愧容，挾兒徑出。森買酒奠其墓，且以石窒穴，泣別去。明日還城中，自爾絶跡。右三事，皆永豐士人徐有光説。

永康太守

永康軍崇德廟，乃灌口神祠，爵封至八字王。置監廟官，視五岳。蜀人事之甚謹，每時節獻享，及因事有祈者，無論貧富，必宰羊，一歲至烹四萬口。一羊過城，則納税錢五百，率歲終可得二三萬緡，爲公家無窮利。當神之生日，郡人醵迎盡敬。官僚有位，下逮吏民，無不瞻謁。慶元元年，漢嘉楊光爲軍守，獨不肯出。其人素剛介，不信異端。幕府勸其一行，拒不聽，而置酒宴客。是夜，火作於堂，延燒不可救，軍治爲之一空。數日後，

【七】力學　涵芬樓本注，吕本作「苦學」。四庫本同吕本。

其家遣僕來言，所居亦有焚如之厄，正與同時。楊始悔懼，知爲觸神怒譴，然無及矣。

成都鬼哭

紹熙三年四月，成都府午門外，夜有鬼哭之聲。久之，悲哀鬱蓄，若數十人聲，遠近皆聞之，深以爲怪。六月，有瀘卒之變，捕作亂者戮之於所哭之處。蓋禍福吉凶之兆，神明既先知之，雖欲幸脱，不可也。右二事，子翼説。

施德遠夢

施德遠，湖州人，參知政事大任鉅姪孫也。乾道五年，赴省試。正月一日，夢參政公來，語之曰：「汝今年與我同歲。」覺而恍然。參政生於元祐壬申，是時七十八矣，殊不曉其意。試罷，入太學，見同舍生問一士曰：「尊丈年今幾？」曰：「七十七。」德遠憶所夢，漫言之。同舍喜曰：「君必登科，七十八者過省也。」未幾，果奏名鄭僑牓，第三甲及第。順伯説。

夷堅支丁卷第七 十三事

張元善水厄

處州並海，雖旁流支港，皆深闊，往來船舟，常有驚濤駭浪之害。村岸有老叟，夢一士人在水中，抱青龍，長丈餘，且甚巨。臨門呼曰：「活我當厚報。」叟曰：「此不難也。」引手撥龍，龍去，士得登岸。覺而異焉，以語其子。明日正午，颶風大作，暴潮如山而至，一小舟碎於波間，有人溺水，持大青竹竿，連呼救人。叟出觀之，宛如夢所見者，急棹漁船往拯之，已昏昏不能言。叟喚童兒策掖以歸，寘於室，爲燃火燎衣，具飲食，良久乃蘇。云：「吾爲張體仁，建州浦城人也。因適永嘉，經由不虞，遭此變，非叟仁心，則已葬魚腹矣。」留旬日，乃能復常，拜謝而去【一】。叟亦不以所夢告。張後登第，仕宦通顯，遣人訪叟家，致錢帛爲貺。旋復本姓曰詹，仍字元善，位九卿，帥閩部，前程固未艾也。

四祖塔

蘄州四祖山塔，遭兵火爇盡，寺僧即其處僅成矮屋三間，以安佛像。士大夫至黄梅

校勘記

【一】拜謝而去　「拜」原作「摧」，據周本、四庫本改。

者，必迂塗往觀，然多爲陰翳四合，或蔽像不得見。鄱陽張疇壽明通判郡事，因適野視旱，就宿寺側。明旦，偕長老宗紹登塔基。至猶濃雲密霧，已乃開霽，稍瞻睇髣髴。宗紹言：「嘗掘基下，得石碣，蓋郭璞《地記》。云：『候塔壞日，當有姓張人來，而塔復成。』今日符此讖矣。」張大嗟異，曰：「若爾，當試爲圖之。」迨還城，以事告人，無有不樂施者。不浹旬，集錢數百萬，纔半歲訖功。初肇役時，役者持鉏發地，且數尺，見一僧瞑目趺坐，指甲繞出于背，且纏其軀，監寺僧以告紹。紹叱之曰：「何故師？多鬼亂，無得復語。」遂輦土掩之。既而塔成，釋徒服紹之識量，以爲不可及。壽明子振之親見其事。予謂郭景純在江南時，禪法未入中國，無由已爲四祖立記，疑亦知數者，托其名云。

郭節士

浮梁縣舍宅堂柱廊，作橋三間，頗明潔，常爲燕息之地。紹興丁丑歲，永嘉薛季益良朋爲令。以夏日觀吏牘於橋上，據胡牀倦卧。若夢寐間，恍惚見朱衣人立其前，驚問曰：「汝服飾詭異，爲人爲鬼？爲我言之。」對曰：「某生則爲人，今鬼也。」又問：「然則何爲而出？姓名爲何？有何事欲來訴？」曰：「某姓郭氏，二十年前，承乏邑宰。不幸草寇犯境，固守弗去，悉力拒敵，盡室皆死焉。既没之後，冥官録其忠義殉國，俾之爲神，而朽骨猶埋後圃。願尚書哀我，收拾掩之，爲惠實大。」薛曰：「吾爲邑長於斯，安得以尚書見稱？」曰：「此在冥間，聞公當居此職，非敢爲佞也。」許之，遂不見，日已曛暮。翌日，命數卒訪其尸，果得於花檻之側，乃具棺殮而葬諸原處。其後趙善著宰邑，亦感夢，不肯與人言。但求其當官政跡，書碑録板，而塑厥像於崇聖寺。以其抱忠節隕命，故目曰郭節士。薛令果至權吏部尚書。

金郎中

金君卿，丙志載其娶妻事。金未登科時，讀書於浮梁山間。中夜未寢，聞户外人行雜沓，語聲嘈嘈。出視之，月色滿庭，略無所覩。良久，又聞復有一人低語曰：「郎中未睡，莫要高聲。」已而寂然。明日詢之，乃鄰近民家設水陸供也。時方承平，崇尚官爵，仕至正郎，爲五品。金甚喜，曰：「鬼神告我矣，仕官未艾，一第不足得也。」未幾，策高科，歷郡守、部使者，積代至度支郎中。當路多知己，自謂已攀侍從，然竟不復進步而終。度支郎中，今之朝散大夫也。四十年前，已有定分，其可妄意干進乎？

三將軍

浮梁西鄉崗艻原，有新安寺僧惠照者，辭其師海印，往江湘間行脚。至隨州大洪山，留數歲。乾道六年還鄉，持石刻數本遺院主允機。其一紙乃三將軍畫像，機志於求利，於是呼木工雕三神形模，一切與碑相類，旋闢一堂供事，且將施丹青藻繪，爲化緣之資。未能辦其費。近村民劉九之妻，病足攣已久，幾不能移步。夜夢一偉人來，自頂至踵純白，謂之曰：「知汝有患苦，若能致力於我，當相爲治之。」妻寤以告厥夫【二】，疑爲妖異。即同詣寺，欲邀僧誦經，以伸禳卻。因過新堂，見三像，指其一，曰：「此正入夢者，通身皆白，得非有莊嚴之意乎？」立取錢十千付寺以助設色，而不言所見。不旬日，妻忽捨杖起行，又旬餘，妥貼如無疾者。復造神前焚香瞻拜，僧問其故，始以語之。其事喧傳，聞者競有所施。允機精于醫，能切三年脈，知人死生，此事修營，皆機得酬謝衣鉢所致，今亡矣。名連惠者，其孫也，亦頗有祖風云。

信州鹿鳴燕

紹熙三年秋，信州解試揭牓畢，當作鹿鳴燕，以享隨計之士。郡守王道夫擇用九月二十九日開筵，諸邑士子先期皆至。貴溪余秀才以二十六夜夢人告曰：「聞若來赴鹿鳴宴，此事已不成。諸人皆去了，君宜早歸。」余寤而不樂，以爲功名之會，必無濟理，或恐有家門禍，故深憂之。明日，市中大火，延燒民舍數百間，自午至中夜乃止。煨燼之餘，公私愁窘，平治煤炲，經日未能竟，遂罷此燕，但致醆酒以贐行。時大兒通判州事，張振之監贍軍酒庫。

【二】妻寤以告厥夫　「寤」原作「寐」，據四庫本改。

張方兩家酒

浮梁人張世寧，淳熙癸卯暮冬之月，釀白酒五斗，欲趁新春沽買。除夕酒成，既篘取之矣，復汲水拌糟于甕，規以飼猪。後二日，入其室，聞芬香撲鼻，試視甕内則又成美醞，清辣反勝於前。亦取之，仍實以水。至三日，復得酒如初。鄰里傳詑【三】，或以爲挾幻術，與之爭辯，終不信。乃邀至釀處，始驗其不誣。出語相賀，謂張氏爲神所祐，從此將興。及日旰再往視，悉爲水矣。又西鄉冷水村細民方九家，造斗酒，寘甕於床側隱處。俄而挹之不竭，如是十餘歲，日日獲錢，了無勞費，賴以贍給數口，殊不知其所以然。後爲長子娶婦，經旬時，偶客來，令婦取酒。婦以甕在暗處，挈之出，見一小蛇繞結於傍，蛇望人至即逸去，自是甕一空。今方九已亡，獨子孫在，而窮困不復可濟矣。右七事，皆張振之子理説。

餘干譚家蠶

餘干潤陂民譚曾二家，每歲育蠶百箔。紹熙元年四月，其妻夜起餵葉，忽見箔内一蠶長大，與他異。幾至數倍，而逐節爲一色，青紅黑白，皎然不雜。當中如黄金，透徹腹背。妻知爲佳祥，取香合捧承，别剉細葉鋪藉，寘諸佛堂。旦起揭視，則已生兩耳。明日，又生

【三】鄰里傳詑　「里」字原脱，據周本、四庫本補。

尾。俄而衆足皆隱，徐生四足，能立，全如馬形。時時勃跳作戲。凡七晝夜，馬不見，忽得小佛相，似入定觀音，蒙頭趺坐。外間傳説求【四】瞻睹者，駢肩疊迹。譚氏畏有他變，乃并合瘞之於桑下。是歲，所得絲絮倍於常年。至於小蠶、寒蠶亦皆遂意。二年、三年皆然。及四年癸丑春夏，所育猶昔，了無一繭成就。甲寅、乙卯歲亦如之。其村鄰有以女爲張思順婢，説此事，蓋親見之。

靈山水精

水精出於信州靈山之下，唯以大爲貴，及其中現花竹象者。朱彦才家在彼，舊頗贍足，十餘年來，浸浸衰落。嘗因寒食拜掃先墓，小民百十爲羣，入山尋采水精，且鬥百草爲戲。朱獨行院徑間，忽見一石塊，光輝射人，就視之真寶石也。高闊如大甕，喜甚，懼爲衆所見，取亂葉蔽之。既還舍，呼集田僕二十輩，乘夜舁歸。已而市儈皆傳聞，相率來觀，共酬價六千貫，朱猶未許【五】。臨安内苑匠聞之，請於院璫，求假至信，視已，立價復增三千貫。朱付之，賴以小康。麗水人盛庶，字復之，名士也。曾仕於信，得二片，高四寸許，闊稱之，中有青葉成行，全如萱芽初抽之狀。盛君寶藏之，遇好事君子，乃始出示。右二事，皆張思順説。

【四】求　涵芬樓本注，吕本作「來」。四庫本同吕本。

【五】已而市儈皆傳聞相率來觀共酬價六千貫朱猶未許　涵芬樓本注，「許」上二十字，據吕本補。四庫本同吕本。又「許」字，吕本作「允」。

【六】成都人郭某　原注：不知名。吕本作「不欲名」。

郭教授

成都人郭某【六】，監興州大軍倉，與戎帥吴挺少保厚善。嘗有軍中馶卒，因請月粮，以語言忤郭。郭訴於吴，吴殺之。郭後鎖廳，登紹熙癸丑第，調興元府教授，未及赴。同郡王翊主簿，同年生也，夢爲數吏追逮，趣其行甚遽。翊知其爲冥司，不肯前進，禱之曰：「翊有母年老，不審何罪，願使者明以告，然後承命。」其人云：「照興州承局事。」翊曰：「翊以寒士得一官，生平不曾到關外，所謂承局者，無由相識。今所對果何事耶？」諸人更相驚顧，曰：「且仔細，且仔細。」一人云：「幾乎錯了。」即捨去。翊覺，惘然莫測。又數日，聞郭君殂，訪得興州本末，乃與人言。

馮資州壻

蜀人馮子春，爲資州守，其壻從之官。嘗須公使銀盆，老兵持以入。壻匿之，而稱失去，且語馮云：「未嘗用。」馮以爲兵所竊，寘諸獄。兵衰老，不能堪訊鞫，遂自誣伏。索其物，則云久已轉鬻了。既論罪決杖，且責償元直。兵不勝寃憤，具狀訴於東岳行宫，泣拜而焚之，仍録一紙繫腰間，乃自經於廟門之外。馮受代，復知果州。忽見此兵正晝在側，愕然曰：「汝死已一年，如何得以到此？」對曰：「銀盆事，某陳訴於嶽帝，令來追知府女壻對理。」馮驚懾之次，俄失所在。其壻即苦中惡，當日死，馮後七日亦卒。鳳州通判郭公，遂以慶元乙卯部潼川絹綱，過鄂州，與姪孫彶相遇，説此。

蕪湖龍祠

紹熙五年春，江西安撫司將官林應趾【七】，部豫章米綱往金陵。抵蕪湖，内一舟最大，所載千斛，中夜忽漏作，水入如涌，舟中之人惶窘無計。林具衣冠向【八】龍祠拜禱曰：「應趾以貧爲此役。今若是，將大有損失，何力以償？勢須盡徙出，又非倉卒可辦。舟有七倉，輒用甲乙次敘【九】，書七鬮以卜所向，願大神威靈，曲垂昭告。」遂得第二鬮。未及搬運而漏自止，于是安寢至旦【一〇】。後三日晚，至采石，舟復漏。乃集綱衆，如神告之證，空第二倉【一一】，見底板正脱一節，一小魚當漏處，帖帖如遮護，然已腐矣。蓋前者漏止，正以魚故。神之賜祐，大矣哉！右三事，彶子中説。

丁湜科名

丁晉公，本吴人。其孫徙居建安，貲産豪盛。子弟中名湜者，少年俊爽，負才氣，特酷嗜賭博。雖常獲勝，然隨手蕩析於狎游，厥父屢訓責之，殊無悛心。父怒，囚縛空室，絶其飲饌，饑困瀕死。家老嫗憐之，破壁使之竄。父喜其去，亦不問，但謂其必擠隕【一二】溝

【七】林應趾　涵芬樓本注，「趾」葉本作「祉」。似是。

【八】向　涵芬樓本注，葉本作「謁」。四庫本同葉本。

【九】次敘　涵芬樓本注，葉本作「次第」。

【一〇】于是安寢至旦　涵芬樓本注，葉本無此六字。

【一一】如神告之證空第二倉　涵芬樓本注，葉本作「如神卜，起第二倉」。

【一二】擠隕　涵芬樓本注，葉本作「隕填」。

一相國寺一相士以技顯，其肆如市，大抵多舉子，詢扣得失。湜往訪之，士曰：「君氣色極佳，吾閱人多矣，無如君相，便當巍峩擢第。」即大書紙粘於壁，云：「今歲狀元是丁湜。」湜益自負，而所好固如昔時。同牓有兩蜀士，皆多貲，亦好博。湜宛轉鈎致，延之酒樓上，仍令僕攜博具立於側【一三】。蜀士見之而笑，遂戲於小閣。始約以萬錢爲率，戲酣志猛【一四】，各不能中止，累而上之。湜於此藝得奇法，是日所贏六百萬，如數算取以歸邸。又兩日復至相士肆，士驚曰：「君今日氣色，大非前比，魁選豈復敢望？誤我術矣。」湜請其說，士曰：「相人先觀天庭，須黃明澤潤則吉。今枯燥且黑，得非設心不善，爲牟利之舉，以負神明哉？」湜竦然，具以實告，曰：「然則悉以反之，可乎？」士曰：「既已發心，冥冥知之矣。果能悔過，尚可占甲科，居五人之下也。」湜亟求蜀士，還其所得。迨庭策唱名，徐鐸首魁，湜爲第六云。其姪孫德興尉先民說。

【一三】立於側　涵芬樓本注，葉本作「於前」。

【一四】戲酣志猛　涵芬樓本注，「戲」葉本作「戰」。

夷堅支丁卷第八 十四事

趙三翁

趙三翁者，名進，字從先，中牟縣白沙鎮人。本黃河掃兵，避役亡命，遇孫思邈於棗林，授以道要。久之，孫捨去，令只居縣境淳澤村，曰：「切勿離此，非天子詔不可往。俟我再來，與汝同歸。」宣和壬寅歲，年一百八矣，果被召見，館於葆真宮。頃之告歸【一】，詔問所欲，對曰：「臣本隸兵籍，未有放停公憑，願得給賜，它無所欲也。」即日有旨，開封尹盛章給與之，遂放浪自如。於技術無所不通，能役使鬼神，知未來事，爲人噓呵按摩，疾痛立愈。保義郎頓公孺苦冷疾二年，至于骨立。一日正灼艾，而翁來，乃詢其病源，頓以實告，翁悉令撤去。時方盛暑，俾就屋開三天窗，放日光下射，使頓仰卧，揉艾遍鋪腹上，約十數斤，乘日光炙之。移時，熱透臍腹，不可忍。俄腹中如雷鳴，下泄，口鼻間，皆濃艾氣乃止。明日復爲之，如是一月，疾良已。仍令滿百二十日，自是宿痾如洗，壯健似少年時。翁曰：「此孫真人秘訣也。世人但知灼艾，而不知點穴，又不審虛實，楚痛耗損氣力。日者，太陽真火，艾既遍腹，且又徐徐照射，入腹之功極大。但五、六、七月爲上，若秋冬間，

校勘記

【一】告歸　涵芬樓本注，呂本作「丐歸」。四庫本同呂本。

當以厚艾鋪腹，蒙以綿衣，熨斗盛炭火，慢熨之，以聞濃艾氣爲度，亦其次也。」其術出奇而中理，皆類此。密縣墮門山道友席洞雲，因往獨紇嶺瀑水潭側登覿，慕其清峭高爽，即築室以居。既而百怪畢見，未及一年，禍變相踵。席謁翁告以故。翁曰：「得無居五箭之地乎？」席曰：「地理之説多矣，獨不聞五箭者，敢問何謂也？」翁曰：「峯巔、嶺脊、陵首、隴背、土囊之口，直風當門，急如激矢者，名曰風箭。峻灘急流，懸泉瀉瀑，衝石走沙，聲如雷動，晝夜不息者，名曰水箭。堅剛礫燥，斥岸砂磧，不生草木，不澤水泉，硬鐵腥錫，蟲毒蟻聚【二】，散若壞壤者，名曰土箭。層崖疊巘，峻壁巉巖，鋭峰峭岫，拔刀攢鍔，聳齒露骨，狀如浮圖者，名曰石箭。長林古木，茂越叢薄，翳天蔽日，垂蘿蔓藤，陰森肅洌，如墟墓間者，名曰木箭。五箭之地，射傷居人，皆不用【三】。要在回環紆抱，氣象明邃，形勢寬閑，壤肥土沃，泉甘石清，乃爲上地，固不必一一泥天星地卦也。子歸，依我言，去凶就吉，當自無恙。」席敬受其教，居止遂寧。翁亦不知所終。嵩山張壽昌朋父爲作記，郭象伯象得其文，載於《睽車志》末，予欲廣其傳，復志於此。

建昌士人

建昌士人【四】往臨安赴省試，夢入一神祠，值判官捧大簿欲登殿。案上有鉼貯水，誤觸之落地，其聲鏗然，即驚覺。謂爲非佳兆，意絶不懌。既而春牓預選，登高科，注樂平主

【二】蟲毒蟻聚　涵芬樓本注，「蟲」呂本作「蠱」。

【三】人皆不用　涵芬樓本注，呂本作「人皆不可用」。四庫本同呂本。

【四】建昌士人　原注：失其姓名。

簿，乃悟捧簿及「缾落」之旨。順伯説。

潭州都監

潭州兵馬都監某，出於天武禁衛，離兵籍得官。既滿秩，府帥使押米萬石至鄂渚。因挈家行道，過青草洞庭湖，泊舟龍王廟下。當具牲牢禮謁，其人素强倔，且憚費，薦供菲薄。祝史白曰：「神靈意頗不懌，宜每事加謹。」某殊不謂然。夏夜月明，坐於船艎上，望大金沙堆，光如撒星【五】，煜煜聚散，稍成五色，炫轉滿川。問於舟人，曰：「此諸神皆出嬉遊也。」其人笑曰：「是乃鬼火耳，何神之爲？」取彈弓射之，蓋夙精此技，百發百中，才一彈落，光采霍然而滅。舟人竊以爲憂。明旦詣廟審視，則風神土偶捨故處，偏側而立，體有拆裂紋。昨夕彈圓正在袋中，以告都監，使謝過，亦但再拜而退。至暮，風敗，其一舟失米數百斛，罄二年俸餘，僅能償值。慢神獲咎如此，全家雖震怖，幸不葬魚腹。大抵鬼神多驚，故尤畏彈也。景裴聞其説於錢不孤，而忘都監姓名。

范斗南妾

范斗南，字一卿，甌寧人。淳熙二年登第，待次某州教授。買一妾寵之，而内子游氏不容，乃許語之曰：「明年我將赴官，道塗行李之費，貧無以給。今浦城趙氏遣僕持書

【五】光如撒星　「撒」原作「撤」，據四庫本改。

來，欲月以錢三十千邀我作館客，不可失也。」於是挈妾行。既抵彼邑境，得村居山寺一僧房，稍葺以爲寓舍。臨遷居，妾至户外，彷徨不肯進。扣其何所見，曰：「房中有人，我不敢入。」范曰：「此空房爾，何曾有人？汝得非眼花妄發耶？」强之入，未幾妾既【六】抱疾亡。迨撤去床帳，其後壁畫已古暗，隱隱見青帳中一婦人，覆錦緼衾而卧者，正與妾寢同。乃審向來所覩，蓋此也。范鬱鞅不樂，遂爲痰嘔所苦，勢且危急。友人賈正同來問疾，言曰：「去此三里，前村有漁翁，蓄藥，能起死。但慮未必可得，須禱之於神天可也。」於是爲焚香祈祝曰：「若范斗南前程未艾，願獲漁翁之藥。如其不然，則天數有限，非人力所能延，敢不委命。」遂往訪之。適遇此翁，告以故。翁曰：「藥甚難合，不常有。今早筒中尚存一粒，爲人取其半。」即以所餘者授之，使亟服。賈携歸，煎湯餌范，痰去如掃，次日愈。賈生能文，慷慨佳士也，故爲朋友篤於義如此。鄱陽張玘、董南一與范爲同年進士也，乃云親見范告急，言挾妾在旅，而妻從鄉里來，其事不同。

【六】既 涵芬樓本注，吕本作「竟」。四庫本同吕本。

陳堯咨夢

建寧城東梨岳廟所事神，唐刺史李頻也，靈異昭格。每當科舉歲，士人禱祈，赴之如織。至留宿於廟中以求夢，無不驗者。浦城縣去府三百里，邑士陳堯咨苦貧憚費，不能應詔。乃言曰：「惟至誠可以動天地，感鬼神。此中自有護學祠，吾今但齎香紙謁之，當獲丕應。」是夕，宿於齋，夢一獨脚鬼跳躍數四，且行且歌，曰：「有官便有妻，有妻便有錢，有錢便有田。」堯咨既覺，遍告朋友，決意入城。其事喧播於鄉里，或傳以爲戲笑。秋闈揭榜，果預選，一舉登科。

龍溪縣祟

翁德廣，字仲實，建安人。乾道二年，進士甲科。後知漳州龍溪縣，官舍素多祟。翁至之明年，次女方攬鏡間，見黄衣婦人立於側，恍惚如夢，認爲父侍妾，呼之至三弗應。俄而又有一婦入，久而不出，女未知爲異也。翁從外歸，唤家妾，了不見，但聞喧呶聲在室内。遽往視之，女已嘔血而仆，耳鼻皆爲泥所窒，力挽之使起，竟不救。

宋提舉侍姬

宋少卿提舉福建茶事，治所在建寧。一侍姬卧房中，見一女子衣乾紅衫，捧一杯羹與之，細視之乃其所産之血，唾去不受。如此連日來，陳詞懇切，姬度不可勉，接而食之，不數日而卒。右事，盈之姪爲閩茶幹官日所聞，姪孫伷録以相示。

劉監丞

劉大臨，以紹熙五年自將作丞出補外，得添差通判建康府。以贅員無官舍，假楊和王宅以居。未幾，爲祟孽所撓，雖無鬼物現形，而室内八籠，一日正晝，出行於堂，如人所挾持者。劉知其怪，白於府，徙寓它處。既而妻亡，次年，又坐秋闈監試，爲同僚王萬樞二子所累，罷官歸。

王甑工虱異

處州松陽民王六八，及箍縛盤甑爲業。因至縉雲，爲周氏葺甑。方施工，而腰間甚痒，捫得一虱，戲鑽甑成竅，納虱於中，劖木塞之而去。經一歲，又如縉雲周氏，復使理故甑。忽憶前所戲，開竅視之，虱不死，蠕蠕而動。王匠怪之，拈寘掌内，祝之曰：「爾忍餓多時，如今與爾一飽。」遽嗑掌心，血微出，痒不可奈，抓之成瘡。久而攻透手背，無藥能療，遂至於死。

王七六僧伽

麗水商人王七六，每以布帛販貨於衢、婺間。紹熙四年，至衢州，詣市駔趙十三家，所齎直三百千，趙盡侵用之。王久留索償不可得，時時忿罵，趙但巽詞遷延。一夕，醉以酒，與妻扼其喉殺之，納尸於大篰内。王常日奉事僧伽大聖甚謹，雖出行亦以畫像自隨，旦暮香火瞻敬。趙恐遺物招累，捲像軸并淨缾香爐，併寘篰内。俟半夜人定，欲投諸深淵。將出户，有僧數人繼踵來，懼其見也，爲之少止。良久再出，則遇僧如初，凡五六返。天且明，不暇顧，徑舁至江濱。鄰居屠者姜六一，訝其荒擾，執趙手欲就視，不能隱【七】，乃告以實，賂以五楮券。姜不聽，曰：「我當訴爾於官。」趙夫婦哀祈，復增十券，姜喜，乃捨去。是日，不買猪，即歸而持券易錢。其妻疑之，曰：「汝無事早歸，不做經紀，何緣得有錢？定是做賊。」姜語之故，妻曰：「事干人命，萬一敗露，打一場官司不小。汝若入獄，我一家如何存活？合經官告首。」姜遲回未應，妻厲聲叫呼，於是往報。津邏擒王尸於水中，其像卷傍題字曰「處州麗水縣奉佛弟子王某捨錢畫」。西安縣遺牒質會得實，趙伏辜。始驗諸僧示現，皆僧伽靈變所格，然不若救其死也。

【七】不能隱　「能」字原脱，據呂本、四庫本補。

西湖判官

侍衛步司右軍第三將狄訓練，以紹熙三年二月六日，部諸寨兵五更入受俸。至前湖門外，坐胡床以俟啓關。覺有堅物觸其足，取燭照視，則一巨蟹長三尺，形模怪醜。命從卒執縛送於家，復坐假寐。夢一人長鬚，顏皃古惡，著淡緑袍軟幘黑鞾，繫烏犀帶，持手板，揖曰：「某乃西湖判官，因出戲於緑野，蒙君虐執。慮必遭鼎烹之害，願急馳一使往告，俾全餘生，當謀厚報。脱或不免，在微命固不足惜，正恐爲門下之禍，非細事也。」狄寤，而門已啓，衆以次入城，未暇問及。事畢，奔馬歸舍，諸子已烹蟹分食，詫其甘鮮，獨妻未下箸。狄話所夢，使勿食。未幾五子相繼病死，唯狄與妻存。

周氏買花【八】

臨安豐樂橋側，開機坊周五家，有女頗美姿容。嘗聞市外賣花聲，出户視之，花鮮妍豔麗，非常時所見者比。乃多與直，悉買之，遍插於房櫳間，往來諦翫，目不暫釋。自是若有所迷，晝眠則終日不寤，夜坐則達旦忘寢。每到晚，必洗粧再飾，更衣一新。中夜呢呢，如與人語。父母以爲怪，密邀行法者至，女略不動色，殊無懼意。有鬻麪人羽老者，居候潮門外。周邂逅相遇，羽問之曰：「或言君家有祟，不可治，信乎？」周曰：「然。吾甚苦之，無以禦也。」因具告其故。羽曰：「此猫魈也，明日當奉爲行誅。」至期，周備酒殽香楮延致。羽布氣步罡，少時女已振恐。羽運法劍斬其首，女不覺，而入房熟睡。數刻起，神宇豁然。問其向者所見，女曰：「纔黄昏後，一少年狀皃奇偉，著裘乘馬而來。兩絳蠟導前，笙簫隨後。凡飲食所須，應聲即辦。謳吟笑語，與人不殊。今絶矣。」經數旬，女感疾若妊娠者。復召羽，書符使吞之，自是一切復常。

【八】周氏買花　中華本注：「氏」目録作「女」。

陶太尉廟

南康陶太尉廟，蓋晉大將軍侃也。夙著靈威，土人事之甚謹。自紹興以來，頗不及前，香火浸以衰落，棟宇頽仆。行客過者，未嘗展敬，牲酒幾於絶跡。淳熙初，村民童八八者，素豪虓横肆，遂毁廟以廣其居，而於屋之隅立小堂，聊復寓祀。俄而妻病，詣巫者卜之。巫曰：「犯陶太尉之子小將軍，所以致禍。」童生曰：「陶太尉之神歇矣，况其子乎？」巫曰：「陶公罹三紀空亡，故寂寂如此。今猶有半紀之年，過是當復興。汝無以家致禍。」童乃止。其後靈應，果侔昔時。

仇邦俊家

紹熙五年六月二十二日，鄱陽城隍王誕辰。士女多集廟下奠獻，命道士設醮，推客將仇邦俊主其事。仇妻在家，因如廁，遇婦人麗容盛飾，從後户踰藩而入，駭爲怪，奔歸房。婦人躡踵亦來，紉袂對坐。妻已昏迷，猶能遣厥子，促夫歸。仇以祀事未訖，抵暮乃至。指空詬逐，遂寂無所見。明日，仇詣府，婦復出。又有僕妾三人從於後，叫譟跳躍，取堂中什器，抛擲碎毁，妻自此感疾，恍惚譫語，如鬼物附著之狀，越三日而死。既葬，怪異如初，仇病暴作，與妻無異，數日亦死。右六事，朱從龍説。

夷堅支丁卷第九 十一事

戚彥廣女

戚彥廣者，本霸州【一】寨兵家子，至彥廣，粗讀書，尤邃法律，捨父祖故步，務農植穀【二】，居於文安之東野。嘗省所親於濱州蒲臺丁河上，留頗久。其長女蘇娘，小疾在家。廣忽見數人，捧掖一姝入户，拜於前，乃蘇娘也。問其何以來，曰：「得爺書，説抱病困重，母憂惱不可言，諸兄弟都不肯來，使我省視。」廣曰：「我原不病，何曾發書歸？」女探懷取示，果手筆也，廣絶以爲異。置女房内，别設榻。迨旦，榻空無人，廣益驚愕。即日兼程還舍，女正懨懨卧未起，扣以曩事，則了未知。自是門中多怪，女若爲妖物所憑，或盛服艷裝，或高談闊論，或狂吟嘯歌。廣呼里巫范道欽，備酒饌禳謝，女欣然而出，與范對席，笑語自如。范度非己所能治，請設筵以禱。道士至，方執爐行道，青詞簡籙皆遭竊去，衆慙懼而散。荏苒歲餘，廣爲人頗剛直，置不問。女復塗澤易衣，坐堂上，召廣告之，曰：「君識我乎？我本海神侍妾，獲罪玉妃【三】，屢遭鞭撻，所以隱身於君家。比聞妃怒已息，命我來歸。溷君家許時，從此話别，他日當致微報矣。」言訖，一揖如房。女怳如夢

校勘記

【一】霸州　「霸」原作「羈」，據四庫本改。李按：宋河北路有霸州，下文「文安」，即其屬縣。

【二】務農植穀　「植穀」涵芬樓本注，吕本作「殖貨」。

【三】玉妃　涵芬樓本注，吕本作「王妃」。四庫本同吕本。

覺，故疾亦愈。後數年，廣因事到海濱，遇婦人稱神之妾，以銀百兩爲贈。

陳靖寶

紹興甲子歲，河南邳、徐間多有妖民，以左道惑衆，而陳靖寶者爲之魁傑。虜立賞格，捕之甚峻。下邳樵夫蔡五，采薪於野，勞悴飢困，衣食不能自給。嘗歎喟於道曰：「使我捉得陳靖寶，有官有錢，便做一箇快活漢。如今存濟不得，奈何！」念念弗已。逢一白衣人，荷擔，上繫葦席，從後呼曰：「蔡五，汝識彼人否？」答曰：「不識。」白衣曰：「汝不識，如何捉得他？我却識之，又知在一處，恨獨力不能勝耳。」蔡大喜，釋擔以問。白衣取葦席鋪於破垣之側，促坐共議所以躡捕之策。斯須起，便旋路東，回顧蔡，厲聲一喝。蔡爲席載起，騰入雲霄，遡空而飛，直去八百里，墮於益都府庭下。府帥震駭，謂爲巨妖，命武士執縛荷械獄犴，窮訊所由。蔡不知置辭，但言正在下邳村下，欲砍柴，不覺身已忽然飛來，實是枉苦。府移文下邳，即其居訪逮鄰左，驗爲平民，始獲免。而靖寶竟亡命，疑白衣者，是其人云。

鹽城周氏女

鹽城民周六，居射陽湖之陰，地名朦朧。左右前後皆沮洳藪澤，無田可耕。且爲人闒葦，不自振拔，唯芟刈蘆葦，織席以生【四】。一女年十七八，略不識針鈕之事，但能助父編葦而已。有【五】神堰漁者劉五爲其子娶之，不能縫裳，逐之歸。父母俱亡，無以餬口，遂行丐於市。朱從龍寓居堰側，時時呼入其家，供薪水之役，久而欲爲擇配。楚士吳公佐，本富家子，放肆落魄，棄父而出游，至寄跡僧寺爲行者。後還鄉里，親族皆加厭疾。郡庠諸生，容之齋舍，因相與戲謀【六】，使迎周女爲婦。假衣襦，具酒炙，共僦茅舍一間，擇日聘取，儕輩悉集，姑以成一笑。意吳生知爲丐者，必將棄之。已而相得甚驩。遇【七】鈐轄葛玥之子富於貲財，拉吳博。吳僅有千錢，連擲獲勝，通宵嬴過百緡。葛不能堪。明日復戰，浹辰之間，所得又十倍。吳由是啓質肆，稱貸軍卒，不數年利入萬計。其父呼還家，讀書益勤，兩預貢籍。周女開敏慧解，婦功不學而能，肌理豐麗，頓然美好。初，里中有嚴老翁，吻士【八】也。善講解《孝經》，又能說相。見周於丐中，語人曰：「此女骨頭裏貴。」果如其言。向使在劉漁家時，已如是，則飢寒畢世矣。

單志遠

單志遠河州人，居會通關之南，世守農業，家稍優贍。志遠淳古恬漠【九】，獨好長生之術。每道流至，無問善否，一切延納。虜亮正隆中，有丘德彰者，自云春秋過七十，本江南人，而容儀伉爽，幾如三四十歲許。善談玄理，行吐納之法。單得之，大喜過望，遂以師

【四】織席以生　涵芬樓本注，「以」吕本作「爲」。四庫本同吕本。

【五】有　原作「以」，據四庫本改。

【六】戲謀　四庫本作「戲謔」。

【七】遇　原作「偶」，據四庫本改。

【八】吻士　四庫本作「吶士」

【九】恬漠　涵芬樓本注，吕本作「恬淡」。四庫本同吕本。

禮敬事之，有言必信。一夕，從容語曰：「人孰無道心，大抵爲嗜欲所敗。今將求延生久視之理，苟不先絶此段，鮮有克終者。」單焚香再拜，力請其要。連宵靳固，乃授以篋中丹藥，使齋沐澄慮，擇吉日服之。僅月餘，單精采摧憊，陰囊蓄縮，全若閹宦，慾想未斷，已無所能爲。單以爲適我願，崇信愈確。丘又戒使靜處一室，無與外間相聞，終日危坐，非便溺不窺户。丘出入自如，浸浸用房中戰勝之技，悦其妻妾，皆與淫通。鄰里悉知之，單殊弗悟。既而挑妻妾奔遁，鄰人以告單。單久不歷家舍，猶未信。然告者至三，於是始行追躡，得於别村，執詣郡，杖殺之。妻妾亦受刑，單棄之而爲山林之游，莫知所届。

清風橋婦人

王耕，字樂道，宿預桃園人。讀書不成，流而爲駔儈，諳練世故，且長於謀畫。鄉人或有所款，則就而取法，頗著信閭里間。紹興之季，去虜從化，僑居於山陽。甲申秋，虜再犯邊，避地丹陽北固山之後。時淮民渡江者，官司賑贍之。耕裒里中人姓名，具陳於府。暮冬既望，雪月交輝，耕聞雞鳴，以爲天將曉，急起著衣冠而出，一僕徐徐未至，耕先行。由利涉門東，循河而出，欲從清風橋去。甫及百步，遇婦人携青衣，問曰：「天將曉乎？」曰：「然。」婦人曰：「我與妯娌分析事，持狀詣府，不知自甚路入城？」耕曰：「吾恰欲入城，偕行可也。」同塗未幾，復遇數人，中一人服飾華楚，餘秉火炬，盡其僕也。見耕與婦俱來，罵曰：「汝是何等人，半夜三更，扇誘他家女子。」耕自辨訴，其人益怒，叱諸僕執縛而鞭之百數。哀鳴乞命，不肯捨。正喧拏爭競，耕僕始至，連聲呼秀才，耕應之，羣怪皆不見，繩索自解。不復能趨府，還舍惘然，尚懷怖懼。遭擊之處，痛毒叵忍，踰月乃復常。

淮陰張生妻

楚民張生，居於淮陰磨盤之彎。家啓酒肆，頗爲贍足。紹興辛巳冬，虜騎南下，淮人率奔京口，張素病足，不能行，漂駐【一〇】揚州。已而顏亮至，張妻卓氏爲夷酋所掠，即與之配【一一】。卓告之曰：「我之夫在城中，蓄銀五鋌，必落他人手，不若同往取之。」酋喜，偕詣張處，逼奪之，張戟手恨罵，酋益喜，以爲卓氏慕己。凡是行鹵獲金珠，盡委之，相與如真夫婦。俄亮死軍回，卓痛飲酋酒，醉卧之次，拔刀刺其喉，悉囊其物【一二】，鞭馬復訪張。張話前事，責數，欲行決絶。卓出所攜付之，曰：「當時不設此計，渠必不肯信付我，今日之獲，乃張本於逼銀耳。」於是聞者交稱焉。磨盤【一三】在縣北，據淮泗之衝，形如磨之圓轉，因是得名。漢韓信故墟也，代生英豪，雖婦人女子亦多剛清【一四】立節。《徐仲車集【一五】》載淮陰一婦之夫，隕命盜手，而婦弗知。其後盜憑媒納幣，聘爲室，居三年生二子矣，因乘舟過夫死處，盜以爲相從久，又有子，必不恨我，乃笑而告故【一六】，婦勃然走投

【一〇】漂駐　涵芬樓本注，葉本作「泊駐」。四庫本作「漂泊」。
【一一】即與之配　涵芬樓本注，「配」明鈔本作「昵」。四庫本同明鈔本。
【一二】悉囊其物　涵芬樓本注，葉本作「席卷財物」。
【一三】磨盤　涵芬樓本注，明鈔本多一「灣」字。
【一四】剛清　涵芬樓本注，葉本作「剛勁」。
【一五】徐仲車集　「仲」原作「中」，據四庫本改。李按：北宋人徐積，字仲車，有《節孝集》傳世。本則收於集中，名《淮陰義婦詩并序》。
【一六】告故　涵芬樓本注，明鈔本作「告之故」。四庫本同明鈔本。

保正【一七】，擒盜赴官。大慟語人曰：「妾少年嫁良人，爲盜殺，幸早聞之，定不與俱生【一八】。兩雛皆賊種，不可留於人世。」俱擲諸洪波，俟盜伏辜，亦自沉而死。此二女志義，相望於百年間云【一九】。

王直夫

兖州萊蕪人王直夫，雖出於田家，而賦性剛介，不媚鬼神。每妻子疾病，但盡力醫療，凡招神禬禳之事，皆所不爲也。黨友或勉之，則曰：「死生有命，富貴在天。吾平生立志，不可易也。」虜正隆元年之春杪，變怪驟興，正晝鬼見形於中庭，窺户嘯梁，移床徙釜【二〇】，歌笑馳走，百端千態，舉室怖駭，寢食不安。直夫毅然不動，呼長幼戒之，曰：「無以異物置疑而畏之。吾曹人也，肖天地真形，稟陰陽正氣，彼陰鬼耳，烏能干陽？汝輩宜安之，勿過憂怯。」家人意少定。一日端坐堂上，見巨魅身長七尺，高冠大帶，深衣朱履，拱立於前，直夫了不動色。魅斂袂言：「王翁真今日【二一】正人，某等固已敬服。猶謂色厲内荏，故示怪以相撼，而翁若不見不聞，自是無敢循舊態矣【二二】。」竦揖而没。

【一七】故婦勃然走投保正　涵芬樓本注，葉本作「遂投牒保伍，告其事」。

【一八】妾少年嫁良人爲盜殺幸早聞之定不與俱生　涵芬樓本注，吕本作「妾少年嫁良人，爲盜所殺。又不幸失身爲此盜之妻，其何以謝我良人」。四庫本「爲盜死」作「爲盜所殺」。

【一九】云　涵芬樓本注，吕本作「可嘉也已」。

【二〇】移床徙釜　涵芬樓本注，「釜」葉本作「几」。

【二一】今日　涵芬樓本注，葉本作「金石」。

【二二】自是無敢循舊態矣　涵芬樓本注，明鈔本下多「王頷而遣之」五字。四庫本多「直夫遣之」四字。

竇致遠

竇致遠者，鞏州伏羌縣【二三】人，所居曰甘谷堡，以聚生童自給。爲人放曠不拘小節。嘗從村墅還家，行過古寺基下，聞其上有人笑談，升高以望，見十餘輩，衣冠形貌，若古之王侯，傳觴縱食。竇失聲大呼，俱亡所在。遺杯盤數器，皆白角所作，因取以歸。併得古文書一册，沿途展視，蓋左道之術。竇究心學之，食息不置。久之盡驗。能呼雲召雨，意之所欲，立致於前。又素善卜筮。虜正隆四年六月亢旱，里人扣雨期。應曰：「翌日當滂沛矣。」至日，火雲鑠空，淨無陰翳，父老交徧詰之。竇曰：「諸君速歸。須臾，雨必至。」衆既去，竇詣後圃井傍，取桶繩浸於中，叩齒抛擲，俄化爲龍，雷聲震轟，甘霖傾瀉，周匝二十里，田苗勃興。有惡子窺見其擲繩之幻，告於官，縛入郡治。郡守使釋縛，以好語問之。對曰：「致遠窮書生也，何能爲？所學者，則劇術耳。」守命面呈一技，乃解腰間勒帛，置地上，一喝即卓立，奮登其顛，歌舞而下。又解皂絛布地，叱之，矻然成烏蟒。廷下人怖畏奔走。竇曰：「無傷也。」蟒盤旋之際，已生鱗甲鬐鬣，霹靂暴起，化爲飛龍，遽乘之而去。自是無復可制，但未嘗挾以害人，故安居自若。

【二三】鞏州伏羌縣　「鞏」原作「蔡」，李按：「蔡」字誤，伏羌縣，金屬鞏州，據改。

楚州癡僧後紀

楚州癡僧行欽者，支甲載其事，云不知所終。浮梁人計晉道説，數年前，武鋒軍陳訓練結黨謀叛，日與衆聚首於閲武亭下，楚人皆莫知其【二四】。忽癡僧一見之，忿怒切齒，伺其獨在彼，拔其腰間劍殺之。而持劍出市，呼曰：「我今日殺了大賊。」街吏執之，繫訊司理院，不答一詞，唯鼻息如雷而已。獄吏無如之何，緊閉之空室，不與食。經累日，引出，揚揚自如。郡守命一府胥兵各買一蒸餬與食，盡三百枚不飽。市人聞者爭持麪飼之，悉捧食，不遺餘。自稍寬其械。囚拘且一月，軍中告變，推究元惡乃陳訓練也。陳既死，故事不成。郡守呼僧慰謝，釋遣之，亦無一言。行過市，觀者如織，忽就卧於地，視之，死矣。

張二姐

下邳朱邦禮家，於宿預買少婢，曰張二姐。雖無要疾，而形體枯悴，肌膚皴散，絶可憎惡。姑使執庖爨舂汲之役，凡六七年。有游士劉逸民扣謁，喜其高談雄辨，留以教諸子。在館下歷歲，未嘗輒出外户，朱極賢重之。每會親友，稱贊其静操。乃命二姐爲供給洗䫰，蓋以其醜陋，無所致疑。久之，顧限已滿，告辭而去，朱亦不問所往。俄而劉亦謝退。後十餘歲，朱赴省試回，因詣市肆，聞有人呼聲，回頭顧之，元不識面。其人乃邀至所居，

【二四】楚人皆莫知其　涵芬樓本注，疑有脱誤。

具公服再拜，敍致曩契，乃逸民也。既登科第，得京秩矣。方歎羨，又一婦人者，著幘髻拜于廷，如家人初見尊長之禮。朱側身斂避，劉挽之坐，曰：「故主翁也，何辭焉。」細詢其由，則二姐也。且言曰：「自違離之始，無人負笈，偶值此婦，遂與之偕行。念其道塗勤謹，存于家間，而温良惠解，實同甘苦，故就以爲妻。恩出高門，不敢忘也。」延朱置酒，罷，而以五百千贈之。時政和末也。

潘謙叔

南康士人潘謙叔，世居西湖釣魚臺下。爲人剛介，利【二五】頗涉獵書傳，亦常入官府，與人料理公事。淳熙中，因酒醉，逢羣不逞于道，爭較是非，爲衆毆擊，碎其腦。還家，未幾而死，妻懦子弱不能訴。紹熙元年中夏之末，日晡時，漁舟十數，集臺下。舟子登岸飲酒【二六】，見數百鬼附火坐，取小魚炙於火上，爭奪食之。鬼或無頭足，在傍者以熟魚納頸內。一鬼以手掩而食魚，呼舟人之名，審聽之則謙叔也。皆懼而走，羣鬼亦呼譟散去。此卷皆朱從龍說。

【二五】利　涵芬樓本按：「利」字似「初」之誤。
【二六】舟子登岸飲酒　「子」原脱，據四庫本補。

夷堅支丁卷第十 十二事

鍾離翁詩

淳熙十一年，溧陽倉斗子坐盜官米，黥配而籍其家，得草書二軸，題云「庚申歲書」。其名權花押正如一劍之狀，蓋鍾離翁也。其詩云：「露滴紅蘭玉滿畦，閑拋象履到峰西。但令心似蓮花潔，何必身將槁木齊。古塹細香紅樹老，半峰殘雪白猿啼。雖然不是桃源洞，春至桃花亦滿溪。」李粹伯跋之，曰：「字畫放逸，有翔龍舞鳳之勢。脱去尋常畦逕，非得於心而應乎手者，不能爾。飄然神仙風度，固有所本云。」真本藏于建康府治軍資庫【二】，綃素褾飾處皆斷裂，獨字畫不動。景裴嘗見之。庚申歲者，豈非藝祖創業建隆元年乎？

潘元寧鼈夢

潘元寧者，青田木溪鄉人。好賓客，嗜食鼈，凡溪潭之側，擉捕有得必售之。紹熙三年春，漁者持一巨鼈來，其重六斤，潘見而喜，即欲烹食。妻曰：「今日上七，不應食此。

校勘記

【二】軍資庫　李按：「軍」原作「府」，誤。宋制，州府置軍資庫，據四庫本改。

姑留之以俟明旦可也。」諸子以繩絆其足，牽曳爲戲。抵暮墮溝中，失所在。經月餘，妻夢一偉丈夫泣告曰：「向者將膏鼎鑊，賴娘子一言勸止。但得苟延，而不幸落溝渠内，爲蟲蛆咂嚙一足，幾乎【二】與死爲鄰。願賜終惠。」覺以語潘，潘笑曰：「恍惚之夢，何足信？」凌晨起，思之，正見前鼈跛曳於泥中。取之出，使僕放諸河中。夫婦皆夢來謝。

櫻桃園法師

臨安殿前司前軍有亡卒，將官侯彦出捕之。經櫻桃園，見一道士，古皃長鬚，戴七星黑冠，披紫雲霞服，立於道左。彦過其傍，道士怒目切齒，作色而罵，曰：「可【三】瞰叵耐一個健兒，行動直得如此大四體【四】。」彦曰：「我自行過，于汝何事！」其人又曰：「幾乎推倒我。我是上清大洞法師，知北極驅邪院事，解擒捉天下鬼神，如今朝廷官員都敬重我，汝何得厮欺負？」兩人喧爭不已，道士批彦頰，彦不知端由，未敢報，但以手搦其腕。道士不能敵，顧而言曰：「且捨汝去，今夜三更後，當使汝知我神通耳。」彦歸舍，情思弗安。半夜忽如中風者，狂顛叫哭，若爲鬼物所憑。家人往挽救，其力比常日十倍，莫可近。於是迎師巫考治，皆不効，奄奄百許日，得五雷陳法師，怪乃謝去。所謂道士者，蓋鬼也。

右二事，朱從龍説。

【二】幾乎　涵芬樓本注，吕本作「幾斷」。四庫本同吕本。

【三】可　涵芬樓本注，吕本無「可」字。四庫本同吕本。

【四】行動直得如此大四體　「四」，四庫本作「肆」。

李夢旦兄弟【五】

饒州學生李夢旦家，慶元元年五月日，盡室病疫，唯其弟夢説得免。一門内外，米鹽百役，悉任之。先是，旦卧病雖劇，然五日即愈。夢中見神人相與言：「夢説亦合五日病，但見他若不自安，此家事無人掌管，如何？」即見【六】傍一人云：「何不【七】教渠兄替。」神曰：「可。」便覺便體大熱【八】，其病如初。經四日，夢中具狀告神祇，乞免餘日，恍若到中堂。中堂者，蠙州門向廟【九】也。望上垂簾，但聞其聲，指揮從吏取狀，俄聞怒罵，曰：「藥都不喫，卻要免病。」旦以無藥告，神云：「芎藥瀉心湯是已。」旦又言：「無之。」竟不爲判所陳狀。才覺，見弟在前煎藥，問其名，曰：「鄒醫送來者，芎藥瀉心湯也。」喜其與夢合，即服之。少頃復睡，又夢作狀致前懇，俄再到神所，扣云：「服藥了未？」答云：「服了。」神命一吏取罐子來，教他吐。及吐，五臟皆出，復令納之，然後取狀判其後，曰：「李夢旦合代弟夢得病五日，今有狀乞免。緣當職新交職事，不知上件因依，今差張旺、李德、某某等四人，須管照顧。李夢旦病，限來日午間出汗，仍將狀申前政。」須臾，別有黄㡇追四人者去。旦曰：「且留看我。」曰：「不可。」已而復來云：「教兩人主出涼汗，兩人主出藥，然明日午間，未得五日【一〇】，只是初更方可。」良久，有著黄色羅背子者至，云：「汝家被瘟，惱害我爲汝押赴酆都了。」遂悟。如期汗流匝身，登時輕安，正九月中也。蓋首尾歷

【五】李夢旦兄弟　涵芬樓本注，此條原本全闕，據呂本補。

【六】即見　涵芬樓本注，「見」呂本作「是」，從周本改。

【七】何不　涵芬樓本注，呂本無「何」字，從周本補。

【八】大熱　四庫本作「火熱」。

【九】向廟　「向」四庫本作「内」。

【一〇】五日　涵芬樓本注，呂本作「午日」，從周本改。四庫本亦作「五日」。

百日云。任鑄説。此條原本全闕。

江友掃廟

鄱陽市人江友，以庸力自給，一生不娶妻，老而强健，負擔不衰。淳熙十六年，正年八十，始捨去故業，捐身爲中堂奴，供掃洒事。日飯於廟祝孫彦亨家，夜則宿廡下。孫氏苦貧，江之食或經日不繼。紹熙四年十二月十三日，將晚，遍掃地，門户未開，遇一秀才，與之相問訊。扣之曰：「翁今幾歲。」曰：「八十四歲矣。」其人云：「吾知汝無飯喫，無錢使，當少濟汝。」即呼其僕，耳語。俄頃，米一斛、錢三貫在側。江拜而起，了不見人，遽收錢米入室。而復詣三神坐前，髣髴見一神起立繫腰條，旋即仍舊。江每於深夜聞神王駕車出，其導卒么喝之聲，全如帶鈴鵓鴿。然廟外居者，亦時或聞之，但未嘗有所覩。

平陽杜鵑花

王順伯爲温州平陽尉，嘗以九月詣村墅，視旱田。道間見杜鵑花一本甚高，花正開，幾數千朶，色如渥丹，照映人面皆赬。訝其非時，以詢土氓，皆云：「此種只出山谷，一歲四番開，於春秋爲盛。」順欲訪求小者，竟不可得，疑亦但有其一云。予記《神仙傳》所載，潤州鶴林寺有此花，高丈餘，每春末花爛熳。或窺見三女子，紅裳豔麗，共游樹下，俗傳花神也。是以人共保惜，繁盛異於常花。節度使周寶謂道人殷七七曰：「鶴林【一二】之花，天下奇絶。嘗聞能開非時花，此花可開否？」七七曰：「可也。」寶曰：「今重九將近，能副此日乎！」而七七乃前二日往鶴林，中夜女子來，曰：「妾爲上玄所命，下司此花，與道者共開之。」來日晨起，花漸拆蘂，及九日，爛熳如春，一城驚異。然則杜鵑之秋華，在於平陽，固不假女仙及道人之力也。

蜀獮猴皮

彭仲訥送其兄和往臨安，置餞於鄱江之南天王寺。見村民數十，列坐廊下，探籌相向，若有所營。就視之，皆江岸漁人也。問其所議何事，曰：「有川客持一獮猴皮來售，其價十三貫足。我曹恰二十六人，各出錢五百分買。今將割裂以去。」彭曰：「一猴之直至微，安得買皮而有此價？」漁人曰：「是川中猴皮，以置鉤上，用釣白魚，百無一失。一番入水，則愈更緊潔，久而不壞。如吾鄉土産者，皮著水即爛，只堪兩三次用耳。故不惜高價，惟恐失之。」予仲子前歲自夷陵得一猴，高二尺，形狀獰醜可憎，携歸馬廐，逾年而死。馬卒剥其肉烹食，漁者適過而見之，謂峽、蜀相連，遽以五百錢買其皮去，喜不可言。蓋正濟所須，且難值也。

【一二】鶴林　「鶴」原作「寶」，中華本注，據周本改。

王左丞進用

王履道，政和初爲相州司録，秩滿入京。相守韓純彦深知之，會其弟粹彦召【一二】赴闕，乃蔡條婦翁。時條父京當國，純彦以王囑弟，曰：「兄差遣不須遽，且以王司録爲先。」王正以文聲動河朔，滿意平步三館。有善相者語之曰：「君侯真貴人，然自此只得冷官。二【一三】年外始如意【一四】涉歷清華，直上兩地，當建節鉞，典兵權。但晚節落莫爾。」王未以其言爲信。既到京師，除宗子博士，最爲閑慢，大不愜。所居在封丘門内。一寺，寂寂不聊，欲丐外任。或曰：「寺外某秀才，乃梁太傅客。梁令渠延納士大夫之賢者，勿惜一訪之。」王即與偕往。秀才邀入小齋，見列書畫數十卷軸，悉爲跋識其尾而退。王素習坡公翰墨，而梁自言爲公出子，秀才如獲至寶，捲寘諸篋，立馳馬造梁第示之。次日，有旨除佐著作，蓋梁已因上直薦之矣。蔡不預知，一日在局，蔡使人招至府，不相見，而命一老兵引趨長廊後小書院，出黄袋文書付之，乃試外制三題也。凡合用筆墨、紙硯、糊匣、翦尺、壓刀、硯滴，一一畢備，旋又具饌甚腆，舉所餘送其家。文既就而無由可達，覺窗外有窺者，謂爲老兵，呼之，急隱避，蓋蔡也。少焉，老兵來取，然後導以出。明日，御筆除中書舍人。蔡持之不下，而奏言：「自來未有小著遷侍從者。」於是改秘書少監。才四旬，竟申前命。是時【一五】多有卿監，或修撰，視待制者，王封還除書。徽宗嘉其敢言，擢

【一二】召　原作「乃」，據四庫本改。

【一三】二　四庫本作「三」。

【一四】始如意　「如」字原脱，據四庫本補。

【一五】是時　原作「是是」，據四庫本改。

御史中丞。宣和初年，蔡失眷，上諭王使抨擊。蔡内交于近昵，密知之。王方候班殿廬，蔡叩頭泣拜於榻前，曰：「告陛下，莫令王安中言臣。」重復懇祈，更無他語。上笑曰：「不須慮。」王將升殿，宣旨除翰林學士，其事遂寢。居職三年，遷尚書左丞。燕山平，以慶遠軍節度使作牧。靖康初，坐失守貶，至謫象州而没。相者之語，無一不酹。紹興乙丑，邁侍先公在鄉里，汪汝紹少卿會次，歷言曲折，予立聽聞之。因循失於紀録，今五十餘年，故相者與秀才姓名，及王公所居寺，皆不復可憶，僅能追書如此。

鄭道人

紹興二十年，鄱陽有鄭道人，不知從何來，不肯入道堂，日行丐於市，夜則出宿於城北縣社壇内，距郭門七里，四無人居。縣嘗以春社，先期命吏理葺祠宇，不克歸。是夕峭寒，見鄭拾枯枝亂葉，然火於屋角，若與人對語。夜且半，顧謂之曰：「向火已暖，可去矣。切莫造妖作怪，種增惡業，將萬劫沉淪，永無脱期。」又揖而起。俄獨卧於火傍，旦而復出。留連數月，無一人與爲交侶。或以爲有道之士，或以爲遭魅怪所迷，必墮鬼録。唯雍友文【一六】頗識之，曰：「異人也。」其後不知所之。

【一六】雍友文　「雍」字原闕，據吕本、四庫本補。

王侍晨

王文卿侍晨，已再書於前志。紹興初入閩，不爲人所敬。嘗寓福州慶成寺，羣僧見其所爲，疑涉迂誕，使僕夜擲瓦礫於窗外，欲其怖也。王殊自如。已而擊瓦再至，王叱曰：「人耶？鬼耶？一例行遣。」僕應聲仆地【一七】，竟不復生。是時張和尚圓覺，正以道術擅名，閩人呼爲聖者。王與之往還。聞張爲人主醮事，語所善曰：「當作鬭這秃一場。」未幾，張入城，四顧【一八】若有所訪，曰：「風子在東街茶店中坐。」遂往，揖之，曰：「狂態復作耶？」王笑曰：「只頃刻耳。」及暮，張醮家汎潔壇席，燈燭如晝。俄風從西北來，撲滅無餘。才【一九】食久，焕然復明。道衆多與之不協。因府治設醮禱雨，命爲高功【二〇】。王請於府前立棚，令道衆行繞其上，已獨仗劍禹步於下。方宣詞之次，星斗滿天，已而暴風駕雲，亦從西北隅至，燭盡滅，震霆一聲，甘雨傾注，其徒懼而下，王已去矣。自是道俗始加尊事。王之術，蓋習五雷法，然用以爲戲，及妄害平人，恐非神天所能容。福州劉存禮説。

張聖者

福州張聖者，本水西雙峯下居民。入山采薪，逢兩人對奕于磐石上，與之生筍使食，

【一七】仆地　「地」原作「起」，據四庫本改。
【一八】四顧　「顧」原作「故」，據四庫本改。
【一九】才　四庫本作「方」。
【二〇】高功　「功」原作「切」，據四庫本改。

張不能盡，遂謝去。即日棄家買卜，未嘗呵錢布卦，而人禍福死生，隨口輒應，自稱曰張鋤柄。紹興中，張魏公鎮閩，母莫夫人多以度牒付東禪寺，使擇其徒披剃。長老夢黑龍蟠踞寺外，旦而視之，張也。問之曰：「欲爲僧乎？」曰：「固所願。」於是落髮而立名圓覺。嘗以雙拳納口中，每笑時幾至於耳。素不識字，而時時賦詩。見交遊間過舉，必盡言諷勸。郡士林東，有才無行，嘗批張頭，曰：「圓覺頭生角。」張應聲曰：「林東不過冬。」及期，東以罪編隸。後行遊建安，放言【一二】忤轉運副使馬子約純。馬擒赴獄，桎梏箠掠，而肌膚無所傷。竟用造妖惑衆，劾於朝，流梅州。久之，復歸鄉。己卯之冬，或問新歲狀元爲誰，曰：「在梁十兄家。」皆莫能曉。既乃温陵梁丞相魁天下，十兄者，克字也。張所遇奕者，一巾一鑒，鑒者與之筍，蓋鍾離子云。福士王光烈說。

陳元紫姑詩

侯官陳元，居縣之甘洲。以進士第二人登科，未食禄而卒。癸志嘗載其三夢。既没二年，鄉士請紫姑仙得兩字曰「陳元」，復書一詩曰：「月桂曾攀第二枝，緑袍得意拂丹墀。不霑雨露空歸去，折斷連環多少悲。」蓋陳巍捷之後，方娶妻，纔爲夫婦月餘而永訣。故卒章不能忘，亦可哀也。甘洲士人葉伯起說。

【一二】放言　「言」原作「達」，據吕本、四庫本改。

夷堅支戊序

《夷堅》諸志記夢，亡慮百餘事，其爲憰恑朕驗至矣，然未有若《呂覽》所載之可怪者。其言曰：「齊莊公時，有士曰賓卑聚，夢有壯子，白縞之冠，丹績之袧，東布之衣，新素屨，墨劍室，從而叱之，唾其面。惕然而寤。終夜坐不自快。明日，召其友而告之，曰：『吾少好勇，年六十而無所挫辱。今爲是人夜辱，吾將索其形，期得之則可，不得則死之。』於是每期與其友俱立於衢，三日不可得，退而自殁。」予謂古今人志趣雖若不同，其直情徑行者，蓋有之矣。若此一事，決非人情所宜有，疑呂氏假設以爲詞。不然，烏有夢爲人所凌，旦而求諸衢，至於以身死焉而不悔？所謂其友，亦一痴物耳，略無片言以開其惑，可不謂至愚乎？予每讀其書，必爲失笑。支戊適成，漫戲表於首，以發好事君子捧腹。慶元二年七月初五日序。

校勘記

夷堅支戊目録

【一】豫章神廟　「章」原作「州」，據正文之目改。李按：宋無豫州。豫章，郡名，即洪州。

夷堅支戊卷第一 十六事

石溪李仙

南劍州順昌縣石溪村民李甲，年四十不娶，但食宿於弟婦家。常伐木燒炭，鬻於市，得錢則日糴二升米以自給，有餘則貯留，以爲雨雪不可出之用，此外未嘗妄費。紹興二年九月，入山稍深，倦憩一空屋外。聞下棋聲，知是人居。望其中有兩士對奕，李趨進揖之，呼爲先生。奕者笑而問曰：「汝以何爲業？」對曰：「賣炭爾。」又曰：「能服藥乎？」應曰：「諾。」即顧侍童，取瓢中者與之。童頗有吝色，曰：「此何爲者，而輕付之？」咄曰：「非汝所知。」藥正紅而味微酸，服竟，亟遣出，約曰：「三十年後，復會此山中。」出門反顧，茫無所睹。嗅腰間所齎飯，臭不容口，傾之於水而行。迨還家，既歷三日矣。遂連夕大瀉。自是不復飲食，惟啖山果，鄉人稱之曰李仙。張深甫說。

楊教授弟

福州水西里中，有一山，壁立百丈，自來無人能登。楊宜中教授之弟，爲人輕浮，不護細行。忽夢黄衣道人告之曰：「明日清早【一】，可來山中相會。」至旦，以語所善者，凡數輩相約偕行，緣塗謔浪到其下。楊徑攝衣升峻壁，步武雍容，如履平地。衆竚立驚顧，已笑於山巔。訪黄衣者不見，但白花滿谷。時正餒，悉擷而食之，略無遺餘。且揮手下招，其徒皆莫敢仰視，遂徐徐而下。是夜，復夢前人，恚曰：「何得多口。」乃嚥嗽津唾牙頰間，吐置大鉢，使之飲。楊一吸而盡，無憎穢心。方天寒多雨，只着單衫坐山上，累日乃還。衣不沾濡，云：「未嘗值雨也。」從此飲啖，比平日才十之二三，衣道士服，往來廛市。白皙如玉【二】，風骨頓清，飄飄然有出塵之態，蓋已有所得矣。淳熙中猶存。林應求說。

萬壽寺門子

福州萬壽寺，紹興初，有一獠子自鬻，充守門之役，凡累年。啓閉洒掃，晝夜不少怠，在僕廝中最爲勤飭。主僧議修堂殿，度須五百千，正擬精擇廉幹者出外求化，獠知之，白曰【三】：「在山門已久，無所陳力，願爲常住，辦此緣。」一寺皆指以爲狂。少頃錢至，方大驚異。或扣所從來，笑而不答。後主僧詣山莊，蒞收禾稻。獠卒於門房，寺爲斂瘞，畢始報主僧。主僧曰：「兩日前，吾見其人策杖過此，不作揖而去。謂其有所不合，不知其亡也。」命發瘞視之，但衣服存耳。余軻說。

【一】清早　涵芬樓本注，吕本作「浸早」。

【二】白皙如玉　「皙」字原闕，據吕本、四庫本補。

【三】白曰　涵芬樓本注，吕本作「入白曰」。四庫本同吕本。

陳氈頭

紹興末，福州有丐者陳氈頭，不知何許人。衣裳垢涴【四】，不與人接語，形容尤極穢濁。然未嘗梳髮而頭無蟣虱，未嘗澡浴而身不臭。每處於安泰橋之西偏，以破絮自蔽，僅能容膝。口中常吐一物於掌，瑩白正圓，玩弄不已。或爲人所窺，則笑而復吞之，蓋内丹也。若坐若卧，動經月餘，不出乞食。驀然一出，則奔走不少駐。張圓覺頗識其異，遺之詩曰：「釋氏三千金世界，道士十二玉樓臺。不知雲鶴今何處【五】，空使氈頭夜卧階。」數年後，失其所在。

劉黄二道人

蜀薩先生者，寓於泉州，以道術著名，從之遊者數百輩。福唐有劉、黄二道人，亦其徒也。黄年長，劉呼爲兄。淳熙五年，將同往訪之。劉行至江南，忽稱疾，黄誚之曰：「汝扞格如此，何以入道？ 我今自爲計。」劉曰：「平生碌碌，無尺寸工夫。又不見先生而逝，恐淪下鬼。」黄曰：「凡學道者，未必一世可成。苟有可就，余且權寄託【六】，俟來生脩持，當符所願。」越二日，劉死，黄焚其尸。後兩夕，宿於旅邸，劉不見形，而詬罵于左右，曰：「爲汝所誤，鬼籙未肯受。今去留俱無所附，爲之奈何？」黄曰：「何不寄止於人

【四】垢涴　涵芬樓本注「涴」，黄校：疑誤，吕本作「敝」。李按：「涴」有「污染」之意，應不誤。

【五】不知雲鶴今何處　涵芬樓本注，「今」吕本作「歸」。四庫本同吕本。

【六】余且權寄託　「余」原作「舍」，據四庫本改。又「託」四庫本作「記」。

耶？」曰：「吾已爲鬼，將安往？」遂追隨三晝夜。殊遭辱撓，乃曰：「有一家頗豐，吾送汝去。」於是還福州。初，郡富民鄭氏待黃生甚異，妻有妊將孕，黃夜扣其扉曰：「適有急幹，故冒夜入城，願假一宿而去。」因扣鄭妻免身之日，曰：「未也。」黃密語劉曰：「可矣。」及明旦，妻誕男子。復六年，黃復至鄭館，冬寒擁爐，嬰兒亦坐其傍，忽笑曰：「黃哥記得與我在秀州打化時事否？」黃爲之色變。鄭父聞而大呼，曰：「吾兒何爲譫語？」乃不復言。慶元丙辰十有九歲矣，動作語默，全類道流，而黃乃以嘔血下世。福士李大同說。

籌洋村鬼

福州羅源縣村墅名曰鸛坑，有樵夫常以採薪至籌洋別村，往反屢矣。一日歸差晚，行及小灣，逢一人從山下來，呼之曰：「多時不相見。」樵覺爲已死，神色沮喪。徐乃能言，曰：「爾死矣，如何在此？」其人曰：「我本未合死，今居此，無異昔時。」指茂林間，曰：「我只住其中，可偕往說話。」樵拒之，曰：「日勢且黃昏，恐家人候門，不便。」乃曰：「爾若到我家，爲傳語娘，我住此，與生時一般，不用憂憶。但有酒食時，安排在門外，自當歆享。」樵急揖之而去。明日具言於鬼母。泣而焚紙錢，設置酒殽，閉門祝之。少選出視，特空器耳，無存也。有妻及三子，死後，妻攜子改嫁，屢爲繼父笞苦【七】。父常獨至香嶺【八】，遇鬼遮道，罵曰：「爾之惡，何由可奈。既取我妻，又虐我兒，是何道理！」遂奮拳

【七】笞苦　涵芬樓本注，呂本作「捶楚」。四庫本同呂本。

【八】獨至香嶺　涵芬樓本注，呂本作「獨行過嶺」。四庫本同呂本。

歐之。此人亦與爭鬭，相追至洞口，值有行過者，訝而問之，鬼乃没。迨還舍，青痕遍體，自是不敢復仍前過。陳定甫説。

觀坑虎【九】

羅源觀坑村，有一嶺不甚高，有平巔，居民稱爲篭上。田家有一婦，嘗歸寧父母，過其處，見一虎蹲踞草中，懼不得免，立而呼之曰：「班哥，我今省侍爺娘，與爾無寃仇，且速去。」虎弭耳竦聽，遽曳尾，趨險而行，婦得脱。世謂虎爲靈物，不妄傷人。然此婦見鷙獸不怖悸，乃能諭之以理，亦難能也。張照遠説。

師姑山虎

紹熙四年春，古田縣師姑山，有村婦采筍，爲虎搏去。初夜見夢於家，曰：「我初下山，逢黑虎，從對巖出，相去尚遠，急匍匐登山彈避。爲兩個小兒强把我脚，不得前進。大叫天乞命，虎已在側，即行啖食。苦哉，苦哉！」其家人盡起，秉火挾杖，迹婦所之，正落草坡上。身無全膚，舁以歸舍。半夜後，虎繞屋哮吼四出，若有所索，凡數夕乃止。蓋搏人而不得竟食，所以逞怒，兩兒乃倀鬼也。

【九】觀坑虎　涵芬樓本注，「虎」吕本作「鸖」。下同。

陳氏女爲白起

慶元元年三月，福州江南民陳氏女十七歲，得病臨絶，告人曰：「我古白起也。」女素不知書，家人咸驚異焉。謂曰：「白起乃秦國將軍，下世以來，一千三四百年矣。何爲有此言？」女曰：「是也。爲生時殺人七八十萬，在地獄受無量苦。近始得復人身，然只世世作女，壽不許過二十。今日之死，命也夫！」語畢而殁。趙箕夫說與陳姻家。

張漢英

張漢英者。本長安人，遭亂南徙，家于福州。貧困無所依，寓宿于萬歲寺僧堂之後，仰僧飯以自給。紹熙四年六月，夢爲黄衣卒所逮，付之一繩，便援以行。四顧皆昏黑，莫知所向。俄而繩斷，寸步不能進，佇立以泣。黄衣忽從小巷舉手招之，隨以行。到一官府，門楣極低，榜曰「日考纖毫過惡之司」。主者衣白，據案決事，左右侍者皆女子，亦衣白。主者大聲叱曰：「汝在陽間作何過惡？」對曰：「平生常念濟物，恨力不能逮心。初未嘗有害人之意。」主者曰：「汝功名休要覬幸，但欺心事，此間隨所爲必書，不可不知也。」張不敢答，驚悚而寤。亦不爲人談後來所覩。明年三月，抱疾死。人疑其或有隱慝云。

雪峯異僧

古田觀音寺長老法椿，嘗挂搭於雪峯。與一游僧聯單，浙西人也。趨進頗崖異，好爲誇大之言，每云：「福州人要罵僧作秃奴，此何理也？然其俗多脩淨土，却似可喜【一〇】。」其後偕入城，如鼓山，凡十僧同行。未到五里，旋風倏起於步武間，衆錯愕失次，幾不可立。少頃風定，此僧已不知所在矣。皆疑爲散聖混凡者，或以爲怪人云。法椿説。

杉洋龍潭

淳熙甲辰歲，福州盛夏不雨。府帥趙子直命諸邑，凡境内有神祠湫淵靈異之處，悉加敬禱。古田縣杉洋山，有三潭在巖嶺隋拔間，居民每往祈雨，多獲甘霖。於是邑丞陳某，詣其處焚香致詞。罷，向潭簪笏端立，願一覩龍形。丞爲人愿慤，移時不懈。俄黑雲從山腰起，徧覆大空，一物躍出第三潭，盤於巖石之上，蓋龍股也，色正黄，其大如椽。陳倉卒趨下，得民家少憩。即時大雨，周浹一縣，三日乃止。郡上其事於朝，詔加封立廟。

【一〇】可喜　涵芬樓本注，吕本作「可嘉」。四庫本同吕本。

浮曦妃祠

紹熙三年，福州人鄭立之，自番禺泛海還鄉。舟次莆田境浮曦灣，未及出港，或人來告：「有賊船六隻，在近洋，盍謀脱計。」於是舟師詣崇福夫人廟求救護，得三吉珓。雖喜其必無虞，然遲回不決。聚而議曰：「我衆力單寡，不宜以白晝顯行迎禍。且安知告者非賊候邏之黨乎？勿墮其計中。不若侵曉打發，出其不意，庶或可免。況神妃許我耶？」皆曰：「善。」迨出港，果有六船翔集洪波間，其二已逼近。舟人窘迫，但遥瞻神祠致禱，相與被甲發矢射之。矢且盡，賊舳艫已接，一魁持長叉將跳入。忽煙霧勃起，風雨欻至，驚波駕山【一一】，對面不相覩識，全如深夜【一二】。既而開霽，帖然，賊船悉向東南去，望之絶小。立之所乘者，亦漂往數十里外，了無他恐，蓋神之賜也，其靈異如此。夫人今進爲妃云。立之説。

閩僧宗達

閩僧宗達，住持羅源山寺，連江林行者之叔某，以沙彌受業。其後游方江、湘間，與達相遇於南昌村墟。達見之甚喜，導詣一刹【一三】，駐留三宿。至夜，失達所在，第聞呻吟之聲，若在數十步外，沙彌怪之。時達謝世五年矣，而沙彌頓忘之。旦往訪尋，正見坐于竈

【一一】驚波駕山　涵芬樓本注，「波」吕本作「濤」。四庫本同吕本。

【一二】全如深夜　涵芬樓本注，黄校：「全」字疑誤。

【一三】導詣一刹　「導」上原衍「達」，據四庫本删。

下，伸足入火，叫苦不絶音。已則行立如初，始言曰：「我以在生時，曾伐寺後木兩株與人。今墮惡境，每遇鼎鑊煮水，必將我脚代薪。所幸平日無他過，只坐此罪。受竟，却超生矣。」此寺僧衆稍多，侵晨赴齋堂喫粥三次。先是洋銅汁【一四】，次鐵汁，末乃粥也。汝切記取。」俄而報繩床火發，羣僧聚立於法堂上。一僧脱衣登床受炙，痛楚不可忍。少選趨下，復著衣。續有陞者，如是不已。達曰：「是皆謗般若之人。大凡道眼未明，妄説東西，罪業至重。汝宜深戒！吾幸不罹此苦，可爲世人一一説之。」沙彌流汗匝體，瞿然而寤，蓋在榛莽之間。當時佛屋鐘樓，金碧晃耀，皆幻也。予所記沃焦山事，頗與後一段相符。

陳公任

陳公任者，福州長樂縣巨商也。淳熙元年正月一日，其妾夢三人入門，其二衣緑，抱【一五】文牘，大書於壁間，曰：「陳公任今年四月初七日主惡死。」妾識字能讀，明旦告其侶，曰：「夜來夢極不祥。」相與視壁上字，一無所有。皆匿諱不敢説。久之，衆商張世顯、何仲立、仲濟十餘輩議云：「福清東牆莫少俞，治船欲以四月往浙江，可共買布同發。」如期而行。至州界𪨗鷹港，夜可一鼓，船師報船無故自拆。世顯遽擁衾出。是時，碇泊處去岸猶丈許，覺如有人擁其背至岸，餘人相繼騰上。惟公任、仲立留戀貨財，未肯

【一四】洋銅汁　涵芬樓本按：「洋」似當作「烊」。

【一五】抱　原作「袍」，據周本改。

捨。頃之，舟沉而綷出水面，二人急抱綷，逐浪上下，哀呼求救，不可忍聞。腹爲綷所摇，幾至于裂，竟墮死波中。正月初七夜也【一六】。世顯之壻林深之説。

福州民家豬

福州古田小民家，育一豬。其居窄隘，常置之寢室中。民有子未脱襁褓，其母出鄰舍啜茶，以卧籃貯兒於床上。豬銜薦拽下，而籃隨仆地，遂囓兒雙足至股，又食其臂幾盡。經宿方死。

此卷十六事皆福州士人池昱所録示大兒者。

【一六】正月初七夜也　涵芬樓本按：「正」下當有「四」字。

夷堅支戊卷第二 十四事

海船猴

廣州海山樓下，客商舶船養一猴甚馴，育之既久，與人無間。商婦生嬰兒已三四歲，猴每抱持之，習以爲常，家人亦視之不問。一日，商登岸，婦在寢，猴輒挾兒直升桅檣之顛，其高數丈。滿船人皆驚慴，而猝不可取，但鋪設帆席帷幕，四環於下，以防墜水。遣篙師扳援而上，將至矣，猴遽放手，兒遂墜板上，碎首死。商殺猴，沉諸海中，然痛恨無及矣。相州人張正叔，時避地在彼，親見之。予亦記小説中有猴效人浴兒，而舉置湯鑊内者。既云異類，自不應狎之如人也。

胡仲徽兩薦

胡仲徽以紹興中兩請鄉解，毛山人之相，鰲頭先生之卜，皆已書於庚志，而猶有遺者。癸酉之秋，將入試，寓館於城隍廟巷人家。樓上有富家翁，送其子應舉，欲胡爲助，許以錢三百千。胡謝之，曰：「吾固甚貧，然學業有限。所謂自照一身猶未光者，何暇推餘波及他人乎？」翁去，胡念厚餌可戀，貯懷抱間未決。夜夢黄衣卒登樓，稱報榜，胡問已得失。曰：「正爲姓名在榜，所以來報。」胡甚喜。卒既下，復還白曰：「秀才解名雖定，更須莫要管閑事乃可。」胡矍然而寤。思晝日富翁之囑，力却之，果預薦。己卯之秋，以兼經就試郡學。士子或夢人云：「今年垂字賦作都魁。」覺以告親朋，莫曉所謂。是歲，賦題出，《天子與日月並明》，以「天子無私，明並日月」爲韻。滿場第一韻押「明」字者十人而九，胡獨押「私」字。前兩句曰：「聖德高拱，天光下垂。」考官擊節嘉嘆，遂寘首選。乃知片言隻字，罔不素定。又豈可復容私意哉！

王彦謨妻

紹興癸亥，梁企道侍郎寓居鄱陽妙果寺。隨行王彦謨提轄者，攜妻子處僧堂後，以典質取息自給。生四子，曰晉卿、舜卿、楚卿、月卿。妻極狠悍，有兩婢，役使甚酷，晝夜不得少休。每見其困睡，必挼皂角滓螫其目，至經日不能視。或勸之曰：「婢妾有過，當箠之。不可恕，則逐之。不應損其眸子，壞他終世。」殊不爲止。後彦謨死，浮財積踰萬緡，四子分往娼家，荒費無度。久之，晉、楚、月三卿，相繼亡。悍妻因病目，遂雙瞽，宛轉床席間，呻吟怨悔，飲膳不能以時得，凡十年乃絶命，其爲報應彰顯若此。右三事，張子温説。

孫知縣妻

丹陽縣外十里間，士人孫知縣娶同邑某氏女。女兄弟三人，孫妻居少，其顏色絶豔，性好梅粧，不以寒暑【一】，著素衣衫，紅直繫【二】，容儀意態，全如圖畫中人。但每澡浴時，必施重幃蔽障，不許婢妾輒至，雖揩背，亦不假手。孫數扣其故，笑而不答。歷十年，年且三十矣。孫一日因微醉，伺其入浴，戲鑽隙窺之。正見大白蛇堆盤於盆内，轉盼可怖，急奔詣書室中，別設床睡，自是與之異處。妻蓋已知覺，才出浴，即往就之，謂曰：「我固不是，汝亦錯了。切勿生他疑，今夜歸房共寢，無傷也。」孫雖甚懼，而無詞可却，竟復與同衾，綢繆燕昵如初。然中心疑懼，若負芒刺，展轉不能安席。怏怏成疾，未踰歲而亡，時淳熙丁未歲也。張思順監鎮江江口鎮，府命攝邑事，實聞之。此婦至慶元三年，年恰四十，猶存。

章茂獻【三】夢

章茂獻穎，臨江新喻人。淳熙乙未歲，赴省試畢，歸鄉。因過近郊一僧寺，意中小不適，頭目昏困，遂託宿。初【四】更時，夢爲人迎入官府，堂上設几案，胥吏滿前，各抱文牘，白章書判。既而曰：「更須候有雨乃可。」遂引立廷中。少頃，雨大作，每一點著身【五】，

【一】不以寒暑　涵芬樓本按：此句似有脱誤。

【二】紅直繫　涵芬樓本注，黄校：上三字疑誤。

【三】章茂獻　「獻」原作「憲」，據《宋史》卷四〇四《章穎傳》改。下同。

【四】初　涵芬樓本注，原本此下闕，據吕本補。

【五】每一點著身　「點著」原作「著點」，據四庫本乙正。

變如血色，隨覺清涼，頭涔涔然，如生角之狀。復導升堂，羣吏以次進，或持獄訟公案，使之決遣，凡數百項。有腦上戴樹枝及草葉者，各隨所掌咨稟。又以樹葉一二百片，請花押。或列竹籌，如算子，其多無數，亦一一押字，不勝倦苦。迨五更乃醒。明日報榜人至，奏名爲第一。邑子丁居易從章游學，後登科，爲贛縣主簿。張思順作丞，聞其說。

鄭主簿夢

莆田鄭景寔（㮚），淳熙庚子年，從鄉相陳魏公於建康。其子煒，始六歲，已嶄然見頭角。公招入府，觀其人，果俊爽，解讀書，識非凡器。謂乃父曰：「他日當爲吾門壻。」鄭巽謝而已。至戊申年，鄭官襄帥幕府，子侍行。忽告人言：「我夜夢到陳相公府，供帳華赫。婦妾引一女出，簪珥盛服，儐者掖我使拜，須臾而寤。此乃何祥也？」女兄笑之，曰：「莫要閑思量，汝但專精學業，若及第得官，便可做他家女壻矣。」又三年，鄭幹辦行在審計司，魏公少子語鄭云：「欲從先公治命，以一妹一姪庚甲來合婚。」訪諸卜者，而姪女吉。正媒妁擬議未竟，癸丑，煒一舉登科，方十九歲，調建安主簿，遂諧所志。女【六】之父，工部郎中守也。

【六】女　涵芬樓本注，原本此上闕，據吕本補。

葉丞相祖宅

葉子昂丞相祖宅，在興化仙遊縣。葉氏族派百餘家，皆居一村。此宅據其要會，羣山環峙，如屏如障。紹興中，術士羅正甫者，因行地至焉。謂宅人曰：「論此岡形勢，當出宰相。但常經發洪之害，須生氣積久復故，始合相法，以是遲了百年。」發洪者，俗指言洪水從山上迸出【七】，衝破成竅也。是時，子昂爲上虞宰，後十五歲，拜左僕射，蓋距發洪時，恰百年。正甫以所言驗效，士大夫聞者爭延致之，然無復甚應也。

陳魏公父墓

陳魏公父墓，在莆田境中，南寺之側，本一富民葬處也。葬後二十年間，若子若孫，皆病目，甚者至於盲障。有術人語之曰：「此害由墓而起，當急徙之，以其地售與他人則可。不然，日甚一日，歲甚一歲，禍將益深，殆不可救矣。」富子大懼，即別卜改窆，而故穴爲魏公家所得。富民病者愈，而魏公正位宰相，官至少師。然則宅兆之吉，蓋有所係，無德以承之，不惟不得福，乃受其殃，不容妄儌冀也。

【七】迸出　原作「逆出」，據呂本、四庫本改。

鄭秀才夢

興化鄭秀才棠，赴浙漕試，寓客邸。其弟景實在學中，每夕謁告，從之宿。兄嘗呼之曰：「適夢數報榜人憧憧走趁，云尋一個鄭大成，不知去處。此何爲者？」明日，臨安解試揭榜，果有大成在焉。數夜後，又夢到一處，見揭巨牌其上，皆人姓名。但記有李楠者，以金填之。是夜，漕榜出，楠爲第一人，鄭君乃不中選。此二夢，於身了無所預，冥冥之中，何所係而先告若此。

方翥招紫姑

莆田方翥次雲，紹興丁巳秋，將赴鄉舉。常日能邀致紫姑神，於是以題目爲問。神不肯告，曰：「天機不可泄。」又炷香酌酒，禱請數四，乃書「中和」二字。翥時方十八歲，習詞賦，遂遍行搜索，如「天子建中和之極」、「致中和，天地位」、「以禮樂教中和」、「中和在哲民情」，如此之類，凡可作題者，悉預爲之。是歲，以舉子多，分爲兩場。其賦作，前題曰《中興日月可冀》，後題曰《和戎國之福》。始悟所告。翥試前賦，中魁選。予少時猶傳誦之，其警聯，曰：「八紘地闢，符一馬之渡江，六合天開，光五龍之夾日。佇觀僚屬，復光司隸之儀；忍死須臾，咸泣山東之淚。」翥次年登科，然蹭蹬三十年，才爲秘書省正字而止。

阮秀才酒錢

莆田士人王育卿，嘗預鄉薦。夢若入冥司，三人冠服坐於上。其一呼王臨階問之，曰：「頗相憶否？向曾與君同筆硯。」王不能識也。又云：「君大期殊不遠，故欲奉告耳。」俄皆起入屏後。王望几案上有文書一册，就視之，皆細書人姓名，而詳具所爲善惡功過。其一曰：「阮某不合賴人酒錢，減壽半紀。」未暇它閱，三人出，謂王曰：「過三年，當再相見。」出行廊下，見里巷張生，枷繫受訊，欲往問勞之，送吏不許。覺而不樂。試遣子詣張氏，則昨夕中風疾矣。經二年，自料不久於人世，乃扣謁阮秀才，從容言曰：「吾子常日曾與人有訟事否？」曰：「素不好訟。」固問之，乃言：「但昔常開酒肆，有負我錢十五千，而游販他鄉不歸者，因誣爲其兄所欠，訴於縣，逮治之，遂如數相償。」王愀然曰：「如是則冥符有證，吾必不免。」徐告阮以所見，阮亦悔之。王至期果死。右六首，皆鄭景實說。

孫大小娘子

吴興孫提舉，家居臨安。既没之後，其妻與二子五女，孤弱同處。女皆美色，長者先亡，第四女爲同宗養女，第五女流落於永陽郡王後院。乾道元年，浙西大疫，孫二子并婦及第二第三女死焉。妻慮禍未艾，以爲長女墓不吉所致，遣所親少年魏二官人往新市，舉焚其柩。魏既至，以告守庵老尼姑。尼勸止曰：「今年天行熾毒，誰人家不壞人口？大小娘子入土【八】數載，幸自寧帖，豈忍無故殘暴其朽骨，以起泉下之寃憤哉？」魏曰：「吾亦何心，但奉宜人命爲此，詎容空回？」尼閉拒再三，不能遏，乃曰：「待與它説明，且來可也。」魏莫能曉所言，姑應曰：「諾。」遂去。此女蓋自葬之後，常夜出至尼房，問説酬答，聽其誦經，迨三四更始退。是夜亦至，尼告之，曰：「有一因緣不斷當，頗知否【九】？」女曰：「吾固知之。煩師説與魏二，吾門災咎于數【一〇】當然，非我丘墓所作。望令歸白吾母，爲罷此役。如不動瘞穴，却自保護兩妹，教他安寧。」尼許之。明日，具以語魏。魏笑而不信，曰：「烏有此事，汝妄撰造，嚇我耳。」立喚工僕，將致力。尼又請申一夕之期。才入夜，女已至，曰：「魏二不聽我語，但任渠所爲。」魏竟詣彼處掘塚，斧其棺，手揭蓋板。女奮身起坐，顔貌如生，注目視魏，發聲大笑。魏駭慄而仆，良久稍蘇。急焚香謝罪，復掩之。孫氏之病者，亦愈。饒池州巡轄遞鋪官元善與，所居正與孫鄰，故得本末詳實如此。猶恨老尼與女周旋歷歲，略不扣其所以然，及幽冥間見聞，自此後曾再出與否也。

【八】入土　原作「入王」，據四庫本改。

【九】頗知否　涵芬樓本注，吕本作「頗知之否」。四庫本同吕本。

【一〇】于數　「于」原作「無」，據吕本、四庫本改。

黄惠州

朝請大夫黄民瞻，贛州信豐人也。登第之後，多從官嶺南。歷潮陽宰、循州通判、知高州，以母憂去，復知惠州。紹熙元年閏二月，正與妻在堂上，忽發怒叱庭下，曰：「去。」妻驚問之，曰：「一個黄衣承局，徑敢入宅堂，手中持文字一紙，欲呈我，故喝使去，猶恨不曾教人捉下。爾如何不見？」妻不敢言，然絶以爲憂。是月二十九日也，抵暮得疾。三月旦稍愈，能起行索食。後數日，呼老兵云：「廳下官錢好好排垛，我今自出監收。」聞者愕然，密相與語：「知府在假，原無人將錢物來。」又不敢辨，但云：「錢不多，庫官已自納了。」由是疾復作。至九日，忽又顧外大喝，起身怒立，若有所搏執之狀。人問之，則曰：「前次承局又來，依舊把文書，且催我早去，且是叵耐！」妻知其所見不祥，召醫巫療拯，證候益變。歷兩月，竟死。初，黄自高州護母柩還鄉，過贛州，江舟觸石拆裂，柩没於水。黄只一子，奔投急流救之，亦遭溺。其尸與亡者柩，皆尋索不得。禍酷駭人，至于是孤孫才六歲云。

淡水漁人

元善與嘗監惠州淡水鹽場，場在海濱左近，居民數百户，皆漁人也。見其捕取海物至艱苦，云鰒魚只有一邊殼以自蔽，漁者拏舟至其所産處，以麻繩繫腰，縛一頭于舵尾，然後没水。或至深入五六十丈。如出其不覺，皆可拾取。或知人且至，則黏著石上，牢不可拔。雖椎擊至碎，亦然。按《後漢書·伏隆傳》張步獻鰒魚，郭璞注《三蒼》曰：「鰒似蛤，偏著石。」《廣志》曰：「鰒有殼，一面附石，細孔雜雜，或七或九。」與此説同。若江瑶淡菜之屬，取之甚易。迨欲出水，則循繩扳緣，足躡以升。或久而不出，而有泡沫堆突起於水面者，妻子在舟中，見其狀，皆拊胸慟哭，蓋已爲大魚銜去矣。遭此者，常常有之。右三事，皆元善與説。

夷堅支戊卷第三十三事

成俊治蛇

武功大夫成俊，建康屯駐中軍偏校也。善禁呪之術，尤工治蛇。紹興二十三年，本軍於南門外四望亭晚教【一】，有蛇自竹叢出，其長三尺，面大如杵【二】，生四足，遍身有毛，作聲如猪，行趨甚疾，爲逐人吞噬之勢。衆皆驚擾，不知所爲。適有馬槽在側，急取覆之，而白統制官遣呼俊。俊至，已能言其狀，且名是猪豚蛇，齧人立死。即步罡布氣禁之。少頃，令啓槽，則已殭縮不能動。再覆之，仰吸日光，三吹槽上，及啓視，化爲凝血矣。又排巒出異蟒，色深青，長可二丈，積爲人害，居民共邀俊施術。俊曰：「在吾法，不宜率爾。盍具狀以來。」既得狀，書章奏天。詰旦詣穴口爲壇，被髮跣足，衣道士服，向空叱神將曰：「速」，斯須，蛇不出。繼遣兩將，如是者，三四反。蛇猛從穴内奮迅奔壇，若將欲鬬者。俊大聲訶之，曰：「業畜那得無禮！」取所著汗衫，中分裂其裾，蛇擘析爲兩，此患遂絶。民家小兒，因行草際，遭螫，痛徹心腑，幾於不救。俊往療之，問兒曰：「汝誤踏踐之，以致囓耶？將自行其傍而然耶？」曰：「初未嘗觸之，不覺咬我。」俊曰：「我亦久知

校勘記

【一】晚教　涵芬樓本注，「教」，黄校：疑誤。吕本作「眺」。

【二】其長三尺面大如杵　「面」原作「而」，據四庫本、《淵鑑類函》卷四三九《鱗介部·蛇二》改。

之，此無故傷人命，不可恕。」乃除地丈許，插小竹片爲劍，作法呼蛇，至者如積。令之曰：「作過者留劍下，否則退。」羣蛇以次引去，各失所在。獨一小者，色如土，伏劍傍。俊召判官檢法，曰：「蛇無故傷人，當得何罪？」兒家聚觀者皆莫見。久之，又曰：「依法。」蛇自以首觸劍死焉。俊之技如此，而無所求於人。醫士劉大用欲學其術，俊曰：「此非所靳，但慮持之不謹，或干犯法律，將至貽禍。」乃止。景陳弟云：「鄉里亦曾有猪豚蛇，以身腯而短，不能蜿蜒，故惟直前衝人。遭之者，無活理。」蓋虺蝮類也。

池州白衣男子

李妙者，池州娼女也。淳熙六年，有白衣男子詣其家，飲酒託宿，相得甚驩，踰三月久。妙以母之旨從之求物，男子曰：「諾。我今還家取之。明日持與汝。」妙使其僕雍吉隨以往。男子拒之，曰：「吾來此多日，家間弗知，弗欲道所向。若雍吉偕行，恐事泄，於我不便。」妙母子意其設辭，竟令尾其後，迤邐出郭西門。至木下三郎【三】廟前，謂雍曰：「可回頭，有親家叫汝。」雍反顧，則無人焉。復前視之，但見大白蛇，望茅岡疾趨【四】，駭顫欲仆。歸以告妙，妙與雍皆大病期年乃愈。而妙顔色萎悴，不復類曩時。郡爲落籍，許自便，後鬻【五】於染肆爲妾。

【三】木下三郎　「郎」原作「廊」，據四庫本改。

【四】望茅岡疾趨　涵芬樓本注，吕本多「而去，雍」三字。

【五】鬻　涵芬樓本注，吕本作「嫁」。

陳氏鬼疰

韶州南七十里曰古田，有富家婦人陳氏，抱異疾。常日無他苦，每遇微風吹拂，則股間一點奇痒，爬搔不停手。已而。舉體皆然，逮於發厥，凡三日乃醒。及就坐，有聲如欬，至其身乍前乍後，若摇兀之狀，率以百數，甫小定。又經日，始困卧，不知人。累夕而愈，至不敢出户。更十醫弗效。醫劉大用視之，曰：「吾已得其證矣。」先與藥一服，命取數珠一串來，病家莫知爲何用也。當婦人正摇兀時，記其疏數之節【六】，已覺微減。然後云：「是名鬼疰。因入神廟觀玩，遂爲邪鬼所憑，以致精采蕩越。法當用死人枕煎湯飲之。」既飲，即大瀉數行，宿痾脱然如失。大用云：「枕用畢，便當送還元處。如輒遲留，則使人顛狂。」蓋但借其氣耳。予記《南史》中，載徐嗣伯精於醫術，有一嫗患滯冷，診之曰：「此尸疰也。」張景腹脹面黄，曰：「此石蚘耳。」沈僧翼眼痛，見鬼物，曰：「邪氣入肝。」具皆令煮死人枕服之。竟，埋於故處。王晏問之，曰：「三病不同，而療之俱差，何也！」以答之，晏深嘆其神妙，蓋此類也。

衛承務子

寧國人衛承務者，家素富。惟一子年少，好狎游。忽得疾，羸瘦如削，衆醫以爲瘵。

【六】其疏數之節　「記」字原闕，據呂本、四庫本補。

治療三年愈甚，無益。適劉大用過縣，邀使視之，切其脈，亦謂瘵證。凡下藥月餘，略不效。問其致疾之因，久乃肯言，曰：「嘗以六月間飲娼家，與娼喧爭。迨醉，不復登榻，獨困卧黑卓上。少醒而渴，求水不可得。其前有菖蒲盆，水極清潔，舉而飲之，自是疾作。」劉默喜，密遣僕掘田澗淤泥，以水沃濯，取清汁兩盞，置几上，令隨意而飲。衛子素厭苦其疾，不以穢爲嫌，一飲而盡。俄腸胃間，攻轉攪刺【七】，久之始定。續投以宣藥百粒，隨即洞泄，下水蛭六十餘枚，便覺胸抱豁然。劉曰：「此蓋盆中所誤吞也。蛭入人腹，藉膏血滋養，蓄育種類。每粘著五藏，牢不可脱。然久去汙渠，思所嗜，非以此物致之，不能集也。」衛子雖去其疾，然尫劣無力，别施藥補理，至八十日乃平復。予頃記張鋭治【八】吴少師事，絶相似云。右四事，皆劉大用説。

蔡主簿治寸白

蔡定夫戡之子康積，苦寸白蟲爲孽。醫者使之碾檳榔細末，取石榴根東引者，煎湯調服之。先炙肥猪肉一大臠，寘口内嚥咀其津膏而勿食。云：「此蟲惟月三日以前，其頭向上，可用藥攻打。餘日則頭向下，縱有藥，皆無益。蟲聞肉香，起咂啖之意，故空羣爭赴之。覺胸間有萬箭攻鑽，是其候也。然後飲前藥。」蔡悉如其戒。不兩刻，腹中鳴雷【九】，急奏廁，蟲下如傾。命僕以杖挑撥，皆連綿成串，幾長數丈，尚蠕蠕能動。舉而抛於溪流，

【七】攪刺　「刺」原作「入」，據吕本、四庫本改。

【八】張鋭治　「鋭治」原作「治鋭」，據四庫本、中華本乙改。

【九】腹中鳴雷　「雷」原作「當」，據周本、四庫本及甲志卷一四同條改。

宿患頓愈。此方亦載楊氏集驗中，蔡游臨安，爲錢仲本説，欲廣其傳，以濟後人云。

鐵掃箒

臨安術士，失其姓名，常著道服，標榜曰鐵掃箒。設肆于執政府牆下，從而卜筮者，多市廛皂隸【一〇】。雖所言有驗，然不爲士大夫所稱。淳熙甲辰冬季，一細民來問命。告之曰：「君星數甚惡，最忌明年初春，恐蹈刑戮之禍。若能一月不出，勿與人接，庶或可免。」民雖不懌，而以所戒深切，於是如其言。至晦日，不能忍閑，徑往責之，曰：「汝道我正月大災，今已到三十日，又不曾分毫越法，何由觸禍？」術士曰：「我一時間説了，亦自忘記，容再爲推測。」及布局，纔成，復云：「今日尚是正月，猶可慮也。必須打殺人。」民忿恚，詆其誕妄，相與爭詈不已，不勝忿曰：「我只打殺汝，以驗汝術。」奮身起箠之，不覺踢其脅，立死。遂受擒，而得減死黥配。此等事，傳記中或有之。

張子智毀廟

張子智貴謨，知常州。慶元乙卯春夏間，疫氣大作，民病者十室而九。張多治善藥，分諸坊曲散給，而求者絶少。頗以爲疑。詢於郡士，皆云：「此邦東岳行宮後，有一殿，士人奉祀瘟神，四巫執其柄。凡有疾者，必使來致禱，戒令不得服藥。故雖府中給施，而不

【一〇】皂隸　原作「造力」，據呂本、四庫本改。

敢請。」張心殊不平。他日，至岳祠奠謁，户庭悄悄，香火寥落。問瘟廟所在，從吏謂：「必加瞻敬，命炷香設褥。」張悉撤去。時老弱婦女祈賽闐咽，見使君來，爭叢繞環視，張指其中像袞冕者問：「爲何神？」巫對曰：「太歲靈君也。」又指左右數軀，或擎足，或怒目，或戟手，曰：「此何佛【一二】？」曰：「瘟司神也。」張曰：「人神一也。貴賤高卑，當有禮度。今既以太歲爲尊，冠冕正坐，而侍其側者，顧失禮如此，於義安在？」即拘四巫還府，而選二十健卒，飲以酒，使往擊碎諸像，以供器分諸刹。時薦福寺被焚之後未有佛殿，乃拆屋付僧，使營之。掃空其處，杖巫而出諸境。蚩蚩之民，意張且貽奇譴。然民病益瘳，習俗稍革。未終更，召入爲吏部郎中。

錢林宗

錢仰之林宗，寓居於華亭之北庵淨居院，爲人頗耿耿。一日，有蛇百數出室宇間，屏帳之内，亦蜿蜒糾結，甚至甑釜蒸炊中，亦然。錢不以爲異，但命僕驅逐之。因步至僧堂，見有新置神像一軀，乃俗所事施菩薩者。其前正塑一蛇，時邑人敬奉此妖，至不敢斥其姓，迨左畔「方」字亦謹避焉。院僧欲乘勢立祠，誘民禱供，以牟利入錢。悟家怪所起，立取斧椎破，擲于水中。是夜，僧挈囊而遁。錢氏自此寧居。北庵日以蕭條，幾無人跡，惟錢子孫猶處之。施之爲厲久矣，此歲稍息。庚志亦書一事。

【一二】此何佛　涵芬樓本注，「佛」吕本作「物」。四庫本同吕本。

金山廟巫

華亭金山廟瀕海，乃漢霍將軍祠。相傳云，當錢武肅霸吴越時，常以陰兵致助，故崇建靈宫。淳熙末，縣人因時節競集。一巫方焚香啓祝，唱説福沴，錢寺正家幹沈暉者，獨不生信心，語譃玩侮。所善交相勸止，恐其掇禍。巫宣言詈責甚苦，暉正與爭辨，俄踉蹡仆地，涎流於外，若厥暈然。從僕奔告其家，妻子來視，拜巫乞命。巫曰：「悔謝不早，神已盛怒。既執録精魄付北酆，死在頃刻，不可救矣。」妻子彷徨無計，但拊尸泣守。暉忽奮身起，傍人驚散，謂爲强魂所驅。沈笑曰：「我故戲諸人耳，初無所覩也。」巫悚然潛出，闔廟之人亦捨去。

錢仲之瘖

紹興庚辰歲，錢大任堪自成都漕使下世。其子仲之，年三十餘，忽瘖不能言，而起居食飲，一切與平時無異。愁悶不聊，侵尋八年久。因一妾觸怒，持杖箠之。妾佚去，斥之爲啞畜生。仲之愈憤悒，大呼曰：「且看啞畜生打人。」咄咄不已。家人聞其出聲，驚喜來觀，自是言語如故。仲之以其疾因妾而愈，置其怒而賞之。後赴銓中選，調江陰尉，未及赴而卒。右六事，皆錢仲之説。

李巷小宅

饒州城内北邊，李郎中巷有小宅，素爲鬼物雄據，居者不能安。每召會親賓，肆筵設席，客未至，已見奇形異狀者，分坐飲啄。紹興中，歷梁氏、管氏兩家，最後董儀判官居之。董亡，厥子售於東鄰王季光使君。季光爲人膽勇【一二】，不畏妖厲。得屋之初，遣一僕守宿，遭其惱亂，終夕不得寢。明夜，易以兩兵，亦復然。王猶弗深信，親往驗之，大聲咄之，曰：「吾聞此地多鬼，若果有之，宜即露現。」少頃，颯颯如持箒掃【一三】壁上塵土，王不爲動。俄又爲驟馬馳逐之聲，王曰：「汝造妖只爾，何足怕！更須呈身向我。」便隱隱從柳陰下出，竚立不移步。王起，即而語之曰：「汝若是横死伏尸者，今已歲久，難於尋覓，何不自營受生處？如要從我求酒饌祭酹【一四】，福願薦拔，亦無閑錢可辦。苟冥頑不去，當令師巫盡法解汝於東岳酆都。是時勿悔。」其物隨言而没，宅自是平寧。

【一二】膽勇　涵芬樓本注，吕本作「膽量雄勇」。

【一三】持箒掃　「掃」字原闕，據四庫本補。

【一四】祭酹　「祭」字原闕，據吕本、四庫本補。

獨脚蓮

鄱陽山間生一種草，始萌芽時，便似蓮房，俗呼爲獨脚蓮。移植於居宅隙地及園囿中，蛇虺不敢過其下。王季光宅後，榛莽業裏，有穴藏蛇，常出爲人害。乃種此草數本於穴外，自是其患不作。至暑月，聞穴内臭甚，使園丁掘土訪求，得死蛇十數，蓋爲草氣所薰漬也。又一小蛇從別處來，適到草傍，立化爲水，其效驗如是。右三事，王季光說。

李興都監

禁衛人員李興【一五】以年勞解軍伍，補官，調泉州都監。臨赴任，遣妻子出陸，自臨安先行。興收拾併疊，差晚，乘馬追，路至龍山下，爲小民十百壅遏，僅得穿過。乃是日誅一海劫，既臠咼梟首矣。興謂觀者曰：「此乃凶賊，爲良民害，斬決萬段，猶未足以償其惡。爾曹何爲注視之？」因舉足蹴踏遺骸，且加唾駡，血汙履弗顧。衆亦稍散。興忽迷罔，茫然不知東西，殆若喪心而爲鬼所附著。上馬復還城內，投宿小邸，一僕慮家人望信，欲往報之，不聽。自此狂態日甚，逢人輒奮擊。人見其身軀壯偉，又膂力異常，時避不與校。至裸膊蓬首，扣內前沙子門，云：「欲謁官家叫屈。」守者知其病，且念向來同輩，但扶曳出之。故交有居於觀巷者，强引與歸。閉諸一室，而穴壁傳致飯食。不論多少，皆無餘。或經日忘設，亦自若。叫噪勃跳，殊爲所撓。凡十餘夕，竟自經而死。其家幾達閩，始得信，蒼黄奔歸，蓋劫鬼爲之孽也。子産曰：「匹夫匹婦彊死，其魂魄猶能憑依於人，以爲淫厲。」正謂此云。饒信都巡檢許經文夫說。

【一五】禁衛人員李興 「李」上原衍「大」字，據四庫本删。又四庫本「禁」作「某」。

夷堅支戊卷第四 十四事

吴雲郎

吴江縣二十里外，因瀆村【一】富人吴澤將仕，生一子小字雲郎。自少即向學，嘗應進士，預待補籍。紹熙五年八月，以疾亡，父母追念痛割。明年冬，澤之弟助教滋，往洞庭東山婦家沈氏。未至數里，暴風打船，暫泊於福善王廟下。登岸縱行，望廟門半掩，見雲郎著皂綈背子，緩步而出。滋大駭，就語之，曰：「汝父母曉夜思念汝，欲一會面不可得，何爲在此？」對曰：「兒爲一事拘繫，留連對證，説來極苦。告叔爲道此意於二親，若要相見，須親自來，乃可。」嘆息而去。滋亟還舍，白兄嫂，皆相持悲哭。三人者，共乘元舟，復抵廟步。雲郎已立津次，奔至父母前，下拜泣訴，具述幽冥辛苦之狀。語未竟，忽怒目，奮捽父衣，大呼曰：「汝陷我性命，盗我金帛，使我銜冤茹痛五六十年，今日決不相舍。」遂互相擊搏，滚入水中。滋與僕從及舟人涉水救，澤始得脱，登岸困乏垂死。傍人初無所覩，但見澤舉首揮爭，至暮乃定。滋不知澤有隱慝，試問之。嚬蹙而言：「昔虜騎破城，一少年子相投寄宿，所齎囊金頗厚，吾心利其貲，至之數月【二】，殺而取之【三】。自念冤債

校勘記

【一】因瀆村　涵芬樓本注，黄校：「因」字疑誤。

【二】至之數月　涵芬樓本按：「至」字疑誤。

【三】殺而取之　涵芬樓本注，吕本作「乘醉殺而取之」。

在身，從壯至老，未嘗不戚戚。此兒生於壬午【四】，今日之報，豈非此乎？」自是憂悶不食，涉旬而死。魏南夫丞相之子羔如表弟李生，吴氏婿也，爲魏説此。

德化鰲獸

慶元元年五月二十四日，九江大雨五晝夜，江流暴溢，鷄犬畜産，悉皆漂蕩。有賣果小民黄二，正在德化縣村田間，遇鰲獸緣道而來，遽升高木避之。别有婦人，攜兩小兒過其傍，游戲自若，獸亦不動。黄恐怖下視，甚異之。忽有官軍十餘人，鳴鉦鼓且至，乃持叉矛來欲驅逐者，獸始去，度水而西。黄乃敢下地。到城門外，婦人已先在彼。值鬻米粽者，取錢買十枚，飼兩兒，挾之而走，其行甚疾，兩目眈眈然，殊可憎惡，搴裾涉川，如履平地，後不知所往。人疑爲虎精，如前所書陽臺者是也。

善鑑爲僧

淳熙四年，張子正待制知泰州，以妻病焚香禱佛，願剃度一僧。已而妻愈，乃榜示諸刹，凡在籍童行，令悉趁四月十五結夏日集於報恩光孝寺。秀州行者善鑑，頗欲巡禮叢林。自江陰濟江，過石莊，投宿明禧禪院。兩脚忽重膇如石，不能前。彼蓋不知邦君有施也，寺僧與之言，時已初十日矣，心雖欲之，而足力不可强。夜夢伽藍趣其去，凌晨粥罷，

【四】此兒生於壬午　「生」字原脱，據吕本、四庫本補。

僶勉由如皐縣而北，臨十四夜，始至郡城，投報恩，股痛益甚，卧於選僧寮。明日，張與妻至，羣僚畢預齋供，觀諸人探鬮。時會者五百餘輩，序立堂上。張問綱維：「猶有未到者否？」以善鑑對。且言其道路損脚，目今困卧。張必欲其來，鑑不獲已，策杖往。隨衆拈一小紙卷，及開視，獨鑑得之。即日落髮，張氏製三衣與之，同類皆起登仙之歎。方旬日，南禪缺住持，張又作疏邀開堂主法席，遂連處三大刹，爲淮地所重。

張氏煮蟹

平江細民張氏，以煮蟹出售自給，所殺不可億計。紹熙五年七月，買兩簖，置室中，凡數百枚。夜聞鴨聲嘈嘈，父子秉炬尋索，無所覩。迨復寢，其聲又作。審聽之，正在簖内。乃起坐咄之，蟹作人，言曰：「只是死了住。」夜半後，又覺有人著屐游行，以爲盜也，走報鄰里，欲拘執，寂無影響。其女五七娘驚而病卧於床三日，聞外人唤云：「五七可同去。」應曰：「待我來。」至晚而死。後九日，張妻亦病，見女坐床下，呼之使上。已而張父子及妻相繼亡，但存一小女曰阿感，無人養育。所親周二爲取致其家，便見父母來就唤，亦死。張門遂絶。

黄池牛

黄池鎮隸太平州，其東即爲宣城縣境。十里間有聚落，皆亡賴惡子，及不逞宗室嘯集。屠牛殺狗，釀私酒，鑄毛錢，造楮幣，凡違禁害人之事，靡所不有。王元卿叔端與表兄盛杲子東，淳熙十三年六月，同往寧國府。過其處，見野園内繫水牛五頭。杲指第二牛曰：「此明日當死。」王曰：「何以知之？」曰：「其四皆食草，惟是牛眼中淚下，且獨不食。」因詢茶肆人：「此誰家者？」曰：「乃趙三使所買，欲待旦屠宰。」已而果然。遂再往視之，其第四牛亦有昨日之態。望兩人來，拱雙蹄跪地，如拜訴狀。復詢肆人。曰：「一客今早至此，頓買三頭，惟餘其一，旦夕殺之矣。」杲勸王使買之，置于近莊，以賒其死。王即訪主人，優償厥值，牽以歸，至今猶存。

蔡通判

淳熙元年，嘉興蔡攄承議赴蘄州黄梅知縣。泛舟大江，過蘄口宿。是夜，大風拔木舟，碎於巨浪，惟底板存。蔡適在其上，抱持浮漾，意以爲家人盡溺死矣。迨旦風小定，視之，則皆跧聚板上，不失一人。囊篋僕從悉没，一小筐貯出身勑告，獨得全。旋唤漁人，載來南岸。居人見其至，爭來慰勞，云：「昨夜風雷黑暗中，聞神人言：『且救取蔡通判一家。』官人豈非蔡公乎？」蔡爲人質重廉恪，鄉里稱其賢，故遭罹大難，而蒙神力以免。其後秩滿，果調泰州通判。

閩僧如本

如皋縣石莊鎮明禧禪院僧如本者，福州人，遊方至彼，遂留不去。紹興辛巳，胡騎暴淮甸，本收瘞遺骸三百，得官給僧牒，紹熙元年【五】，爲監寺，偕衆僧往黄華港石總首家，脩設供佛【六】，惟留一老者守舍。亭午，火作于延壽堂，次及僧堂，悉爲灰燼。衆聞報，狼狽奔還。常時諸僧戒帖度牒鎖置禪床上龕櫃内，皆焚滅無餘，獨如本者，掛于梁間，既墮地，有一大瓦正覆護之，略無所損。本戒行甚堅，質朴好義，日夕持誦經呪不息，是以獲善報。

【五】紹熙元年　「熙」原作「興」，據四庫本改。李按：上文「紹興辛巳」，即紹興三十一年，故可知「紹興元年」誤。

【六】脩設供佛　涵芬樓本注，「供佛」吕本作「齋供」。四庫本作「佛供」。

太陽步王氏婦

紹興庚戌六月，鄱陽境内太陽步王氏婦病卒，以父往别村，且肉猶未冷，家人不忍殮。走僕唤其父，再宿始歸。半醉間，拊尸大哭，未幾，逝者復蘇。是日，招蓮華院僧誦經，即扣所見。婦起坐，言曰：「到冥司橋畔，見故母云：『汝何故在這裏？此是死路，不可久留。』遂買紙倩人寫狀，偕度橋。天氣昏昧，如深冬欲雪時。經大官府，吏兵甚盛，兩廊枷係罪囚無數。紫袍官人據案決事，乃持所書狀投之。紫袍批曰：『本人奉事翁姑孝謹，兼冥數未盡，宜放還。』即再從橋上過。覺餒不可耐，遇鬻胡餅者，欲買之。母曰：『此豈可食？』少憩，逢過者紛然，全不見有回者。問母陰司事，母曰：『不孝最重，殺生罪次之。』倏覩一水閣，滿池紅白蓮花相間，縱觀之次，若有人自後見擠，墮水，遂寤。」

辰州通判

辰州通判項某，信州貴溪人。自云其父未有子，常齋戒禱請於上帝。後夢黄衣吏持大盒來，啓之，見盤内貯一貴人，金章紫綬，母遂有娠，七月七日生己。至二十五歲登科，歷州縣五任。赴辰陽時，年未五十，每自負必貴。提點刑獄司檄往鄰路襄陽置獄，鞫通判被命和糴米，隱瞞官錢數萬貫之罪。項受賂三百萬，爲人潤略，戡事未竟，得疾亟歸。夜中神物縱横，有彈指者，有嘆息者，云：「可惜，可惜！」家人往往見之。項聞而不悟，疾勢轉甚。馬院在州治後圃，相去隔兩門，百餘步，鬼物夜運馬糞滿榻，除去復然。正以七夕日卒，官止承議郎，不霑遺澤。

房州保正

房州房陵人李政，爲保正，頑猾健訟，侵人田園，奪人牛馬，官司莫能治。淳熙十四年暴亡，其家水牛當日産一犢，腹下白黑毛相間，成「保正李政」四字，字如崇寧當三錢，了了可識。每妻子到傍，輒淚下。甫半年，爲虎所食，血骨【七】皆盡，惟四字連皮，宛然如初。監本州酒税、忠訓郎王嗣宗親見其事。人死爲牛多矣，諸志中屢書之，兹又獨異也。

辰州地主

王仲寅寅祖，紹興戊辰歲，爲湖北提刑司指使。從其使馬居中巡歷屬城，至辰州，馬館於郡汝燕堂，王寢於設廳之東角。三更後，夢老翁白袍烏帽，通名上謁，徑趨賓階。王意其土地神，屢揖使東向。翁謝曰：「明公異日當來此作地主【八】，那敢居上？」固辭不可。王覺，取筆記之。又誌於三里外長田張氏書院之壁。後三十年，自淮東鈐轄造朝。趙魏公爲相，與之有舊，擢守辰陽。初未嘗敢萌五馬之念也，得之若驚，思前夢可證，以淳熙辛丑正月赴官。過長田，視張氏壁所題字畫，宛如昔日，其家既籠以碧紗矣。王後知永州，提點廣西、福建兩路刑獄而終。

張拱之銀

江陵人張拱之，世以富雄州里。政和中，夢白衣人二十餘輩拜揖【九】於床下。問其何人【一〇】，皆不答，旋没於地。心雖怪之，亦不以爲絶異。已而每夕皆然。于是命僕掘

【七】血骨　涵芬樓本注，葉本作「骨肉」。

【八】作地主　「作」字原脱，據吕本、四庫本補。

【九】拜揖　涵芬樓本注，葉本無「揖」字。

【一〇】問其何人　涵芬樓本注，葉本作「問之」。

所没處，才深三尺，得大銀二十枚【一一】，各重五十兩，樣製甚古，料爲千歲前物，一一花書之，而藏於篋笥，不爲子弟言，亦未嘗非時閲視也。他日又夢來别，云：「欲往長沙，助趙官人宅造屋【一二】。恨不得久從君游，然終當復來。」張疑焉。旦而發笥，空無所見【一三】矣，始大駭。欲窮其驗，專詣長沙訪之，果於善化縣傍，有趙宅，方興工，創大第，治廳事。張老納謁【一四】，趙宿聞其名，亟出迎。坐少定，張起，白曰：「君家治第曾於土中獲何物？」趙不復隱，告以得白金千兩。張曰：「乃我家故所蓄，每錠有花書。」取視之，信然。張乃話前夢，願以他銀換易，趙欣然許之。張攜歸【一五】，唤銀匠【一六】鎔爲一巨毬，當中穿竅，用鐵索維縶，寘於床脚，使不可復動。入夜常聞泣聲。後經兵盜，不知所在矣。俗云張循王在日，家多銀，每以千兩鎔【一七】一毬，目爲「没奈何」，正此類也。

豫章神廟

魏道弼參政，紹興壬午年，爲洪府帥守。宅堂後有小土地廟，其門與溷廁相連，以爲穢濁，令徙於城隍廟廊下。工力既具，通判林君夢神人自通爲府宅土地，曰：「吾血食此地，多歷年所，雖鄰於溷舍，無害也。若一旦徙去，則盡室老稚將無所依。又寄托大神之宇，出入動息，皆不遑安。願賜一言，達帥主，且仍舊貫。幸也。」林曰：「神既能靈化，何不自告之？」曰：「魏公乃紫氣星君，今位崇輔弼，豈得容易輒近？」明日，林具以白魏，

【一一】枚　涵芬樓本注，葉本作「錠」。

【一二】助趙官人宅造屋　涵芬樓本注，「宅造屋」葉本作「造宅」。

【一三】空無所見　涵芬樓本注，葉本作「空無有」。

【一四】張老納謁　涵芬樓本注，葉本作「張乃謁之」。

【一五】攜歸　「歸」字原脱，據葉本、四庫本補。

【一六】銀匠　涵芬樓本注，葉本無「銀」字，呂本作「鍛」。四庫本同呂本。

【一七】鎔　涵芬樓本注，葉本作「鑄」。四庫本同葉本。

乃輟其役，但移門它向，併葺飾像設而祭之。是夜，林又夢來謝。

五臺文殊

宣和六年，江逷舉逸，爲隆德府教授，求學司檄，搜遺書，與家人及長子珪詣五臺山，宿於文殊院。明日齋罷，拜禱佛象前，乞現聖相。至明時，涼風微動，西邊淡黄雲起。少焉，聞羅漢天衆各【一八】執幡幢香華，以次引導，戈甲旌旗，陸續不絶，傍與日光相映。最後菩薩乘獅子法座，四夷君長，氈裘狼帽，謹隨之，無量無邊，各隨其類，異香芬郁，鼻觀爲清，經數刻久，乃没。天將斂昏，又見燈燭數百炬陳列，金紫貴人，執手鑪行前，菩薩緩步，足跡所留，蓮花隨生，一黄犬摇尾在後。珪時年十三歲，披僧衣，亦現象側。仙女吹簫笙，隱隱可聞。江一家并僧僕，無不瞻覩。靖康之末，報胡馬飲河【一九】，棄官赴京師，除大學博士，居竹椙巷。未幾，夢菩薩告以急，請外，即挈家東下，出水門，值泗水上，便舟艤汴岸，遂迤邐還嚴陵，闔門安堵。時京師已受敵矣，間關亂離，不受怖恐。珪生於政和癸巳，至慶元景辰，八十有四歲，猶强健不衰。

【一八】各　原作「客」，據四庫本改。

【一九】胡馬飲河　「河」原作「湖」，據四庫本改。

夷堅支戊卷第五九事

劉元八郎

明州人夏主簿，與富民林氏共買撲官酒坊，它店從而沽拍，各隨數多寡，償認其課。歷年久，林負夏錢二千緡，督索【一】不可得，訴於州。吏受賄，轉其辭，翻以爲夏主簿所欠。林先令幹者八人換易簿籍，以爲道地。夏抑屈不獲伸，遭囚繫掠治，因得疾。郡有劉元八郎者，素倜儻尚氣，爲之不平，宣言於衆，曰：「吾鄉有此等【二】寃抑事，夏主簿陳理酒錢，却困坐囹圄，何用州縣爲哉！恨不使之指我爲證，我自能暢述情由，必使彼人受杖。」八人者浸浸聞其語，懼彰泄爲害。推兩人饒口舌者，隔手邀劉，與飲於旗亭，摘語玆獄曰：「八郎何必管他人閑事【三】，且喫酒。」酒罷，袖出官券二百千畀之，曰：「知八郎家貧，漫以爲助。」劉大怒，駡曰：「爾輩起不義之心，興不義之獄【四】，今又以不義之財汙我，我寧餓死，不受汝一錢餌也。此段曲直虛實，定非陽間可了。使陰間無官司則已，若有之，渠須有理雪處。」呼問酒家人【五】：「今日所費若干？」曰：「爲錢千八百。」劉曰：「三人共飲，我當六百。」遽解衣質錢付之。已而，夏病棘，出獄【六】而死。臨命【七】戒其

校勘記

【一】督索　「索」字原脱，據四庫本補。

【二】此等　涵芬樓本注，明鈔本無「等」字。

【三】何必管他人閑事　「必」字原脱，據明鈔本、四庫本補。葉本作「何以」。

【四】興不義之獄　「興」原作「與」，據明鈔本、四庫本改。

【五】酒家人　涵芬樓本注，葉本作「酒保」。

【六】出獄　涵芬樓本注，葉本作「舁出獄」。

【七】臨命　涵芬樓本注，葉本作「臨終」。

子，曰：「我抱冤以歿，凡向來撲坊公帖，并諸人負課契約，盡可納棺中，將力訴於地獄【八】。」纔一月，八人相繼暴亡。又一月，劉在家，忽覺頭涔涔顫眩，謂其妻曰：「眼前境界不好，必是夏主簿公事發【九】，要我供證，勢必死。然料【一〇】平生無他惡業，恐得反生，幸勿亟殮。以三日爲期，過期則一切由汝。」是日晚，果死。越兩宿，矍然起坐曰：「比爲兩箇公吏追去，行百里，乃抵官府。遇緑袍官人從廊下房中出，視之則夏主簿也。再三相謝曰：『煩勞八郎來此處。文書都了【一一】，只要略證明，切莫憂惱。』續見八人者，共着【一二】一連枷，長丈五六尺，而鑚八竅，以受首。俄報王坐殿【一三】，吏引造廷下。王曰：『夏家事不須說，但樓上喫酒【一四】一節，分明白我。』我供曰：『是兩人見招，飲酒五盃，買羹三味，與官會二百道，不曾敢接。』王顧左右，嘆曰：『世上却有如此好人，真是可重，須議所以酬奬。試檢他壽算。』一吏走出，須臾而至，曰：『合七十九歲。』王曰：『窮人不受錢，豈可不賞？與增一紀之壽。』勅元追者，且引看地獄了却來。既見，大抵類人間。而被囚禁者【一五】，皆本郡城内及屬縣人。有荷枷絣縛者，有訊決刑杖者，望我來，各各悲泣，更相道姓氏居止，屬我還世日，爲報本家。或云欠誰家錢，或云欠誰家租【一六】，或云借誰家物，或云妄賴人田産，皆令妻兒骨肉方便償還，以減冥罪。它或乞錢財，或求功課，我不忍注目而退。猶聞咨嗟嘆羡不已。再到殿前，王曰：『汝既見了，反生時，一一説與世人，教知有陰司。』我拜謝辭去。既出門，送吏需錢，拒不與。詬曰：『兩三日服

【八】地獄　涵芬樓本注，葉本作「地下」。
【九】公事發　涵芬樓本注，葉本無此三字。
【一〇】然料　涵芬樓本注，明鈔本作「然自料」。
【一一】都了　涵芬樓本注，明鈔本作「都明了」。
【一二】着　涵芬樓本注，葉本作「負」。
【一三】王坐殿　涵芬樓本注，葉本作「王至，坐殿上」。
【一四】樓上喫酒　涵芬樓本注，葉本作「旗亭飲酒」。
【一五】而被囚禁者　涵芬樓本注，葉本作「牢獄」。
【一六】或云欠誰家租　涵芬樓本注，明鈔本无此句。

事你，如何略不陳謝？且與我十萬貫。』又拒之。曰：『我自無飯喫，那得閑錢【一七】？』吏遂捽脱頂髻，推仆地【一八】。於是獲甦。」摸其頭已禿，而一髻乃在枕畔。濟南王夷縣尉，時居四明，親見其説如此。淳熙中，劉年過八十而病，王往省問，甚憂之。劉曰：「縣尉不必慮，吾未死。」後果無恙，蓋屈指冥王所增之數也。至九十一歲乃卒。王今爲饒州理掾。王司理説。

玅緣寺

紹興十六年十月二十五夜，伯兄文惠公以台州通判出行縣，宿天台山。夢息擔山中，獨游旁近僧舍。至玅興寺【一九】欲回，忽雨作。僧指西邊言曰：「彼方霞彩如此，少頃必開霽。田家常以此爲占也。」東顧凝陰，雨下如注，高峯樵徑，衆水爭流。公竝山而南，復東折，有橋長二十餘丈，自深澗聳起，巨松參雲，每五七步，必夾橋，蜿蜒枝幹，俯就橋上，若龍然，謂之盤龍橋。直東至所憩處，時有一僧自妙興相從，求先去。口占絶句送之歸，曰：「西望霞光東望雲，劃然晴晦此區分。小橋過盡盤龍險，回首高人多謝君。」遂覺。俄復夢侍親攜家登陸，日色已高，而兒曹尚告未辦。忠宣公命趣之丘【二〇】，嫂吴國夫人方梳裝，伯姊解篋取衣授公，遂偕文安公及予侍行。步尋近境，又至一橋畔。欲往西隅小寺，視所取道，頗類昨所經行，因話前夢。二弟曰：「此妙緣寺也。」將度橋，雨復作。意

【一七】那得閑錢　涵芬樓本注，葉本多「與你」二字。

【一八】推仆地　涵芬樓本注，葉本作「推我仆地」。

【一九】玅興寺　涵芬樓本注，「興」吕本作「緣」。

【二〇】趣之丘　涵芬樓本注，吕本作「趣之行」。四庫本同吕本。

欲輟行，而忠宣强使往，疑若彼寺有先世藁葬其間者。忠宣杖策，命一兵張蓋。既登岸，文惠踵而前，此橋危甚，反顧二弟勿來。未至妙緣而寤。時忠宣在鄉里，文安在毗陵，予處侍下，此夢不可曉。

文惠公夢中詩

淳熙四年七月廿四夜，文惠公在鄉里，夢至一野寺，不見僧，而數羽人環坐。其一高吟曰：「六十方買妾，七十猶生兒。」旁人掩口笑，老子知不知？」公生於丁酉，是歲本命年，正六十有一矣。此客若有所諷也。而公清居累歲，未嘗蓄姬妾。即應聲答以五十六言，云：「桑榆景迫鬢毛蒼，已過耆年去路忙。不把精神陪綺席，從他歌舞競新粧。掃除萬事身如夢，斷送一生性【二二】弗狂。賴有清風與明月，肯來相伴一爐香。」衆皆大笑，而高吟者有慙色。啜茗清談，良久乃散。既覺，命筆記之。所謂七十之語，公不登此數而終。

【二二】性　涵芬樓本注，吕本作「心」。四庫本同吕本。

任道元

任道元者，福州人，故太常少卿文薦之長子也。少年慕道，從師歐陽文彬受練度，行天心法，甚著效驗。乾道之季，永福何氏子以病投壇，未至。任與其妻姪梁緄宿齋舍，緄亦好法，夜夢神將來告曰：「如有求報應者，可書『香』字與之，令其速還家。」緄覺，即以語任。任起，明燭書之，封押畢，復寢。翌早，何至，乃授之。何還家，十八日而死，蓋「香」字爲十八日也。其後少卿下世，任受官出仕，於奉真香火之敬，浸以踈懈。每旦過神堂，但於外瞻禮，使小童入炷香。家人數勸之，不聽。淳熙十三年，上元之夕，北城居民相率建黄籙大醮於張君者庵【一二二】內，請任爲高功。行道之際，觀者雲集。兩女子丫髻駢立，頗有容色。任顧之曰：「小娘子穩便，裏面看。」兩女拱謝。復諦觀之，曰：「提起爾襴裙。」襴裙者，閩俗指言抹胸。提起者，謔媟語也。其一曰：「法師做醮，如何却說這般話？」踰時而去。任與語如初，又爲女所誚責。及醮罷，便覺左耳後痒且痛，命僕視之，一瘡如粟粒，而中痛不可忍。次日歸，情緒不樂。越數日，謂緄曰：「吾得夢極惡，已密書於紙。俟偕【一二三】商日宣法師來考照。」商至，曰：「是非我所能辨，須聖童至，乃可決。」少頃，門外得一村童，纔至，即跳升梁間，作神語，曰：「任道元諸神保護汝許久，而乃不謹香火，貪淫兼行，罪在不赦。」任深悼前非，磕頭謝罪。又曰：「汝十五夜所說大段好！」任百拜乞命，願改過自新。神曰：「如今復何所言。吾亦不欠汝一箇奉事，當以爲受法弟子之戒。且寬汝二十日期。」言訖，童墮地而醒，懵然了無所知。緄拆所書示商，乃「二十日」三字。是時，正月二十六日也。次時，任夢神將持鐵鞭追逐，環繞所居九仙山下，幾一匝。腦後爲鞭所擊，悸而寤。自此瘡益大，頭脹如栲栳。每二鼓後，輒叫呼若

【一二二】張君者庵　涵芬樓本注，黄校：「者」字疑誤。呂本作「張道者菴」。四庫本同呂本。

【一二三】偕　涵芬樓本注，呂本作「請」。四庫本同呂本。

被鞭之狀。左右泣拜，小止復作，遍體色皆青黑。二月十二夜，緄還厥居，母不許再往。夜夢神云：「汝到五更初，急詣任氏，看吾撲道元。」緄起坐，伺期而往。任見而泣曰：「相見只此耳。」披衣欲下床，忽仆於席。八僕扶之坐，如有物拽出，撲之地上，就視，已死。歐陽師居城北，亦以是日殂。緄自是不敢行法。予大兒録示其事，因記《南部煙花録》香娘爲十八日，與此「香」字同。任卿佳士，宜其嗣續熾昌。後生妄習不謹，自掇奇譴。予見亦多矣。

闞王池

嘉興徐大忠，淳熙五年，隨父官中都，僦居仁和縣倉畔。其南有闞王池，龜鼈甚多，大者可以載人。水常清，經旱不涸。或連日陰晦，則見一鐵棺浮水面。徐因整治書齋，有叢竹當軒枯悴，令撤去之。其下得大圓頂一具，光澤可鑒，意爲敗瓢，取視之，乃髑髏也。謂醫書所載，天靈蓋可入藥，此其真是，漫藏之書櫃中。迨夜，家人咸見一小兒，紗衫青裙，由卓上越窗而出，疑鄰人爲盜，踪跡弗獲。徐遂夢兒來索移尸錢，未知所答。又云：「且燒紙錢三千貫，轉《金光明經》三十部，我便捨此去。」徐不許，奮拳相毆。同榻者聞其驚魘，唤覺，問故。知必此髑髏爲祟，明旦取碎之，棄諸池。至夜夢來謝，曰：「得蒙公恩，可以託生矣。」徐叱曰：「汝覓移尸錢，我元不曾許，何謝爲？」曰：「昨宵今夕，事不同耳。」徐曰：「何也？」曰：「我身首異處，不知幾年。因君出之，滿望度脱。不期欲入藥籠中，使我永無生望。且三魂七魄，久已分散，只一魂守此，又失頭顱，是以有所求。今抛出水中，隨即消化，遺骸不埋没，則經與錢亦無所用。故來致謝。」徐曰：「既云身首異處，今口體具足，何耶？」曰：「此所謂一魂也。」又問：「稱德者何？」曰：「生時姓名是小王德，隸錢大王護聖步軍，爲旗頭。大王入朝，從行出門。忽報本營遺火，潛歸救撲。爲轄將覺舉，遂行軍令，示衆於此，無人敢收。鬼録沉冥，賴君永脱。」言訖，辭去。後兩月餘，夜同兄讀書，月明間，聞謳聲，注目無所覩。移時復然。穴窗密窺之，一女子少艾，戴魚枕冠，皂衫黄裙紅履，往來池上。謳罷，攀岸邊竹竿，直上竿表而止。徐方欲啓窗，女子若驚，併竿投於水，其聲䋲然，自後怪不作。

繡川驛

乾道四年春，文惠公自會稽帥請祠歸。將至婺州之義烏，知縣事張宏先期汛掃繡川驛。邑吏掌供辦者，宿其中。夜未艾，月色朦朧，聞外人往來，行步甚武，疑爲盜也。謹伺之，乃神人十餘輩，長者丈許。衆懼，不敢出户，復就寢。竟夕不遑寧。明日而文惠至，蓋故相所臨，必有神物爲之導衛耳。

胡通直

山南東道節度推官胡瑢，毗陵名家子也。少年過廣德，謁張王祠，求夢。是夕，夢入廟中，金鋪朱户，觀闕廣宇，儀衛官曹之盛，世所未有，絶與白晝不同。行至西廂，一吏來前，問勞殷勤，如舊曾相識者。胡度非人間世，漫以異時窮達扣之。曰：「可至通直。」覺而歷歷記憶，意殊不滿。是時，已有官，蹭蹬選調甚久。紹熙癸丑，始赴襄幕。甫再書考，而薦章溢格。但每思昨夢，知官禄有所底止，若改秩，便升朝，則餘日無多，又以爲慮。慶元乙卯十二月二十一日，赴同官宴集，語衆曰：「昨夕夢人持錢囊相遺者，受而數之，得五十三錢。今正年五十三歲，其兆殆不能佳也。」坐共寬釋之。酒才三行，忽覺腹痛，貫徹心髓，不可坐，索轎先退。翌日，遂不起。階止儒林郎，其家爲伸致仕之請，果得通直，如陰吏言。

李林甫

柳子厚《龍城録》，蓋劉無言所作，皆寓言也。其一云，元和元年六月，惠州一娼女震死于市，脅下朱書云「李林甫」。以毒虐弄正權【二四】，帝命列仙舉三震之【二五】。近者，紹熙元年春，漢陽軍陽臺市蔡氏女七歲，遭雷震死，有文在其背，若符篆然。識者讀之曰：

【二四】正權　四庫本作「權」。
【二五】舉三震之　涵芬樓本注，「舉三」，黄校：疑誤。

「唐相李林甫，七世爲娼，今生滅形。」凡十三字。甚類前事也。襄陽道士黎大方嘗見之。

鼈癥

景陳弟長子拱，年七歲時，脅間忽生腫毒，隱隱見皮裏一物，頗肖鼈形。微覺動轉，其掣痛不堪忍。德興古城村，有外科醫曰洪豆腐，見之，使買鮮鰕爲羹以食。咸疑，以爲瘡毒所忌之味，醫竟令食之。下腹未久，痛即止。喜曰：「此真鼈癥也。吾故求其所好，以嘗試之耳。」乃合一藥，如療脾胃者，而碾附子末二錢，投之，數服而消。明年，病復作，但如前補治，遂絶根本。其人砭攻癰疽如神，而不肯教人。雖其子請問，亦不爲言，然侍旁剽見已熟，故亦名良醫。

夷堅支戊卷第六十三事

青田富室

處州青田縣，嘗有水患，盡浸民廬。富室某氏，素蓄數船於江岸，一家畢登，避于高處【一】。既免，而生生之具，毫毛未能將【二】。方擬回船裝取，望水勢益長【三】，一邑之人，皆騎屋叫呼，哭聲震野。富翁曰：「吾家豈正【四】失之，容可復有。豈宜視人入魚腹，置而不問【五】哉？」即分命子弟，各部一艘，自下及高【六】，以次救載，并其所挈囊篋，聽以自隨。至則又往，凡往來十餘返，毋慮千人【七】，悉脱沉溺之禍。明日，水退，邑屋無一存，但莽莽成大沙磧。富翁所居，沙突如堆阜，遣僕併力輂棄，則一區之宅，儼然不動【八】，什器箱筥，按堵如初【九】。惟書策衣衾，稍沾溼而已。是時，翁之子就學於永嘉，聞難亟歸，已而復至，言其事如此。惜不得翁姓名。有陰德者，必獲天報，獨未知之云耳【一〇】。

校勘記

【一】高處　涵芬樓本注，葉本作「高阜」。
【二】毫毛未能將　涵芬樓本注，葉本作「一物未將」。
【三】益長　涵芬樓本注，葉本作「横長」。
【四】正　涵芬樓本注，葉本無「正」字。四庫本同葉本。
【五】置而不問　涵芬樓本注，葉本作「而不救」。
【六】高　涵芬樓本注，葉本作「上」。
【七】毋慮千人　涵芬樓本注，葉本作「所濟毋慮千人」。
【八】儼然不動　涵芬樓本注，葉本作「儼然如故」。
【九】按堵如初　涵芬樓本注，葉本作「按堵無恙」。
【一〇】獨未知之云耳　涵芬樓本注，葉本作「獨未知其後事耳」。

天台士子

淳熙初，天台【一一】城外兩江水，因雨大漲涌，幾冒郭門，民死於洪流者，不可計【一二】。士子某，居城中，而田在黃巖。水未起之前，棹小舟往取穀，所載四十籮，每籮容穀一斛。才出溪口，波濤如山，乍浮乍沉【一三】，相望不絕。士子維舟高岸，遇漂至側者，欲救之【一四】，而舟力不能勝【一五】。于是每載一人，則擲棄一籮穀。頃刻之間，登者五十輩，而穀盡矣。乃與之還城。時尤延之袤爲郡守，歎賞其仁，即治盛具延請，而餉以百千錢【一六】，處和觀文【一七】，又畀以門客恩澤，遂補登仕郎。同時有巨室一處女，其家既没【一八】，獨坐於浴斛，泛泛垂死。逢魚艇過其傍，呼之曰：「我是某坊某家女，能活我，當以臂間兩金纏謝汝。」漁人載之至，則無歸矣。女悲哭幾絕，解纏付之。辭曰：「娘子家計蕩空，當留此物自贍，我不忍取也。」捨之而去。幸漁人之賢，若此使遇惡徒，必奪金而投諸江【一九】，豈復有活理哉？延之【二〇】恨不得其人姓名云。

陳使君

乾道五年，福州長溪大火。邑士陳使君者，居鄉與人和同，而賦性剛介。火將逼其居，鄰黨相率請避。陳曰：「吾平生未嘗有一毫之私，今天降災，必不肯及我。」堅坐不

【一一】天台　涵芬樓本注，葉本作「台州」。四庫本同葉本。

【一二】不可計　涵芬樓本注，葉本作「不可勝計」。

【一三】乍浮乍沉　涵芬樓本注，葉本作「人乍浮乍沉」。四庫本同葉本。

【一四】欲救之　涵芬樓本注，葉本作「欲盡救之」。

【一五】而舟力不能勝　涵芬樓本注，葉本作「懼舟力不勝」。

【一六】而餉以百千錢　涵芬樓本注，葉本作「而餽以錢五千」。

【一七】處和觀文　「文」原作「之」，據四庫本改。

【一八】其家既没　涵芬樓本注，葉本作「其家漂没」。

動，但焚香於庭，朝服而禱曰：「此屋皆清俸之餘所建，神天其鑒之。」須臾四向皆爲煨燼，惟陳一區獨存。此事甚似支景所載李綬觀察祝火也。

黄師憲禱梨山

紹興戊午，黄師憲自莆田赴省試。初與里中陳應求約同行，以事未辦集，後數日乃登途。過建安，詣梨山李侯廟求夢。夢神告曰：「不必吾有言，只見陳俊卿，他所説者是已。」黄至臨安，方與陳會，即詢其得失。陳蓋未嘗至彼廟也，辭以不能辭。黄逼之不已，陳怒，大聲咄之曰：「師憲做第一人，俊卿居其次，足矣。」黄喜其與夢合，乃以告之。暨揭榜，如其説。

太歲堂

姑蘇張比部家極富盛，名園甲第冠於二浙。崇寧間，於後圃起華堂，前鑿大池，取其土以築堂阯。掘地數尺，得一蛇，細財如箸，然盤結穹窿，其長不可勝計。比部之子實主此役，略不以爲物怪介抱，命僕夫斷爲數百截，而輦去之，凡運致十八九擔而後盡。時人謂張子凶於妖祟，戲目其堂，爲太歲堂。然亦亡恙。後遭罹兵禍，始蕩爲丘墟。王順伯祖母南劍夫人【二一】，正張氏女云。

【一九】幸漁人之賢若此使遇惡徒必奪金而投諸江　涵芬樓本注，葉本作「漁人之賢乃若此，使遇惡徒，必奪金而投諸江矣」。

【二〇】延之　涵芬樓本注，葉本作「延之言」。

【二一】南劍夫人　「南」原作「所」，據吕本、四庫本改。

能仁長老

永福縣能仁長老，用常住錢買祠部牒，度其弟子一人爲僧。紹興二年，長老死於寺。明年所度僧往他刹，正見一犢生。腹背間隱出其師名，曉然可認。乃請於彼處主首，買之歸，生瘞之。俄而別牛又生犢，腹字正同。復買瘞如前。未幾，近村田家牛得犢，亦有數字。僧試往視，宛然與已瘞兩者同。始驗其業報當爾，遂置不問。

香屯渡小童

德興香屯有野渡，舟人艤岸，一小童奴與錢五十求載，舟人訝其多。童曰：「我得罪於主公，遁逃而至，懼其亦過此相追捕，幸容我伏於板下以避之。」舟人容之。少頃，一村叟來，才登舟，童即銜板出，乃成巨蟒，其長可丈五尺，昂首逕齧叟喉。叟急舉兩手扼其頸，蟒不得搏噬，但以身纏束之【三二】。舟中人股栗相視，或持長鈎，斷蟒爲四五，始解散，而人蟒俱斃矣。此叟蓋爲巫，姓程氏，里社呼爲程法師。尤善禁蛇，積所殺不可勝計。暮年頗敗其法，故值寃報云。張子理之弟，南康税官，嘗從其傳法。

【三二】纏束之　涵芬樓本注，吕本作「纏緊束之」。

余氏婢夢報榜

余玠卿監臨安稅院，慶元元年七月，婢慶奴夢兩人持黄旗扣門，大呼曰：「來報省榜。」方以辭却之，其一又曰：「正是本宅。」既寤，以告玠【二三】卿。玠二子儼、倬在鄱陽候秋試，乃寄書歸，言其事，戒使淬勵學業，以應夢兆。已而皆不預選。二年三月七日，餘干士人史本，凌晨訪之，蓋去歲鄉舉者云：「本在貢闈作《易》義，頗覺稱愜，恐或叨竊名第。嘗聞報榜者有剥脱人衣裘之患，倘遭此撓，旅舍遂無他衣可出，願隱避於此。」玠卿許之。次夕，揭榜人已知史所在，徑造余門。史藏於堂，不令見其面，但犒之以錢，乃止。始驗曩昔婢夢，且有本宅之語。本中一等第七名，爲《易經》魁，方二十許歲。玠卿説。

三公神

鄂州城内三公廟，其塑像鼎足而居，不知爲何神，邦人事之甚謹。紹興中，從義郎左良，爲本州金口巡檢，去郡三十里。一日將晚，似夢非夢，見黄衫走卒立庭下，稱三公唤。良拒之，曰：「吾職掌巡警，三公乃尊神，何爲見唤？」俄又一卒至，其言如前，不得已隨之出。偕行到大官府，入門造堂，遥望【二四】數人道袍裹帽而坐，延良于末，不交一談。良起，白之曰：「良承乏賤局，奉命見呼，敢問何事也？」中一人云：「無他事。以此間失去

【二三】玠　原作「介」，據四庫本改。下同。

【二四】遥望　「遥」原作「皇」，據四庫本改。李按：疑「皇」是「左良」之「良」字，形近而誤。

一黃羅幔，煩爲根索。」良踟躕未及對。又云：「其人見在岳家軍中。」良拜而退，恍若夢覺。明日，謁岳少保，具以神語告之。勅軍吏詢究，岳法制素嚴，吏不敢緩，果即時擒獲，既壞其半矣。岳驚異，命誅盜，而另製新幔送廟中。良復夢來謝。丁志所載婺州都監，即此人也。其子輔，慶元二年爲南康縣稅官，說此。

胡十承務

揚州人胡十者，其家頗贍，故有承務之稱。紹興之末，有五士人來見，不通姓名，不候主人出，徑坐廳上。胡即束帶延揖，見談論稍異，心以爲疑。一客起曰：「君勿用他疑，我輩非世間人，蓋所謂五顯公者也。知君能好客，是以不由紹介而至，願假借一室，使得依棲，暫爲偃泊之地。然亦當常致薄助，以酬主禮。」胡甚喜，飲之酒數杯，指就閑館少留。晨夕加敬，金帛之贈，不求而獲。相從越五月，適胡君生朝，同入言曰：「溷君家已久，誕辰甫臨，願薦一巵爲壽。」是夜，聞鋪設之聲丁丁然，旦而謁賀，幕帟華新，器皿煥赫，舉觴至於再三。胡視酒器下皆鐫揚州公用字，驚窘良劇，以爲竊公家物，必累我。諸客已覺，笑云：「但放心飲酒，自當返諸元處。」酣適歌謔，過三更乃散。明日，空無一物。俄自攜具就胡飲，從容曰：「我等盡力於君，亦不少。願求此宅爲廟，庶幾人神不相淆雜。君却於比近別築第，但用吾日前所餉，足以辦集。幸毋見拒。」胡曰：「此吾三世所居，詎可輕議？擬擇山岡好處，爲奉營一祠，且任香火之責，如何？」皆奮言不可，出語益悖。自是遂造祟怪，胡不能堪。謀於媢舊，將呼道士施法。方歸及門【二五】，五人當道遮立，曰：「聞欲招法師見治。吾乃正神，享國家血食，只欲宅屋建廟，未爲大過。法師何爲者哉？雖漢天師復出，吾亦不畏。」胡益以愁撓，而攪惑【二六】日甚。他日入市，值道人行乞，謂曰：「君面有憂色，必遭鬼物所惱。可從此直進，倘逢一小僧，便祈之，定能相救。」胡驚謝，方擬扣其詳，忽不見。行至田間，果遇僧，即致懇禱。僧曰：「兹小事耳，君姑歸，我暇時自當往。」後數日，胡正與五人語，僧從外來，五人狼狽而竄，曰：「胡承務害得我輩苦毒。」僧追叱之，曰：「這五箇畜生，敢在此作過，可捉押去。」旋失所在。僧云：「是皆凶賊，向在淮河稔惡，各已正國法，極刑梟斬，而彊魂尚爾縱暴。今既囚執屏除，君家安矣。猶恨走却一鬼，徐復出，然不能害也。」胡妻子【二七】列拜，且致厚謝。僧不受一錢，便告别。胡送之出門，回見一鬼睢盱短氣，鞠躬言曰：「某等實非神，以饑餓所驅，遠投賢主人。本自住得好，而兄弟不合妄有建廟之請，遂觸怒譴。適者和尚叫捉時，急竄匿於廁板，僅得免脱。某亦不敢久住，只丐一飯，以濟枵腹。先問和尚非凡僧，乃宅中所供養佛耳。」胡即設酒食與之。食畢，泣拜而去。胡氏蓋事泗洲僧伽小像者也。和州陳官人説。

【二五】方歸及門　涵芬樓本注，吕本作「方出門」。

【二六】攪惑　涵芬樓本注，吕本作「憂惑」。四庫本作「擾惑」，似是。

【二七】胡妻子　涵芬樓本注，吕本作「胡唤妻子」。

婺州兩會首

婺州鄉俗，每以三月三日真武生辰，闔郭【二八】共建黄籙醮，禳災請福。紹熙元年，富户陳氏、徐氏主其事，陳作都首，而徐副之，自是頻歲供具甚整肅。後三年，陳生偶以家故，頗侵用衆錢，及期未有以償，遂推徐代己。徐諾之，凡所應費，出私宅財【二九】濟助，無所惜。而受雇傭書人，憑舊奏章，其列都首姓名，或爲徐，或爲陳，兩人未嘗細視也。迨升堂【三〇】焚奏狀，兩人俱戰栗不自持，拱手相向，若被束縛者。人問之，不答，惟連聲稱叫苦告【三一】。在會男女數百，亟爲並拜祈哀，然莫知何以蒙譴。俄一人爲物所憑，大言曰：「吾是監齋使者，恰來見奏章内，或稱徐某，或稱陳某，顯有異同，誠爲不敬。三天門下，不肯受接，冒犯清律，罪有所歸。」衆哀拜不已。良久乃云：「汝等用心志誠，待我爲白真君，做一道理。」少頃，復言：「真君專爲朝上蒼，方便奏過【三二】，已得旨放罪。」不旋踵，兩人蘇醒如初，畢竟醮事【三三】。

王法師

臨安湧金門裏王法師者，平日奉行天心法，爲人主行章醮，戴星冠，披法衣，而非道士也。民俗以其比真黄冠。費謝已滅【三四】三之一，故多用之。每使隣人李生書寫章奏、青

【二八】闔郭　「郭」原作「廓」，據四庫本改。

【二九】出私宅財　涵芬樓本注，葉本作「出私財」。四庫本同葉本。

【三〇】升堂　涵芬樓本注，葉本作「升壇」。四庫本同葉本。

【三一】稱叫苦告　涵芬樓本注，明鈔本作「叫稱苦苦」。四庫本同明鈔本。

【三二】奏過　涵芬樓本注，葉本作「謝過」。

【三三】畢竟醮事　涵芬樓本注，葉本下多「婺士劉君玉説」六字。

【三四】費謝已滅　涵芬樓本注，「已」葉本作「幾」。四庫本同葉本。

詞。慶元二年正月十五日，一富家以上元令節，邀建保安醮。李生從其朋輩，先夕出游觀燈，飲酒食肉。至是亦不言，乘醉操筆，字畫封緘皆不精緻。醮方罷，王夢兩朱衣吏追攝至天官庭下。天官盛服正坐，侍從整肅，吏引王立於前。俄而數武卒擒一囚至，則李也。天官赫怒，問曰：「比所奏青詞，如何敢喫酒肉後書寫？」叱使搦坐，出其足，訊刑杖百餘下。然後呼問王，責之如前。王對曰：「某但主持醮席，行高功職事。某某之過，元不曾知。」喝令且退。一卒舉所執撾擣其心，曰：「去。」悚然而醒，覺心痛不可耐。未及與人語，聞門外有呼聲甚切，遣童詢之，乃李妻也。曰：「丈夫忽得病危慑，請法師救之。」王忍痛詣其室，李遥叩頭曰：「恰來某受訊杖，無限苦楚，君正見之，必不能久居於世。今無復可言，望以久預筆墨之故，與三千買棺。」王慘蹙應曰：「可。」李即死。王自是心愈掣痛，繼又歐血，至四月末而亡【三五】。

黄主簿畫眉

黟縣黄祝紹先，爲鄱陽主簿。慶元二年四月，有偷兒入其室，收拾衣衾，分寘兩囊。臨欲行，黄氏育畫眉一禽，頗馴黠，解人語。是夜，一家熟睡，禽忽躑躅雕籠中，鳴呼不輟。聞者以爲遭猫搏噬，遽起視之。盜望見，驚懼急走出，遺其一囊。黄亦覺，遣僕追躡，已失之矣。一禽之微，懷哺養之恩，而知所報如此，人蓋有愧焉耳【三六】。

【三五】至四月末而亡　涵芬樓本注，葉本下多「臨安陳德謙説」六字。

【三六】人蓋有愧焉耳　涵芬樓本注，葉本作「人蓋有愧焉」，下多「黄説」二字。四庫本作「蓋有愧焉」。

夷堅支戊卷第七 十事

邵武秋試

慶元元年，邵武軍秋試進士。其《春秋》義第一篇出題曰：「公會晉侯、宋公、衛侯、曹伯、莒子、邾子、滕子、薛伯、杞伯、小邾子、齊世子光，會吴於柤。夏五月甲午，遂滅偪陽。公至自會。」考官懷安丞王遇得中選者兩卷，而解額有限，但可取其一。攜示同院。甲之破題云：「用其謀於事之所不當爲，霸主將以爲攘夷狄之計。盡其力於勢之所不容緩，霸主將以圖中國之安。」乙之辭云：「率諸侯而與非其所與，春秋既以始事爲恥。因諸侯而治非其當治，春秋尤以終事爲幸。」衆皆曰：「甲者詞意清快，勝於次卷。然不見『公至自會』之意，當以是定去留可也。」于是寘乙於選中。王爲之累夕不懌。因再讀乙對策，其語有風流之所靡，習俗之所咻，喟然而作曰：「若用齊人傅楚大夫子之事，則自有正音。捨是則當作去聲讀，爲犯廟諱。」乃黜乙而取甲。洎拆封造榜，所謂乙者，李閎祖也，前舉嘗薦送。甲者，泰寧鄒應龍也。先是，鄒本名某，以未試前乞夢于大乾廣祐王廟。夢屋内兩龍盤旋已騰上，一龍背越前而出【一】。既覺，遂更名。次年省闈，會稽莫子純首

校勘記

【一】一龍背越前而出　四庫本無「背」字。

冠，鄒居第二。以無廷試之故，子純已有官，不可先多士，乃依故事升鄒爲大魁。鄒之前程如是，科舉特假塗耳。

信州營卒鄭超

信州威果營節級鄭超祇復郡府，爲人平直寡過。慶元元年八月二十一日夜半，若夢中，見一人衣幘如卒長，自稱爲祝太保，持文引來，追取著家保狀知管。覺而得疾，便病篤，餌藥弗效。越兩夕，又夢一人姓張者同行，到溪岸。張向裏邊，至高峻處，奪超傘，擠之入溪。幸而墮平地，延頸仰望，見五騎相逐來，皆下馬呼超曰：「如何擲在塹下？」其中姓毛者，使超舉手，爲吹之，水泉迸出，即引上聚坐。皆云：「汝卻好箇人。」超謝曰：「對都使不敢坐。蒙救人殘命，何以報恩？」俄有人來言：「一壯漢落水已浸死，手内尚執傘。」超曰：「乃是欲見殺者，渠那知身受其禍。」未及款曲而寤。二十五夜五更後，忽手足軟，咽間急窄，不能出聲，但喘息僅屬。一黄衫吏至，云：「東嶽第八司生死案唤汝。」超答言：「只願死，亦不顧妻，死不怨恨。」見己身卧牀上，指之曰：「早與他盡命，莫教受苦。」黄衫曰：「我陰司取人不如此，只是引將去。如便與過了性命，是違犯天條也。」駐留日頃，引手撮其喉，覺如火中取出新鍛鐵器淬於水盆之聲，且持索縛超。超曰：「不須你，我決不竄走。天涯海角，也隨使者去。」其人曰：「於道理合如此。」遂行。

俄抵嶽下第八司，入至殿廷上，唱云：「押到信州威果指揮鄭超。」超初離家時，軀幹驟長大，如寺門金剛，自駭其異。至是縮小，才如茶托。主者問：「汝在陽間看誦是何經典？」對曰：「常念《金剛經》。」對甫罷，金光涌出，照耀上下，若日光明，四畔萬鬼，衆擎拳稱好。主者呼功德司者呈白主案，而書判語於兩漆板，令持示超，大略類篆書，全不可曉。又唱云：「照鄭超應有作過愆罪，並皆赦除。」顧追吏引憩左方。自朝至午，主者再升殿，又判展一紀半之年壽。語超曰：「吾乃東平忠靖王，管人間生死案，正直無私。汝還世說與人不妨。」超曰：「超到陽間，必不敢說，怕泄漏天機。」主者曰：「但依直說，勿妄言，可也。」命押赴監門疏放。既及門，兩官人分居左右，裹幞頭，衣緑袍，各書空作字，以口吹之【二】超身。又取小紅合内藥，撒其腹，謂曰：「放汝自此歸，便吃得飲食。凡閑野神鬼，皆不敢輒侵犯。」元吏爲解索出門，履級道數層，一足踏虚而醒，舉體冷如冰。妻子熟睡，呼語之曰：「聖王已放我回。」使妻以麥門冬水來，飲一杯，覺芬香透頂，旋索粥。明日即平安。超詳述所見，爲文撒謁諸門及邸店，凡二千言，摭其要於此。

鐵索寺古墓

時俊爲建康中軍統制，紹興二十四年，謀欲造宅。有術士言：「南門外落馬澗，本軍教場傍，鐵索寺之後，山勢逶迤盤屈，風水絶佳，正宜建大第。」俊用其説，命工治地。就

【二】吹之　「之」四庫本作「入」。

高坎上掘土，且丈許，得一古墓【三】，蓋數千年前墓也。中無異物，但空闊數丈。石室猶存，得人脛骨一節，其長四尺。鐵劍長六尺，皆穿蝕成孔竅。銅盂之大，幾與盤等。巨甕滿貯油，既燃大半，一炬熒熒然，爲風吹滅。室下梁栭，盡白石疊砌累成，一切如新。俊悉輦出，以爲壓階所用。銷劍爲他兵。又得器皿甚多，皆石也。俊匣其骨，持示都帥王權。權每出以示客，識者謂：「此人蓋防風氏之支流也。」後六七年，俊立采石之功。歷池州兵帥、江西副都總管，官至四廂、承宣使。又築宅於豫章。

蒼嶺二龍

台州仙居縣，在萬山中。其巍然聳峙於西南者，曰蒼嶺。東際温，西抵婺，中分以南，隸括蒼。其崖谷之絶異，林泉之幽茂者，咸萃於此。循北趾而登，當山之半，窪而爲二潭，相距三里，深不可測，有龍潛焉，以旱禱者，必應。淳熙十四年秋，二浙苦旱，詔逐郡守令，各祇謁名山川以請雨。邑宰蘇光庭，率士民齋宿於潭次。高者險峭路絶，非緣石扳蘿不可到。乃持刺字，效世俗通謁者，投諸潭中。俄有物蜿蜒而出，一黑一黄，盤僻俯首，意若相就。方罄折絶之【四】，即躍而入。遂迎止潭下之仰高亭，設香茗果饌，侑以呪唄之音。既訖禮，夜漏未盡十刻，星象燦然。黎明，下嶺，雲氣倏合，雨亦隨至。少霽，復有雲自東南而止，滂沱三日，一境霑足。時七月二十六日也。先是，蘇夜夢神人云，姓曹氏，攜二小

【三】古墓　涵芬樓本注，吕本作「古丘」。四庫本同吕本。

【四】方罄折絶之　涵芬樓本注，「絶」，黄校：疑誤。吕本作「投」。四庫本作「接」，似是。

蛇，跨蹊而下，縱之平田，相次而升，其龍之色，雲氣所從之。方霽而復雨之狀，皆與夢符。獨不悟曹鬼【五】之說。山居之老人言，此潭舊名槽潭，以其形似之也。斯其是乎。蘇念靈應之異，欲後人永永敬事，於是出捐公錢，立廟十間，與潭相向，以脩香火焉。台州教授陸岐爲記刻石。蘇今通判無爲軍，以示予。

黄教授後身

黄唐佐，字堯臣，福州人。登紹聖四年進士科，紹興乙丑，終於奉議郎、某州教授。其妻王氏悲痛不能釋。明年二月，夢之如生時。與之語曰：「我已在閩清縣藥山陳五君家出世，無用憶我。」覺以告從子湘鄉尉楷。楷曰：「楷知彼處有藥山，但不知所謂陳五君者何等人，且居何地，即當往訪求。」既至，果得其家。先折簡致問，五君不答。楷具昨夢因依，納謁。乃報云：「吾兒婦以二月懷孕，曾夢一官人來言：『身是黄教授，今當爲爾子。』兹覽來翰，彼此冥符，其必有嘉證。」楷又申懇備至，祈以誕子時切相報，欲爲他日問訊張本。許之，遂還。逮十二月二十一日平旦，陳婦生男，五君名之曰萬頃，字之曰夢應，以顯厥祥，且馳書語楷。楷亟往視之，兒猶未滿月，望楷入室，迎面而笑。及長，讀書有聲。淳熙甲午，預鄉薦，然蹭蹬二十年，紹熙癸丑始擢第，調興化尉。其弟大猷，書本末以示人。

【五】鬼　涵芬樓本注，吕本作「神」。四庫本同吕本。

鼷鼠蟻虎

鼷鼠爲郊牛孽，書於《春秋》。後來書傳，鮮或紀載。而千年以來，吾鄉忽有之。姪孫份家一黄牯，在欄不食水草，但定立不動。往視之，皮肉多剜缺成竅。見兩鼠與常異，其形絶小，騰躍左右，踞牛背齧嚼，驅之不去，搏之不得，乃徙于他處，鼠復來。凡三徙避之，皆不免，竟死。兩角已穿空，肉亦垂盡，僅存軀幹耳。方牛遭害時，似不覺痛，惟極痒。蟻虎者，有人自淮南得種來。比白蟻之大三四倍，放入蠹柱中，少頃，蟻紛紛而墜。腦上率有小竅，才半日，空羣無餘。鄱陽人屋宇多用松，困於蟻暴，患無術可治，惜此虎之未多也。是二物可創見，而爲人祥祟，則殊不侔。

桃源潭龍

德興嶇崌山，亘百餘里。有三潭，龍螭所藏。其在桃源塢者，時現光怪。頃歲，一村嫗過之，見異物如牛，卧潭側，鱗甲熠熠，每片如斗大，其長夭矯數丈許。嫗狼狽奔歸，尚能爲家人道所見，即死。淳熙中，縣境苦旱。民有吴彦柔者，與妻素奉佛教，親詣潭所焚香，啓告曰：「天久不雨，田禾將槁。伏願一賜靈感，濟以甘澤。」於是旋繞四傍，虔誦經呪。少焉，一小青蛇出水面，俄化爲巨鯉，久之又化爲鮎，而首則蛇也，悠揚自如。吴祝曰：「若神龍能下雨救禾苗，當以家財建立祠廟于此，使民俗永遠香火供事。」則又露雙角屹然。吴遽趨下，未幾，大雨傾注，彌日方已，合境賴以有秋。吴不甚富，才有田千畝，乃三分之，以二與兩子，而賣其一，爲工匠土木費。廟成，夫婦棄家徙居於門，躬執洒掃之役。龍之靈，日以詭異。人或汲潭水寘盆中，小魚充溢，不可計。及還之于水，蓋無一鱗。投紙錢者，或沉或浮。俚俗言，沉者，神所受者也。脱不當神意，雖縋之以石，亦裂碎浮出。吴妻至彼踰年，端坐而逝。吴獨處，盜乘虚竊其衣物，持下山間。兩壯夫從後追逐，叱曰：「此吴居士物，汝那得偷！急送元處還之，吾釋汝。」盜悔懼如其戒。自是無復有穿窬者。紹熙癸丑，大旱，飢民入山掘蕨根，苦於無晨餐。吴日煮米爲粥以食之，源源不絶，憂不能繼。然所儲甫罄，必有外人來助，若有導之者，畢竟其事。吴至今猶存，里社稱爲二十一翁。

河東道人

建炎中，錢公載蓋，鎮長安。有道人從河東來謁，錢與之有舊，問其所以來之故。曰：「吾本寓某縣，比見風氣絶不佳，一邑人當有災殃甚劇，若不捨去，必死。」是時，虜患方熾，但意其爲是而轉徙也。後月餘，得鄰郡報，彼縣白日地陷，居人盡没。錢嗟異其前知，欲呼語之，且將有所遺。會日暮，至平旦乃招之。店人言：「道人房正在店牆下，昨夜過半，牆忽頽，遂遭壓死，尸猶埋於土中。俟申知官司，乃敢掘取耳。」錢大驚嘆，謂此人能知於前，而不能審於後，豈冥數已定，非智慮算度所可脱耶？

錢氏鼠狼

錢仲本爲大理評事日，其僕以五百錢就市買一鼠狼，黠而馴，每於人手内取食，戲擾於傍，如素所蓄者。嘗爲猫所逼，欲加搏噬，狼奮前迎攫之【六】，猫避易而退，自此不敢復犯。其捕鼠，無論巨細遠近，必追襲，擣其穴擒之。官舍多以松板布地，有爲鼠所嚙破而往來者，輒亦深入而搜取之，數月之間，羣鼠多掃迹殆絶。鄰居朱評事家僕，育數雞，警視稍不謹，中夜常爲物登其背啄食，但勃擲作聲，則已死。他日專視之，乃鼠狼也。僕乘間執殺之，剥其皮，釘於壁。錢氏失此鷙物，悼惜不已。久之，鼠暴如故。

許大郎

許大郎者，京師人，世以鬻麵爲業，然僅能自贍。至此老頗留意營理，增磨坊三處，買驢三四十頭，市麥於外邑，貪多務得，無時少緩。如是十數年，家道日以昌盛，駸駸致富矣。每夕分命幹奴守直於磨傍。其一小二者，睡中聞呼聲，時明月穿窗，歷歷可認，起視兩畔，蓋寂無一人。聲益高【七】，諦聽之，乃一驢探首於磨臍中，作人語。而衆驢此際皆

【六】狼奮前迎攫之　「狼」字原脱，據吕本、四庫本補。

【七】聲益高　涵芬樓本注，吕本作「久之，聲益高」。四庫本同吕本。

憩棧下，元無在磨室者。磨臍又窄，不能容畜首，極異之，不敢發問，怖悚至旦。走白主人曰：「怪物入室，不可復往。」許扣其故，笑曰：「汝昏花妄言耳，安有是事？吾當自驗之。」迨夜，親往獨宿。即聞呼大郎者三。許起坐，咄之曰：「業畜做何等妖怪？」驢應曰：「也好休得休【八】。」許又咄曰：「業畜住便住，何消嚇人！我不怕汝。」遂默默無影響。及明日，諸磨皆中裂如截，不可用，自是生計浸衰。許亦死。其子以好身手應募爲禁衛。至孫經，以班校換免得官。慶元初，爲饒信州都巡檢使。

【八】也好休得休　四庫本作「也好休得了」。

夷堅支戊卷第八 十一事

許客還債

許元惠卿，樂平士人也。其父夢有烏衣客來，語曰：「吾昨貸君錢三百，今以奉還。」未及問爲何人及何時所負而覺。明日思之，殊不能曉。平常蓄十餘鴨，是日歸，於數外見一黑色者。小童以爲他人家物，約出之【一】。鴨盤旋憩於傍，墮一卵乃去。自是歷一月，每日皆然，凡誕三十卵，遂不至。竟不知爲誰氏者。計其值，恰三百錢。

程迪功失目

樂平杭橋人程覺迪功，字樂道。平生勤苦讀書，屢舉進士，四試禮部，不利，再以特恩得州助教，不拜。值紹熙甲寅，登極大霈入官。慶元乙卯，銓試中選，調監鄂州酒。既受命，還家。未半道，宿旅舍中，夜正卧間，聞異響從右目内起，其聲如雷。驚而寤【二】，黑睛已暴裂，清汁流注滿席，而不甚痛。到曉目遂枯。邸衆謂其夢寐中必有所見，程不爲人言，其異如此。

校勘記

【一】約出之　涵芬樓本注，葉本作「約去之」。四庫本作「驅出之」。

【二】驚而寤　「寤」原作「悟」，據四庫本改。

陸道姑

陸道姑者，金陵人。自幼好誦佛，出家百丈山爲尼童。後還俗，嫁夫有子。夫出作商，累歲無音耗，姑寄子於所親，布裳草履，獨往他邦訪覓。遇一僧於路，扣其所之，具以告。僧曰：「汝夫亡久矣，無用去。」姑且疑，念業已在道，前進如初。僧力强其還，仍求行費。姑所齎才三千，畏其暴也，與之太半。度前程無以自給，亦回。經一日，復見僧。僧曰：「昨日餘錢，宜悉贈我。」乃傾橐空之。僧以所持扇爲報，曰：「吾扇非常比，遇病者，就以揮之，可不喫藥而愈。」遂辭去。過一家，適聞其疫癘，試入扇之，卧疾者皆起。甫出門，僧又在焉，怒曰：「我教汝療人病，不曾教汝療人命。諸人患疫，皆天旨，豈得違？」叱令還彼家，反風扇之，凡起者復仆。遂取元扇，而留語曰：「此後只以手風扇之，吐氣噓呵之，足矣。」既歸故里，聾盲跛躃，輻輳其居，賴以愈者，什七八。慶元元年九月，來新安，距城十餘里，得石耳山，旋闢石室【三】以處。聞其風者踵至，日常數百。德興士人余持國，娶洪應賢女。持國領壬子鄉貢，賓客來賀，迨冬不絕。洪氏詣庖視饌，墜而傷足，筋攣不能伸，醫治三歲，弗效，乃往訪姑。姑望其至，歡然與相接，語之曰：「娘子心地好，當無苦。」餌以茶果飯食，皆先取而呵之。俄頃間立起，如未嘗病者，不假藥石針灸。謝以錢帛，笑而不納。持錢米爲施者浸多。别一余氏子，出力幹緣，將創佛屋。自山

【三】石室　「石」原作「十」，據呂本、四庫本改。

下升其巔，扳援險峻，登陟極難，而工徒運致木石，若有神護。富民朱甲者，始萌惡念，欲往問難折挫之。未至坐處，視其側有二龍蟠繞，光赫，儀狀可怖，即悔懼作禮，願捐錢百六十萬。刻佛像。姑固却之，不從。姑曰：「果欲爾，宜勿用婺源湯匠。」朱素與湯善，竟以授其徒。踰月功畢集，丁匠百輩舁登山。湯憤姑前言，因犒飲霑醉，出不遜語。須臾，疾風四起，飛沙走石，舁者僵仆相屬，彌日不克進。自是外人入謁，夙非善良者，望而知之，歷道其平日操持，不少隱諱。其年可五十許，常云：「吾已立誓願，滿十九年去矣。」未知其究如何。

吕九齡及第

平陽周秀才元名石臨，應舉，夢人告曰：「君且及第。」袖出將來省榜示之。遍閲始末，無己姓名。其人指吕九齡以示之，曰：「此是也。」既覺，大以爲不然，而思索其故，不能去心。忽幡然曰：「吾不應改姓，姑取吕齡二字爲名，或可應之。」聞者頗嗤笑。果於乾道八年黄定榜擢高科。

湘鄉祥兆

王南强容，潭州湘鄉人，元名午。淳熙壬寅歲，肄業於嶽麓書院。嘗與同舍小有競，既而悔之，謀欲更名，以示佩韋之義。其兄弟皆連「之」字，乃改曰容之，且取寬柔以教不報無道之説，仍字南强。癸卯春，在書院待秋試，其兄爲詣本縣投家保狀。及試前數日，將納卷，而視縣所解簿，則單爲王容，方以爲疑。而兄至，謂曰：「我今以適爲名，汝不必二名，徑已除去『之』字，茲即汝也。」遂用此入試，是舉預薦。甲辰省試畢，聞兄亡而歸。既到家，報榜人至，既奏名矣。舊師舒誼周仁來賀，云：「二年前，術士來湘鄉【四】，遊縣學，自言能相夫子像，而知士人登科之多寡。今聖像開口而笑，合主兩士登科。如此舉只一人，則後當有繼之者。去歲初春，學長王仲淹汾叟親書桃符曰：『競説素王顔有喜，定先黄甲捷先通。』吾嘗思之，王者，君之姓。顔者，容也，實君之名。素王者，期喪之戚也。黄甲捷先通者，今歲阻廷對，後舉還試，必居黄甲，乃先通吉耗也。」其説頗傳於士林。乙巳春，縣學補試，王仁伯者易名顔，遂中首選。丙午之春，舒周仁入府，語南强曰：「王汾叟又書桃符，更可怪，曰：『素王顔色津津喜，黄甲科名鼎鼎來。』汾叟寫罷，驚悟曰：『前年爲王南强作先兆，今復爲王仁伯作先兆耶？』吾獨以爲不然，是亦南强先讖耳。鼎鼎者，三名前也。」是歲，王顔爲解魁，滿意巍級，已乃下第，南强果魁天下。所謂術者，不復至，惜不記其鄉里姓名。長沙古語，嘗有「駱駝嘴斷狀元出」之謡。駝嘴者，山也，其形似之。在州北，正直水口。其下曰麻潭，皆巨石屹立。淳熙七年，辛幼安作守，創飛虎營，廣辟衢陌，許僧民得以石贖罪，皆鑿於潭中，所取不勝計。後帥林黄中又增益南街，取石愈

【四】術士來湘鄉　涵芬樓本注，吕本於句首多一「有」字。四庫本同吕本。

多。迨丙午之夏，駝嘴中斷爲兩，不一歲而南强應之。桃符證應，已載於癸志。比得南强筆示本末，始知前説班班，得其粗，要爲未盡，故再記於此。而癸志既刊於麻沙書坊，不可芟去矣。

仰山行宫

王南强，以淳熙十年暮冬，自長沙赴省試，過袁州，禱於仰山行宫。是夜，宿州東新市村邸，夢人歌《玉樓春》詞，曰：「玉堂此去香風暖，正飛絮馬前撩亂。姮娥剪就緑雲衣，待來到蟾宫與换。」纔半闋，即止。又一人白衣策馬，自袁來，到王傍下馬，揖王立談，曰：「今早承訪及。」遂復騎而去。王目送之半里許。别有過者，指曰：「此乃仰山廟裏人也。」聳然驚寤。蓋神君之像，正著白道袍。明年，王奏名，以兄訃急還，未獲廷對。亦驗一曲弗竟之意矣。十四年正月，赴殿試，至袁申禱。夢與友孫君同飲於盧溪市。孫曰：「爾飲酒與我同，做第二人却不與我同。」王曰：「吾固未嘗以第二自期也。」孫遽曰：「但願爾作狀元。」遂覺。廟廡下有一偶像，戴僧帽，謂之應夢道者。孫君生而秃，全類僧狀，故神假其人以告云。紹熙元年春，王赴鎮東簽幙，過，謁廟，且具牲酒祭謝于獻亭。夢神君飲亭上，揖使居賓位，坐客數人，陰風肅然，昏暗如暮夜，仍不設燈燭。陡覺毛髮竦淅【五】，莫能辨同席者爲誰。聞殿上厲聲言：「來何遲？」未及答，而曰：「儘快，儘

【五】竦淅　涵芬樓本注，黄校：疑誤。四庫本作「竦淅」。李按：當是「竦息」之誤。

快。」恍惚而寤。蓋王當以去年四月之官，用家故稽留，愆期旬月，乃得上。然莅職纔二月，即召入館，此遲快兩句之證也。

黄戴二士

莆田士人黄裳，字伯華。與其友戴松，皆以紹興乙卯某月某日寅時生，並居郡中。少相善，既壯爲學，皆著稱。有客工論命，二士共邀之，使分别優劣。客歷閲家世平生，然後斷之，曰：「二命大略相似，但黄君是正寅時【六】，戴君得寅氣淺，當是丑末，其發跡必在後。」退而告人曰：「品格皆絶低，黄雖勝之亦不足道也。」既而戴但預薦，年不滿五十，不第而卒。黄入太學，登舍選。淳熙壬寅得免省，還閩守年，聞戴死，懼甚。福唐黄司業定爲潮陽守【七】，往訪之，飲酒無算。中夜感風淫之疾，而甲辰廷試期已迫，强舁病詣郡。鄉人爲賂邏卒及閽者，容其跛曳，三四人掖之造廷，及唱名亦如之。雖幸列於四甲，竟不可參選，乃求岳祠以歸。歲滿無痊意，凡三任而終，年止五十八。是雖登科食禄，視戴布衣早殁爲不侔。然一紀殘廢，與死爲鄰，真不足道也。

雷震鷄

慶元二年六月八日，饒州大雷震霆。雙港巡檢營兵張發家，先育一雌雞，本志將以償

【六】正寅時 「正」字原脱，據吕本、四庫本補。

【七】福唐黄司業定爲潮陽守 涵芬樓本注，吕本於句首多一「時」字。

龍堂三牲願者。是日，遭雷擊，初斷其足，自頭至尾中裂之。鷄之獲罪于神明，無自可問。然震雷輕用其威，亦淺矣。

許子交

許子交者，南康大庾游術寒士也。乾道八年，謁寶積寺僧，因留宿。時有醫士劉大用，適在，寢於寺閑房。許居法堂上，半夜連發聲驚魘。劉出呼之，僧亦來，許乃蘇。起語人曰：「爲一物甚重，登床壓吾腹，體冷如冰，暗中略不見有手足。吾困不能支，聞諸君踵至，始捨去。」僧云：「此乃寺後山下一巨石，每出現光怪，爲人害，無有宿客得安枕者。以其質幹頑重，未易除徙，故置之不問。」許坐而達明，急辭出，自是不敢復至。或曰：「石妖如此，非鑿破其稜角，他日將復爲孽。」僧以無力辭而止。

解俊保義

保義郎解俊者，故荆南統制孫也。乾道七年，爲南安軍指使。有過客且至，郡守將往寶積寺迎之，俊主其供張。日暮，客不至，因留宿。夜方初更，燭未滅，一女子忽來，進趨閒冶，貌甚華豔。俊半醉，出微詞挑之。欣然笑曰：「我所以來，正欲相就，結綢繆之好爾。」遂升榻。問其姓氏居止，曰：「勿多言，只在寺後住。汝明夕尚能抵此否？」俊大喜，曰：「謹奉戒。」自是無日不來。仍從寺僧借一室，爲久寓計。經月餘，僧弗以爲疑，外人固無知者。時以金銀釵釧爲贈，俊既獲麗質，又得羨財，歡愜過望。謂之曰：「吾未曾授室，欲憑媒妁往汝家，以禮幣娶汝，何如？」曰：「吾父官頗崇，安肯以汝爲婿？但如是相從足矣。」俊信爲誠然，而氣幹日尫瘠。初，貨藥人劉大用與之游居，亦訝之。俊不告【八】。嘗兩人同出郭，遇遮道賣符水者，引劉耳語，曰：「彼官人何得挾殤亡鬼自隨？不過三月死矣。」劉語俊。俊初尚抵諱，既而驚悟，曰：「彼何由知，必有異。」便拉劉訪之旅邸。其人笑曰：「官員肯尋我耶？然幾壞性命。」留使同邸異室，而顧劉與之共處。撚紙符十餘道，使俊吞之。劉密窺之，見其作法麾呵之狀。二更後，聞門外女子哭聲，三更乃寂。明旦，俊辭去，戒令勿復再往寺中。諸僧後知其事，曰：「寺之左右素無妖魔之屬。惟昔年邵宏淵太尉謫官時，喪一笄女，葬於後牆之外，必此也。」自是遂嘗出爲僧患。僧甚苦之，遣僕詣武陵，白邵請改葬。邵許之，乃瘞於北門外五里田側。復出擾居者，又徙於深山，其鬼始絶。甲志所紀張太守女，在南安嘉祐寺爲厲，以惑解潛之孫，與此大相似。兩者相去三四十年，又皆解氏子，疑只一事，傳聞異詞。而劉醫云親見之，當更質諸彼間人也。

【八】俊不告　涵芬樓本注，吕本作「俊不以告」。四庫本同吕本。

龍陽章令

鼎州龍陽縣，經寇攘之餘，井邑蕭條，居民稀少，令丞官舍，妖怪出没，至於白晝顯行。慶元元年，吴人章君來爲令，視事未幾，便若有所染著。每日退廳後，必命吏陳設堂西偏一室，施重簾複幕，望之絶暗，不許人輒窺。且具兩人匕箸飲饌，而不見客入，但聞語笑融怡。遇酒炙至，則自出取之。迨暮乃已。妻子問之，不對。神觀日以枯索，及冬而殂。既斂數日，廐卒夢其來，令備馬。告以鞭在宅堂，不可得。章曰：「我自取之。」是夕，一家人悉夢其入房，自攜鞭而去。明旦，所養馬無故而死，鞭失所在。章之子不忍剥馬，使埋於園内。俄亦出爲怪，繞縣舍四傍，嘶鳴跳躍。一切之物，無【九】有不示變異。章氏既行，予姪孫儼作丞，素抱血疾，自是益甚。夜夜遭祟魅扣擊門户。予姪婦勸徙居，儼終不肯聽。次年二月，竟不起。

【九】無　涵芬樓本注，原本以下闕五十字，今據吕本補。

夷堅支戊卷第九 八事

同州白蛇

同州自元符以後，常有妖怪出爲人害，皆言白蛇之精，官民多被禍。至于郡守，亦時隕於怪中，知之者無敢以作牧爲請。政和間，宰相之壻某，必欲得之，蓋貪俸入優厚之故。相君諭之，曰：「馮翊蛇妖甚惡，無以身試禍。」壻意不可抑，竟拜命往焉。交印之三日，大張樂，會官僚，忽顧諸娼，曰：「我方視事置宴，汝曹當華飾展慶，顧乃著白衣，何也？」娼知其故，不敢答。宴罷，即病。明日詢於客，對曰：「使君得非昨得眼眩，妄有所覩耶？實無此人。」其家走騎報於相君。相君白于徽宗，詔虛靖張天師往治。至則壻不知所之矣，到郡才十日。張召内外諸神問蛇所在，皆莫到。繼呼城隍扣之，亦辭曰：「不知。」張怒責甚峻，勑陰兵行箠鞭，楚毒備極。訴云：「彼物之靈，上與天通，言出於口，大禍立至。」張曰：「吾之法力，誅之有餘。今但欲得其窟穴，汝若不告，當先受戮【一】。」於是，神俛首密白其處。張擇日詣之，去穴三里，結壇五層，其廣數十丈。壇成，悉集一城吏民，使居於其上，而領衆道士作法。初飛一白符，寂然無聞。次飛赤符，繼以黄符，良久，

校勘記

【一】當先受戮　「受」字原脱，據吕本、四庫本補。

風雲勃興，雷雹四起，青氣黑煙【二】，蔽滿山谷，見者危懼。少頃，煙散，張持法如初。俄白氣滃于天際，或黄或紫，如是者四五變，壇上人盡顛仆怖哭，立待吞噬。張使人人口御土一塊，以禦邪沴。遣取州印置前，語衆曰：「白蛇之神，盡於是矣。必將自出，如越過五壇，雖吾亦不復有生理。苟不吾敵，則止於三層，邪不勝正，此邦當無憂也。」已而烈火從穴中發，漸及壇畔，大蛇呀然張口，勢欲吞壇，矯首傃空【三】，高出望表，迤邐且近，引其身繞下層四五匝。張左手執州印，右手執玉印，端坐對之。蛇縮恧挫沮，進退不可，軀幹漸低摧，似若爲一山所壓，衝第三級而止，即飛劍殺之。其後累累而出小者，猶如柱，幾數萬條。張曰：「首惡蓋牝者，種類實繁，此難悉誅，然亦不可恕。擇其爲孽者，去之足矣。」顧父老壯勇者，解所賫刀劍，斬其如柱如楹者，二十餘條。皆爲法力所束，帖帖受劍。其餘以符付神將，驅出境外。又數日，率郡民視其穴，有石床【四】正中，蓋其蟠憩之處，白骨山積，皆前後所啖食之人，臭聞百里，經月方息。虚靖爲漢天師三十代孫，平生不娶。京師將亂，潛出城還鄉。尸解，復隱於峩眉山，蜀人時或見之。天師嫡派遂絕，今以族人紹厥後云。

蔡京孫婦

宣和二年，太師蔡京府有奇祟染著。其孫婦，每以黄昏時，豔妝盛服，端坐户外，若有

【二】青氣黑煙　涵芬樓本注，吕本作「青氛黑霧」。四庫本作「青氛黑烟」。

【三】矯首傃空　「傃」原作「素」，據四庫本改。

【四】有石床　原作「左右床」，據吕本、四庫本改。

所待。已則入房，昵昵與人語，歡笑徹旦。然後【五】昏困熟睡，視骨肉如胡越然，飲食盡廢。蔡甚憂患【六】，招寶籙宮道士治之，及京城名術道流，前後數十輩，皆痛遭折辱，狼狽乞命而退。時張虛靖在京師，密奏召之。才入堂上，鬼嘯於梁。張曰：「此妖怪力絶大，蓋生於混沌初分之際，恐未易遽除。容以兩日密行法，若不能去，決非同輩所能施功，吾亦末如之何矣。」蔡問所欲何物，但令辦香花茶果，他一切弗用。三日後，詣蔡府，坐未定，有大飛石自梁而墜，幾敗張面。俄梁上一物如猿猱，笑謂張曰：「都下法師無數，並出手不得。汝何等小鬼，敢來相抗？」張弗顧，但焚香作法。猱忽自左手第一指出火，下燒灼之。張凝然不動，就火中加持，良久而滅之。自第二指出火如初，五指既遍，復用右手，暨兩眼，最後舉體發烈焰，滿堂熾然，不可嚮邇。張略無所傷，喜曰：「崇技止此爾。」叱之使下，縮栗震懾，張納諸袖中。將起，蔡曰：「可使見形大乎？」曰：「大則首在空中，慮不無驚怖。」蔡固欲驗之。乃出，而再叱，聲未絶口，已高數十丈。蔡懼，請救收之【七】，遂復故形。蔡諭使誅之，不可。曰：「此妖上通於天，殺之將有大禍。今竄之海外，如人間之沙門島，永無還期，譴罰如是足矣。」遂捨去。孫婦即日平愈。時此老七十四歲，稔惡誤國【八】，家禍將及，以故變異如是。

【五】然後　涵芬樓本注，吕本作「晡後」。

【六】憂患　涵芬樓本注，吕本作「憂恚」。四庫本同吕本。

【七】請救收之　涵芬樓本注，「救」疑是「敕」字之誤。吕本作「急」。四庫本同吕本。

【八】稔惡誤國　涵芬樓本注，吕本多「欺君罔上」四字。

海鹽巨鰍

紹興二十年四月，秀州海鹽縣，並海之民，未曉將趨縣。忽聞海中歌謳之聲，讙沸盈耳，驚而東望，遥覩大舟，從横波間來，皆竚立凝俟。既近，見大鰕數十枚，各長丈許，策翼兩傍，隨之而進。少頃，抵岸，則元非舟艫，羣鰕亦散。但一巨鰍困閣沙上，時時揚鬐撥刺，巍然而高，殆與縣鼓樓等，長百丈不啻，額上有竅，徑尺，其中空空。傾邑傳聞，爭來聚觀，接踵于道。以爲怪物，不敢輒犯。經日，始有架梯躡其背者，久而知無它異，競臠其肉。又兩日，尚能掉尾轉動，遭壓死者十人。或疑爲謫龍，雖得肉，弗敢食。一無賴子先煮嘗之，云極珍美。於是厥價陡貴，至持入州城，每斤爲錢二百，涉旬乃盡。吾鄉祝次騫，時爲縣宰，命取其目，睛大如桃，光采可鑑，儼然雙明珠也，凡數日，水滴盡而枯。頷骨長二丈五尺，縣後溪闊二丈，祝遣人輿致，用以爲梁。每脊一節，堪作臼搗米。祝之宗人在彼，攜數臼以歸，至今猶存。識者謂，鰍居鯨淵中，必嘗爲人害，故神明誅之云。祝長子東老，時年十一歲，親見之。甲志所書漳浦崇照場大魚，正此類也。

董漢州孫女

董漢卿【九】，字仲臣【一〇】，饒州德興人。娶於同縣祝氏，紹興初，爲漢州守，卒於官。

【九】董漢卿　涵芬樓本注，「漢」葉本作「賓」。明鈔本作「濱」。四庫本同葉本。

【一〇】字仲臣　「臣」原作「巨」，據葉本、四庫本改。

其家不能遽歸，暫居於蜀道。長子元廣亦娶於祝，既除服，調房州竹山令，妻生三女【一一】而死。元廣再娶一武人之室，秩滿，挈家東下，與蜀客吕使君【一二】方舟偕行，日夕還往，相與如骨肉。繼室微有姿色，性頗蕩。元廣到臨安亦死。吕陽示高義，攜其孥復西，遂據以爲外婦，蓄之郫縣，而三女不知存亡矣。祝次騫以兩世宗姻之故，痛惻不去心，屬囑鄉人制帥王恭簡公訪求之，杳不聞問【一三】。乾道初，祝知嘉州，就除利路運使，正與吕爲代，惡其人，不俟合符，先期解印去。歲在丙戌【一四】，其子震亨東老攝四川總屬【一五】，受檄來成都，塗經綿右【一六】，吳仲廣待制爲緜守，開宴延之。倡優畢集，一妓立於户椽傍【一七】，姿態恬雅，不類流輩。東老注目，詢隊魁，曰：「彼何人？」曰：「官人喜之邪？」曰：「不然。吾以其不似汝曹，故疑異而問耳。」曰：「是薛倩也。」未暇應，吳適舉杯相屬，辭以不能飲。吳責隊魁，必使勸酹。魁笑曰：「若欲總幹飲盡，非薛倩不可。」吳亦解顏，曰：「素識其人乎？」曰：「前者未常到大府，何由與此曹款接？但見其標格如野鶴在鷄羣，非箇中人，所以扣諸其長，無他意也。」吳即令侍席。因密諗之，曰：「汝定不是風塵中物【一八】，安得在此？」始猶羞澀不語，久乃言：「我本好人家兒女【一九】，祖父皆作官，不幸失身辱境，只是前生業債，今世補償，夫復何説？」東老矍然有感，曰：「汝祖汝父，非漢州知州、竹山知縣乎？」倩驚泣曰：「吾官如何得知？」東老曰：「汝母姓祝乎【二〇】？乃我姑也。吾聞汝母子流落，尋覓累

【一一】三女　「三」原作「二」，據葉本、吕本、四庫本及下文改。

【一二】吕使君　原註：不欲名。

【一三】杳不聞問　涵芬樓本注，葉本作「杳無消息」。

【一四】歲在丙戌　「在」字原脱，據葉本、四庫本補。

【一五】總屬　涵芬樓本注，吕本作「總幹屬」。

【一六】綿右　涵芬樓本注，葉本作「綿州」。四庫本作「左綿」。

【一七】一妓立於户椽傍　涵芬樓本注，葉本作「中一妓，傍楹而立」。李按：「户椽」疑爲「户掾」之誤。宋州府設户曹，又稱司户。

【一八】風塵中物　涵芬樓本注，「物」葉本作「人」。

【一九】我本好人家兒女　「我」字原脱，據明鈔本、四庫本補。

年【二一】，不意邂逅于此。」又歷道所從來【二二】，乃知昨爲繼母鬻於薛媪，得錢七十千，今在籍歲餘矣。語竟，不覺墮淚。一座傾駭，爭致問。東老曰：「其話甚長，兹未可以立談盡，他日當言之。」酒罷，歸館舍。翌日，倩偕其母來，吳守亦至，因備述本末，丐爲除籍。吳曰：「此易爾，事竟如何？」曰：「正有望於公。其人於震亨爲表妹，必嫁之。當以此行所得諸臺及諸郡餉賮，爲資送費。今且托之於令人所【二三】。」吳笑曰：「天下義事，豈應一人獨擅？吾當以二十萬錢助之。」東老遂往成都。越一月復還，合所得爲五十萬悉，付倩。吳喜曰：「已爲擇一佳壻，即嫁之矣。」壻姓史，失其名。次年預鄉薦，又物色其兄弟所在，運使皆賙以生理。漢州之後，賴以不絶。

嘉州江中鏡

嘉州漁人王甲【二四】者，世世以捕魚爲業，家於江上，每日與其妻子棹小舟，往來數里間，網罟所得，僅足以給食。它日，見一物蕩漾水底，其形如日，光采赫然射人。漫布網下取，即得之，乃古銅鏡一枚。徑圓八寸許，亦有琱鏤琢尅【二五】，故【二六】不能識也。持歸家，因此生計浸豐，不假經營，而錢自至。越兩【二七】歲，如天雨鬼輸，盈塞敗屋，幾滿十萬緡。王無所用之，翻以多爲患。與妻謀曰：「我家從父祖以來，漁釣爲活，極不過日得百錢。自獲寶鏡以來，何啻千倍。念本何人，而暴富乃爾，無勞受福，天必殃之。我惡衣惡

【二〇】汝母姓祝乎　涵芬樓本注，「姓」原本作「汝」，據葉本、四庫本改。黄校逕改爲「是」，今不取。
【二一】尋覓累年　涵芬樓本注，葉本多「未嘗少置懷抱」六字。
【二二】又歷道所從來　涵芬樓本注，葉本作「又歷詢所由」。
【二三】令人所　原作「合人間」，據呂本、四庫本改。
【二四】王甲　「王」原作「黄」，據葉本、四庫本及下文改。
【二五】琢尅　涵芬樓本注，葉本作「瑑刻」。
【二六】故　涵芬樓本注，葉本作「固」。
【二七】兩　涵芬樓本注，明鈔本「四」。

食，錢多何用？懼此鏡不應久留，不如攜詣峨眉山白水禪寺，獻於聖前，永爲佛供。」妻以爲然。於是沐浴齋戒，卜日入寺，爲長老説因依，盛具美饌，延堂僧，皆有襯施，而出鏡授之。長老言：「此天下之至寶也，神明靳之。吾何敢輒預？檀越謹置諸三寶前，作禮而去，可也。」王既下山，長老密喚巧匠，寫倣形模，別鑄其一，迨成與真者無小異，乘夜易取而藏之。王之貲貨日削【二八】，初無横費，若遭巨盜輩【二九】竊而去者。又兩歲，貧困如初。夫婦歸咎於棄鏡【三〇】，復往白水，拜主僧，輸以故情，冀返元物。僧曰：「君知向時吾不輒預之意乎【三一】？今日之來，理之必然。吾爲出家子，視色身非己有，况於外物耶？常憂落奸偷手中，無以藉口。茲得全而歸，吾又何惜？」王遂以鏡還，不覺其贋也。鏡雖存，而貧自若。僧之衣鉢充牣，買祠部牒，度童奴數溢三百，聞者盡證原鏡在僧所。提點刑獄使者建臺於漢嘉【三二】，貪人也，認爲奇貨，命健吏從僧逼索，不肯付，羅致之獄，用楚掠就死。使者籍其貲，空無儲，蓋入獄之初，爲親信行者席捲而隱。知僧已死，穿山谷徑路，擬向黎州。到溪頭，值神人，金甲持戟，長身甚武，叱曰：「還我寶鏡。」行者不顧，疾走投林。未百步，一猛虎張口奮迅來，若將搏噬。始顫懼，探懷擲鏡而竄。久乃還寺，爲其儔侶言之，後不知所在。意所隱没，亦足爲富矣。隆興元年，祝東老泛舟嘉陵，逢王生，自説其事，時年六十餘。右五事，俱祝東老説。

【二八】日削　涵芬樓本注，吕本作「自是日削」。

【二九】輩　原作「輩」，據葉本、四庫本改。

【三〇】夫婦歸咎於棄鏡　涵芬樓本注，「咎於」二字，黄校删去。今據葉本、吕本、明鈔本、四庫本復原。

【三一】君知向時吾不輒預之意乎　「知」下原衍「吾」，據四庫本删。

【三二】提點刑獄使者建臺於漢嘉　「臺」原作「基」，據四庫本改。

黄師憲嘉兆

林開三，命世俗，日者多託其書以自附，然初未覩厥真也。宣和間，其人在京師，莆田黄至一靜【三三】以太學上舍登科，除秘書省正字，嘗邀之論命。長子方齠齔，立於旁，亦漫令談休咎。林曰：「此兒科名遠勝君，至究竟處，但只相似耳。」其後至一終於朝奉郎。長子者，師憲也。狀元及第，然亦僅至郎官而止。憲初發鄉舉時，以紹興五年試南宫，既出院，夢題院門曰：「依舊家山萬里，重新場屋三年。」是歲，本中優選，以誤用韻，榜罷。八年，遂冠省闈，以無廷對，擢居正奏第一。先是，其伯父夢神人告曰：「君家有此雙名玉，天下流傳第一人。」又鄰人王氏，夢其居挂金符，榜曰「狀元坊」。自謂子孫必應兆，每誇語於里閭，久而益貧，遂貨於黄氏。不數年，師憲捷書來。初命名時，蓋慕東漢隱君子鼻祖叔度之爲人，已而年壽纔止於四十八，與叔度同。

胡邦衡詩讖

黄師憲魁省闈時，胡邦衡以樞密院編脩官點檢試卷，得其程文。黄紬啓謝之，有「欲治之主不世出，大名之下難久居」之語。胡雖賞其駢儷精切，而訝「難久居」之句爲不祥。後胡獲罪，來福州。黄致子魚紅酒爲餉。胡報以詩曰：「盈尺子魚來丙穴，一瓶女酒敵

【三三】黄至一靜　「黄」原作「王」，據四庫本改。

新州。」自言以子對女，丙對新，爲工。蓋新興酒絶佳，閩人重之，故形於詩句。未幾，胡再謫新州，黄亦不至達官。所謂「難久」之詞，皆先讖也。

雷斧

黄宋泳永，莆田人，師憲狀元之從兄也。幼時戲於廳，正晝雲雨晦冥，雷震轟轟，繞柱穿屋壁而過【三四】，家人意其驚怖，爭出尋之。元在戲處，端坐無所覺也。得一斧，長三寸，非鐵非石，鑿小孔而無柄，蓋雷神所執，而誤墮者。諸人傳玩未已，黄持入藏之。雷復至，似訪其物，不可取。俄頃開霽。宣和間，黄以童子入京，蒙召對，賜五經及第，仕止郢州通判。斧至今存。

【三四】繞柱穿屋壁而過　涵芬樓本注，葉本無「屋」字。

夷堅支戊卷第十 十一事

宋都相翁

長安李履中復，以元豐元年十月將適淮楚，維舟於宋都城下。旁有他舟，舟中一客如世俗道人者。李熟視之，見其面目光徹，目中白輪，如十歲小兒，五色微碧。是時，天晦微雪，水風甚寒，但披破布綿裘，草履不襪，膚體不起粟，神全氣充。越兩日，不見飲食。疑其收陽内養，而有所得也。呼問其舟人，云：「十餘年間，三次來附載，顔色不改。惟蓄藥一大瓢，更無他物。遇泊舟則攜瓢入市，晚即醉歸，不知所貨何藥。但聞能知人過去未來事，無一語失，因此稱爲相翁。」李遂召之，凡三召，方至。與坐，問其姓，笑曰：「君問甚姓？」乃扣其攝生之法，再三始言，曰：「無用求人，無以與人。多花早落【二】，天藏其明。」謂李請謹行之。旋飲以酒。稍款熟，又詢其人倫之學，即曰：「載真神靈，可見鬼神。紙上糟粕，翳目枯精。君來年得官，銓選八年改官，預錢穀軍旅者二十五年。因論事得對，爲郎官，又爲主計官。當權者遷怒，枉退閑十餘載。晚悟性命之理。」方客談話之次，時時囁嚅於口吻間，不可辨。李默意其有異於人，因告曰：「使予於性命之理，脱然

校勘記

【二】多花早落　「花」原作「夜」，據呂本、四庫本改。

有悟。子或可來訪，掃室共醉，以盡平生，豈不樂哉？」將行，請記其事【二】。李亦酒酣，漫録以贈之。後不知再見與否。李果以次年時彦榜登第，所説升沉禍福多驗。官至中大夫、集英殿修撰。

金谷户部符

金堪，湖州安吉人，初名谷。淳熙庚子，入州學義勝齋。當元夕，諸生盡告假出游，金獨坐讀書。夜半就寢，夢在家居燕几【三】。有一皂衣若縣胥者，揖廷下，持片紙，前白曰：「有引，追秀才上供折帛。」形容蹇倨，且含怒色。取視之，字絶草，不可辨。愠其追呼無禮，率爾答之，曰：「我自有尚書户部符在此，汝何爲者？」回顧坐右，書案間，文帖成沓，果得符，即出以示。皂衣悚謝而退。明日以告同舍生，皆莫曉。江陰何洗【四】適在學，爲釋之，曰：「科舉屬禮部，銓選屬吏部。今云户部，而轉運司實隸之，得非諷吾人營漕臺牒試乎？」金欣然經營半歲餘，既而謀不諧，只就鄉舉。榜未揭數日前，又夢到一都會。過大石橋，前有甲第一區，垂楊夾道，門觀華赫，頗似政府。正行橋上，遇報榜四輩，踉蹡而言，曰：「金堪得。」夢中應之曰：「我自名谷，既以堪名，漢有張堪，吾當改字爲張仲矣。」遂寤。及榜出，亦不利。念二夢俱不然，殆進取未如意，爲鬼神所戲罔。至于癸卯，復赴舉。沉思故夢，往來厥心，將更名，又未決。往禱祠山廟，乞籤。籤曰：「因借吹

【二】請記其事　「事」原作「氣」，據四庫本改。

【三】燕几　「几」原作「凡」，據吕本改。四庫本作「坐」。

【四】何洗　吕本作「何浇」。四庫本作「何滾」。

噓送上天，縻官榮爵驗前緣。音書千里無邀阻，那更相逢八月邊。」遂以堪名納卷，旋預計籍。甲辰省試，以正月九日與諸人詣貢院，觀宣押考試【五】。而王宣子以户部尚書知貢舉，躍如，有會於衷，料四年前部符之兆，其應不疑，果登第，再調爲復州推官。禹姪爲復州守日録。

余程守婚約

余元量初妻張氏，既没一年，淳熙甲午之春，再議同縣何衝程氏女。既問名結約，擇日納采，而爲讒口所間，罷不成。數月之後，兩家皆息意矣。余别有所議，未堅定也。夜夢舊先生董守約來，持白紙狀一通示之。問：「何書？」曰：「此年命月日也。」遽展視，見當中大書二「程」字，其傍小字數千，如蠅頭，未暇閲讀，而董掣去之。曰：「所欲報汝只此，無用盡觀。」遂寤。明日，詣董言夢。董於是事，初無所豫，又平生未嘗與人作媒妁，指爲荒忽杳茫之談，但相對一笑而已。既而程姻復尋盟，始悟守約者，若令守舊約也。神假其名以曉人云。小字者，疑紀其一生休咎，故不使得見耳。

程氏買冠

浮梁臧灣士人臧慶祖，娶妻程氏，恩義甚篤。程年不及三十而亡，臧念之不替。每日

【五】觀宣押考試　涵芬樓本注，吕本多一「官」字。四庫本同吕本。

上食靈几，必自設匕箸於側，與相對飲饌。夜則寢其幃室，雖葬畢亦然。嘗往田舍收租，祝之曰：「我今出西莊，暫捨汝去，勢須留一月。已戒某妾，謹潔供饍矣。無用戚戚。」遂行。有商客從臨川來，尋常以篦頭釵鑷就灣中販鬻者。客時到其家，程在簾下呼問：「有何物？」具以名色對。取而視之，擇買魚枕冠一頂，曰：「要錢幾何？」曰：「千五百。」程曰：「年年買爾物，物有所值，何必索價。償七百可乎【六】？」客初未肯爲市，徐念往來此地歲久，人情習熟，誼不應校，即留冠受直。暮還旅店，就主人語，歎幹運之難，曰：「今日趨走營營，只是細一官人宅買得一冠耳。交易費力，銷折本錢，去住無門，將若何而可？」主人言：「你且漫説本利，定見鬼。彼家孺人已歿，人口至少，那得更有婦女尚買冠子？」客意貌惶擾，拊腰間布囊，摸所貯錢，頓覺怯薄。出而觀之，錢形固在，而絶輕。投諸溝水，無聲且浮而不沉。極驚異。亟再詣臧宅，審正晝語言處，儼然如初。一妾出，扣所以至，客以事告。妾曰：「吾娘子下世，只我與兩箇小兒共處，誰買汝冠？豈誤耶？」客猶不深信，請入堂訪。只見原冠在靈席上，悚愕而退，汗下如雨，反視水中錢，成爛楮矣。

【六】償七百可乎 「七」原作「爾」，據呂本、四庫本改。

回香院鷄

景德鎮管下有小刹，名回香院。紹興中，山主育一黄牝鷄，不蓄雄。僧老而饞，但冀日得一卵，以供饌耳。天將曉，必躬持米一勺，水一器，飼諸柵中，始親出之【七】。幾兩歲，久益以肥澤。當秋夕，僧夢婦人著黄衫，拜【八】床下，斂袂請曰：「老新婦欠院家錢，逐日旋還了。餘欠只七錢【九】，乞放此身去。慈悲寬捨之恩，不可勝言矣。」覺而忘之。至曉如常時，以水米至柵，則鷄已僵死。僧咨惜不已，令童奴擕至後牆上，擬俟晨餐罷燖煮，以備不時之客。若無客，不妨飽飫。俄二丐者來覓飯，僧曰：「恰淘米欲炊，恐難相待。」丐指鷄欲買，僧靳之，未遽從。丐曰：「此鷄或是喫毒蟲得病，既已死，不宜留。幸有見錢七十，願付我，使暫一知肉味。亦師之賜也。」乃許之，而度其必無所酬。丐探篕中，惟存七錢，自相尤責，曰：「早來方收拾得七十錢，穿得一串，藏護甚謹。此外又求化，得此七錢，不在數内。今而失之，真不可曉。」僧猛省夕夢，命取鷄去，而用所償七錢付小僕，使爲撞鐘拔度。予謂鷄化爲媪婦見夢，乞命，或稱别去者，多矣，諸志亦屢有之。此段乃有丐者一節，映帶爲助，特覺新奇也。

蕪湖王氏癡女

臨川王氏支派，有散居蕪湖者，生計贍足。其一無嗣而亡，有女及嫁，而心識不惠，不可外適。訪得族姑嫁劉知縣者，嫠寓鄱陽，子未娶，年時相侔，且故爲中表，其母遣媒幣往來平章之。既成婚，贅劉子於家，所挾奩具甚厚。姑率累繼往，王氏月給錢米以奉之。女

【七】始親出之　四庫本作「始從之出」，義較豁。
【八】拜　涵芬樓本注，吕本作「泣拜」。四庫本同吕本。
【九】七錢　「錢」原作「金」，據四庫本改。

雖不諳曉人事，而憑仗婢媵，晨昏定省，亦於禮無違。居之三年，劉之家貲在饒者，爲惡壻所蕩，至售其妻，爲人侍妾。劉母因求還，整葺生涯，且營錢贖厥女。劉子留連浸久，不復有東下意。王女信信趣之，似嫌其痴。積歲託故【一〇】，王無以爲依，怏怏而死。劉遂别娶婦，而中心常若有負者。慶元二年，忽生疽於背。始猶飲酒食肉自若，瘡日劇。劉母年將九十，泣守其傍，劉略不顧接，亦不與他人語，但時時悲叫，曰：「姐姐少緩，我容我相隨去，莫苦我。」醫巫在前，莫知爲何等祟孽。唯母憂之。病逾月，竟不起。王順伯視其母爲姑，爲區處其後事，且捐俸濟之，僅苟活而已。

梁執中

鄂州將官梁執中，不知何許人。紹熙元年六月，在公廨晝寢，夢故人崔子明者來相見。雖夢寐恍惚，而知其已死。凡語言應酬，間以謔笑，只如生時。久之，乃問曰：「君今應在冥間，不審作何職事？」曰：「吾之所掌，世人生死文簿也。」梁曰：「然則我之脩短，君必知之。」曰：「固然。」曰：「試爲吾檢看，庶可一觀，獲知前程所届。」崔曰：「無傷也。」命吏即檢索。俄持簿至，崔繙閱再三，且注目細誦，不以示梁，亟掩之。問其故，曰：「不須看得。」祈扣備至，始言曰：「君之壽，纔得五十四歲零十三箇月半耳。」以其不甚永遠，故不欲奉告。」遂揖而别。梁覺而省憶，密書於策。其生也，歲在己未二月三日。

【一〇】積歲託故　涵芬樓本注，吕本多「不至」二字。

是歲庚子，五十二年矣。以來日苦無多，頗不樂，然亦不以爲異。後三年二月，得疾，殊不佳，告家人曰：「病勢如此，料必應昔夢。」是月十六日果卒。蓋已挂五十五歲，比冥數贏其一。又閲正月并二月之半，所謂十三箇月半者，此焉。价孫録來。

朱南功

朱南功，字元勣，湖州安吉人。自幼嗜書，博覽强記。目之所歷，意之所會，皆手自抄寫。諸子百家之書，摘奇會粹，名曰筆耕，曰諸子粹言。紹興丙子歲，始預州貢。既而退黜【一一】不偶，常客于諸公貴人之門。趙公碩彥膚與爲友壻，既持閩使節，招致於館舍，論心莫逆。淳熙甲辰，三就免舉試。先兩月，方從閩歸，而平生所作文，多不涉舉業畦徑。省試罷，一夕夢大神金甲煌煌，儀矩甚偉，持黑牌入室，其上唯書一「福」字，掛於壁。初時絶明白，須臾隱滅，與牌俱黑，遂寤【一三】。意以神告「福」字爲嘉祥，稍語所善者。或疑字滅於黑，其兆當不得大佳。已而下第，勉應特恩，又入第五等，乃授福州助教。其時已六十三歲，不可納敕，乃拜命，未幾而卒。

【一一】退黜　「黜」原作「飛」，據四庫本改。
【一二】過枉　「過」原作「邊」，據四庫本改。
【一三】遂寤　「寤」原作「悟」，據四庫本改。

李汪二公卜相

李仲永赴政和戊戌廷對罷，卜者某人云：「君必居魁甲，全與黄裳狀元等。」既而曰：「恰所言小誤，黄公入乾元祖土格，君乃坤元祖土，差不及之。然故不失十名前也。」及唱第，名在第七。紹興乙卯，臨安有相士，曳一牌，長三尺，題云：「尋今年狀元。」汪聖錫省試罷，與同輩十餘人在茶肆，士熟睨户外【一四】，趨而入，注視汪，不瞬目。起執其手，曰：「吾求大魁久矣，乃在此耶？」訪館寓所在，隨以往，丐一紙，書其事。曰：「吾言不妄，當與我五萬錢。」汪弗許。同舍勸勉，於是爲之書。士置其牌於汪館，曰：「從今不復出，指日俟捷耳。」汪是歲省闈第九，繼冠多士。如其言。李智仲説。

胡畫工

浮梁畫工胡生，居於縣市，其技素平平。邑人葺城隍祠，付以錢，使繪門衛二神。胡生嫌所得之微，視其直斟酌，但作水墨而已，衣冠略不設。夜夢二巨人，長七尺，儀貌雄偉，而衣裝極敝惡。謂曰：「我二人蒙君力，獲所依憑，需受香火。獨恨被服不如法式，不爲人所禮。願君復加藻飾，必有以報，使技日進而名益彰。」夢中恍惚許之。已覺，而未暇研究。經旬日，因過彼處，遥望兩像，宛如故知，瞿然悚悟。即日買金箔五采，自施工

【一四】士熟睨户外　「士」原脱，據吕本、四庫本補。

藝，繪黄金甲，執金鉞，冠帶整嚴。見者悉加瞻敬，而不以夢告人。後夢其來，威容凜凜，服與貌稱，感謝至再三。自是胡日以稱遂，求者接踵，至於嫁女文繡，只以畫代之。里巷遭疫癘，無一家不病，胡氏獨免。或疑爲挾它術，始道所遇紹興中事【一五】。胡今已死，神像尚存。

凌二賭博

浮梁西村民凌二，世世業農。翁之次子【一六】小二者，獨嗜賭博，雖日捷不悛。遇一客，言能卜筮，以一神像畫卷并一香爐自隨，每事必祝。凌子往扣，某日勝負。客曰：「今夕勝五百錢，盈數即止，不可過也。」已而詣山寺，從其徒夜博，果得錢如數。默念此戲不可不求援於神。即再謁客致謝，而舉所贏買酒縱飲，伺客醉卧，負其兩物歸。客不敢訪尋，狼狽而去。凌敬其所奉，動輒如意，因設誓，俟滿五百千，當整治生涯，不復仍舊習。凡數年，貯儲過半，而二親繼亡，殯葬之費，於此乎出，爲之蕩然。又積之至四百千，而一子與人鬭，人自戕。厥母以爲此子殺之，拘鞫囹圄，盡耗其貲，乃獲明白。遂至于三，及四十八萬矣，一夕遭火，悉爲煨燼。是時凌年過五十，無復可營。既死，其别子差能自立，嘗爲毒蛇囓右手，自斷其臂，得不死，今猶在云。右二事，亦張子理説。

【一五】始道所遇紹興中事　「遇」下原衍「於此」二字，據四庫本删。

【一六】翁之次子　「之」原作「子」，據四庫本改。

圖書在版編目(CIP)數據

全宋筆記. 第9編. 5 / 上海師範大學古籍整理研究所編.— 鄭州 : 大象出版社, 2018. 3
ISBN 978-7-5347-9439-1

Ⅰ.①全… Ⅱ.①上… Ⅲ.①中國歷史—史料—宋代
Ⅳ.①K244.066

中國版本圖書館 CIP 數據核字(2017)第162664號

全宋筆記 第九編 五

出版人 王劉純
特約編輯 陳新
責任編輯 郭一凡
整體設計 張勝
出版發行 大象出版社
鄭州市開元路16號(450044)
製版 上海杰申電腦排版有限公司
印刷 北京匯林印務有限公司
版次 2018年3月第1版2018年3月第1次印刷
開本 640mm×960mm 1/16 31印張
字數 339千字
印數 1—1000冊
定價 98.00元